配套融媒体资源

运动生理学

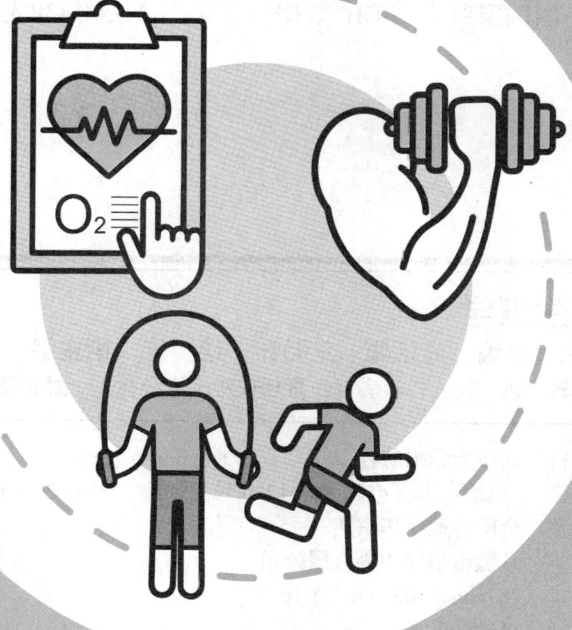

主　编◎尚延侠
副主编◎尚延峰　王乃茹　谈　艳
参　编◎李灵杰　石　月

同濟大學出版社
TONGJI UNIVERSITY PRESS
·上海·

内 容 简 介

本书的编写基于对行业需求的实地调研，依据高职体育院校的学情和高职人才培养方案，结合线上一流课程建设的需求，并充分考虑到教材内容的实用性和针对性。全书内容划分为导读篇（绪论），基础篇（运动与骨骼肌、运动与氧气运输系统、运动与物质能量代谢、运动与肾脏、运动与内分泌、运动与感觉），应用篇（运动技能的学习、身体素质、运动过程中人体机能变化规律）和提高篇（儿童青少年生长发育与体育运动、女性的生理特点与体育运动、老年人与体育运动、肥胖人群与体育运动）。本书精心设计教材体系，图文并茂，并根据新的研究成果对相关内容进行了更新。

本书可作为运动人体科学等相关专业的教材，也可供对运动生理学感兴趣的读者参考。

图书在版编目（CIP）数据

运动生理学 / 尚延侠主编；尚延峰，王乃茹，谈艳副主编 . -- 上海：同济大学出版社，2024. 6. -- ISBN 978-7-5765-1265-6

Ⅰ. G804.2

中国国家版本馆 CIP 数据核字第 2024L4G438 号

运动生理学

尚延侠 **主编** 尚延峰 王乃茹 谈 艳 **副主编**

责任编辑 杨 艳 白 雲 **责任校对** 徐逢乔 **封面设计** 渲彩轩

出版发行 同济大学出版社 www.tongjipress.com.cn

（地址：上海市四平路 1239 号 邮编：200092 电话：021-65985622）

经 销 全国各地新华书店

印 刷 常熟市华顺印刷有限公司

开 本 787mm × 1092mm 1/16

印 张 15.75

字 数 383 000

版 次 2024 年 6 月第 1 版

印 次 2024 年 6 月第 1 次印刷

书 号 ISBN 978-7-5765-1265-6

定 价 59.80 元

前 言

基于对高职教育模式的深入了解以及对行业需求的实地调研，依据高职体育院校的学情和高职人才培养方案，结合线上一流课程建设的需求，并充分考虑到教材内容的实用性和针对性，我们编写了这本符合高职教育理念、适配高职体育院校学生学习需求的《运动生理学》，旨在帮助学生夯实运动生理学理论基础，提升实践技能，从而提高学生的就业竞争力。

全书内容划分为导读篇（绪论），基础篇（运动与骨骼肌、运动与氧气运输系统、运动与物质能量代谢、运动与肾脏、运动与内分泌、运动与感觉），应用篇（运动技能的学习、身体素质、运动过程中人体机能变化规律）和提高篇（儿童青少年生长发育与体育运动、女性的生理特点与体育运动、老年人与体育运动、肥胖人群与体育运动）。

本书具有以下特点：

（1）精心设计教材体系，章节内容设置逐层递进。

（2）注重知识拓展。设置“知识拓展”模块，既有对生物化学、解剖学等相关学科的引用，也有运动生理学不同知识点之间的关联。这样设计的目的在于拓宽学生的知识面，帮助他们构建跨学科的理解能力。

（3）设置互动性“问与答”。在章节内容的适当位置，设置“问与答”环节，模拟学生可能提出的问题，激发其阅读兴趣，促进其主动思考，有助于解答学生在学习过程中可能产生的困惑。

（4）设置课后分析题。课后的案例分析题可以锻炼学生从多角度分析问题，目的在于提高学生解决问题的能力。

（5）图文并茂。书中的插图和表格能够帮助学生直观地理解复杂的生理过程。

（6）更新相关内容。根据新的研究成果，对相关知识（如运动性疲劳的产生原因等）进行了更新，确保学生获取最前沿的运动生理学知识。

本书由上海体育大学尚延侠担任主编，无锡商业职业技术学院尚延峰、福建体育职业技术学院王乃茹、南京邮电大学谈艳担任副主编，南京邮电大学李灵杰、上海体育大学石月共同参与编写。本书各章节编写分工如下：尚延侠（第一章、第八章、第九章、第十章）、王乃茹（第三章、第五章、第六章、第七章）、尚延峰（第二章第二节、第四章）、谈艳（第十二章、第十三章）、石月（第二章第一节）、李灵杰（第十一章、第十四章）。感谢4S运动体能康复学院相福通院长的专业指导，感谢上海体育大学的袁盼迪、蔡哲两位研究生在教材校稿工作中的付出。此外,还要特别感谢上海体育大学竞技运动学院、教务部门领导及工作人员的支持。

本书在编写过程中经过反复修改,但难免存在不足之处,敬请广大读者批评指正。

编　者

2024 年 2 月

目　录

应　用　篇

提 高 篇

导读篇

第一章 绪 论

学习导航

关键名词

1. 运动生理学；
2. 新陈代谢；
3. 兴奋性；
4. 应激性与适应性；
5. 内环境与稳态；
6. 神经调节与体液调节；
7. 反馈与前馈。

学习目标

1. 了解运动生理学的研究对象、目标及方法；
2. 掌握生命活动的基本特征；
3. 掌握内环境的稳态和生理机能调节的机制；
4. 树立为体育事业奉献的理想和信念。

知识拓展

1. 内环境概念的提出；
2. 稳态概念的提出；
3. 生物节律的研究。

第一节 运动生理学概述

一、运动生理学的概念

运动生理学是人体生理学的一个分支，是体育院校开设的一门基础理论课程。人体生理学探究人体生命活动的各种现象及其背后的规律，是一门研究极为广泛的科学。作为其分支之一，运动生理学则是专注于探索人体对于各种运动的反应及其在运动过程中的适应机制的一门科学。

二、运动生理学的研究对象和目标

运动生理学将人体作为其主要研究对象，专注于探讨体育活动和运动训练对人体生理功能变化的影响。运动生理学的目标是解析体育运动影响人体的基本规律及其作用机制，阐述体育活动与运动训练背后的生理学理论，为不同人群提供科学的运动锻炼指导，以提升他们的竞技表现和整体健康水平。

三、运动生理学的研究方法和水平

（一）运动生理学的研究方法

生理学的知识源于实验研究。进行运动生理学相关内容的研究也需要进行实验，在实验过程中总结和发现运动对于人体各部分功能的影响及其发生的机制。目前所采用的研究方法有动物实验法和人体试验法，如图 1-1 所示。

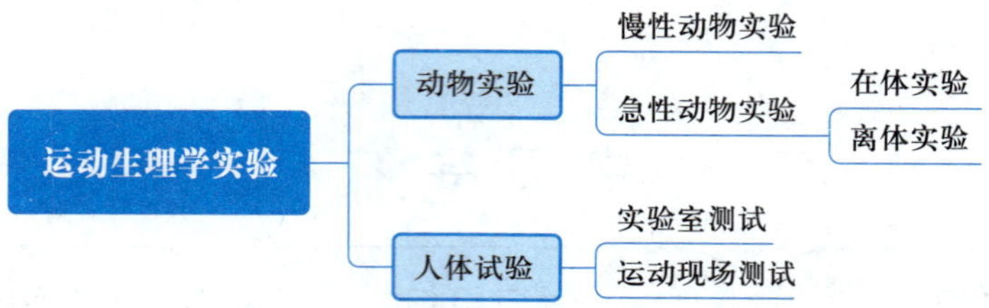

图 1-1　运动生理学的研究方法

1. *动物实验法*

人与动物在一些形态结构和功能方面存在共同的特征，因此对于一些无法在人体直接研究的问题，通常采用动物实验的方法间接地进行探讨。动物实验应遵守替代（replacement）、减少（reduction）、优化（refinement）、责任（responsibility）的“4R”原则。

动物实验法包括两类研究方法：①慢性动物实验。慢性动物实验是指在完好、清醒且健康的动物身上进行实验研究。通过摘除特定器官，或损伤动物的某个器官，以观察该干预对其生理功能的影响。②急性动物实验。急性动物实验是指人为控制实验条件，研究活体或完整动物，对其生理活动进行短暂的观测、干预并记录结果，以此作为分析和推论的基础。这类实验进一步细分为在体实验和离体实验两大类。在体实验是指在动物被麻醉或其神经中枢高级部位受损的状态下，解剖并观察特定器官的功能。离体实验是指将器官、组织或细胞从活体或刚死亡的动物中取出，将其放置在人为控制的环境中，观察它们的生理反应和功能表现。

慢性和急性动物实验法互为补充。急性实验具有损伤性，甚至可能造成实验对象的死亡，急性在体实验条件容易控制，而急性离体实验在特定条件下进行，但是所得结果不一定代表整体情况；慢性实验得到的结果更贴近生物整体的生理活动，但此类实验对环境的要求高、耗时较长、条件较为复杂，有时难以对结果进行分析。

2. *人体试验法*

有一些无损伤或损伤很小的试验可以在人体进行研究，但应遵守《赫尔辛基宣言》。人体试验法可分为实验室测试法和运动现场测试法两种形式。前者是设计特定的运动计划，让参与者在跑步机、功率自行车等训练设备上进行运动，同时运用多种仪器设备监测运动过程中参与者生理指标的变化，旨在探究不同强度和形式的运动对人体某些生理功能的影响。后者则是在实际运动环境中，直接追踪和记录运动员在运动前、中、后的生理机能变化，例如，用心率遥测仪测量运动员在活动时的心率变化，借以了解不同运动项目的生理特点，或不同人群在完成同一运动项目时的生理反应。这种方法能够更真实地反映运动的生理特征和不同人群在进行相同运动项目时的生理反应。虽然运动现场测试法更接近运动的实际情况，但由于测试条件较难控制，测试难度较大。

（二）运动生理学的研究水平

在运动生理学领域，根据对象和任务的不同，可将研究分为整体水平、器官和系统水平、细胞和分子水平三个层面，如图 1–2 所示。

1. 整体水平

整体水平的研究是探究人体在整体水平上于特定环境条件下进行运动时的机能变化，包括各器官和系统之间的相互作用，以及它们如何适应这种运动。

2. 器官和系统水平

器官和系统水平的研究是在器官和系统的层面上，聚焦于分析单个器官或系统在运动过程中的机能变化、这些变化的促进和发展因素，以及这些变化如何影响整体运动过程中的机能表现。

3. 细胞和分子水平

细胞和分子水平的研究是深入探究运动时细胞内部结构的变化，以及生物分子在理化性质上的特殊变化过程。这一研究层面旨在揭示运动对生物体最基本单位产生影响的微观机制。

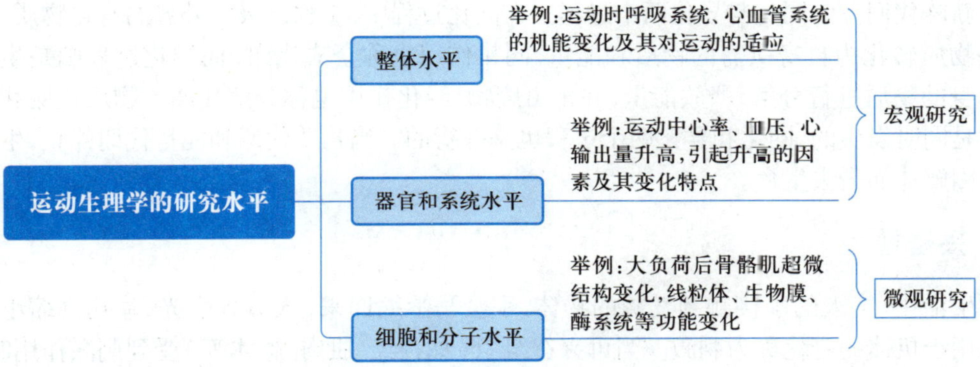

图 1–2　运动生理学的研究水平

第二节　生命活动的基本特征

导学视频 1

生物体在生命活动过程中具有一些共同的特征，如新陈代谢、兴奋性、应激性、适应性、生殖、衰老等，如图 1–3 所示。

一、新陈代谢

为了维持自身的更新，生物体不断地与其所处的环境进行物质与能量的交换。该过程涉及吸收营养并将其转换为自身所需物质，也包括分解自身物质并将代谢废物排出体外，此过程称作新陈代谢。

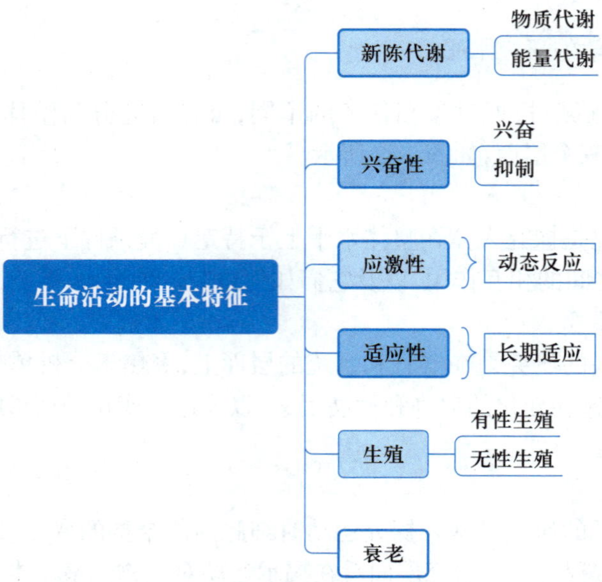

图 1–3　生命活动的基本特征

新陈代谢分为同化与异化两个过程。在同化过程中，生物体吸收外界的有益物质，并将这些物质转化为自身所需的物质和能量，同化作用也称合成代谢；而异化过程则是生物体将自身的物质进行分解，释放能量，并排出废物，异化作用也称分解代谢。物质代谢和能量代谢是同时发生的，同化和异化两个过程也是并行的。当物质代谢和能量代谢停止，生物体也将因解体而失去生命。

二、兴奋性

生活中，当人的手接触到发烫的物体，手会马上缩回来；人看到强光，瞳孔会缩小。这种作用于机体的变化称为刺激。当可兴奋组织（如神经、肌肉、腺体等）受到刺激作用时，能迅速产生动作电位，表现为兴奋。能够接收刺激并产生兴奋反应的组织，具备兴奋性。

当可兴奋组织受到刺激时，它们能够从一种相对的静止状态转换成活跃状态，或是其活动强度由低增高，这一过程即为兴奋过程；反之，它们也可能从活跃状态回归到相对的静止状态，或是活动强度由高降低，这一过程则被视为抑制过程。

三、应激性

当环境变化时，机体不同的组织有不同的响应方式。例如，肌肉受刺激会收缩，腺体会分泌出相应的物质，而神经组织则会产生并传递神经信号。生物体或其组织能够对外界环境的变化做出反应的这一能力或性质，称为应激性。所有可兴奋组织均具备应激性，而上皮、骨骼等非兴奋性组织，在受到刺激时，尽管可以发生代谢上的变化，但不会出现兴奋现象。因此，具备兴奋性的组织对外界刺激一定具有反应，即具有应激性；非兴奋性组织虽然有应激性，但在刺激作用下不能产生电的变化，即不具备兴奋性。

四、适应性

唯有适应环境，才能更好地生存。长时间生活于特定环境中的生物所发展出的对该环境的适应能力，称为适应性。例如，运动员在高海拔地区训练，他们的身体会逐渐适应缺氧环境，从而提升下高原之后一定时间内的运动能力；运动员每天在热环境中训练 2～4 h，经过 1 周左右的时间便可以产生热习服，表现为出汗能力增强、每搏输出量增加及对钠离子（Na^+）的重吸收能力增强等生理变化。同理，长期游泳训练能显著提高肺活量，提升有氧运动能力；举重运动员会产生心室壁肥厚，并出现安静状态心率下降的现象；给运动员更大的外加负荷，肌肉的体积和力量会增大。这些例子清晰地展示了生物体通过适应性变化，优化其生理机能以应对不同环境的挑战。

五、生殖

为了使生命得以延续，由亲体产生新个体的生理过程称为生殖。无论是动物还是植物都需要通过生殖的方式繁衍后代，因此，生殖是全物种的共同生命特征。随着生物技术的发展，出现了新的生命孕育方式。其中，人类辅助生殖技术的发展就解决了许多人不孕不育症的困扰，而且使优生优育成为可能。此外，从 1996 年第一只克隆羊“多莉”的诞生到 2018 年中国克隆猴的问世，克隆技术的发展也对传统生殖方式提出了新的挑战。

六、衰老

随着时间的推进，生命体的机能活动不断减退、衰弱直至生命体死亡的过程，称为衰老。老化是衰老的动态过程，衰老是老化的结局。人体的老化主要表现为随着年龄的增长，人体结构成分的衰老变化，对内外环境的适应能力下降，全身器官功能下降，细胞数量减少。

第三节　人体生理机能的调节

一、内环境和稳态

导学视频 2

（一）人体的内环境

人体生存的外界环境即外环境，包括自然环境和社会环境。人体组织细胞生活的直接环境（细胞外液）称为人体的内环境。

人体内约占体重 60% 的成分为液体，我们称之为体液，其构成部分及各部分的生理作用见表 1–1。体液根据存在的部位分为细胞内液和细胞外液。前者约占体液的 2/3，位于细胞内。后者约占体液的 1/3，位于细胞外，包含组织液、血浆、淋巴液和脑脊液，其中，组织液是细胞内液与血浆进行物质交换的媒介；血浆沟通各部分组织液，是细胞与外环境进行物质交换的中间环节。

表 1-1　体液的构成部分及各部分的生理作用

构成部分	体重占比	生理作用
细胞内液	40%	细胞内进行各种生化反应的场所
细胞外液	20%	细胞生活的液体环境，称为人体的内环境。内环境的理化性质在不断变化中所达到的平衡状态（动态平衡）称为稳态。内环境的相对稳定对维持人体的正常活动极为重要

问与答

问：胃内、肠道内、尿道及膀胱内的液体属于细胞外液吗？

答：不属于。因为胃内、肠道内、尿道及膀胱内的液体与外界环境相通，不属于内环境的范畴，故不属于细胞外液。

（二）内环境的稳态及其意义

生命的健康运作依靠内环境的相对稳定性。内环境的物理和化学属性并非固定不变的，它们维持在一个自我调节的动态平衡之中，这种状态称为稳态。在进行剧烈的体育活动时，内环境可能因为乳酸等代谢物的急速增加而经历剧烈的变化。同样，外部环境的改变，如极端高温环境下的中暑呕吐、高原低氧环境所导致的腹泻，也能扰乱内环境的稳态。因此，面对内外环境的变化，人体各系统的生理功能需要进行相应的调节以维持稳态。

稳态具有重要的生理意义。它是一种复杂的、动态的平衡过程，体内不断进行的代谢过程使稳态不断地受到破坏，各种调节机制又使其不断地恢复平衡状态。人体的生存过程就是不断维持内环境稳态的过程。

知识拓展

内环境及稳态概念的提出

1857 年，法国著名生理学家克劳德·伯纳德（Claude Bernard）首次提出了内环境这一划时代的概念。他发现，无论外部环境如何变化，细胞外液的理化性质都保持着微小的变动。基于该发现，他强调内环境的相对稳定是生物体能够自由生存和保持独立性的关键。该观点为后续稳态理论的发展奠定了基础。美国生理学家沃尔特·坎农（Walter B. Cannon）于 1926 年提出了“homeostasis”一词，用以描述这一概念。此概念揭示了生命活动依赖于内环境相对稳定的内在机制。随着科学的进展，稳态理论不仅在生理学领域得到了广泛应用，而且已经被扩展到了细胞和分子水平、器官系统，乃至整个生物体功能活动层面。

二、生理机能的调节机制

人体生理机能调节是为了维持内环境的稳态，这种生理机能调节包括神经调节、体液调节、自身调节及生物节律四种方式，如图 1-4 所示。

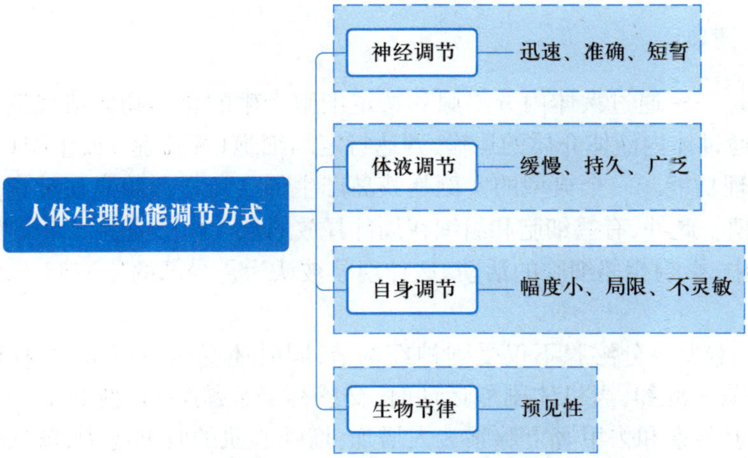

图 1–4　人体生理机能调节方式

（一）神经调节

作为人体机能最重要的调节方式，神经调节是在神经系统活动的直接参与下所进行的生理机能调节过程。神经调节的基本实现形式是反射，即神经系统对刺激发生的反应，包括条件反射和非条件反射。给狗喂食，狗分泌唾液，属于非条件反射；吃过酸梅的人，可能发生“望梅止渴”的反应，属于条件反射。

反射活动依赖于反射弧这一结构，该结构由五个部分构成：感受器、传入神经、神经中枢、传出神经和效应器，如图 1–5 所示。反射弧的任何一个部分受损，反射活动都将无法正常进行。神经调节的特点是反应迅速、精准且作用持续时间较短。

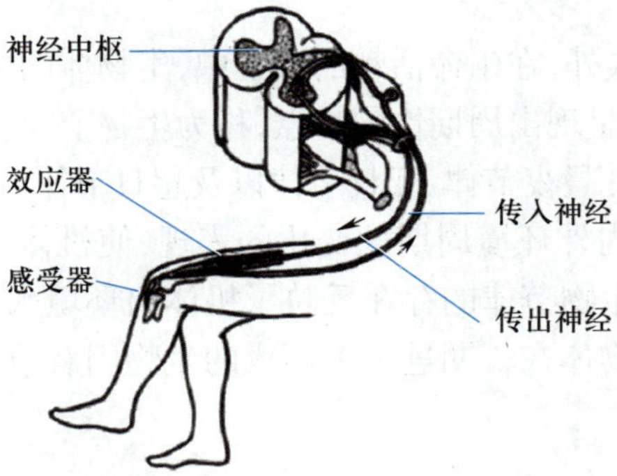

图 1–5　反射弧的构成

问与答

问：如何简单区分条件反射和非条件反射？

答：最简单的一个标准是判定这种反射是先天的还是后天的。非条件反射是生物体天生就拥有的、对生命至关重要的基础反射活动。相反，条件反射是个体在其生活经历中逐步学习而形成的反射活动。

（二）体液调节

体液调节是一种通过人体内分泌腺和特定细胞产生的化学物质或代谢产物进行的调节。这些物质通过体内液体介质的运输，到达特定的细胞（靶细胞）或组织（靶组织），从而影响它们的生理功能。一个典型的实例是胰岛产生的胰岛素和胰高血糖素分别能够降低血糖和升高血糖。此外，有些细胞和组织在局部释放的化学物质或者代谢废物，又能够扩散到局部组织液中，影响相邻细胞的活动，这种现象被认为是局部的体液调节，也称为旁分泌调节。

在人体中，不少内分泌腺不仅受到神经调节，同时还受体液调节，这种调控机制称为神经—体液调节。例如，当机体剧烈运动时，交感神经系统兴奋，使其支配的肾上腺髓质分泌出来的肾上腺素和去甲肾上腺素大大增加，增强心肌的收缩能力，就属于神经—体液调节。

与神经调节方式不同，体液调节是一种较为原始的调节方式，它的特点是作用比较缓慢、持久且作用面广泛。

（三）自身调节

自身调节是指器官、组织和细胞在没有外部神经或体液调节的影响下，对刺激做出的自适应反应。例如，立定跳远时，准备姿势要做好屈膝、屈髋的动作，该动作拉长了股四头肌、小腿三头肌、臀大肌等主动肌的初始长度，跳跃时肌肉收缩力量增大。

自身调节相较于神经调节和体液调节来说，调节的幅度并不大，调节范围有限，且反应灵敏度不高。

（四）生物节律

除了上述三种调节方式外，在生命活动的过程中，生物体的生理机能还会根据特定的时间序列发生变化，这种变化呈现出周期性的特点，称为生物节律。根据生物节律发生频率的不同，可以将其分为三大类：昼夜节律、亚日节律以及超日节律。

生物节律是机体适应内外环境周期性变化的表现，使机体表现出“预见性”，从而形成了更为完善的适应机制。生物节律的存在反映了机体内环境水平的相应节律性变化，这种节律性变化一方面来自生物体在长期进化中形成的生物固有节律，另一方面也受到外环境变化的影响。

知识拓展

生物节律的研究

人类从17世纪就注意到了生物节律现象并对其进行研究，但是对于生物节律产生的机制仍未十分明了。目前对生物节律的研究已经深入基因水平，2017年“诺贝尔生理学或医学奖”颁给杰弗里·霍尔（Jeffrey C. Hall）、迈克尔·罗斯巴什（Michael Rosbash）和迈克尔·杨（Michael W. Young），以表彰三人发现了控制昼夜节律的分子机制。

问与答

问：什么是昼夜节律、亚日节律及超日节律？

答：昼夜节律是周期接近 24 h 的节律，如人的睡眠和觉醒。亚日节律是周期超过一天的节律，如女性的月经周期。超日节律是周期短于 24 h 的节律，每日出现 2 次以上，如呼吸的节律。

三、人体生理机能调节的控制

人体活动受到前述几种方式的调节，同时还要受到复杂的控制系统的精确管理。这些控制系统分为：非自动控制系统、反馈控制系统以及前馈控制系统。非自动控制系统属于一种开放系统，其中控制部分的活动不受到受控部分的直接影响。此种控制系统相对较少，在此不进行讨论。后两种控制系统在人体生命活动的精细控制中扮演着至关重要的角色，通过它们的控制，人体能够高效地适应内外环境的变化，确保生理机能的正常运作。

（一）反馈控制系统

在人体的控制系统中，存在一种特殊的机制，即控制部分持续地接收来自受控部分的反馈信息，进而调整其活动，这种闭环系统即反馈控制系统。它由四个部分构成：比较器、控制部分、受控部分和感受（或监测）装置，如图 1–6 所示。

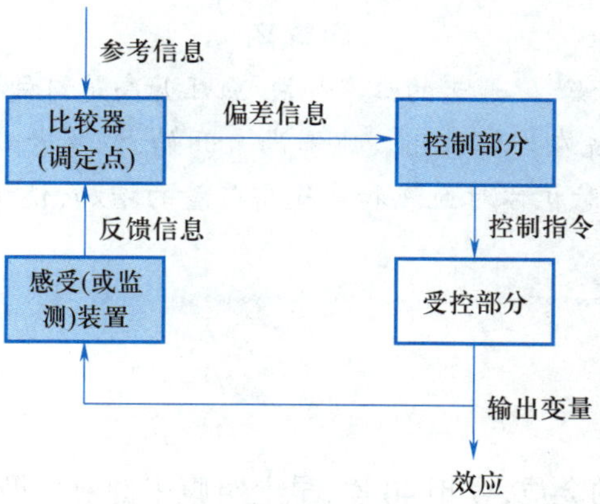

图 1–6　反馈控制系统

反馈分为正反馈和负反馈两种形式。当反馈信息作用于控制部分，使其活动减弱时，称为负反馈，这是一种可逆过程，主要功能是帮助内环境维持稳态。例如，在寒冷的环境中，丢失的热量增加，人体会通过战栗增加产热量，维持体温。相反，当反馈信息促进或增强控制部分的活动时，则称为正反馈。正反馈是一种不断增强的调节过程，相对于负反馈来说较为少见，且不可逆，例如，人体的排尿反射就属于正反馈，它会一直持续到整个排尿过程结束。

（二）前馈控制系统

在很多情况下，人体会接受到一些干扰信息的作用，这些干扰信息会作用于控制部分产生相应的效应，称为前馈控制系统，如图 1–7 所示。前馈控制系统的关键作用在于，能够预防负反馈调节中可能出现的过度矫正和响应延迟问题，从而实现更迅速、更精确的调节效果。例如，当我们看到美味的食物而尚未吃到的时候，唾液分泌就会增加，这实际上是一种前馈控制现象。通过这种机制，身体能够提前做好摄入食物的准备，展现了生物体的适应能力。

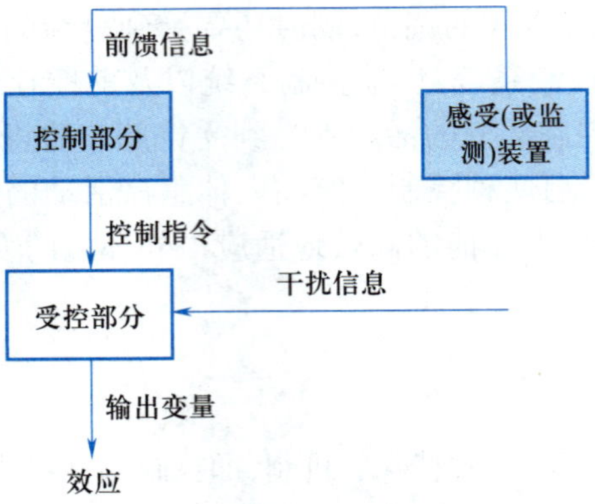

图 1–7　前馈控制系统

问与答

问：体育比赛尚未开始，参赛者的心率加快、血压升高是何种控制系统在发挥作用？

答：是前馈控制系统在发挥作用。比赛尚未开始，参赛者心率、血压等指标的变化有利于参赛者适应比赛时机体对血液和氧气需要量的增加，使机体更快适应运动，是赛前的条件反射活动。

案例分析题

张女士是某健身房的会员，今年 40 岁，早上空腹来健身房锻炼，自行在跑步机上跑步一个小时，期间没有补充水分，也没有摄入任何食物，运动结束后感觉口干舌燥，同时有些头晕。张女士在运动结束后，喝了 200 mL 运动饮料，吃了一个能量棒，休息了一会，不适有所缓解。针对这一案例，请根据所学的运动生理学知识回答以下问题：

1. 什么是内环境和稳态？
2. 张女士感觉口渴和头晕的可能原因是什么？
3. 请解释补充运动饮料和能量棒之后，不适有所缓解的原因。

基础篇

第二章 运动与骨骼肌

学习导航

关键名词	学习目标	知识拓展
1. 肌原纤维； 2. 肌节； 3. 肌管系统； 4. 肌丝滑行； 5. 运动单位； 6. 快肌纤维； 7. 慢肌纤维。	1. 掌握骨骼肌收缩的原理； 2. 熟悉骨骼肌的不同收缩形式； 3. 掌握肌纤维类型的划分及运动对肌纤维的影响； 4. 培养利用骨骼肌收缩原理指导运动训练的能力。	1. 了解肌萎缩侧索硬化； 2. 延迟性肌肉酸痛的防治； 3. 肌电图在体育科研中的应用。

肌肉是人体中负责收缩并导致运动的软组织，分为骨骼肌、心肌和平滑肌三种。心肌和平滑肌的收缩不经过意识控制且为生存所必需，如心脏的收缩或内脏的蠕动等。而骨骼肌的收缩可以被自主神经控制，通过骨骼肌收缩活动提供的动力，人体得以完成各种形式的运动，如眼睛的运动或大腿股四头肌的总体运动。人体含有 600 多块骨骼肌，约占体重的 40%。在所有运动中，肌肉能够收缩发力是基础条件，体育运动的目的就是让肌肉变得更加强壮有力且收缩更持久。

第一节 骨骼肌的结构和收缩功能

每一块骨骼肌的外面，都被名为肌外膜的结缔组织膜覆盖，如图 2–1 所示。骨骼肌由肌纤维组成。骨骼肌的肌纤维即肌细胞，其直径为 10～120 μm，最多可由 150 根左右的肌纤维聚集成肌束，被肌束膜包裹。每个肌细胞都是细长的圆柱体，长度与其所在骨骼肌的长度一致。每根肌纤维周围的细胞膜是肌内膜，它为肌纤维提供保护屏障，并调节各种功能物质进出肌纤维。在肌内膜下方，肌动蛋白丝向中心肌浆倾斜并拖动，肌浆是一种类似明胶的物质，其中含有肌原纤维、蛋白质、燃料和各种细胞器，如与特定细胞功能有关的线粒体。肌内膜上方存在卫星细胞，它们是通过肌肉拉伸和损伤激活来参与肌肉生长和修复的肌源干细胞。肌纤维内另一个重要的结构是肌浆网，它一方面负责储存钙离子（Ca^{2+}），另一方面促进动作电位沿纤维的快速传输。Ca^{2+} 和动作电位对于肌肉收缩来说都是必需的。

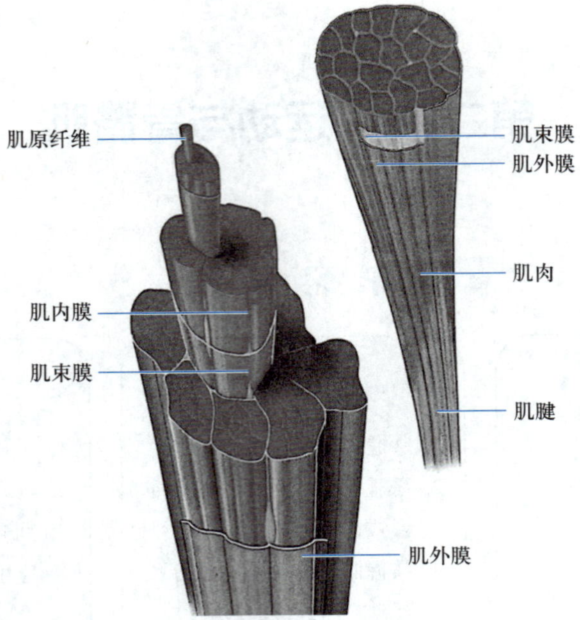

图 2–1　骨骼肌的结构

一、骨骼肌的微细结构

导学视频 3

骨骼肌细胞的结构特征是细胞内含有大量的肌原纤维和高度发达的肌管系统。

（一）肌原纤维和肌节

每根肌纤维含有数百至数千条肌原纤维，肌原纤维的直径大约为 1 μm。如图 2–2 所示，骨骼肌纤维具有独特的条纹外观，因此骨骼肌也称为横纹肌。数百条肌原纤维占据了肌浆的大部分空间。肌原纤维进一步细分为单独的片段，即肌节，肌节长约 2.5 μm，是肌纤维最小、最基本的功能单位。肌节与肌节之间通过一层薄薄的结构蛋白（称为 Z 盘）首尾相连。如图 2–3 所示，在肌节中，暗带（称为 A 带）与明带（称为 I 带）交替排列。在 A 带的中心都有一较亮的区域，称为 H 区，只有当肌原纤维处于放松状态时才可见。H 区中间有一条暗线，称为 M 线。I 带被 Z 盘（也称为 Z 线）中断。

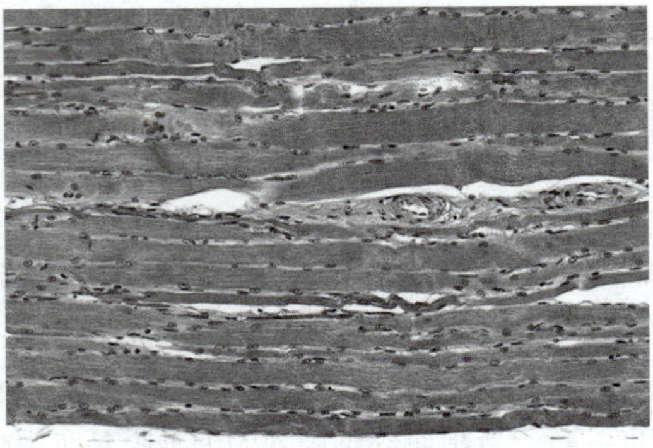

图 2–2　骨骼肌纤维的横纹结构

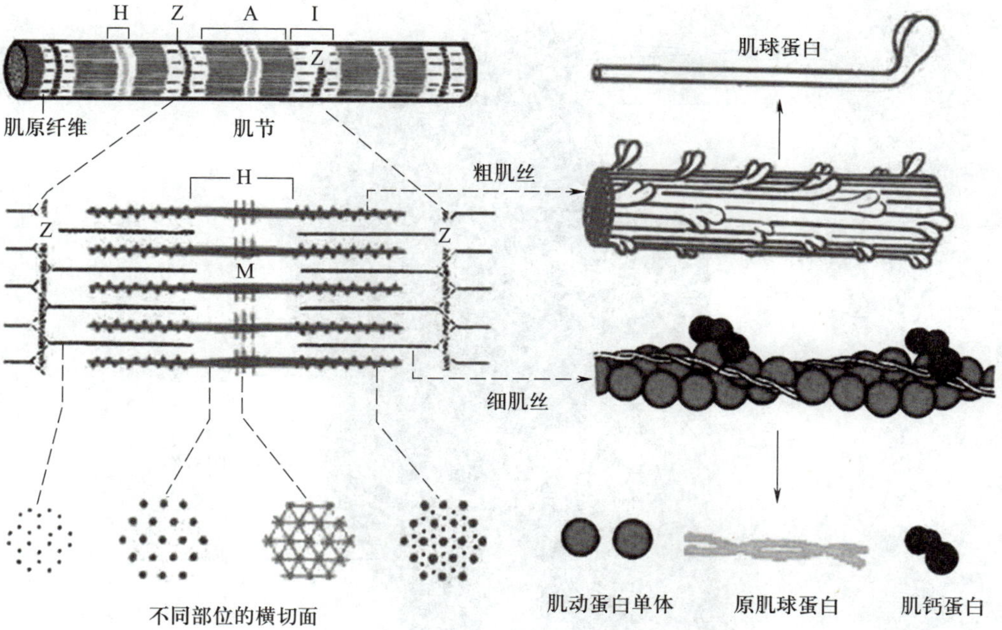

图 2-3　肌节的结构

（二）肌管系统

1. 横小管

肌浆含有广泛的横小管（T 小管）网络，它们是细胞膜的延伸，横向穿过肌纤维。这些横小管在肌原纤维之间相互连接，使得细胞膜接收到的神经冲动能够快速传递到各个肌原纤维。横小管还提供从肌纤维外部到内部的通道，使物质能够进入细胞并使废物离开肌纤维。

2. 肌浆网

肌纤维内还有纵向的小管网络，称为肌浆网（sarcoplasmic reticulum，SR）或纵小管（L 小管）。这些膜通道与肌原纤维平行并环绕肌原纤维。SR 是 Ca^{2+} 的储存位点，而 Ca^{2+} 对于肌肉收缩至关重要。

肌管系统如图 2-4 所示。

（三）粗肌丝和细肌丝

每个肌节由两种类型的蛋白丝组成，即粗肌丝和细肌丝，统称为肌丝，它们排列成六边形晶格（三个粗肌丝围绕一个细肌丝）。细肌丝主要由肌动蛋白组成，粗肌丝主要由肌球蛋白组成。肌纤维中看到的条纹是由这些肌丝的排列造成的。这些肌丝相互滑动会缩短肌节并产生力。在图 2-3 中，浅色 I 带表示的肌节区域内只含有细肌丝，而深色 A 带表示的肌节区域内同时包含粗肌丝和细肌丝。H 区是 A 带的中心部分，仅包含粗肌丝。由于没有细肌丝，H 区显得比相邻的 A 带更亮。H 区的中心是 M 线，它由蛋白质组成，是粗肌丝的附着位点，有助于稳定肌节的结构。由蛋白质组成的 Z 盘出现在肌节

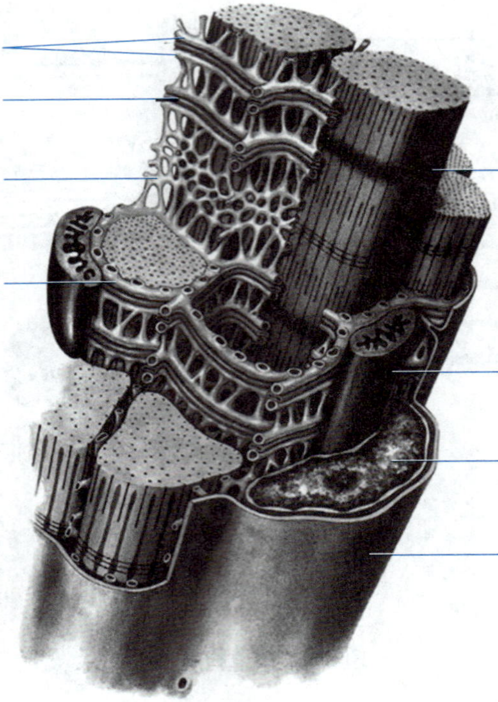

图 2–4 肌管系统

的两端，它们与另外两种蛋白质（肌动蛋白和伴肌动蛋白）一起为细肌丝提供附着位点和稳定性。

1. 粗肌丝

大约 2/3 的骨骼肌由肌球蛋白构成，肌球蛋白是粗肌丝的主要成分。粗肌丝直径大约为 16 nm，最多可包含 200 个肌球蛋白分子，每个肌球蛋白分子由两条绞合在一起的蛋白质链组成。肌球蛋白丝由一个球状头、一个铰链点和一条纤维尾部组成。球状头按规律分布在肌球蛋白丝上且向外突出，一对肌球蛋白丝会构成横桥，在肌肉收缩过程中与细肌丝上的专门活性位点相互作用。

2. 细肌丝

细肌丝虽然通常称为肌动蛋白丝，但其实际上由三种不同的蛋白质分子组成：肌动蛋白、原肌球蛋白和肌钙蛋白。每根细肌丝的一端嵌入 Z 盘，另一端朝肌节的中心延伸，插入粗肌丝之间的空间中。伴肌动蛋白是肌动蛋白的锚定蛋白，与肌动蛋白共同延伸，在介导肌动蛋白和肌球蛋白的相互作用中发挥调节作用。每根细肌丝都含有肌球蛋白横桥头部可以结合的活性位点。肌动蛋白形成细肌丝的主干。单个肌动蛋白分子（G–肌动蛋白）呈球状，多个肌动蛋白分子连接在一起形成肌动蛋白分子链。两股肌动蛋白分子链盘旋形成螺旋状分子链，其直径约为 6 nm。原肌球蛋白是一种管状蛋白质，缠绕在肌动蛋白分子链周围。肌钙蛋白是一种更复杂的蛋白质，以规则的间隔附着在肌动蛋白分子链和原肌球蛋白上。原肌球蛋白和肌钙蛋白在 Ca^{2+} 的参与下相互作用，以维持肌原纤维的松弛或启动肌原纤维的收缩。

问与答

问：骨骼肌是怎样附着在骨骼上的？

答：骨骼肌中的结缔组织（如肌外膜、肌束膜、肌内膜等）在肌肉的一端汇聚成肌腱，骨骼肌依靠肌腱附着在骨骼上。

二、骨骼肌细胞的生物电现象

导学视频 4

所有活体组织的细胞中都存在电活动，如人的大脑思考问题、眨眼、心脏跳动都会产生微弱的电流，这类电活动统称为生物电。生物电是可以通过特定的仪器被记录下来的，临床上的肌电图、脑电图和心电图就是生物电的记录。生物电的两种基本形式是静息电位和动作电位。

（一）静息电位

当细胞处于未被激活的静态时，细胞膜的两侧存在着电位差，此种状态下细胞膜内与细胞膜外的电位差值称为静息电位（膜电位）。

静息电位的产生与离子的分布和流动有关，机制如下：①细胞膜内外存在不同的离子分布，细胞膜外 Na^+ 多，细胞膜内钾离子（K^+）多。②细胞未被激活时，透过细胞膜的 K^+ 远多于 Na^+，细胞膜对带负电荷的大分子（A^-）则几乎无通透性。K^+ 外流之后，细胞膜外的正电荷增加，当浓度差形成的 K^+ 外流的动力与细胞膜外正电荷形成的阻力相等时，K^+ 便达到平衡而不再流动。这时存在于细胞膜内外的电位差即静息电位（K^+ 平衡电位），其产生如图 2–5 所示。

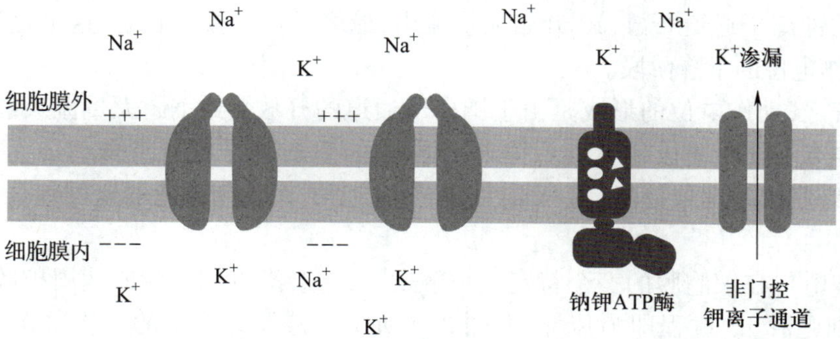

图 2–5　静息电位的产生

（二）动作电位

处于静息状态的可兴奋细胞（如神经细胞、肌细胞等），在受到一定强度的刺激之后，细胞内会发生可传播的电位变化，这种变化称为动作电位。动作电位是实现神经传导和肌肉收缩的生理基础。与静息电位不同，动作电位是一系列的电位变化过程，它一旦被触发，会迅速地扩散到整个细胞。

1. 动作电位的变化过程

以神经轴突为例，用细胞内记录法所得到的动作电位变化过程如图 2–6 所示。

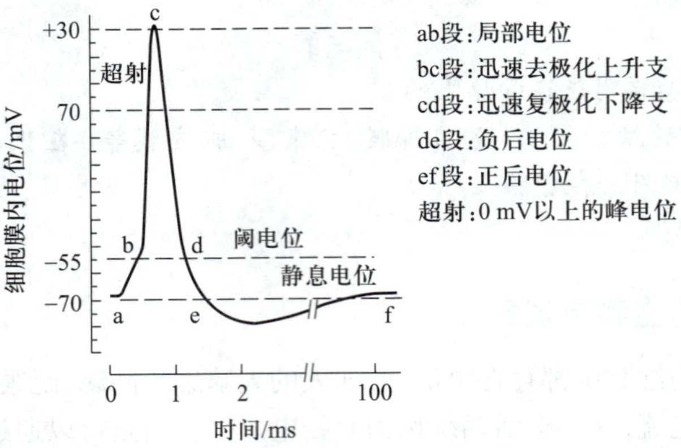

图 2–6　动作电位变化过程

在静息状态下，细胞会呈现出极化的特征，细胞膜内带负电，细胞膜外带正电。当处于静息状态的细胞膜在某处受到刺激时，会迅速经历一个电位急剧上升和下降的过程，紧接着是一段较慢的波动，这个过程称为动作电位。动作电位主要由两部分电位变化组成：锋电位（包括迅速去极化上升支和迅速复极化下降支）和后电位（包括负后电位和正后电位），通常提到的动作电位指的是锋电位。

2. 动作电位的产生原理

动作电位的形成机制也可以用离子理论来阐述：①细胞外的 Na^+ 浓度远高于细胞内。②当细胞膜受到一个足够强度（达到阈值）的刺激时，会触发钠离子通道的开放，Na^+ 流入细胞内，中和原有的负电荷，细胞膜内的负电位降低甚至消失，形成了动作电位的上升阶段，即去极化阶段。③当 Na^+ 内流的动力与细胞膜外电荷给予的阻力相等时，Na^+ 停止内流，而原本关闭的钾离子通道开放，K^+ 开始大量流出，最终又达到极化状态，这个过程称为复极化，也是动作电位的下降阶段。

简而言之，动作电位的形成是由于钠离子通道的开放导致 Na^+ 大量流入细胞内，使得细胞膜内电位上升（去极化），随后钠离子通道关闭，钾离子通道开放，Na^+ 停止流入，K^+ 流出，使得细胞膜内电位下降（复极化），从而完成了一个动作电位的全过程。

3. 动作电位的传导

当动作电位在细胞膜的一个特定点被触发时，它会沿着细胞膜向四周扩散传播，直到覆盖整个细胞膜，该过程即为传导，如图 2–7 所示。神经纤维中的动作电位传导往两个

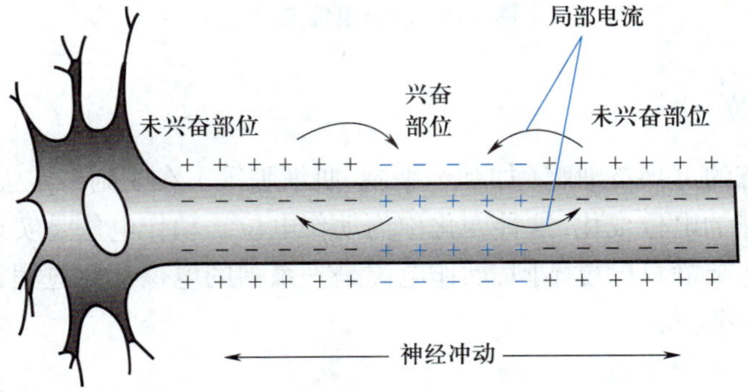

图 2–7　动作电位的传导

方向进行。无髓神经纤维和有髓神经纤维传导速度差异较大。前者以局部电流的形式传导，后者由于被高电阻的髓鞘所包裹，动作电位仅能在髓鞘间断的郎飞结（髓鞘的间隙）处产生局部电流，呈现出跳跃式传导的特点。所以，动作电位在后者的传导速度明显快于前者。

三、神经肌肉接头的兴奋传递

（一）神经肌肉接头的结构

每个骨骼肌细胞都被神经细胞支配，这些神经细胞称为 α 运动神经元。单个 α 运动神经元及其支配的所有肌纤维称为运动单位，而运动神经元和肌肉细胞相连的部位称为神经肌肉接头，如图 2–8 所示。α 运动神经元在神经肌肉接头处与其支配的肌纤维进行通信。在这个交界处，肌膜形成了一个名为运动终板的袋状结构，而轴突末端突出并嵌入运动终板中。值得注意的是，α 运动神经元的末端并不直接与肌膜发生物理接触，而是被一个名为突触间隙的短间隙隔开。

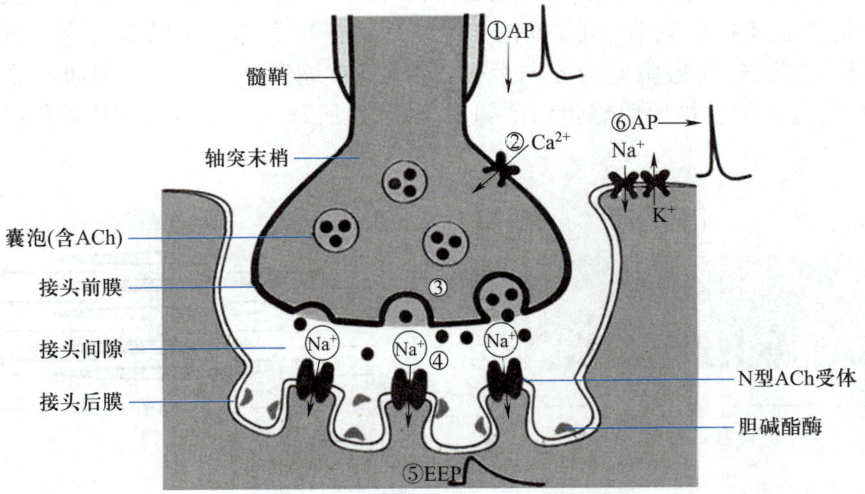

图 2–8　神经肌肉接头的结构

（二）兴奋传递

从 α 运动神经元轴突末端释放的神经递质主要是乙酰胆碱（Ach），神经递质扩散穿过突触间隙，并与肌纤维细胞膜上的受体结合。这种结合通常通过打开钠离子通道引起肌纤维表面去极化，从而允许更多的 Na^+ 进入肌纤维。如果去极化达到阈值，就会形成动作电位。Na^+ 穿过细胞膜进入 T 小管，引发肌纤维收缩。细胞膜一旦去极化，就必须经历复极化。复极化期间，钠离子通道关闭，钾离子通道打开。像神经元一样，肌纤维在这个不应期无法对任何进一步的刺激做出反应，肌纤维表面回归到静息电位。一旦肌纤维的静息电位恢复，肌纤维就可以对另一种刺激做出反应。因此，不应期限制了运动单元的发射频率。以上就是兴奋从神经传递到肌肉的过程。

知识拓展

了解肌萎缩侧索硬化

肌萎缩侧索硬化又称作渐冻症，是运动神经元病的一种。它是指上运动神经元和下运动神经元损伤之后，导致球部（延髓支配的肌肉）、四肢、躯干、胸部、腹部的肌肉逐渐无力和萎缩。渐冻症的早期症状不明显，易与其他疾病混淆。患者可能只有感到无力、肉跳、容易疲劳等一些症状，渐渐进展为全身肌肉萎缩和吞咽困难，最后产生呼吸衰竭。

四、骨骼肌的收缩过程

导学视频 5

（一）肌丝滑行学说

当肌肉收缩时，肌纤维会缩短，这种现象可以用肌丝滑行学说来解释。当肌球蛋白横桥头部被激活时，肌动蛋白与之结合，导致横桥构象发生变化，继而导致肌球蛋白横桥头部倾斜并将细肌丝拖向肌节中心，如图 2-9 所示。横桥头部产生倾斜的这一过程称为动力冲程，其将细肌丝向粗肌丝的方向牵引，导致肌节缩短并产生力。当肌纤维收缩停止时，该位点的分子结合被原肌球蛋白削弱或阻断，但肌球蛋白横桥头部依然保持与肌动蛋白接触。

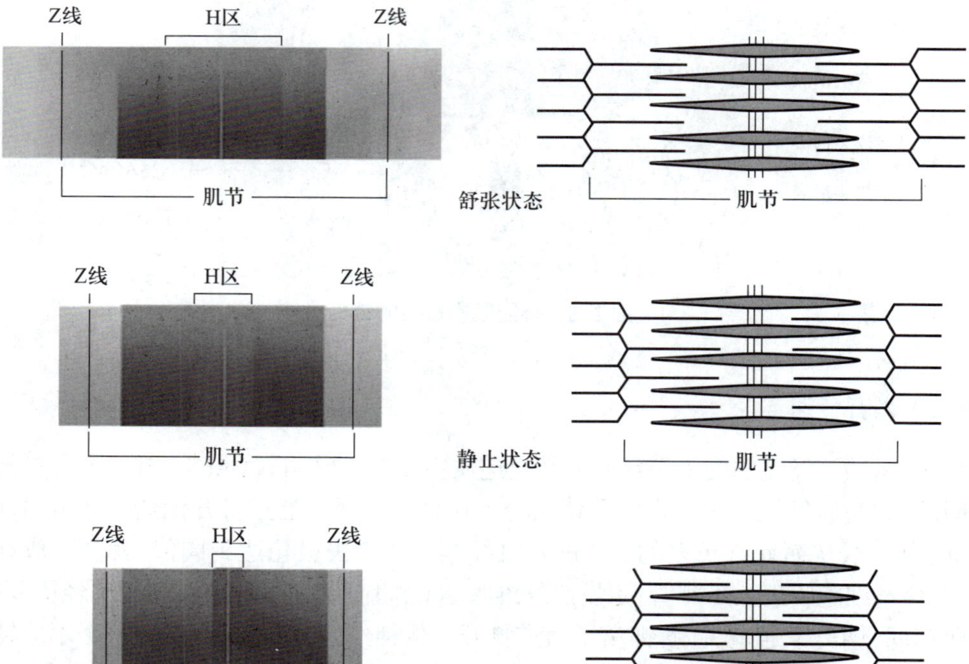

图 2-9　肌原纤维收缩示意图

肌肉中所有横桥的单个收缩周期或动力冲程只会使肌肉缩短其静息长度的1%。而某些肌肉可以缩短其静息长度的60%，显然必须一遍又一遍地重复收缩周期。肌球蛋白横桥头部倾斜后，便脱离活性位点，旋转回其原始位置，并更远地附着到新的肌动蛋白丝活性位点，再一次牵引细肌丝发生运动。重复的动力冲程导致粗细肌丝相向滑过，这就是肌丝滑行学说。这个过程一直持续到肌球蛋白丝的末端到达Z盘，或者直到Ca^{2+}被肌浆网回收。在滑动过程中，细肌丝向肌节中心移动并伸入H区，最终完全覆盖H区，此时H区将不再可见。随着肌节缩短，肌原纤维也缩短，导致肌束内的肌纤维缩短。

（二）骨骼肌收缩的原理

骨骼肌收缩是一个复杂的过程，涉及许多胞内蛋白和能量系统。为了响应来自神经系统的信号，人体会启动骨骼肌收缩，其收缩过程可以用肌丝滑行学说来解释。肌肉收缩的能量来自于肌球蛋白上的ATP酶分解ATP，此酶位于横桥头部。肌肉收缩时，ATP分解为ADP和无机磷酸盐（Pi）并为横桥提供能量，进而牵拉肌动蛋白。肌肉收缩过程始于神经冲动到达神经肌肉接头。此时，运动神经元的动作电位导致乙酰胆碱释放到神经肌肉接头的突触间隙。随后，乙酰胆碱与运动终板上的受体结合，产生终板电位，导致肌纤维表面去极化。这种去极化（即兴奋）沿着横小管传导至肌纤维深处。当动作电位到达肌浆网时，Ca^{2+}被释放并扩散到肌肉中，与一种名为肌钙蛋白的蛋白质发生结合。这是控制肌肉收缩的“触发”步骤。

要了解肌钙蛋白和原肌球蛋白如何控制肌肉收缩，首先需要了解肌动蛋白、肌钙蛋白和原肌球蛋白之间的空间关系，如图2-10所示。肌动蛋白丝是由许多排列成双行且扭曲的蛋白质亚基形成的；原肌球蛋白是一种薄分子，位于肌动蛋白双螺旋结构的凹槽中；肌钙蛋白则直接附着在原肌球蛋白上。这种排列使得肌钙蛋白和原肌球蛋白能够共同调节肌动蛋白和肌球蛋白横桥的结合。舒张状态下的肌肉中，Ca^{2+}的浓度非常低，原肌球蛋白会阻断肌动蛋白上的活性位点，肌球蛋白横桥必须附着在该活性位点上才能产生收缩。然而，当神经冲动到达神经肌肉接头时，它会沿着横小管向下传导至肌浆网，并导致Ca^{2+}的释放。此时，细胞内Ca^{2+}浓度升高，大部分Ca^{2+}与肌钙蛋白结合，这会导致原肌球蛋白构象发生变化，从而使肌动蛋白上的活性位点暴露出来，肌球蛋白横桥得以结合在肌动蛋白上。这种结合会启动肌球蛋白内储存的能量的释放，使每个横桥产生运动，导致肌肉缩短。而新的ATP与肌球蛋白横桥的连接会破坏肌球蛋白横桥与肌动蛋白的结合，使得二者分离，肌球蛋白横桥回到初始状态。当ATP酶再次水解附着在肌球蛋白横桥头部的ATP时，横桥便重新附着到肌动蛋白上的另一个活性位点并再次产生运动。只要游离Ca^{2+}可与肌钙蛋白结合并且ATP可被水解以提供能量，就可以重复该收缩循环。

当神经冲动不再传导至神经肌肉接头处时，肌肉便停止收缩。此时，位于肌浆网内的需要能量的钙离子泵开始将Ca^{2+}回收至肌浆网。肌钙蛋白不再和Ca^{2+}结合会导致原肌球蛋白向后移动以重新覆盖肌动蛋白上的活性位点，使肌球蛋白横桥与肌动蛋白的相互作用停止。

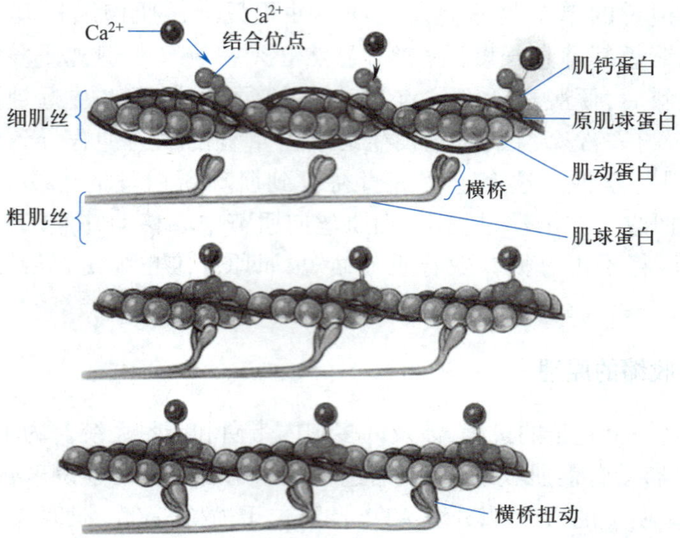

图 2–10　肌原纤维的空间结构

第二节　骨骼肌的特性、肌纤维的类型及其与运动之间的关系

了解肌纤维的结构和收缩过程后，可以更深入地探讨骨骼肌的特性、肌纤维的类型及其与运动之间的关系。骨骼肌是由成千上万的肌纤维组成的，这些肌纤维通过精细的协调作用，使身体能够执行各种复杂的运动。骨骼肌的物理特性和生理特性决定了肌肉在不同类型的运动中的表现。此外，肌纤维类型（如慢肌纤维和快肌纤维）的不同决定了肌肉对于耐力运动和爆发力运动的适应性。了解这些特性，可以更好地设计训练计划，以优化运动表现。

一、骨骼肌的特性与收缩形式

导学视频 6

（一）骨骼肌的特性

1. 骨骼肌的物理特性

伸展性、弹性及黏滞性是骨骼肌的三个物理特性。可以将肌肉看成一根橡皮筋，伸展性允许肌肉在受力时延伸至一定长度，而弹性使其能够在力量移除后又恢复原状。黏滞性则是指肌肉收缩时，内部分子间的摩擦导致额外消耗能量。肌肉的伸展程度与受到的外部力量并非成正比，增加的力量导致的伸展幅度是递减的，并且撤除外部力量后，肌肉长度恢复也非即刻发生。

此外，温度对骨骼肌的物理特性有显著影响。低温增加分子间的摩擦力，提高其黏滞性，降低伸展性和弹性；高温则相反。因此，在运动或比赛前进行充分的准备活动可以通过升温来降低骨骼肌的黏滞性，从而降低人体受伤的风险，并通过增强肌肉的伸展性与弹性来优化人体在运动中的表现。

2. 骨骼肌的生理特性

骨骼肌可展现出兴奋性和收缩性两大生理特性。骨骼肌的兴奋是发生在收缩之前的。兴奋性表现为骨骼肌在合适的刺激下能产生动作电位，而收缩性是指肌肉在受到刺激兴奋后能进行收缩。为激发肌肉的兴奋，所施加的刺激需达到一定的强度、持续时间以及具有一定的强度变化速率。在单次刺激下，肌肉首先产生动作电位，随后进行一次机械性收缩，即单收缩。随着刺激频率的提升，如果连续的刺激发生在前一次收缩的舒张期结束前，各次收缩将发生部分重叠，形成不完全强直收缩。若刺激频率进一步增加，使得后续刺激发生在前一次收缩的收缩期，便会引起完全强直收缩。人体不存在完全的单收缩，否则人会瘫软在地，强直收缩对于维持身体姿势至关重要，如坐姿、站姿的维持。

运动员在训练中经常会遇到肌肉痉挛的情况，其实这就是肌肉的一种自发性强直收缩，剧烈的强直收缩往往会引起肌肉的局部疼痛。例如，足球运动员会发生腘绳肌的痉挛，跑步运动员会发生小腿三头肌的痉挛，游泳运动员会由于长时间绷直脚尖而发生脚部肌肉的痉挛。

（二）骨骼肌的收缩形式

肌肉收缩是粗肌丝和细肌丝相对滑动的结果。肌肉收缩时，其长度并不一定变化。根据肌肉收缩时长度是否有改变以及改变的具体情况，可将肌肉收缩分为向心收缩、离心收缩、等长收缩和超等长收缩四种形式。

1. 向心收缩

肌肉在收缩时长度缩短的收缩形式即为向心收缩。克服阻力举起一个重物，如手持哑铃屈肘时，肱二头肌做的是向心收缩，此时其长度变短，同时其起点和止点位置逐渐靠近，肌腹隆起，关节的角度减小。

向心收缩又可以分为等张收缩和等动收缩。等张收缩是指张力保持恒定而长度发生变化的肌肉收缩，等张收缩是理论意义上的，因为在整个关节活动的范围内，张力是不可能完全相同的。等动收缩则是指在关节活动的全范围内，肌肉的收缩速度完全相等。等动收缩可以通过等动练习器来锻炼，该方法被证实对发展肌肉的力量非常有效。

2. 离心收缩

肌肉在收缩时长度增大的收缩形式即为离心收缩。离心收缩能够产生较大的力量，这是因为肌纤维中的结构性肌巨蛋白起着弹簧作用。当肌肉被拉长时，肌巨蛋白也被拉长，会增加细肌丝中的肌动蛋白和粗肌丝中的肌球蛋白产生的力量。例如，在健身房锻炼时，放下手中的杠铃，肌肉做的就是离心收缩。又或者，人从高处跳下时，需要落地缓冲，此时大腿前方的股四头肌、臀后的臀大肌在收缩的同时会被拉长，从而可以起到缓冲的作用，减小关节所受到的冲击力，防止损伤发生。

3. 等长收缩

肌肉在收缩时长度能够保持恒定，而张力却发生变化的收缩形式，即为等长收缩。在该收缩形式下，肌肉张力可增至最大，但由于不存在空间上的移动（位移为0），从物理角度上讲肌肉并没有对外做功，然而仍需要消耗大量的能量。因为肌肉的收缩成分积极收缩产生了很大的张力，该张力促使肌肉的弹性成分拉长以抗衡外加负荷。例如，做推墙的动作时，上肢肌肉的收缩为等长收缩。肌肉的等长收缩是支持、固定和保持特定人体姿势的基础。

4. 超等长收缩

超等长收缩是一种复合式收缩形式，指肌肉先被拉长做离心收缩，然后再做向心收缩。实践中，超等长收缩训练应用广泛。肌肉做超等长收缩时，动作转换快，具有牵张反射的特点。弹性能量的产生、储存以及再利用过程和中枢神经的反射性调节作用是肌肉超等长收缩既经济又高效的主要原因。

从 20 世纪 70 年代起就受到关注的“快速伸缩复合训练”其实就是让肌肉在尽可能短的时间内做超等长收缩达到最大力量的练习。例如，篮球运动员扣篮时起跳的动作就是先拉长臀大肌、股四头肌、小腿三头肌产生一个弹性势能，加上牵张反射的作用，然后在短时间内让肌肉做向心收缩，产生更大的肌肉收缩力量。

二、肌纤维类型与运动能力

导学视频 7

不同类型的肌纤维的收缩表现和基础生理特征是不同的。要确定肌纤维的类型，方法之一是肌肉组织活检，因为会产生伤口，在人体取样比较困难。这种方法采用肌肉活检针从肌肉组织切口中移除少量肌肉组织，紧接着快速冷冻肌肉组织并进行处理，采用多种分析方式来确定肌肉的生物化学特性和收缩特性。

（一）肌纤维的类型

肌纤维可以通过多种分类方法进行区分，根据不同的分类标准，肌纤维可以分为不同的类型。

1. 按收缩速度划分

根据收缩速度的不同，肌纤维可分为快肌纤维和慢肌纤维两类。

2. 按收缩和代谢特征划分

根据收缩和代谢特征的不同，肌纤维可分为快缩–糖酵解型（fast glycolytic，FG）、快缩–氧化–糖酵解型（fast oxidative glycolytic，FOG）和慢缩–氧化型（slow oxidative，SO）三类。

3. 按收缩特性和色泽划分

根据收缩特性和色泽的不同，肌纤维可分为快缩白、快缩红和慢缩红三类。

4. 按肌球蛋白重链亚型划分

肌球蛋白由两条重链和两条轻链构成，其中肌球蛋白重链（myosin heavy chain，MHC）是决定肌球蛋白特性的关键因素，也是肌纤维类型的重要标志蛋白。在哺乳动物的骨骼肌中，存在着四种主要的 MHC 异形体，分别是 MHC–Ⅰ、MHC–Ⅱa、MHC–Ⅱx（或 MHC–Ⅱd）和 MHC–Ⅱb。通常，MHC–Ⅱx（或 MHC–Ⅱd）被视为一种过渡形态，它极少参与低强度运动，只有在极高强度运动时才会被动员起来。据研究，运动训练、衰老、电刺激可能导致 MHC 表型的改变，微重力状态、模拟失重等特殊环境也可能导致 MHC 表型的改变。

肌纤维根据不同的标准进行划分的分类及其相应的关系见表 2–1。

表 2–1 肌纤维分类对应表

按收缩速度划分	按收缩和代谢特征划分	按收缩特性和色泽划分	按肌球蛋白重链亚型划分	
快肌纤维	FG	快缩白	MHC–Ⅱ	MHC–Ⅱb
	FOG	快缩红		MHC–Ⅱa
慢肌纤维	SO	慢缩红	MHC–Ⅰ	

（二）不同类型肌纤维的形态、机能及代谢特征

1. 形态特征

肌纤维的形态特征因类型而异，主要差异如下：①快肌纤维通常具有较大的直径，相比之下慢肌纤维的直径较小。②快肌纤维的肌浆网比慢肌纤维更为发达。③慢肌纤维周围的毛细血管密度更高，这使得慢肌纤维具有更优越的血液供应。④慢肌纤维含肌红蛋白多，颜色较快肌纤维更深一些。⑤相较于快肌纤维，慢肌纤维含有更多、更大的线粒体。

2. 机能特征

在收缩时，快肌纤维具有较快的收缩速度，而慢肌纤维则收缩较慢。含有较多快肌纤维的肌肉在收缩时能够产生更大的力量。因此，含有较高比例快肌纤维的肌肉，无论在收缩速度还是力量上，都优于含有较高比例慢肌纤维的肌肉。但慢肌纤维在抵抗疲劳方面的能力显著优于快肌纤维。

3. 代谢特征

慢肌纤维有氧能力较强，其氧化酶系统表现出较高的活性，如细胞色素氧化酶（CYTOX）、苹果酸脱氢酶（MDH）和琥珀酸脱氢酶（SDH）等。慢肌纤维内的线粒体数量众多且体积较大，线粒体蛋白的含量也相对较多，这使得慢肌纤维氧化脂肪的能力是快肌纤维的四倍。相反，快肌纤维中与无氧代谢相关的一些关键酶活性较高，包括镁-三磷酸腺苷酶（Mg-ATPase）、肌酸激酶（CK）和乳酸脱氢酶（LDH）等。这表明快肌纤维在无氧代谢方面的能力优于慢肌纤维。这些差异揭示了快肌纤维和慢肌纤维在生理功能和代谢特征上的不同。

（三）肌纤维类型与运动项目

大多数肌肉中快慢肌纤维的比例相当。但是，不同运动项目的运动员的快慢肌纤维比例会有较大的差异。例如，50 m 跑、举重等短时间、高强度的运动主要依赖快肌纤维，这些项目的运动员的下肢含有较高比例的快肌纤维。而万米长跑、马拉松等需要长时间耐力的运动则主要依赖慢肌纤维，相关运动员的下肢 90% 的肌纤维为慢肌纤维。中长跑和自行车项目的运动员则同时需要良好的有氧和无氧能力，他们的快慢肌纤维比例较为均衡。然而，运动成绩的优劣不仅取决于肌纤维的类型比例，还受到体能、运动技战术和赛前状态等多种因素的影响。

三、运动训练对肌纤维的影响

训练是否可以引起肌纤维类型的转变？关于这一问题，主要存在两种观点。一种观点是“自然选择”，其支持者认为肌纤维的组成是先天决定的；另一种观点是“训练适应”，其支持者认为通过长期系统的训练，运动员肌纤维的组成能够发生适应性变化，从而提升运动能力。关于肌纤维类型转变问题仍有争论，但目前普遍认为，运动训练能在一定程度上影响肌纤维的结构和功能。

（一）肌纤维选择性肥大

训练可以引起肌纤维横截面积的选择性增大。研究显示，长跑等耐力训练主要促使慢

肌纤维发生适应性改变,变得肥大;而举重等力量训练则主要使快肌纤维发生适应性改变,变得肥大。有的训练能使快慢肌纤维的横截面积都有所增加,但快肌纤维的增加更为显著,如速度短跑。这些变化反映了肌纤维对不同训练刺激的响应性。

(二)酶活性的变化

耐力训练和速度训练对运动员肌肉的生化特性有不同的影响。长跑等耐力训练增强了腿部肌肉中与氧化供能相关的琥珀酸脱氢酶的活性,而对与糖酵解和磷酸化相关的乳酸脱氢酶和磷酸化酶的活性影响不大。相比之下,短跑等速度训练则显著提高了乳酸脱氢酶和磷酸化酶的活性。中跑运动员的腿部肌肉酶活性则介于长跑运动员和短跑运动员之间。

此外,耐力训练能显著提高慢肌纤维的线粒体数量和容积密度,增强其有氧代谢能力,也能促进快肌纤维的有氧代谢适应性变化。而大重量的负重训练却使肌纤维面积增加而线粒体的容积密度下降,反而降低有氧代谢能力。

问与答

问:专项训练对肌纤维类型有何影响?

答:越来越多的实验证明,专项训练可以使肌纤维类型发生适应性改变,转变的中介是快C纤维。长期高强度耐力训练能够促使快肌纤维向慢肌纤维转变。速度和力量训练则主要导致肌纤维在某些结构和代谢功能上的变化。然而,肌纤维类型是否能彼此转换仍需未来的研究进一步验证。

四、运动对骨骼肌形态和机能的影响

(一)延迟性肌肉酸痛

延迟性肌肉酸痛(delayed onset muscle soreness, DOMS)是指进行了不熟悉或强度较大的运动之后,在24~72 h内出现的肌肉痛感及相关症状,这种痛感可能持续数天。DOMS通常不是在运动过程中或完成后立即发生,而是随着时间推移逐渐加剧。它的典型症状包括肌肉疼痛、僵硬、肿胀和力量下降。

(二)骨骼肌纤维超微结构改变

当人们进行超出平时运动能力范围的运动时,肌纤维会出现微小的撕裂,这些小损伤随后引发炎症反应,导致疼痛和僵硬。骨骼肌在发生延迟性肌肉酸痛的同时,也会发生延迟性的骨骼肌纤维超微结构变化。肌肉做离心收缩比做向心收缩更容易产生肌纤维的结构损伤,延迟性肌肉酸痛更加严重。肌纤维超微结构的改变表现为肌节、Z带、M线的变化:肌节缩短,Z带变得扭曲、增宽或部分至全部消失,M线变得模糊、扭曲或消失,粗细肌丝之间的相对位置也会出现紊乱,有时甚至会出现肌丝的断裂或消失。

知识拓展

延迟性肌肉酸痛的防治

在运动前对运动员进行高温预处理可提升肌肉中热休克蛋白的浓度，有助于减轻骨骼肌延迟性肌肉酸痛。此外，针灸、静力拉伸和推拿等恢复措施也能有效缓解大负荷运动后的DOMS和超微结构损伤。

肌电图在体育科研中的应用

肌电图广泛应用于测定神经传导的速度，检测神经和肌肉的机能状态，评价肌力大小，还可以进行体育动作分析。

案例分析题

小李进行了一次长时间的慢跑训练，路程超过10 km，结果第二天早上起床时感到全身肌肉酸疼。酸疼的部位主要集中在腿部，尤其是大腿前侧和小腿后侧。请分析小李产生这种情况的原因以及训练会对肌肉产生的影响。

第三章　运动与氧气运输系统

学 习 导 航

关键名词	学习目标	知识拓展
1. 红细胞比容； 2. 血清； 3. 运动性贫血； 4. 心输出量； 5. 射血分数； 6. 血压； 7. 窦性心动徐缓； 8. 潮气量； 9. 肺活量； 10. 余气量。	1. 了解血液的理化特性； 2. 掌握血液的生理功能； 3. 掌握心肌的生理特征和心脏泵血功能的评定； 4. 掌握影响动脉血压的因素； 5. 掌握运动对心血管机能的影响； 6. 了解运动训练对呼吸机能的影响； 7. 掌握肺通气机能指标测定的意义和评定方法； 8. 培养生命意识和创新理念。	瓦尔沙瓦现象。

当人体吸气时，空气通过呼吸道被吸入肺部，氧气通过肺泡进入血液循环。血液携带氧气输送至全身的组织细胞，细胞内的线粒体利用氧气进行代谢作用，产生储存能量的 ATP。组织细胞经过代谢过程产生的二氧化碳随血液返回肺部，并通过呼吸排出体外。本章将围绕运动与血液、循环机能、呼吸的关系展开相关内容的介绍。

第一节　运动与血液

血管就像一条条长长的河流，其内部循环流动着血液，血液是体液的一部分。人体体重的大约 60% 为体液，它包含了人体内的水分及溶解在水中的成分。体液可以分为两类：细胞内液和细胞外液。细胞内液位于细胞膜之内，细胞外液包括血浆、组织液和脑脊液等，存在于细胞膜之外。细胞外液是细胞直接接触的环境，称为内环境，内环境与细胞新陈代谢有关。内环境的稳定性对保持身体的生理功能正常运作极为重要。

人体在相对安静的状态下，内环境的化学成分和理化特性会维持在一定的范围内，形成稳态。然而，人体在剧烈运动时，渗透压、酸碱度等的显著变化可能会打破这一稳态，为了恢复内环境的稳态，人体会通过各种机能调整来维持内环境的动态平衡。

一、血液的组成与功能

（一）血液的组成

血液是由液态的血浆和固态的血细胞构成的一种流体组织，在心血管系统中循环流动。通常情况下，成人的血液总量为体重的 7% ~ 8%，这些血量分为循环血量和贮存血量两大部分。人体在安静状态时，大量血液在心血管系统中迅速循环，这部分血液称为循环血量；除此之外，还有一部分血液在肝脏、肺部、腹腔静脉及皮下静脉网等地缓慢流动，这些血液因富含红细胞和血小板，称为贮存血量，这些区域则形成了血液的储备库。不同人群的血量也有所不同：幼儿的每千克体重血量通常高于成人，男性血量高于女性，而运动员的血量则高于普通成年人。

从血管中直接抽取的血液即为全血。如果将取出的血液放到加了抗凝剂的试管中，静置或者离心沉淀后，可以观察到试管内的血液分为明显的三层，如图 3-1 所示。上层为血浆，呈透明的淡黄色，占全血的 50% ~ 60%；下层颜色比较深，是呈暗红色的红细胞，占全血的 40% ~ 50%；中间还有一薄层，呈白色，为白细胞和血小板，约占全血的 1%。

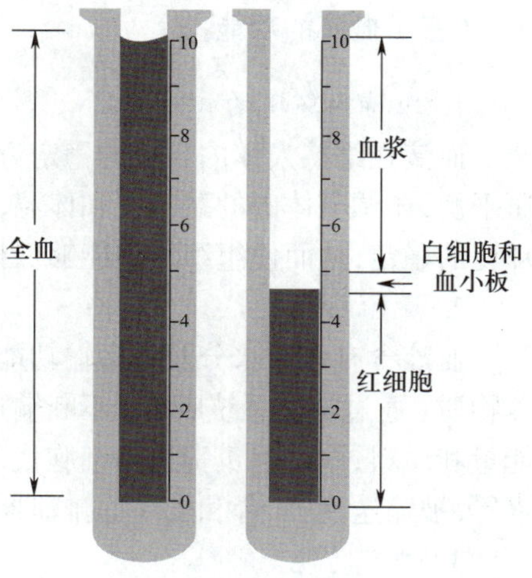

图 3-1　血液的组成

血细胞占血液的容积百分比称为血细胞比容。由于红细胞占到血细胞成分的 99% 以上，而白细胞和血小板总共占比不到 1%，故血细胞比容很接近血液中的红细胞比容。红细胞比容（红细胞压积）是指红细胞在全血中所占的体积百分比。通常，健康成年男性的红细胞比容为 40% ~ 50%，女性为 37% ~ 48%。血浆作为血液中的液态成分，一般占全血的 50% ~ 60%。血浆主要由水构成，水分占其总量的大约 93%。此外，血浆还包含约 1% 的无机物，主要是以电解质形式存在的各种离子。血浆中还含有多种酶、激素、抗体以及代谢产物等重要物质。

在进行短时间的运动时，血浆量通常保持相对稳定，但在长时间的运动中，血浆量可能会减少 10% ~ 15%。如果在高温下运动，运动强度比较高，运动时间又长，会导致机体大量出汗，血浆量的减少可能会更加显著。血浆量的下降不仅会影响运动表现，还会增加血液的黏稠度，从而降低心脏的输出量和有氧运动能力。特别是血浆量下降使红细胞比容超过 60% 时，人体的疲劳感会显著增加。

（二）血量

血量即全身血液的总量，对于正常成年人而言，血量占体重的 7% ~ 8%。血量的多寡受到个体的体型和训练状态的影响，身材较高大或耐力训练水平较高的人往往具有更多的血量。一般来说，男性的血量高于女性，男性的血量为 5 ~ 6 L，而女性则为 4 ~ 5 L。

血量保持稳定，生命活动才能正常维持。在正常情况下，成人如果失血量不超过总血量的10%，血量及其主要成分通常能迅速恢复到正常水平。因此，轻微的失血，如常规的献血200～300 mL，通常不会对健康造成明显影响。然而，当失血量达到总血量的20%时，人体的代偿机制难以完全恢复正常，可能会出现血压下降、四肢冰冷、乏力、脉搏加快、恶心和眩晕等症状，严重时甚至可能导致昏厥，此时急需进行输血或输液处理。若失血量继续增加，超过总血量的30%，则可能危及生命。

血量的变化受到多种因素的影响，包括运动类型、运动强度、运动持续时间、环境的温度和湿度以及运动者的训练水平等。例如，进行短时高强度的运动后，血浆和血细胞的容量都会有显著的增加，尤其是血细胞容量的增加更为明显。相反，进行长时间的耐力运动后，特别是在高温环境下，会导致血浆损失增加，随着运动时间的延长和体温的升高，血浆量可减少约10%。此外，研究显示，在高温条件下进行的运动如果引起体重下降3%～8%，血浆量可能减少6%～25%。这些变化表明，运动对血量的影响是复杂且多变的，需要根据具体情况来调整和预防。

（三）血液的功能

1. 维持内环境的相对稳定

血液在维持人体内环境的稳定方面起着至关重要的作用。它不仅保持水分平衡和渗透压平衡，还调节体内的酸碱度和体温，以及确保血液中有形成分的稳定。这些功能确保了内环境的稳定，从而使组织细胞能够保持正常的代谢、兴奋性和生理功能。

2. 运输功能

血液含有大量水分及有运输功能的血细胞，它不仅能将氧气（通过呼吸器官吸入）和营养物质（通过消化系统吸收）不断输送到身体的各个角落，为组织细胞提供代谢活动所需的能量和原料，同时也负责运输细胞代谢过程中产生的废物。这些废物包括二氧化碳、水和尿素等，被输送到肺、肾和皮肤等排泄器官，从而有效地排出体外。

3. 调节功能

血液通过运输内分泌腺分泌的激素到各个靶器官，从而调节各器官的功能活动，发挥体液调节的功能。可见，血液是连接神经系统与体液调节系统的重要媒介。

血液还有调节体温的重要作用。当人体处在高温环境时，皮肤的血管会舒张，使得血液更多地流向体表，将体内产热器官（如肌肉等）产生的热量带到体表散发出去，帮助机体降低温度；相反，当人体处在低温环境时，皮肤的血管则会收缩，减少血液流向体表，从而减少热量散失，帮助维持体温。

4. 防御和保护功能

血液中的白细胞是人体免疫系统的重要组成部分，它们能够吞噬并分解侵入体内的微生物和体内的坏死组织，这一过程称为细胞防御。此外，血浆中含有丰富的免疫物质，如抗毒素和溶菌素等多种抗体，这些抗体对于身体的防御机制至关重要。它们能够有效识别并中和外来的细菌及毒素（统称为抗原），从而有效对抗或消灭这些潜在的威胁。通过这种方式，抗体在血浆中的存在显著降低了传染性疾病的发生风险，增强了人体的免疫防御能力。

血液中的血小板不仅有止血的作用，还能起到加速血液凝固的作用。例如，当手被小刀割破一个小伤口时，血小板会起到保护作用，它会迅速聚集到受伤的部位，促进血液凝固，有效阻止伤口继续流血。

上述保护机制共同确保了人体在面对外部侵害和内部损伤时的安全和稳定。

二、血液的化学成分和理化特性

（一）血液的化学成分

全血的组成如图 3–2 所示。血浆中占比较大的成分是水分，仅有一小部分是固体物质。在这些固体物质中，绝大部分是血浆蛋白。此外，血浆中还含有电解质、气体、代谢废物和激素等。这些成分是决定血浆理化特性的物质基础。血浆的化学成分及其生理功能见表 3–1。

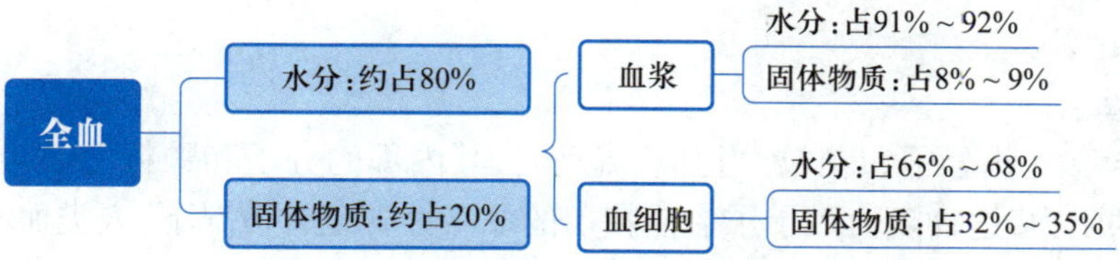

图 3–2　全血的组成

表 3–1　血浆的化学成分及其生理功能

血浆成分		特性/功能
水分（91%～92%）		血浆和血细胞中各种物质的溶剂
血浆蛋白（6%）	白蛋白（54%）	维持血液与组织液渗透压
	球蛋白（38%）	脂类与金属离子载体；抗体
	纤维蛋白原（7%）	凝血因子，促进血液凝固
电解质：Na^+、K^+、Ca^{2+}、Mg^{2+}、Cl^-、HCO_3^-、SO_4^{2-}、HPO_4^{2-} 气体：O_2、CO_2、N_2		维持血浆渗透压、酸碱度以及神经肌肉的正常兴奋性等
营养物质	葡萄糖	能源物质
	氨基酸	蛋白质组成单位
	脂类	包括脂肪、磷脂和固醇
	胆固醇	质膜及类固醇激素的成分
代谢物	尿素	蛋白质降解产物
	肌酸酐	肌酸和磷酸肌酸代谢的终产物、肌肉分解产物
	尿酸	核酸降解产物
	胆红素	血红蛋白降解产物
	激素	参与体液调节

（二）血液的理化特性

血液含有液态的血浆和固态的血细胞，血浆含有大量的水和多种化学物质。血液四个方面的理化特性介绍如下。

1. 颜色和比重

血液中含有红细胞，红细胞中的主要成分是血红蛋白，血液因血红蛋白而呈现红色。红色的深浅主要由两个因素决定：一是红细胞内血红蛋白的含量，二是血红蛋白的含氧量。动脉血因含氧量高呈现鲜红色；而静脉血由于含氧量较低，呈现暗红色。

正常人的全血比重为 1.050 ~ 1.060，这一比重主要与红细胞的数量和血浆中蛋白质的含量有关。具体来说，红细胞的比重为 1.090 ~ 1.092，而血浆的比重则为 1.025 ~ 1.034。这些细微的比重差异对于医学和生物学研究来说具有重要意义，能帮助科学家和医生了解和诊断各种血液疾病。

2. 黏滞性

血液中含有一些分子和颗粒，当血液流动时，其内部的分子和颗粒之间会相互摩擦，由此产生一定的阻力，这种阻力赋予了血液特定的黏滞性。正常情况下，人类血液的黏滞性是水的 4 ~ 5 倍，而血浆的黏滞性则为水的 1.6 ~ 2.4 倍。这种黏滞性是血液流动特性的重要组成部分，对于维持正常的血液循环和功能至关重要。

血液黏滞性的高低主要受红细胞数量、血浆蛋白含量多少的影响，此外，红细胞的形状、在血液中的分布特性、表面结构、内部状态、变形能力及其相互作用等因素也对血液黏滞性有重要影响。例如，在高原环境中训练，由于空气稀薄、氧分压低，肾脏分泌的促红细胞生成素增加，红细胞生成数量会增多，从而导致血液黏滞性升高。而在长跑运动中，大量出汗可能导致血浆量下降，血液发生浓缩，红细胞比容相对增大，血液黏滞性增加，从而使血流阻力加大，心脏负担加重，甚至可能因此导致血流减少，进而使组织获得的氧气量下降。此外，环境温度过低也会增加血液的黏滞性。因此，在运动前进行适当的准备活动可以提高体温，有效降低血液黏滞性和血流阻力，从而提高血液的氧运输效率。

3. 渗透压

血浆渗透压是指在血浆中，使得水分子通过半透膜进行移动的驱动力，这种驱动力是由血浆中的溶质（包括电解质、蛋白质和其他溶解物质）的浓度导致的。

血浆的渗透压在维持血细胞的正常形态和理化性质方面发挥着十分重要的作用，是保持细胞正常功能所必需的条件之一。在渗透压的作用下，水分子会从渗透压较低的一侧通过半透膜向渗透压较高的一侧迁移。渗透压的大小与溶质的颗粒数目成正比，而与溶质的类型或颗粒大小无关。

血浆渗透压主要由晶体渗透压和胶体渗透压两部分组成，其中晶体渗透压由电解质形成，主要来自 Na^+、Cl^-；而胶体渗透压则主要由蛋白质形成，以白蛋白为主，其次是球蛋白。尽管胶体渗透压相对较小，它却在防止过多水分从毛细血管渗透出来，维持血管内外水平衡中起着至关重要的调节作用。血浆渗透压保持在适当水平有助于确保细胞不会因过度吸水而膨胀或因失水而皱缩，从而保持细胞结构和功能的稳定。

在体温正常（37 ℃）时，人体血浆的渗透压约为 5 800 mmHg（1 mmHg=0.133 kPa）。当溶液的渗透压与这一值相近时，该溶液称为等渗溶液，如 0.9% 的 NaCl 溶液（通常称为生理盐水）和 5% 的葡萄糖溶液。如果某一种溶液的渗透压高于血浆的正常渗透压，这种溶液称为高渗溶液；反之，则称为低渗溶液。

通常情况下，血细胞和组织细胞的渗透压与血浆渗透压保持一致。如图 3–3 所示，在高渗的 NaCl 溶液中，由于溶液的强烈吸水作用，红细胞会失去水分并发生皱缩，进而丧失其功能。相反，在低渗的 NaCl 溶液中，水分过量进入红细胞内，导致红细胞膨胀并最终破裂。在这种情况下，红细胞发生解体，血红蛋白被释放出来，这一过程称为红细胞溶解（溶血）。红细胞对低渗溶液的抵抗力各不相同，这表明红细胞的脆性存在着差异。对低渗溶液的抵抗力较弱的红细胞表现出较大的脆性，而抵抗力较强的红细胞则显示出较小的脆性。这一特性对于理解和评估红细胞的健康状况具有重要意义。

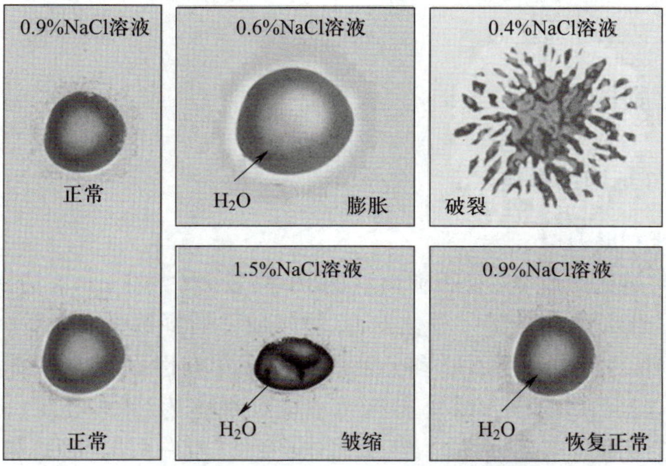

图 3–3　红细胞在不同浓度溶液中的变化

在剧烈的肌肉运动过程中，由于大量排汗导致水分丢失，同时由于机体代谢增加导致大量代谢产物（如乳酸）的积累，血浆渗透压会出现短暂的升高；反之，大量饮水后，血液被稀释，血浆渗透压则会相应降低。但是，机体渗透压的变化可以通过肾脏及皮肤功能的变化进行相应的调节，从而使渗透压保持在一个相对稳定的水平。例如，长跑运动员因为长时间运动大量出汗时，血浆渗透压升高，下丘脑感受到这一变化，使垂体后叶分泌抗利尿激素增加，减少尿液的排出；同时，渗透压升高也会刺激中枢，让人产生口渴的感觉，促使饮水的行为，从而降低血浆渗透压。渗透压的精细调控机制可以维持人体内环境的稳定，支持身体各项功能的正常运作。

4. 血浆 pH

正常情况下，人体血浆的 pH 维持在 7.35 ~ 7.45，平均值约为 7.4。人体对酸和碱有一定的耐受能力，能够耐受的 pH 变化范围为 6.9 ~ 7.8。血浆 pH 的稳定性依赖于血液中的缓冲系统以及肺和肾等器官的正常功能。血液中的缓冲体系位于血浆和红细胞内。血浆中的缓冲对主要有：$NaHCO_3/H_2CO_3$、蛋白质钠盐/蛋白质、Na_2HPO_4/NaH_2PO_4。红细胞中的缓冲对主要有：$KHCO_3/H_2CO_3$、血红蛋白钾盐/血红蛋白、氧合血红蛋白钾盐/氧合血红蛋白、K_2HPO_4/KH_2PO_4。

在所有的缓冲对中，位于血浆中的 $NaHCO_3/H_2CO_3$ 这一缓冲对最为重要。在正常情况下，$NaHCO_3/H_2CO_3$ 比值为 20∶1。通过呼吸功能调节血浆中的 H_2CO_3 浓度，通过肾脏调节血浆中的 $NaHCO_3$ 浓度，以及通过代谢等方面的配合作用，机体可以维持该正常比值。$NaHCO_3$ 是缓冲血液中酸性物质的重要成分，碱储备就是以每 100 mL 血浆的 $NaHCO_3$ 含量来表示的。当体内酸性物质（如肌肉运动时产生的乳酸）增加时，进入血浆后即与 $NaHCO_3$ 反应生成 H_2CO_3。H_2CO_3 是一种弱酸，不稳定，在碳酸酐酶的作用下可迅速分解为 CO_2 和 H_2O，CO_2 可以随呼吸排出体外。当体内碱性物质增加时，与酸反应生成弱酸盐，从而使碱性下降。

如果要保持生命活动和各种代谢的正常进行，内环境相对稳定很重要，而血浆的 pH 是维持内环境稳态的重要因素之一。当血浆 pH 偏离正常范围时，会影响多种酶的活性，导致细胞的代谢、兴奋性等生理过程受到影响。血浆 pH 波动太大可能导致严重的健康问题（如酸中毒或碱中毒），甚至危及生命。

三、运动对血细胞的影响

（一）运动对红细胞的影响

1. 红细胞的生理特性

成熟的红细胞是无细胞核、双凹圆盘状的，中央较薄（约 1 μm），边缘较厚（约 2 μm），直径约 6～9 μm。红细胞在骨髓中分化发育、增殖成熟后释放进入血管，在血管中运行 120 天后主要被肝、脾中的巨噬细胞吞噬和分解。我国成年女性血液中红细胞为（3.8～4.6）$\times 10^{12}$ 个/L，平均为 4.2×10^{12} 个/L；成年男性血液中红细胞为（4.5～5.5）$\times 10^{12}$ 个/L，平均为 5.0×10^{12} 个/L。红细胞具有运输功能，红细胞中的血红蛋白可以与 O_2 和 CO_2 结合；红细胞内存在缓冲对，可以调节血浆 pH，维持酸碱平衡。

2. 运动对红细胞的影响

运动会使红细胞的数量发生一定程度的变化，这一变化与运动的类型、强度和持续时间等因素密切相关。通常来说，如果进行的是短时间、高强度的爆发性运动，红细胞数量的增加比长时间的耐力运动更加显著。在相同的运动时间内，红细胞数量的增加与运动量有关，运动量越大，红细胞数量的增加也就越多。一次运动后即刻观察到的红细胞数量增加，主要是因为运动所引起的血液重新分布及血浆浓缩效应。运动中红细胞数量的增加是暂时性的，在运动结束后开始逐渐恢复，通常 1～2 h 即可恢复到先前正常的水平。

运动员在经过长期的系统训练之后，血浆量增加，但是红细胞增加不显著。因此，其单位体积血液中的红细胞数量和血红蛋白含量相对较低，但红细胞总数和血红蛋白总量较高。经过长时间系统训练的运动员在安静状态下，红细胞浓度和红细胞压积较低，同时血液中的红细胞具有更强的变形能力，这有助于红细胞更轻松地穿过狭窄的毛细血管。这种生理变化有利于减少血液的黏滞性，降低循环系统的阻力，从而有效减轻心脏的负荷，并可能增强血液的携氧能力。

问与答

问：什么是“运动员血液”？

答：“运动员血液”是指经过系统训练的运动员的血液经历了一系列适应性变化之后，具有一些不同于普通人的生理特质。其生理特质主要表现在红细胞总数和血红蛋白总量较高、纤维蛋白溶解作用增强、血量增加、红细胞变形能力提升以及血流阻力降低等。这些变化是人体对持续运动训练的生理响应，有助于提高运动表现和耐力。值得注意的是，“运动员血液”的这些生理特性在停止运动训练后会逐渐恢复到正常状态。

（二）运动对白细胞的影响

1. 白细胞的生理特性

白细胞也叫白血球，其体积大于红细胞，是无色且具有细胞核的球形细胞，为人体免疫系统的重要组成部分。白细胞的形态多样，根据其形态的不同，白细胞可以分为粒细胞、淋巴细胞和单核细胞三种类型。粒细胞根据染色性质的不同，进一步分为中性粒细胞、嗜酸性粒细胞和嗜碱性粒细胞，如图 3–4 所示。白细胞在血液中的数量较少，在抵抗疾病的过程中起重要作用。健康成年人在安静状态下，血液中的白细胞总数通常为（4～10）× 10^9 个/L，这一数值会随年龄和生理状态的变化而变化。例如，在一天中，白细胞的数量是波动的，下午的白细胞数量通常高于上午。在多种情况下，如进食、炎症、身体损伤、情绪变化或剧烈运动等，白细胞的数量都可能会有显著的增加。这些变化是身体对不同内外环境因素做出反应的一部分，显示出免疫系统在维护健康和抵抗疾病方面的活跃性和适应性。

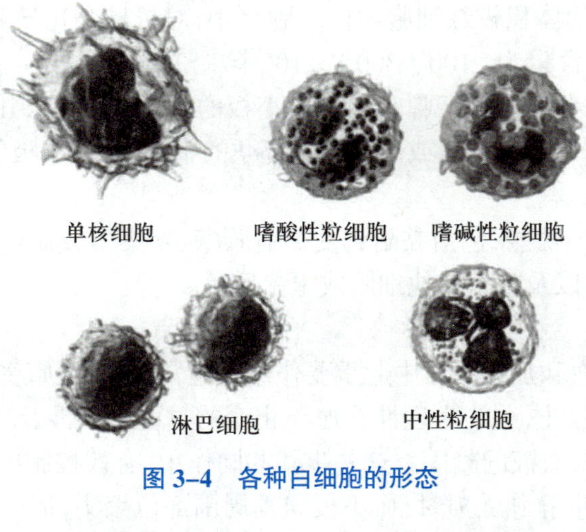

图 3–4 各种白细胞的形态

白细胞是人体免疫系统的重要组成部分，它们具备多种生理特性，包括渗出性、变形运动能力、化学趋向性以及强大的吞噬作用。这些特性使得白细胞能有效地参与对抗感染和维护身体健康。

白细胞的产生始于骨髓中的造血干细胞，不同类型的白细胞具有不同的寿命。中性粒细胞在进入组织后的 4～5 d 会衰老并死亡，或通过消化道被排出体外。中性粒细胞是重要的吞噬细胞，它们在血管内的停留时间通常为 6～8 h，之后穿越血管壁进入组织发挥作用，并不返回血液循环。单核细胞在血液中的停留时间为 2～3 d，随后它们迁移到组织中，并发展成为成熟的巨噬细胞，这些巨噬细胞在组织中可以存活大约 3 个月。淋巴细胞可根据生长发育的过程、细胞表面标志和功能的不同分为 T 细胞、B 细胞和自然杀伤细胞。淋巴细胞的寿命不易准确测定，这是因为这类细胞频繁在血液、组织液和淋巴液之间循环。

2. 运动对白细胞的影响

运动员与非运动员相比，安静时其血液中的白细胞总数以及各类白细胞的比例并未出现显著差异。差异出现在运动后，运动员血液循环中的白细胞总数会显著增加，特别是在进行最大负荷运动后立即停止时，白细胞总数和淋巴细胞数量的增加幅度达到最大。此外，无论运动持续多长时间，淋巴细胞数量的增加幅度总是超过白细胞总数的增加幅度。这一现象表明，运动对白细胞的影响是复杂的，尤其对淋巴细胞的激活和调节具有显著效果。

研究表明，运动后白细胞的恢复速度受到运动强度大小和持续时间长短的显著影响。具体而言，更高的运动强度和更长的运动时间会延长白细胞恢复到正常水平的时间。如果白细胞数量的变化幅度较小且时间短暂，通常不会影响到免疫功能；相反，较大的变化幅度和较长的持续时间可能会导致免疫功能的下降。因此，为了维护和提升免疫力，选择适当的运动强度和时间尤为重要。

（三）运动对血小板的影响

1. 血小板的生理特性

血小板也称为血栓细胞，它们是无色的，是由骨髓中的巨核细胞产生的一种具有生物活性的细胞碎片。它们的体积较红细胞和白细胞更小，对机械和化学刺激非常敏感。正常成人外周血中血小板的含量为（100～300）×10^9 个/L，其数量可在一天中有 6%～10% 的变化，全身 1/3 以上的血小板储存于脾脏内。血小板的寿命为 8～12 d，且代谢十分旺盛。在一些特定情况下，如剧烈运动之后或是女性在怀孕的中晚期，血小板的数目往往会上升。

2. 血小板的功能

血小板有多种生理功能，包括黏附到受损血管壁、聚集形成血栓、通过释放反应促进凝血过程、参与血管收缩以及吸附其他细胞或蛋白质等。

（1）止血和凝血

血小板在促进凝血和加速止血中起重要作用。通常，当小血管受损导致出血时，这种出血会在几分钟内自行停止，称为生理性止血。止血的过程主要涉及三个阶段：血管的收缩、血小板血栓的形成以及血液的凝固。这些步骤共同作用，有效控制出血。

当毛细血管或者小静脉受损时，血小板向其周围部位聚集，形成血栓，从而有效地覆盖损伤部位以止血。血小板能够释放一些活性物质（5-羟色胺、儿茶酚胺等），引起局部血管平滑肌的收缩，进一步促进止血。此外，血小板还能释放与凝血相关的物质，加速在受损血管周围形成血凝块，堵塞伤口，发挥凝血功能。血块中的血小板通过收缩作用，可以引起血块的回缩，使得血凝块更牢固地封住血管破损的部位，所以我们能观察到血凝块的上方有淡黄色的澄清液体，即血清。

血小板过低或过高都有健康风险。如果血小板计数不足或功能下降，会因凝血功能下降而出现凝血时间延长的现象，导致破损处出血增加；然而，如果血小板过多，这种止血功能被过度激活，可能导致血栓形成而发生血管阻塞的问题。

（2）保持血管内皮的完整性

血小板不仅在血液凝固和止血过程中发挥作用，还有助于保护和修复血管内皮，确保血管的正常功能和结构完整。这是通过血小板释放的多种生长因子和细胞因子实现的，如血管内皮生长因子、血小板衍生生长因子等，这些因子能够促进受损内皮细胞的修复和新血管的形成。

当血小板数量降至 50×10^9 个/L 以下时，毛细血管的脆性增加，皮肤和黏膜下的毛细血管可能破裂，导致出现瘀点甚至紫癜。当血小板数量不足时，机体的出血倾向会增加，需要及时进行医疗干预，以防止出现严重的健康问题。

3. 运动对血小板的影响

无论是普通人还是专业运动员，一次性剧烈运动后血小板计数、血小板平均容积均会立即增加。此外，血小板活性也会增强，使得循环血中血小板的聚集趋势也增加。血小板数量的增加只在大强度运动下发生，其增加的幅度与负荷强度呈高度正相关，这是运动后脾脏中储存的血小板被释放出来所致。因此，在运动后，血小板的黏附性和聚集能力通常会显著提高。血小板的这些变化对于修复运动中可能出现的微小血管损伤以及调节血管的通透性等有重要作用。

有规律的中等强度有氧运动有助于优化血小板功能，降低血栓形成的风险。这种效应可能与运动引起的整体心血管功能改善有关，如血脂代谢的改善、炎症水平的降低等。

（四）运动对血红蛋白的影响

1. 血红蛋白的生理特性

血红蛋白（Hb）是富含铁的蛋白质，为红细胞的主要成分，占红细胞中蛋白质总量的90% 以上。每一分子血红蛋白是由一分子珠蛋白（占 96%）和四分子亚铁血红素（占 4%）结合而构成的，是一种结合蛋白质，完全受遗传因素影响。我国成年男性血红蛋白的含量为120 ~ 160 g/L，成年女性为 110 ~ 150 g/L。

血红蛋白可以将血液中的氧运输到各器官和组织，在组织细胞处释放出来供细胞进行代谢；血红蛋白可以与组织细胞代谢产生的 CO_2 结合为氨基甲酸血红蛋白，将 CO_2 运输至肺部释放出来，通过呼吸排出体外；血红蛋白还能通过缓冲对缓冲血液酸碱度，维持内环境稳定。血红蛋白的浓度过低或过高都会影响运动员的运动能力。若血红蛋白浓度低于正常值，即出现贫血，会发生氧和营养物质供给不足，导致机体工作能力下降。血红蛋白浓度过高也会对运动能力产生负面影响，因为血液中有形成分增加使血液黏滞性增大，因此增加了血流阻力和心脏负荷。普通人和运动员血红蛋白的含量通常没有显著差异。

2. 运动对血红蛋白的影响

在评价运动员机能状态、训练水平及预测运动能力时，经常会用到 Hb 这一指标。运动员在进行系统性的训练后，Hb 的变化通常与红细胞的变化保持一致，任何影响红细胞的因素同样会影响 Hb 水平。运动员在进行大强度运动初期，Hb 会出现下降的现象，当机体适应之后，Hb 也会有所回升。Hb 值比较稳定或处于较高水平通常是运动能力提升或运动机能状态良好的表现。如果训练了一段时间，Hb 没有提升反而下降，则应注意是否有过度训练或者营养状况不佳的情况。鉴于运动员的 Hb 值存在个体间差异，采用统一标准评估所有运动员的 Hb 含量并不合适。因此，进行运动员之间的 Hb 比较意义不大，监测个体 Hb 值在一段时间里的纵向变化趋势更有意义。

Hb 与最大摄氧量有关，常作为运动员选材的重要指标，主要用于有氧运动项目的选材，其他运动项目则可以将 Hb 作为参考指标。选材时，应该在大运动量训练一周之后再进行 Hb 测试，以免影响结果判断。测得的 Hb 值按照其高低可分为偏高、正常、偏低三种类型。根据其波动幅度大小，又共分为六种亚型，即偏高波动小、偏高波动大、正常波动小、正常波动大、偏低波动小、偏低波动大。在训练选材时，更倾向于选择 Hb 值偏高波动小的类型，这样的运动员具有较强的大负荷运动的耐受力，同时具有较好的有氧耐力。

第二节　运动与循环机能

循环系统是一个相对封闭的管道系统，由心血管系统和淋巴系统两大部分组成。心血管系统由心脏、血管和存在于心血管内的血液组成。血管由动脉、静脉和毛细血管组成。心脏作为心血管系统的动力来源，负责推动血液在体内循环，这一过程称为血液循环。机体通过血液循环来运输营养物质（糖、脂肪、蛋白质等）、气体（O_2、CO_2）及其他代谢废物，从而支持机体的新陈代谢，并维持内环境的稳态。心血管系统确保了机体各部分的高效供血，是维持生命活动不可或缺的一环。

一、心脏的一般结构

心脏是由心肌组织构成的空腔器官，内部具备瓣膜结构，心脏是血液循环的核心动力源。人类的心脏可分为四个腔室：左、右心房和左、右心室。左、右心房之间不通，左、右心室之间亦不通。心房与心室之间是相通的，通过房室瓣的开闭控制血流，其中右侧的瓣膜为三尖瓣，左侧的瓣膜为二尖瓣。心室与大动脉之间则有半月瓣，具体来说，右心室与肺动脉之间是肺动脉瓣，左心室与主动脉之间是主动脉瓣。这些瓣膜结构配合心肌的周期性收缩和舒张，产生心脏血管内的压力差，确保血液在循环过程中单向流动而不发生逆流。

二、心脏生理

心脏作为一个泵血的肌肉器官，在整个生命过程中发挥着至关重要的作用。通过心肌的同步收缩，心脏有效地将血液推送进入动脉，为血液流动提供必要的动力。在舒张期，心脏接纳从静脉返回的血液。心脏的这种节律性活动及心脏瓣膜的有序开启与关闭，共同确保血液沿着固定的方向流动，支持生命活动的正常进行。心肌的厚度会因位置和承受压力程度而有所不同。左心室所要克服的阻力远大于右心室，因为它需要将血液泵送到全身各个部位，而右心室仅需将血液送往肺部进行气体交换。由于这种功能上的差异，左心室壁的厚度大约是右心室的 3 倍，其收缩力也显著强于右心室。这样的结构使得左心室能够有效地克服较高的血流阻力，保证全身的血液循环。心肌和骨骼肌均属于横纹肌，但心肌细胞之间通过闰盘结构连接（横纹连接、缝隙连接、紧密连接），其中缝隙连接较多，这使得心肌细胞间的连接更加牢固，并且几乎能够使兴奋传导在细胞间同时进行，保证心肌的高效和同步运作。

（一）心肌的生理特性

心肌细胞根据其组织学和生理学特性可分为两类：工作细胞和自律细胞。工作细胞主要构成心房和心室的壁，负责心脏的收缩功能。自律细胞则具备兴奋性、传导性，并且能自动产生节律性兴奋，这使它们在心脏的功能中起着重要作用。自律细胞包括窦房结细胞和浦肯野细胞，这些细胞在结构和功能上进行了特殊的分化，能够自动且有节律地产生及传导兴奋。

心脏的特殊传导系统由自律细胞组成，包括窦房结、结间束、房室结、房室束（分为房结区、结区、结束区）以及房室束在室间隔两侧的左右分支。这些左右分支在心室内膜的深部向下延伸，并逐渐分化为更细小的分支，最终传递至浦肯野纤维，并与心室肌细胞相连，如图 3-5 所示。这一精细的结构确保了心脏兴奋的有效传导，支持心脏的自动节律性、传导性、兴奋性和收缩性这四种基本生理特性。

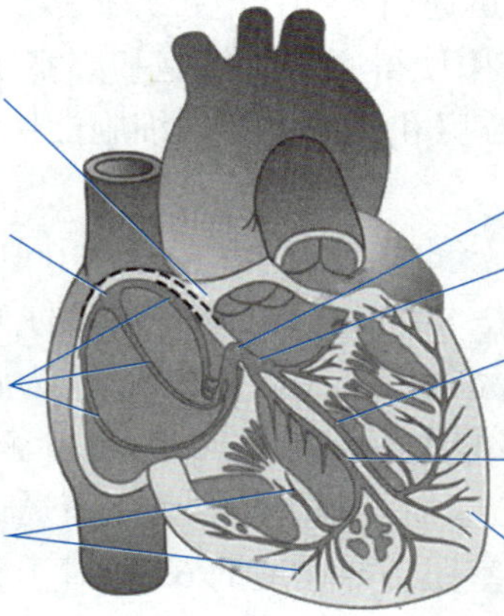

图 3-5　心脏的特殊传导系统

1. 自动节律性

心肌细胞在不受到外界因素的刺激作用的情况下，自发产生节律性兴奋的特性即为自动节律性，简称自律性。这种自律性主要源于心脏内的特殊自律细胞，包括位于上腔静脉与右心房交界的窦房结细胞，以及位于房室交界的浦肯野细胞。这些自律细胞通过心脏的特殊传导系统相互连接，自发产生的兴奋信号通过此系统传递至工作细胞，从而引发工作细胞的兴奋和收缩。

特殊传导系统内的心肌细胞具有自动产生节律性兴奋并传导兴奋的能力，但无普通工作肌细胞的收缩功能，不同部位自律细胞的自动节律性高低也各不相同。窦房结的自律细胞具有最高的自律性，因此它被视为控制整个心脏活动的主要起搏点，由窦房结引导的心脏活动称为窦性心律。正常情况下，窦房结的自律细胞可以自动兴奋，频率大约为 100 次 / 分。然而，健康成人在安静状态下，由于迷走神经的抑制作用，心率通常维持在 75 次 / 分左右。正常成人安静状态下心率的正常范围是 60 ~ 100 次/分。心率若超过上限，则称为窦性心动过速；低于下限，则称为窦性心动过缓，这种情况可能会在训练水平良好的运动员中出现。

大多数情况下，心脏其他自律细胞的主要作用是传递兴奋，并不表现出自律性。只有在窦房结的兴奋或传导出现障碍时，这些自律细胞才会激活其自律性，代替窦房结控制心脏活动，因此将它们称为心脏的潜在起搏点。当心脏的起搏点不是窦房结，而是其他部位（心房、心室、房室结等）时，所产生的心脏活动称为异位心律，这可能导致心律失常。当异位心律偶尔发生时，大多数人并不能感觉到，有些人可能会出现心悸、胸痛、呼吸困难等症状。

2. 传导性

心肌的传导性是指心肌细胞能够传导生物电兴奋的能力或特性。心肌的收缩过程始于生物电兴奋的产生，这一过程以窦房结的自律细胞为起点。这些细胞生成的兴奋信号通过心脏的特殊传导系统传递至工作细胞，从而引发工作细胞的兴奋并导致心肌收缩。心脏的特殊传导系统确保了心脏兴奋的有效传递，是维持心肌正常功能的关键。兴奋由特殊传导系统传至工作细胞并引起兴奋，兴奋传导的途径为：窦房结→结间束→房室结→房室束→浦肯野纤维→心室肌。

心肌细胞通过闰盘结构端对端地连接在一起，其中缝隙连接的广泛存在使得兴奋能够跨越细胞进行传递。这些闰盘连接形成了一个低电阻区域，使得兴奋以局部电流的形式通过缝隙连接直接传入邻近细胞，迅速引发动作电位并扩散。因此，虽然心房与心室的兴奋和收缩并不完全同步，但闰盘的作用使得心房肌细胞和心室肌细胞能够实现几乎同步的兴奋和收缩。这一结构机制确保了心房和心室内部的细胞能协调地工作，从而有效维持心脏的正常泵血功能。

心脏特殊传导系统每个部分的传导速度是各不相同的，如图 3–6 所示。在房室交界处，兴奋的传导速度相对较慢，大约需要 0.1 s，这一现象称为房室延搁。房室延搁具有重要的生理功能，它能确保心房和心室能够有序地依次收缩，为心室提供足够的时间进行充分的血液充盈，有利于心室射出足够的血液。此外，心房和心室内的兴奋传导速度较快，使得兴奋几乎同时到达所有心房肌或心室肌细胞。特别是兴奋通过房室束和浦肯野纤维的传导速度，可达到 4 m/s，这个速度是心室肌传导速度的 6 倍，对于确保心室肌的同步收缩起着至关重要的作用。

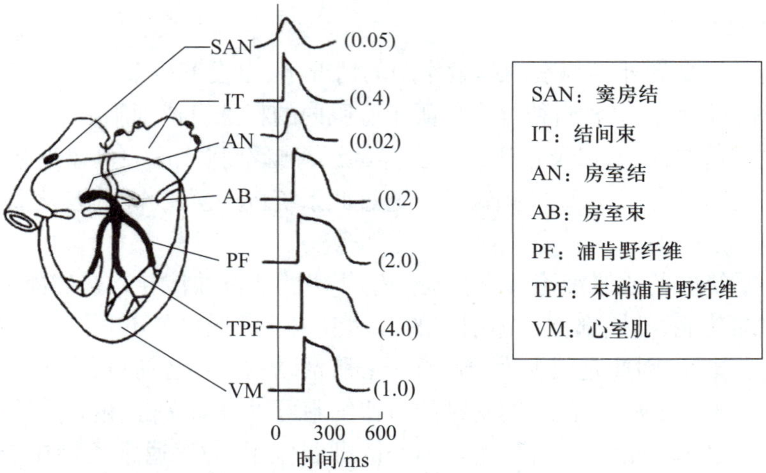

图 3–6　心脏特殊传导系统各部分的传导速度

3. 兴奋性

心肌细胞与骨骼肌细胞类似，都具备对刺激做出反应的兴奋性。当心肌细胞受到刺激时，首先在细胞膜上产生一次动作电位，随后引发一次机械性收缩。然而，心肌细胞的动作电位在波形和形成机制上比骨骼肌细胞要复杂得多，且心脏中不同部位的心肌细胞的动作电位也存在差异。

与骨骼肌细胞类似，心肌细胞在每次扩散性兴奋之后，兴奋会经历一个有效不应期、相对不应期和超常期，之后才会恢复到正常的周期性变化，如图 3-7 所示。这一过程确保了心肌细胞能够在适当的时机正确响应刺激，维持心脏的正常功能。

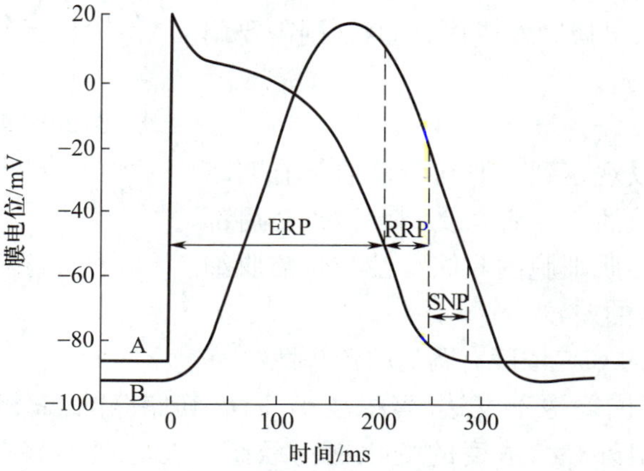

图 3-7 心肌细胞动作电位期间兴奋性变化

A：动作电位曲线；B：机械收缩曲线；ERP：有效不应期；RRP：相对不应期；SNP：超常期

在心肌细胞产生可传递的兴奋之后，存在一段时间，在这段时间内，无论刺激强度多大，都无法再次让其产生兴奋，称为心肌细胞的绝对不应期。随着时间的推移，心肌细胞的兴奋性逐步恢复，此时如果施加足够强的刺激，心肌细胞可能重新兴奋，这一阶段称为相对不应期。在绝对不应期开始之后，存在一个稍长的时期，在这期间，即使是阈上刺激也无法引发可传导的动作电位，这一阶段称为有效不应期。在动作电位刚结束时，会出现一个心肌细胞兴奋性略高于常态的短暂阶段，即使是较弱的刺激也可能引发兴奋，这一阶段称为超常期。此后，心肌细胞的兴奋性又逐步恢复至正常水平。

心肌细胞的有效不应期持续时间比较长，可达 200 ms，相当于整个收缩期和舒张早期，与之形成对比的是，骨骼肌细胞的有效不应期仅约为 2 ms。心肌细胞的这一特性确保了心脏在每次收缩之后有充分的时间进行舒张，避免了持续的强直性收缩，从而保持了心脏有规律的收缩和舒张交替，保证心脏正常的泵血功能。

通常，心脏的兴奋活动是由窦房结发出的，因此心脏活动会按照窦房结的节律进行，窦房结发出的兴奋信号总是在前一次兴奋的不应期结束后才传至心房和心室，使得心房和心室能够依照窦房结的节律交替进行收缩和舒张。在某些特殊情况下，如心室肌在有效不应期结束后，在下一次窦房结兴奋到达前受到来自外界的异常刺激，可能会导致心室过早地发生一次兴奋和收缩，这种现象在临床上称为早搏（期前兴奋或期前收缩）。由于期前兴奋同样也具有相应的有效不应期，因此在期前收缩后，窦房结兴奋紧接着到达心室时，通常正好处于期前兴奋的有效不应期内，无法引起心室的再次兴奋。只有等到下一次窦房结兴奋到达时，心室才会重新发生收缩。因此，一次期前收缩后通常会跟随一段较长的心室舒张期，称为代偿间歇，如图 3–8 所示。然而，在窦性心律较慢的情况下，下一次窦房结兴奋可能在期前兴奋的有效不应期结束后才到达心室，此时代偿间歇将不会出现。普通人由于疲劳会出现一过性的早搏，经过休息之后，早搏即可消失。运动员也会经常出现早搏，尤其是进行高强度训练的运动员，无症状通常不需要治疗，如果早搏频发或伴有症状，则需要调整训练或进一步评估。

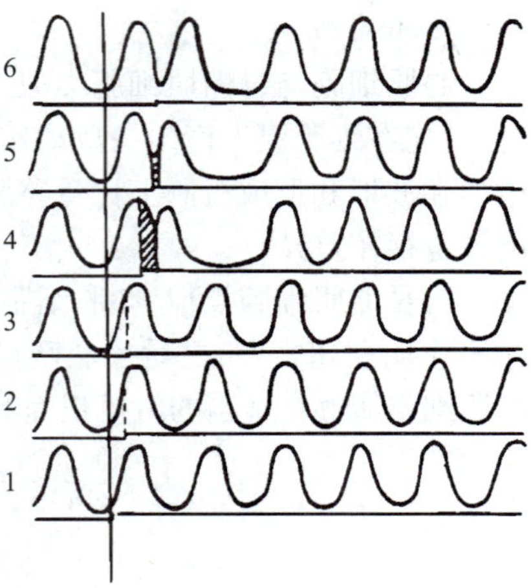

图 3–8 期前收缩和代偿间歇

虚线表示给予电刺激的时间。曲线 1 ~ 3：刺激落在有效不应期内，不引起反应；曲线 4 ~ 6：刺激落在相对不应期内，引起期前收缩和代偿间歇

4. 收缩性

在显微镜下，可以观察到心肌与骨骼肌都有明暗相间的横纹，属于横纹肌。二者在受到刺激兴奋后都会发生收缩。然而，心肌细胞的收缩特性与骨骼肌细胞相比，存在几个显著的差异。

（1）对细胞外液的 Ca^{2+} 浓度有明显的依赖性

心肌细胞的肌浆网终池不发达，容积较小，因此其储存的 Ca^{2+} 量也比骨骼肌少。这使得心肌细胞对细胞外 Ca^{2+} 浓度的变化更为敏感。在心肌的兴奋–收缩耦联过程中，所需的 Ca^{2+} 不仅来自终池的释放，还有 10% ~ 20% 需要从细胞外液中通过肌膜和横小管流入以补充。兴奋结束后，肌浆中的 Ca^{2+} 部分被重新储存回终池，而另一部分则被转运出细胞。如果细胞外液（如血液）中的 Ca^{2+} 浓度降低，心肌的收缩力可能会相应减弱。

（2）“全或无”同步收缩

骨骼肌的同步收缩依赖于多个运动神经元及其神经末梢同时发放神经冲动，而兴奋无法在细胞间直接传递。由于各神经元的兴奋程度不一，因此骨骼肌的同步收缩性相对较差。相比之下，心肌细胞之间通过低电阻的间隙（闰盘）相连，这种结构使得兴奋能够在细胞间迅速传递，从而使得整个心房或心室的心肌细胞几乎能够同时收缩，实现高效的心脏泵血功能。对于心室肌而言，这种同步收缩显著提升了心室的泵血效率。心脏的这种同步收缩机制遵循“全或无”原则，即心脏要么不收缩，一旦开始收缩，其强度必然达到一定水平。这种机制确保了心脏泵血的有效性和高效率。

（3）不发生强直收缩

骨骼肌的兴奋不应期非常短，仅为 2 ms，这使得它们在受到持续刺激作用时能够发生强直收缩。相比之下，心肌细胞的有效不应期特别长，达到 200 ms，这几乎覆盖了整个心脏收缩期和舒张早期。因此，在正常情况下，心脏不会发生强直收缩，而是始终保持有序的收缩和舒张交替节律。这种独特的生理特性有利于心脏在活动过程中有效地进行充盈和射血，确保血液循环的高效运行。

心肌的生理特性及其意义如图 3–9 所示。

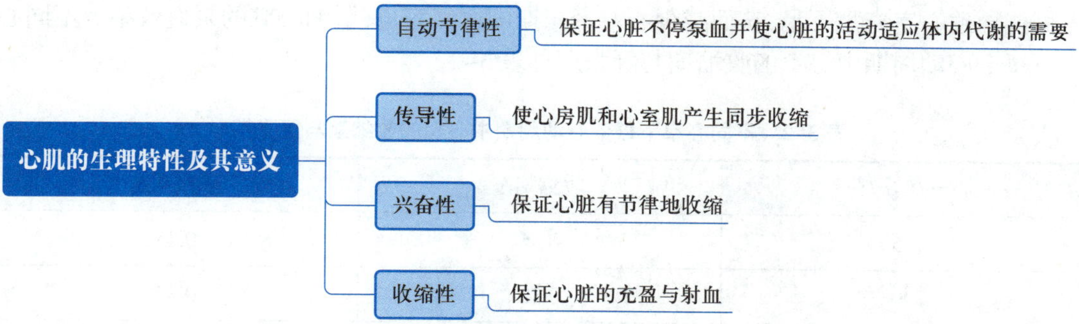

图 3–9　心肌的生理特性及其意义

（二）心脏的泵血功能

心脏的主要功能是泵血，即通过节律性的收缩和舒张来驱动血液流动。在心脏收缩期，血液被强力推入动脉系统，并由此分配到全身各个组织；而在心脏舒张期，血液通过静脉系统回流至心脏。左右心室的泵血过程不仅相似，而且基本上是同步进行的。

1. 心动周期与心率

心脏的一次收缩和舒张构成了一个完整的活动周期，即心脏从一次心跳开始到下一次心跳开始的过程，称为心动周期。每分钟内心脏跳动的次数称为心率（heart rate，HR）。心脏包括左、右心房和左、右心室，因此心动周期涵盖了心房和心室的收缩期与舒张期。心动周期是分析心脏机械活动的基本单元。在心脏的泵血过程中，起主要作用的是心室，因此心动周期通常特指心室的活动周期。通过细致分析心动周期，可以更好地理解心脏有效地完成其泵血功能的过程。

成年人在安静状态下的平均心率约 75 次/分，因此一个心动周期大约为 0.8 s，如图 3–10 所示。在这个周期中，心房的收缩期持续约 0.1 s，舒张期则为 0.7 s；心室的收缩期大约为 0.35 s，舒张期为 0.45 s。心率与心动周期成反比：心率加快时，整个心动周期及其各

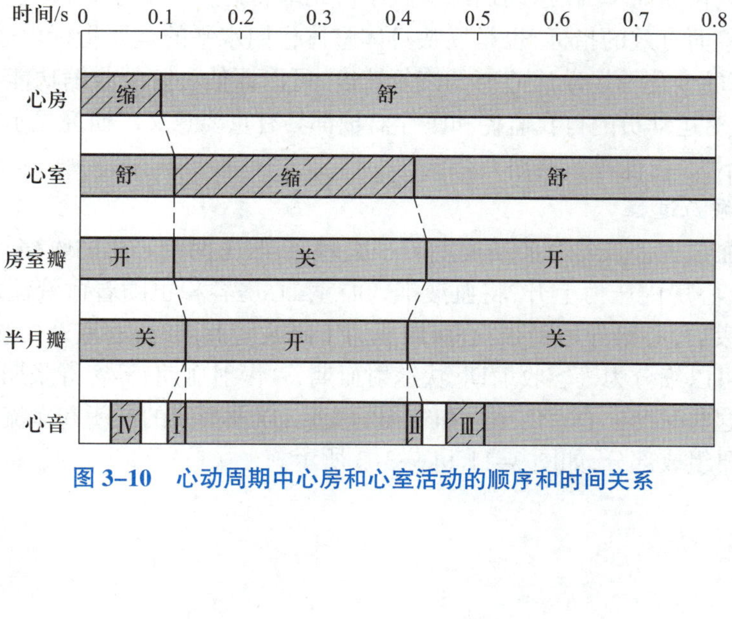

图 3–10　心动周期中心房和心室活动的顺序和时间关系

个阶段都会相应缩短，尤其是舒张期的缩短更为显著。如果心率过快，心室的舒张期显著缩短可能导致心室充盈不足，从而减少心室舒张期的血液容量，影响心脏的泵血效率。不同心率下每个心动周期中心室的收缩期与舒张期见表 3–2。

表 3–2　不同心率下每个心动周期中心室的收缩期与舒张期

心率/（次/分）	收缩期/s	舒张期/s
75	0.35	0.45
90	0.32	0.34
120	0.28	0.22
150	0.23	0.17

成年人在安静状态下的心率通常为 60 ~ 100 次/分，平均心率为 75 次/分。当安静心率超过 100 次/分时，称为心动过速；当低于 60 次/分时，称为心动过缓。心率存在显著的个体差异，这些差异与年龄、性别、训练水平以及不同的生理状态密切相关。例如，新生儿的心率通常高于成年人，可达 130 次/分以上。随着年龄的增长，心率逐渐下降，到达青春期时接近成年水平。同一人在不同的生理条件下，心率也会有较大的变化。深睡眠时，心率较低；从卧位转为站位、进行体育运动、吃饭、环境温度升高或者情绪有剧烈波动时，心率会加快。一般而言，成年女性的心率比男性快 3 ~ 4 次/分。经常参加体育锻炼的人或长期进行规律训练的运动员，其心率会低于 60 次/分。

心率的最大值称为最大心率，也叫极限心率。最大心率与年龄有着密切的关系，年龄每增长一岁，平均心率减少约 0.7 ~ 0.8 次/分。最大心率的计算可以使用简单的公式：最大心率（次/分）= 220 – 年龄（岁）。然而，由于个体间的差异较大，这个公式仅提供一个粗略的估计值，不适用于科研中进行个体间心率的比较。在科研或训练监控中，最大心率通常通过实验室或现场测试来确定。

心率的测试较为简单，在运动训练实践中应用非常广泛。心率不仅是了解运动员训练效果的一个简单而有效的指标，也是反映身体整体代谢水平的重要指标。通过观察安静心率、运动时心率的变化及运动后心率的恢复速度，可以评估心脏的收缩功能、运动强度和整体机能状态，这对运动员的自我监控和医疗监护都具有重要意义。研究显示，运动训练对最大心率的影响不大，可能导致其略有降低。

2. 心脏的泵血过程

心脏的泵血过程涉及每个心动周期的一次射血，始于两侧心房的收缩，即心房收缩期。在心房收缩期，心房内压力上升，将血液推入心室，心房容积也随着血液流出心房而减小。心房收缩期结束后，心房开始舒张，心房内压力下降。与此同时，心室开始收缩。心室的收缩和舒张过程可以细分为等容收缩期、快速射血期、减慢射血期、等容舒张期、快速充盈期和减慢充盈期。这些时期中心室内压力和容积的变化，以及瓣膜的开闭和血流情况，都是心脏泵血功能的重要组成部分，如图 3–11 和表 3–3 所示。

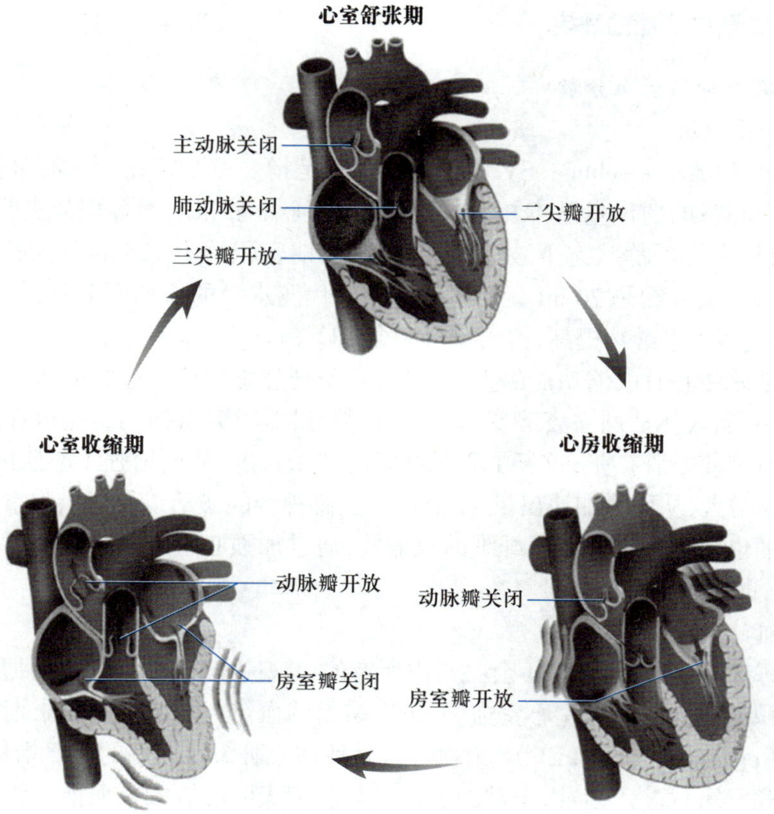

图 3-11　心脏泵血过程

表 3-3　一个心动周期各时相中心脏（左侧）内压力、容积、瓣膜和血流的变化

腔室	时相	时间/s	内压力比较	房室瓣	半月瓣	腔容积	血流方向
心房	收缩期	0.1	房内压 > 室内压	开	闭	缩小	心房→心室
心室	等容收缩期	0.1	房内压 < 室内压 < 动脉内压	闭	闭	无变化	无流动
	快速射血期	0.06	房内压 < 室内压 动脉内压 < 室内压	闭	开	迅速缩小	心室→动脉
	减慢射血期	0.11	房内压 < 室内压 动脉内压 < 室内压	闭	开	继续缩小	心室→动脉
	等容舒张期	0.14	房内压 < 室内压 < 动脉内压	闭	闭	无变化	无流动
	快速充盈期	0.06	房内压 > 室内压 动脉内压 > 室内压	开	闭	迅速增大	心房→心室
	减慢充盈期	0.11	房内压 > 室内压 动脉内压 > 室内压	开	闭	继续增大	心房→心室

（三）心脏泵血功能的评定

1. 每搏输出量与射血分数

（1）每搏输出量

每搏输出量（stroke volume，SV）简称搏出量，是指一侧心室在一次心脏搏动中所射出的血量。左右心室的搏出量基本相等，计算方式为心室舒张末期容积减去收缩末期容积。例如，正常成年人在安静状态下，左心室的舒张末期容积约为 125 mL，收缩末期容积约为 55 mL，因此搏出量大约是 70 mL。搏出量会随着代谢水平的增加而上升，但在达到某一最大值后，如果代谢水平继续提高，搏出量可能会下降。

搏出量是评估心脏收缩功能的重要指标，它受到静脉回流至心脏的血量和心肌收缩力的影响。例如，当人体从站立姿势变为卧位时，静脉回流增加，搏出量相应提高。这是因为增加的回心血量使心脏扩张，拉长了心肌纤维的初始长度，从而增强了心肌的收缩力，心室舒张末期容积增大，从而增加搏出量。此外，心交感神经的激活以及肾上腺素和去甲肾上腺素分泌的增加也会显著提升心肌纤维的收缩性，通过加强心肌收缩和减少心室收缩末期容积（余血量），进一步提升搏出量。

（2）射血分数

心室在每次收缩射血时，并不会将其内所有的血液完全排出。实际上，搏出量仅占心室舒张末期容积的一部分。以左心室为例，每次搏出的血量占左心室舒张末期容积的比例称为射血分数（ejection fraction，EF）。射血分数是评估心脏泵血效率的重要指标，反映了心脏的收缩功能和健康状况。通常，正常的射血分数范围表明心脏的泵血能力维持在一个健康水平，而较低的射血分数可能表示心脏功能受损。

$$\text{射血分数}=\frac{\text{每搏输出量（mL）}}{\text{心室舒张末期容积（mL）}}\times 100\%$$

通常情况下，健康成年人在安静状态下的射血分数为 55%～65%。在代谢水平提高的情况下，如剧烈运动期间，心肌收缩力的增强会导致搏出量增加，从而射血分数也会显著提高。射血分数的下降则表明心脏泵血功能有所降低。

仅以搏出量评估心脏的泵血功能并不全面。在正常情况下，心脏的搏出量会随着心室舒张末期容积的增加而相应增加，但射血分数通常保持稳定。在心室异常肥大的情况下，如高血压病人的病理性心脏肥大，尽管其安静状态下的搏出量可能与身体健康的人相同，但由于心室舒张末期的余血量较多，其射血分数会明显下降。因此，射血分数能够更准确地反映心脏的泵血效率，相比于搏出量，射血分数提供了对心脏泵血功能更为全面的评估。这说明射血分数是反映心脏泵血效率极为重要的一个指标，尤其在心脏病理状态的诊断和评估中具有重要价值。

2. 心输出量与心指数

（1）心输出量

一分钟内，由一侧心室射出到动脉中的血液量称为每分心输出量（minute volume，MV），又叫作心输出量（cardiac output，CO）。

$$\text{心输出量（CO）}=\text{心率（HR）}\times\text{每搏输出量（SV）}$$

在安静状态下，健康成年男性的心输出量大约为 5 L/min，这一数值通常反映左心室每分钟的射血量，而左、右心室的输出量是基本相等的。心输出量的变化受多种因素影响，包括年龄、性别、体型、饮食、情绪波动、怀孕状态以及身体活动的程度等。例如，与相同体重的男性相比，女性的心输出量通常低大约10%。此外，青年人的心输出量通常高于老年人。在体育领域，优秀的运动员在进行剧烈运动时，心输出量显著增加，可以高达25～35 L/min。这些变化显示了心脏适应不同生理需求的能力。

（2）心指数

在评价心脏的供血情况时，还需要考虑人体表面积大小。在安静状态下，人体表面积越大，代谢需要的血量就越多。人体的心输出量与体表面积有关，而非与体重直接相关。这种以单位体表面积（平方米）为基础计算的心输出量称为心指数（cardiac index，CI），心指数是评估心脏健康状况的关键因素之一。在空腹且安静的条件下测得的心指数称为静息心指数，它是评估和比较不同个体心脏泵血功能的重要指标。在中国，中等身材的成年人的静息心指数一般为3.0～3.5 L/（min·m^2）。

心指数会受到多种生理状态的影响，如年龄、肌肉活动等。不同年龄段人群的心指数各不相同。例如，大约10岁的儿童的静息心指数是最高的，可以超过4.0 L/（min·m^2）。随着年龄的增长，心指数逐渐下降，到了80岁时，因单位体表面积的代谢率显著降低，静息心指数可能降至2.0 L/（min·m^2）。此外，心指数在肌肉运动期间会随着运动强度的增加而上升，在妊娠、情绪激动或进食时也会有所升高。这些变化反映了心脏适应身体不同需求的能力。

（3）心输出量的影响因素

心输出量等于心率和每搏输出量的乘积，并受这两个因素的直接影响。因此，任何影响这两个参数的因素都可能改变心输出量的大小。

①心率和每搏输出量

心率的加快和每搏输出量的增加均能提高心输出量。每搏输出量是心室舒张末期容积与收缩末期容积之差。因此，无论是增加前者还是减少后者，都将提升每搏输出量。此外，静脉回流的血量直接影响心室舒张末期容积，因此，任何能增加静脉回流的因素都可能增加每搏输出量。例如，当人从站立姿势变为卧位时，下肢静脉血液回流由于重力作用而得到改善，从而显著增加每搏输出量。在运动中，交感神经活动增强，导致儿茶酚胺分泌增多，增大心肌收缩力量，减少心室收缩末期的余血量，增加动脉中的血流量，从而提升每搏输出量。因此，进行体力活动不仅能促进心脏功能的增强，还能有效提高心脏的泵血效率。

心率快慢影响心输出量的高低。在一定的心率范围内，心肌的收缩力会随着心率的增加而逐渐增强。特别是当心率处于150～180次/分时，心肌的收缩能力可达到最大。相应地，心输出量也会随心率的加快而提高。然而，当心率超过某一阈值后，心输出量不仅不再增加，而且在心率过快的情况下甚至会减少。例如，当心率超过180次/分时，搏出量会显著下降。这是因为心率过快会导致心脏过度消耗能量，从而降低心肌的收缩力。同时，心率过快还会显著缩短心室的舒张期，使心室无法完全充盈，进而导致搏出量明显减少，使得心输出量反而下降。反之，如果心率过慢，低于40次/分，虽然心室舒张期延长，心室充盈接近最大，但由于心率太低，每分钟的输出量也较低。长期从事耐力运动的运动员通常心率较低，但由于心肌较为发达且收缩力强，每搏输出量较高，因此能够维持正常的心输出量。心输出量能够维持在较高水平的理想心率范围通常是120～180次/分，这一区间称为最佳心率范围。

在体育锻炼或体育教学过程中，应使锻炼者或学生的心率在大部分时间内保持在最佳心率范围。通过系统的训练，最佳心率范围可以得到进一步的优化。对于训练有素的运动员，在进行高强度运动时，心交感神经的强烈激活会导致心率显著增加，同时心肌收缩力也会增强。在这种情况下，即使心率为 180 ~ 200 次/分，心输出量仍能维持在较高水平。只有当心率超过 200 次/分时，搏出量才会开始减少。

当人体从安静状态转变为运动状态时，心率会随着运动负荷的增加而逐步上升，搏出量也相应增加。然而，当心率达到某一特定水平后，搏出量将不再增加，即达到峰值，此后心输出量的增加主要依赖于心率的加快。运动生理学中将每搏输出量达到峰值时的心率称为心搏峰，研究显示，心搏峰通常为 110 ~ 130 次/分。

心率是评估体育运动负荷的重要指标。在我国的学校体育课程设计中，应充分利用最佳心率范围理论和心搏峰理论。教师应引导学生在心搏峰的心率水平上持续运动一段时间，这有助于延长心搏峰的持续时间，从而有效锻炼心肌的泵血功能。同时，也应安排一些高强度的运动，使学生的心率能够达到最佳心率范围的上限，以进一步增强学生的心脏功能。这种综合的训练方法能够全面促进学生的心血管健康。

②心肌收缩力

心肌收缩力是心肌根据其内在特性改变力学性能（包括收缩强度和速度）的能力，这一过程与心肌的前负荷和后负荷无关。这种机制称为等长调节，是指在心肌初长度不变的条件下，通过改变心肌的收缩力来调节搏出量。心肌收缩力是决定每搏输出量的关键因素之一。通常情况下，心肌收缩力越强，每搏输出量越大。

在一定范围内，心肌纤维的收缩力与其收缩前的初长度相关。在生理条件下，心肌纤维的初长度越长，其收缩力也越强。对心脏而言，心肌纤维的初长度主要由心室的血液充盈度决定。心肌收缩力的变化受到神经—体液因素的调节。例如，在运动期间，支配心脏的交感神经活跃，血浆中的肾上腺素和去甲肾上腺素水平上升，这促使心肌收缩力显著增强，从而提高射血分数和每搏输出量；同时，心率的加快也会提升心输出量，这种心输出量的增加需要静脉回流量相应增加才能得到有效支持。

3. 心力储备

在运动期间，随着代谢水平的提升，机体对血液的需求相应增加。这种根据身体需求调整心输出量的能力称为心力储备，也称为心泵功能储备。心力储备是评估心脏泵血功能的重要指标。一般情况下，健康成年人在静息状态下的心输出量为 4.5 ~ 6.0 L/min。而在剧烈运动时，运动员的心率可能超过 200 次/分，心输出量可以达到 25 ~ 30 L/min，这是静息时心输出量的 5 ~ 6 倍。心输出量的显著增加显示了心脏在高负荷条件下的应对能力。

心力储备反映心脏泵血功能的储备能力以及训练水平。耐力型项目运动员安静时的心输出量与常人无异，但在剧烈运动时的心输出量有很大的潜力，可达静息心输出量的 6 ~ 7 倍，甚至 8 倍（40 L/min 以上）。

心力储备主要包括搏出量储备和心率储备两个方面。搏出量储备是最大搏出量与安静搏出量的差值。心率储备是最大心率与安静心率的差值。长期的运动训练能够有效降低安静时的心率，使心率储备增大。同时，长期训练又能使心肌收缩力增强，搏出量储备增加，故长期运动训练能够增加心力储备。

三、血管生理

（一）血管的功能特点

血管根据组织学结构可以分为动脉、静脉和毛细血管三类。动脉负责将血液从心脏输送至毛细血管，而静脉则将毛细血管中的血液送回心脏。毛细血管是连接动脉和静脉的微小血管。根据血管所处的位置、管径大小和管壁厚度的不同，血管可进一步细分为大动脉、中动脉、小动脉、微动脉、毛细血管、微静脉、小静脉、中静脉和大静脉。血管壁由内皮细胞、弹性纤维、平滑肌细胞和胶原纤维组成，这些成分的差异赋予了血管不同的功能特性，如图 3–12 所示。

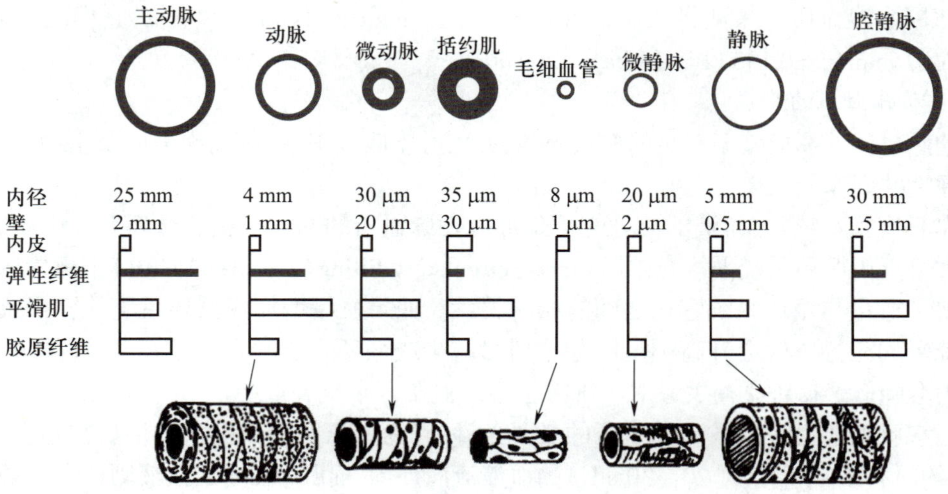

图 3–12　各类血管基本组织比例及功能

根据血管的生理功能，血管可分为弹性贮器血管、分配血管、交换血管、阻力血管和容量血管等几种类型。这些分类反映了血管在循环系统中承担的不同角色和功能。

弹性贮器血管（如主动脉和大动脉）具有较厚的管壁和丰富的弹性纤维。这些血管在左心室射血时被动地扩张，暂时储存一部分血液并缓解血压的波动。心室舒张和主动脉瓣关闭时，这些扩张的动脉通过弹性回缩将血液继续推送至外围，将心室的间断射血转化为血液在血管中的连续流动，并减小心动周期内血压的波动幅度。

分配血管包括中动脉至小动脉的各级动脉，其管径逐渐减小，管壁逐渐变薄，弹性纤维逐渐减少而平滑肌成分增多。这些血管主要负责将血液输送到各个器官和组织。

交换血管即毛细血管，位于动脉和静脉之间，由单层扁平内皮细胞构成，外围有一层薄基膜，具有很高的通透性。由于毛细血管数量众多，总截面面积大，血液流速缓慢，因此这些血管成为血液与组织液进行物质交换的主要场所。

阻力血管可分为毛细血管前阻力血管和毛细血管后阻力血管。毛细血管前阻力血管主要包括小动脉和微动脉，它们的内径较小，为 20 ~ 30 μm，对血流产生显著阻力。这些血管在微动脉与毛细血管交界处有平滑肌环绕，形成毛细血管前括约肌，控制毛细血管的开闭，从而调节毛细血管的血流量。毛细血管后阻力血管主要是微静脉，虽然其阻力较小，但对血液和体液在血管与组织间的分配起着重要作用。

容量血管主要是静脉，相比于动脉，静脉的数量更多，管壁更薄，管腔更大，因此具有较大的容量。静脉的扩张性较强，小的压力变化就可以引起显著的静脉容量变化。在安静状态下，静脉可以容纳 60% ~ 70% 的循环血量，在血管系统中起着“血液储存库”的作用。

（二）动脉血压

血压（blood pressure，BP）是指血液在血管内对血管壁单位面积施加的侧向压力，即压强。不同血管的血压有所不同，我们通常讨论的血压主要是动脉血压，也就是血液对单位面积动脉血管壁所施加的侧向压力。虽然血压的国际标准单位是千帕（kPa），但出于习惯，人们常使用水银血压计来测量血压，并以毫米汞柱（mmHg）作为表示单位，它们之间的换算关系为：1 mmHg = 0.133 kPa，1 kPa = 7.5 mmHg。

1. 动脉血压的形成

动脉血压的形成基于充足的血液充盈，并由心室收缩射血、外周阻力以及主动脉和大动脉的弹性共同作用产生。

在心血管系统中，血液的充分充盈是形成动脉血压的基本前提。循环系统中血液的充盈程度可以用循环系统平均充盈压（mean circulatory filling pressure，MCFP）来衡量，这一指标反映了血量与循环系统容积之间的相对关系。如果血量增加或循环系统的容积减少，循环系统平均充盈压就会升高；相反，如果血量减少或循环系统的容积增大，循环系统平均充盈压则会降低。这种平衡关系对于维持正常的血压水平至关重要。

心室收缩射血是形成动脉血压的必要条件，它为血压的形成提供能量。在心室的收缩期，大约只有 1/3 搏出量（20 ~ 30 mL）的血液流向外周，而其余 2/3 的血液则留在主动脉内，对管壁施加侧向压力。这种压力作用拉伸了管壁的弹性纤维，导致动脉管壁被动地扩张。通过这一过程，部分能量以势能的形式储存在被拉伸的弹性纤维中。当心室进入舒张期，射血便暂停，此时在收缩期扩张的主动脉由于管壁弹性纤维的弹性回缩，推动血液继续向外周流动，这不仅保证了血流的连续性，还维持了一定的血压水平。因此，主动脉和大动脉的弹性功能对血液循环具有双重作用：一方面，它们在心室收缩时储存部分能量，以势能的形式在心室舒张时推动血液流动；另一方面，它们帮助缓冲动脉血压的波动，确保心室收缩时动脉血压不会过高，舒张时动脉血压不会过低。这些机制共同维护了心血管系统的稳定和高效运作，如图 3–13 所示。这种弹性储器作用可以减小动脉血压在一个心动周期中的波动幅度。

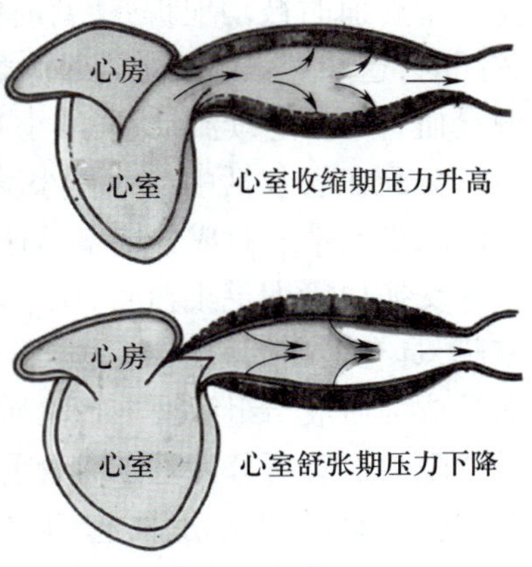

图 3–13　动脉管壁弹性作用

外周阻力主要由小动脉和微动脉对血流的阻力所构成，这是血压形成的一个重要因素。当心脏泵出的血液在血管中流动时，血液的质点之间以及血液与血管壁之间的摩擦会产生血流阻力。特别是在数量众多且血管口径可变的小动脉和微动脉中，这种阻力尤为明显。这些血管因其对血流的显著阻力作用而对血压的调节有重要影响。

2. 动脉血压的正常值

在一个心动周期之内，动脉血压的值会随心室的收缩和舒张呈现规律性的变化。当心室收缩时，动脉血压达到最高点，这一点称为收缩压（systolic blood pressure，SBP）；而心室舒张时，动脉血压降至最低点，这一点称为舒张压（diastolic blood pressure，DBP）。收缩压在一定程度上反映了心脏的收缩力和大动脉的弹性储能能力，而舒张压则反映了外周阻力的高低，尤其是小动脉和微动脉的弹性状态。收缩压与舒张压之间的差值称为脉压。整个心动周期中动脉血压的平均值称为平均动脉压，由于心脏的收缩期相对于舒张期较短，因此平均动脉压的数值通常接近于舒张压加上脉压的 1/3。

适当的动脉血压是维持血液循环和确保各器官组织获得充足血流的必要条件之一。在安静状态下，正常成人的动脉血压相对稳定，通常收缩压在 100 ~ 120 mmHg，舒张压在 60 ~ 80 mmHg，脉压在 30 ~ 40 mmHg，平均动脉压约为 100 mmHg。血压一般表示为“收缩压/舒张压”的形式，并以毫米汞柱或千帕为单位。血压水平会根据性别、年龄以及其他生理因素而有所不同。通常男性的血压略高于女性。随着年龄的增长，动脉血压逐渐上升，其中收缩压的增加更为明显。在进行体力劳动、运动或情绪激动时，血压可能会暂时升高。这些变化反映了身体对不同生理需求的适应性调整。

测量清晨卧床血压以及一般安静状态下的血压，对于评估运动员的训练强度和判断其是否过度疲劳具有重要的参考价值。随着运动员训练水平的提升，通常会观察到其安静时血压略有下降，这是身体适应和效率提高的表现。然而，如果运动员在清晨卧床时的血压比同年龄组的正常水平高出 15% ~ 20%，这可能表明运动负荷过重或存在运动后疲劳。此时，可能需要调整训练计划或增加恢复时间，以防止过度训练，促进身体健康。

正常成年人血压标准的制定经过了多次改变，主要根据大规模流行病学资料分析获得。根据《中国高血压防治指南（2023 年）》的标准，安静时收缩压≥ 140 mmHg 和（或）舒张压≥ 90 mmHg，即可认为是高血压。具体规定见表 3–4。

表 3–4　血压水平的分类及高血压分级

分类	收缩压/mmHg		舒张压/mmHg
正常血压	<120	和	<80
正常高值	120 ~ 139	和（或）	80 ~ 89
高血压	≥ 140	和（或）	≥ 90
1 级高血压（轻度）	140 ~ 159	和（或）	90 ~ 99
2 级高血压（中度）	160 ~ 179	和（或）	100 ~ 109
3 级高血压（重度）	≥ 180	和（或）	≥ 110
单纯收缩期高血压	≥ 140	和	<90

3. 影响动脉血压的因素

动脉血压受到多种因素的影响。任何能够影响心输出量、外周血管阻力以及循环系统中血液的充盈程度的因素，都有可能对动脉血压产生影响。每搏输出量、心率、外周阻力、主动脉和大动脉管壁的弹性、循环血量与血管容量都是影响血压的重要因素，见表 3–5。

表 3–5　影响动脉血压的因素

因素	收缩压（SBP）	舒张压（DBP）	脉压	主要影响
每搏输出量（SV）↑	↑↑	↑	↑	收缩压
心率（HR）↑	↑	↑↑	↓	舒张压
外周阻力↑	↑	↑↑	↓	舒张压
主动脉和大动脉管壁的弹性↓	↑↑	↓	↑	收缩压、脉压
循环血量与血管容量↓	↓	↓	—	收缩压、舒张压

注：↑为上升；↓为下降；↑↑为显著上升；—为变化不明显。

（1）每搏输出量

每搏输出量的变化主要影响收缩压。如果每搏输出量增加，心脏在收缩期将更多血液射入主动脉和大动脉，导致这些血管内的血量明显增多，动脉管壁承受的压力增大，从而使收缩压显著升高。同时，由于血流速度加快，增加的血量在心室舒张期能够有效流入毛细血管和静脉，使得心室舒张末期大动脉内的血量有所增加，但增幅有限。因此，每搏输出量的增加主要导致收缩压的显著升高和脉压的增大，而舒张压的升高幅度较小。相反，当每搏输出量减少时，主要表现为收缩压的明显下降和脉压的减小。在运动过程中，每搏输出量的增加同样会导致收缩压的显著升高，而舒张压的升高幅度较小。这些变化反映了每搏输出量对收缩压的直接影响。

（2）心率

心率的变化主要影响舒张压。当心率加快，而每搏输出量和外周阻力保持不变时，心室舒张期相应缩短，导致在这一期间流向外周的血液量减少。这种变化使得心脏在舒张期储存的血液相对增多，从而导致舒张压升高，同时脉压相应减小。相反，如果心率减慢，心室舒张期延长，更多的血液有时间流入外周，会导致舒张压的降低和脉压的增大。此外，心率的变化还可能影响心脏的充盈时间和整体血流动力学，进一步影响血压。心率过快可能不利于心脏的充分充盈，影响心脏的泵血效率，而心率过慢虽然有利于心脏充盈，但可能导致血流动力学的不稳定。

（3）外周阻力

外周阻力主要影响舒张压。在搏出量保持不变的情况下，如果外周阻力增加，心室舒张期中血液向外周流动的速度会减慢，导致心室舒张末期在动脉中存留的血量增多，从而使舒张压升高。同时，由于外周阻力的增加，收缩期血压也会升高，但收缩压的增幅通常不如舒张压显著，因此脉压会变小。此外，当外周阻力减小时，血液流动的阻碍减少，使得舒张压的降低比收缩压的降低更为明显，从而导致脉压的增大。这表明，在一般情况下，舒张压的高低是外周阻力大小的一个重要反映。

（4）主动脉和大动脉管壁的弹性

主动脉和大动脉管壁具有良好的可扩张性和弹性，能够有效缓冲动脉血压的搏动并减小脉压。主动脉和大动脉管壁的可扩张性和弹性在短时间内通常保持相对稳定。血管壁随年龄增长逐渐发生硬化，弹性减退，导致其作为弹性储器的功能减弱，结果是在心脏收缩期时，血液的冲击波传递效率增加，使得收缩压升高，同时脉压也随之增大。因此，老年人脉压的波动通常比青年人更为显著。这种血压的波动增大不仅反映了血管老化的自然过程，还可能增加心血管疾病的风险。因此，为了预防老年人出现心血管疾病，提升他们的健康水平，定期监测血压十分重要。

（5）循环血量与血管容量

正常情况下，机体的循环血量与血管系统的容量是匹配而且稳定的。但当机体严重脱水或失血过多时，循环血量下降，会使心输出量随回心血量的减少而下降，动脉血压迅速降低。

为了便于分析，以上内容都是在假设其他因素不变的前提下，分析讨论单一因素发生变化对动脉血压可能产生的影响。实际上，在一个完整的生物体中，单一因素影响动脉血压的情况几乎不存在。这意味着，当某一因素发生变化时，生物体会通过调整其他相关因素来恢复平衡。因此，动脉血压的变化通常是多种因素相互作用的综合结果。这种复杂的调节机制确保了机体在面对不同生理或环境挑战时能够维持血压的稳定。

（三）动脉脉搏

心脏收缩和舒张的一个周期内，动脉内的压力呈现周期性变化，引起动脉管壁产生相应的搏动，称为动脉脉搏。动脉脉搏可沿着血管壁传播，在体表的浅动脉上可用手触摸到这种搏动。正常情况下，脉搏的次数和心率是一致的。

中医经常用触诊脉搏的方式诊断疾病。运动训练中，经常测量桡动脉和颈动脉等部位的脉搏来间接估计心率。这种方法被广泛用于评估运动强度、监测运动后的恢复状态以及判断运动员的身体机能水平。通过这种方式，教练和运动员可以获得关于身体反应和适应性的重要信息，从而优化训练计划和提高运动表现。此外，定期监测脉搏还有助于及早发现潜在的健康问题，确保运动过程的安全性。

（四）静脉血压和静脉回心血量

1. 静脉血压

当体循环的血液从微动脉流向毛细血管动脉端时，血压在 40 ~ 50 mmHg；流经毛细血管到达微静脉时，血压则降至 15 ~ 20 mmHg。随着血液继续回流，静脉血压逐渐降低，直至在右心房（体循环的终点）血压接近零。中心静脉压指的是右心房和胸腔内大静脉的血压，外周静脉压则是指各器官静脉的血压。心脏射血能力、静脉回心血量影响中心静脉压。如果心脏射血能力强，能够迅速将血液从心脏射入动脉，中心静脉压便较低；反之，如果心脏射血能力减弱，中心静脉压则会升高。此外，静脉回流速度的加快同样会导致中心静脉压上升。在全身静脉收缩或微动脉舒张导致外周静脉压升高的情况下，中心静脉压也可能升高。因此，中心静脉压是反映心脏功能状态和静脉回心血量的重要指标，对于评估心血管功能具有重要意义。

2. 静脉回心血量

静脉回心血量即每单位时间内流回心脏的血量，与心输出量相等。这一血量主要由外周静脉压和中心静脉压之间的压力差以及静脉系统的血流阻力决定。静脉回心血量的大小主要影响心室舒张末期的心室充盈量,从而影响每次心跳的射血量。因此,任何影响外周静脉压、中心静脉压或静脉阻力的因素均可对静脉回心血量造成影响。这些因素包括身体姿势的变化、血液容量的调整以及静脉壁张力的变化等。

(1)体循环平均充盈压

体循环平均充盈压是一个重要的生理参数,主要用于反映血管的血液充盈程度。血液充盈程度的高低直接影响静脉回心血量的多少:充盈程度越高,静脉回心血量也越多。当血量增加或容量血管收缩时,体循环平均充盈压会相应升高,导致静脉回心血量增加。这是因为血液在血管中的压力增大,推动更多的血液流向心脏。相反,当血量减少或容量血管舒张时,体循环平均充盈压会降低,静脉回心血量也随之减少。这种情况下,血液在血管中的压力减小,减少了向心脏的流动。

(2)心肌收缩力

心肌收缩为血液在循环系统中运行提供动力,心肌收缩力与静脉回心血量正相关。如果心肌收缩力强,射血时心室排空完全,剩余血量少,舒张期室内压低,对心房和大静脉内血液的抽吸力量就大,静脉回心血量就多;反之,则静脉回心血量减少。

(3)体位、温度改变

当人体处于平卧位时,全身的静脉与心脏基本在同一水平线上,因此血液回流受到的重力影响较小,导致回心血量增多。相比之下,当人体站立时,大部分静脉血管位于心脏水平线以下,这会导致静脉充盈和扩张,容量增大,从而使回心血量减少,心脏搏出量下降,血压也相应降低。因此,当人体从直立位变为卧位时,静脉回流会加快,有助于提高回心血量。

下肢静脉瓣膜受损的个体往往难以长时间站立,这是因为受损的瓣膜无法有效地促进血液向心脏回流。健康的人如果长时间站着不动,也可能因为重力的作用,出现静脉回心血量减少及动脉血压下降的情况。该情况下,可能会因脑部缺血、缺氧而出现头晕甚至昏厥的症状,这种现象称为重力性休克。重力性休克是指血液在下肢静脉中积聚,导致心脏的供血不足以维持正常的脑部供氧。

在高温环境中,皮肤血管会舒张,从而增加血管内的血液容量。如果人长时间在高温环境中站立不动,更容易导致头晕和休克。对于长期卧床的病人,由于其静脉管壁变得松弛,因此能够容纳更多的血量。此外,由于其腹壁和下肢肌肉的收缩力减弱,对静脉的挤压作用也相应减少。因此,当这些病人突然从平卧位站起时,回心血量的减少可能会导致脑供血不足,出现头晕甚至昏厥的症状。

(4)骨骼肌的挤压作用

肌肉收缩时,其作用类似于打气筒,有效地将静脉血液推向心脏。在肌肉舒张阶段,静脉内的压力下降,促进血液从毛细血管流入静脉,增加静脉的充盈。此外,大多数静脉含有瓣膜,确保血液仅向心脏方向流动,防止倒流。因此,骨骼肌的收缩与舒张,结合静脉瓣膜的作用,共同形成了一种有效的“泵”机制,称为静脉泵或肌肉泵。特别是在跑步等活动中,下肢肌肉的活动可以将更多血液推向心脏。这种肌肉泵不仅可以促进静脉血的回流,还加速了全身血液循环,并辅助心脏进行泵血。

(5)呼吸运动

胸膜腔内呈负压状态,使胸腔内的大静脉和右心房处于充盈扩张状态。当吸气时,胸廓扩张导致胸内负压进一步降低，使得胸腔内的大静脉和右心房更加扩张，压力下降，从而有利于外周静脉血液的回流，增加静脉回心血量。相反，在呼气时，胸内负压减少，静脉回心血量相应减少。当人体做一些憋气的动作时，胸内压显著升高，影响静脉回流，若憋气持续时间过长，心输出量可能大幅减少，导致脑供血不足，最终可能出现晕厥。因此，老人和儿童不适宜做长时间憋气的运动。

四、心血管活动的调节

机体通过神经调节、体液调节和自身调节等机制来维持心血管系统的稳定运作。这些机制共同保证心率、心输出量、动脉血压以及各组织器官的血流量保持在相对稳定的水平。在机体遇到内外环境变化时，这些调节系统能够适时做出反应，以适应代谢需求的变化，确保心血管活动能有效支持身体的整体功能。

（一）神经调节

1. 心脏和血管的神经支配

（1）心脏的神经支配

与骨骼肌受躯体神经支配不同，心肌和血管平滑肌受自主神经支配。支配心脏的神经有心交感神经和心迷走神经，如图 3–14 所示。

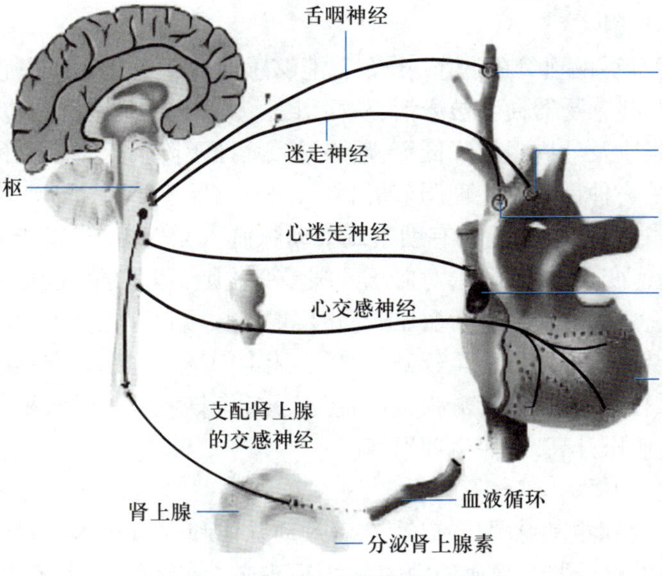

图 3–14　心脏的神经支配

心脏的交感神经节后纤维末梢释放的递质是去甲肾上腺素，它与心肌细胞膜上的 β 受体结合，从而激活心脏，导致心率加快和心肌收缩力增强。心脏的迷走神经节后纤维末梢释放的递质是乙酰胆碱，它与心肌细胞膜上的 M 受体结合，对心脏产生抑制效果，从而导致心率减慢和心肌收缩力减弱，尤其在心房肌中表现得更为明显。

（2）血管的神经支配

在毛细血管以外的血管区域，平滑肌细胞广泛分布于血管的内壁。控制这些平滑肌细胞的神经称为血管运动神经，它们分为两类：缩血管神经和舒血管神经。缩血管神经激活会导致血管平滑肌收缩，而舒血管神经激活则使血管平滑肌舒张。这种神经调控机制连同平滑肌的自我调节能力，共同作用于血管的舒缩状态，进而调整血管的直径和血流阻力，最终影响各器官的血流量。

2. 心血管中枢

在中枢神经系统中，负责控制心血管反射的神经元主要集中于心血管中枢区域。这些与心血管功能调节相关的神经元在从脊髓至大脑皮质的多个层级中广泛分布。其中，延髓是调控心血管活动的核心区域，而下丘脑也在心血管系统的调节中起到了重要作用。在延髓以上的脑干、大脑、小脑中，也有与心血管活动有关的神经元，它们主要进行心血管和其他器官之间的功能整合，对心血管活动做精细调节。例如，下丘脑在体温调节、摄食、水平衡以及情绪反应等方面起重要作用，这些生理过程都伴随着心血管活动的相应变化。运动员赛前紧张时，往往会有心跳加速和血压上升的现象，这与大脑皮层对心血管系统的调控作用有关。

3. 心血管反射

当人体的内外环境或生理状态发生变化时，心脏和血管的活动会相应调整，以确保心输出量和各器官的血流量能够满足代谢需求，从而维持机体内环境的相对稳定。神经系统通过心血管反射机制对心血管活动进行精细调节。人体中较为重要的心血管反射有压力感受性反射、化学感受性反射和本体感受性反射。

（1）压力感受性反射

在颈脉窦和主动脉弓的血管外膜下，分布着能够感应血压变化的压力感受器。当机体的血压突然升高时，这些感受器便会被激活，从而引发一系列反射性反应，包括心率减慢、心输出量减少、血管舒张以及外周阻力降低等，最终导致血压下降。这种现象称为压力感受性反射或减压反射，它是一种重要的生理调节机制。

压力感受性反射这种负反馈调节有助于调节动脉血压和心率，使其处于正常水平。它主要对动脉血压的迅速变化进行调节，对血压的缓慢变化则不太敏感，这是循环系统中非常重要的自我调节功能。例如，在运动后血压升高时，主动脉弓和颈脉窦中的压力感受器被刺激并产生兴奋，信号沿传入神经传递至延髓，激活心迷走中枢并抑制心交感中枢与血管运动中枢。这些反应使得心率减慢、血管舒张，进而使血压逐渐恢复至正常水平。同样的机制也能在血压降低时促使血压升高，确保生理平衡。

（2）化学感受性反射

在颈总动脉分叉处和主动脉弓区域，存在着颈动脉体和主动脉体这两种对血液中化学成分的变化极为敏感的感受器。当血液中的氧气不足或二氧化碳、氢离子浓度升高时，这些感受器被激活。激活后的信号通过窦神经和迷走神经传入延髓，触发化学感受性反射。这种反射不仅促使呼吸中枢活跃，导致呼吸加深加快，同时也刺激心交感中枢和血管运动中枢，使心率加快、血压上升、心输出量增加，以及脑和心脏的血流量增加，而腹腔内脏和肾脏的血流量则相应减少。该反射活动起到调节血液中二氧化碳浓度的作用。

通常情况下，化学感受性反射主要调节呼吸运动，而对心血管活动的影响相对较小。然而，在缺氧窒息、失血或酸中毒等异常状态下，这种反射对心血管系统有显著的调节作用，可以促进血压上升和血液量的重新分配。这有助于确保心脏和大脑等重要器官优先获得必要的血液供应。

（3）本体感受性反射

骨骼肌的肌纤维、肌腱和关节囊内部均有本体感受器。这些感受器在肌肉活动过程中被激活，从而反射性地促使心率加快和血压上升，确保肌肉运动时获得充足的血液供应。目前普遍认为，在剧烈肌肉运动初期，心率的急剧增加主要是由神经反射引起的，而本体感受性反射也可能在这一过程中起到调节作用。因此，进行充分的准备活动可以帮助预调心血管系统，使其更好地适应即将进行的运动。

（二）体液调节

心血管活动的体液调节是指血液和组织液中的生物活性物质对心肌和血管平滑肌的调节作用。心血管的体液调节根据作用范围可以分为全身性和局部性两种。全身性体液调节涉及的物质包括肾上腺髓质分泌的肾上腺素和去甲肾上腺素、血管紧张素等，而局部性体液调节主要涉及组织代谢产物。这些调节机制共同作用于心血管系统，影响其功能和状态。

1. 肾上腺素和去甲肾上腺素

肾上腺髓质受到交感神经的支配，其中释放的激素以肾上腺素为主（约占 80%），而去甲肾上腺素较少（约占 20%）。从化学结构上看，肾上腺素和去甲肾上腺素都属于儿茶酚胺类化合物。在交感神经受到刺激时，这两种激素会被释放。

当进行体力劳动或剧烈运动时，交感神经被激活，促使肾上腺髓质细胞分泌肾上腺素和去甲肾上腺素。这些激素的释放会加快心率，增强心肌收缩力，并提高心输出量和血压。同时，它们导致皮肤、肾脏和肠胃等内脏的血管收缩，而骨骼肌、肝脏的血管及冠状血管则舒张，主要表现为收缩压的升高。这种血液重新分配对于满足运动中肌肉增加的代谢需求至关重要。

尽管肾上腺素和去甲肾上腺素在心血管作用上有许多共同点，它们的效果却因结合不同受体而异。前者主要增强心脏活动，其升压作用相对较弱；后者虽然对心脏的直接作用较弱，但其强烈的血管收缩效果能够显著增加外周阻力，尤其是显著提高舒张压。

2. 肾素—血管紧张素系统

肾素—血管紧张素系统（renin-angiotensin system，RAS）是人体重要的体液调节系统，其主要功能是调节人体血压、水分、电解质和保持机体内环境的稳态。肝脏合成的血管紧张素原在肾合成的肾素作用下水解，形成血管紧张素。血管紧张素Ⅱ通过收缩全身微动脉，不仅提高动脉血压，还调节冠状动脉循环和增强心肌收缩力，促进心内交感神经末梢释放儿茶酚胺。血管紧张素Ⅱ是目前已知的最强的缩血管物质，可使全身小动脉收缩，血压升高；也能使静脉血管收缩，从而增加回心血量。

血管紧张素具有直接强心升压作用，也可通过刺激交感神经中枢以及促使交感神经末梢释放去甲肾上腺素，使心脏收缩加快、加强，心输出量增加，从而使皮肤及内脏器官血管显著收缩，最终导致外周阻力增加，血压升高。

最新研究表明，心肌、骨骼肌、血管平滑肌以及脑等多种器官和组织中都存在肾素和血管紧张素原的基因表达。这些组织通过旁分泌和自分泌机制直接影响心血管功能，调整血管的张力和特定器官的血流量。此外，它们还参与局部组织和血管内皮的结构重塑。

当人体丢失大量血液或者因长时间运动而脱水时，肾素—血管紧张素系统被激活，血压显著下降，肾血流量减少而使肾素大量分泌，血管紧张素也相应增加，使机体的外周血管出现广泛而持续的收缩，从而防止血压过度下降。可见血管紧张素的产生是机体抵抗低血压的一种应急措施，对血压和循环血量的维持起重要作用。

3. 血管升压素

血管升压素（抗利尿激素）是一种在下丘脑的视上核和室旁核中产生的激素。这种激素在合成后被运输到垂体后叶，并从那里释放进入血液循环。它主要通过促进肾脏远曲小管和集合管对水分的重吸收作用，减少尿液的产生，增加基础血量，从而导致血压上升。血管升压素是已知最强的缩血管物质之一，它在维持细胞外液量的恒定和动脉血压的稳定中都起着重要的作用。

4. 其他调节物质

心房钠尿肽（ANP）、内皮素（ET）、一氧化氮（NO）和前列腺素（PG）等多种体液调节因素在调控心血管功能中扮演着关键角色。

心房钠尿肽主要通过扩张血管和降低外周阻力来发挥作用，同时还能减少心脏每搏输出量，降低心率和心输出量，并抑制肾素—血管紧张素系统的活性。内皮素可以增强心肌和平滑肌的收缩力，具有显著的升高血压的效果。一氧化氮则是一种促进血管平滑肌舒张的关键物质。前列腺素是一类广泛存在于全身各种组织的脂肪酸类物质，主要在多个组织中发挥舒张血管的功能。

（三）自身调节

心血管系统的自身调节包括心脏泵血功能的调节以及组织和器官血流量的调节。这意味着即使在血压发生一定变动的情况下，器官和组织的血流量仍能通过其局部机制进行适当的调整。这种调节机制主要存在于器官、组织或血管本身，因此称为自身调节。自身调节主要可以分为代谢性自身调节和肌源性自身调节两类。

1. 代谢性自身调节

当组织的代谢活动增强时，如肌肉剧烈运动时，局部组织会产生 CO_2、H^+、腺苷、ATP、K^+等。这些物质能刺激周围的微动脉和毛细血管前括约肌舒张，导致局部血流量增加，代谢产物浓度降低，从而缓解缺氧的状态。这种基于代谢需求调节血流的过程称为代谢性自身调节。在骨骼肌、皮肤、肝脏和胃肠道等活动变化显著的器官中，这种自身调节产生的舒血管效应尤为突出。

2. 肌源性自身调节

在正常情况下，血管平滑肌通常保持一定程度的持续性收缩状态。这些肌肉还具有一种特性：当受到牵张时，其收缩活动会增强。因此，当某器官供血血管的灌注压突然升高时，血管平滑肌会因牵拉而增强其收缩，这种现象称为肌源性自身调节机制。这一机制的生理意义在于，它可以在血压发生波动时，帮助维持某些器官血流量的相对稳定。这种调节在毛细血管前阻力血管段尤为明显，虽然会使器官的血流阻力增加，但血流量得以保持稳定。

五、运动对心血管功能的影响

在安静状态下，人体的耗氧量仅为0.25 L/min，在持续运动时可增加至6 L/min以上。运动时心血管系统会发生显著的功能性调整，包括心率的加快和搏出量的增加。这些变化主要是为了满足运动时人体各组织器官对氧气的增加需求。

（一）运动中心血管功能的变化

1. 运动时心率的变化

运动时心率可从安静时的大约75次/分增加到180次/分，甚至更高。研究表明，运动时心率变化速率与幅度因运动强度和运动持续时间的不同而异。随着运动强度的增加，心率逐渐加快，直至达到最大心率。

运动心率可以作为评定运动强度的生理负荷指标，通常将心率从185次/分到最大心率的运动强度称为极限强度，170～185次/分为亚极限强度，150～169次/分为大强度，120～149次/分为中等强度。

心率是评估运动员机能状态的一个重要客观生理指标。通过测量基础脉搏（晨脉）、最大心率、运动前心率、定量运动负荷后的心率以及心率恢复速度等多个指标，可以在一定程度上了解运动员的机能水平。此外，通过监控心率或脉搏，也可以有效地控制运动的强度，确保训练的科学性和安全性。

2. 运动时搏出量和心输出量的变化

运动时，心率和心肌收缩力都明显增加，每搏输出量和心输出量都有显著提升。安静时的搏出量通常为60～70 mL，但在运动时可以增加到110～130 mL。对于高水平的耐力运动员来说，安静时的搏出量可能在80～110 mL，而在最大强度运动时，搏出量可以进一步增加到160～200 mL。这些变化体现了心脏在运动应激下的适应能力和功能提升。

研究表明，在运动强度达到最大强度的40%～60%时，搏出量随着运动强度的增加而增长。但超过这一强度范围后，搏出量趋于稳定或仅略有增长，心输出量的进一步增加主要与心率的提升有关。当心率达到150～160次/分时，心室舒张期缩短，导致静脉回流减少，使得搏出量开始减少。心率超过180次/分时，搏出量的显著减少也可能导致心输出量下降。然而，对于高水平运动员，在进行高强度运动时，心输出量的增加更多依赖于搏出量的提升。

3. 运动时动脉血压的变化

运动时动脉血压的变化取决于心输出量和外周阻力变化之间的关系，并与运动方式有关。运动状态下平均动脉血压升高，但是收缩压和舒张压的增长幅度不同。

当人体进行全身性的耐力运动时，收缩压会随运动强度的增大而明显升高，舒张压则不会显著增加，甚至会略有下降。正常成年人安静时收缩压约为120 mmHg，在剧烈运动时收缩压会高达190 mmHg，高水平运动员甚至高达240 mmHg。

不同的运动形式对动脉血压的收缩压和舒张压的影响也不同。进行动力性运动时，心脏收缩加强，心输出量增加，血流速度加快，但同时交感舒血管神经兴奋使外周血管扩张，肌肉收缩的推挤加快静脉回流，使得外周阻力相对下降。因此，收缩压明显升高，舒张压的变化相对较小，甚至可能略有下降。进行静力性运动时，由于憋气使胸腔压力增大，后负荷增加，搏出量有所下降，心输出量增加幅度较小，心室余血量较多，静脉回流阻力也增加，加之肌肉持续收缩压迫血管，腹腔内脏血管收缩，总的外周阻力增大，故动脉血压升高以舒张压升高为主。

中老年人由于血管弹性下降，脆性增加，进行大强度静力性运动时易因外周阻力过大而发生心血管的破裂，故应尽量少进行大强度静力性运动。

知识拓展

瓦尔沙瓦现象

在体操练习中，静力性动作产生憋气，血压随动作的进行和恢复出现特殊变化规律，具体表现为：血压先升高，后降低，再上升，而后恢复到运动前水平；血流量也先少后多，再恢复常量。这种现象称为瓦尔沙瓦现象。随着体操运动员训练程度的提高，心血管调节机能使血液分配能力得到完善，瓦尔沙瓦现象可以得到缓解；反之，若训练程度下降，瓦尔沙瓦现象可再度出现。

血压的测定对运动员的训练程度和运动疲劳的判定有重要参考价值。随着训练水平的提高，运动员安静时的血压可略有降低。如果清晨卧床血压较同年龄组血压高 15%～20%，可能是运动负荷过大或运动疲劳所致。测定定量负荷前后血压及心率的升降幅度和恢复状况，可检查心血管系统机能并区别其机能反应类型，从而对心血管机能做出恰当的判断。

4. 血液的重新分配

当肌肉进行运动时，心输出量的增加并不均匀地分配给身体的各个器官。通过神经—体液调节机制以及自身的调节功能，各器官的血流量会重新发生分配，从而导致它们在心输出量中所占的百分比发生显著变化，如图 3-15 所示。尤其是工作肌的血流量会显著增加，

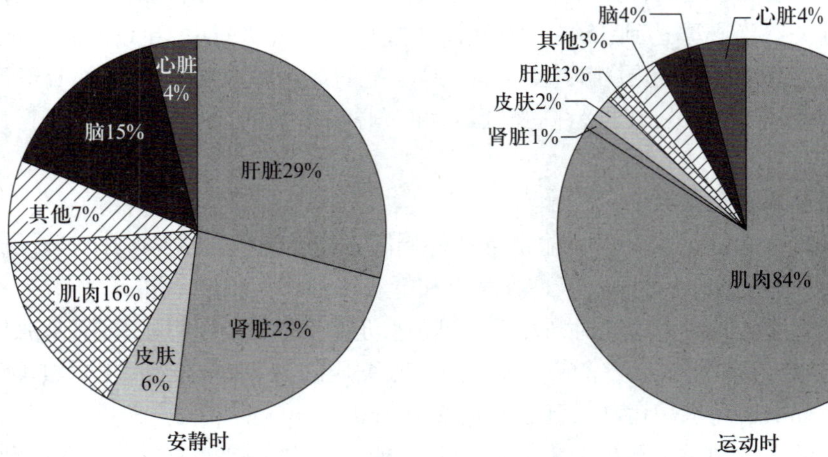

图 3-15　安静和运动时各器官血流量的分配

而非工作肌和内脏的血流量则会减少。例如,在进行最大强度的运动时,骨骼肌的血流量可以达到安静状态的20倍,占到心输出量的88%,而心肌的血流量则增加了5倍。这种血流的重新分配是体内多种调节机制协同作用的结果。

在运动状态下,皮肤血流量的变化与其他器官有所区别。在运动开始阶段,皮肤血流量减少,但运动开始后肌肉产热不断增加,体温升高,体温调节机制使皮肤血管舒张,血流量增加,以增加皮肤散热。当运动强度达到最大时,各种调节机制使皮肤血管收缩,皮肤血流量减少,以满足肌肉充足的血液供应,所以在这种情况下,运动者往往会出现面色苍白、体温升高等现象。

身体空间位置的变化对血流量重新分配的影响也比较明显。当由卧位迅速变成立位时,由于重力的作用,血液由身体上部流向下部。如果血液循环调节机能不完善,人体可能出现头晕甚至昏厥的现象。

运动时各器官血流量的重新分配具有十分重要的生理意义。一方面,减少对不参与活动的器官的血流量分配,保证有较多的血流量分配给参与运动的肌肉,因为仅靠心输出量的增加,肌肉无法得到充足的血液。另一方面,由于骨骼肌血管舒张,肌肉中开放的毛细血管数目增加,使血液和肌肉组织之间进行气体交换的面积增大,气体扩散的距离缩短,从而能满足肌肉运动时增加的氧耗。

另外,运动时血流量的重新分配对维持动脉血压具有重要的生理意义,避免人在运动时由血压过低引起器官血流量不足。如果没有不活动器官的缩血管效应,仅有运动的肌肉的舒血管效应,总的外周阻力就会减小,动脉血压也会降低。或者说,必须使心输出量大大增加,才能使动脉血压维持在原先的水平。

(二)长期运动对心血管机能的影响

经常进行运动训练或体育锻炼可以有效提升心血管系统在形态、功能和调节能力上的适应性,从而提升运动表现。然而,这些适应性变化通常是可逆的,一旦停止训练,这些良性变化可能在几年后逐渐消退。简而言之,心血管系统对运动训练的适应性主要体现在三个重要方面,见表3–6。

表3–6 心血管系统对耐力训练和力量训练的适应性

状态	指标	耐力训练	力量训练
形态的适应性	左心室质量	↑	↑
	左心室内径	↑↑	↑或—
	左心室壁厚	↑	↑↑
	隔膜壁厚	↑	↑↑
安静时的适应性	心率(HR)	↓	↑或—
	搏出量(SV)	↑↑	↑或—
	心输出量(CO)	—	—
	收缩压(SBP)/舒张压(DBP)	↓或—/↓或—	↓或—/—

续表

状态	指标	耐力训练	力量训练
运动时的适应性	心率（HR）	—	—
	搏出量（SV）	↑↑	↑或—
	心输出量（CO）	↑↑	↑或—
	收缩压（SBP）/舒张压（DBP）	↓或—/↓或—	↓或—/↓或—

注：↑为增加；↓为降低；↑↑为显著上升；—为没有明显变化。

1. 运动性心动徐缓

长期进行运动训练的人会出现运动性心动徐缓的现象，这是指在安静状态下其心率显著低于正常水平。在安静时，许多顶尖的耐力运动员的心率常降至40～50次/分，有些甚至记录到最低21次/分。心动徐缓的发生主要是由于心迷走神经的紧张性在安静状态下相对增高，而心交感神经的活动减弱。心交感神经和心迷走神经之间的功能平衡是使心率维持在特定水平的关键。长期运动训练使得机体对高心率的刺激逐渐产生适应性，导致在相同强度的运动刺激下，心率的增加幅度降低。当机体处于安静状态时，交感神经对迷走神经的抑制作用减弱，使得自主神经系统的功能平衡点向副交感神经系统方向移动，从而使心率显著减慢。这种调整是运动训练影响心脏功能的一个显著表现，反映了心脏在运动训练影响下的生理适应性改变。运动性心动徐缓是心脏良好适应性的表现，可将其作为判断训练程度的参考指标。但这种变化也是可逆转的，训练停止一段时间后，心率可以恢复到接近正常值。

2. 运动性心脏肥大

良好的训练能使心脏肥大，心室和心房均有增大，其中以左心室的肥大最为显著。这种现象称为运动性心脏肥大，表现为心脏尺寸的明显增大和射血功能的提升，因运动而肥大的心脏通常称为运动员心脏。普通人的心脏体积大约与其拳头相当，质量在200～300 g，而运动员心脏远超这个质量，甚至可以超出一倍以上。

运动员心脏具有较低的安静心率，但心脏肥大导致其具有较高的每搏输出量，因此安静状态下的运动员与普通人的心输出量差别不大。此外，运动员心脏每分钟跳动次数少，也就意味着每分钟的能量消耗低于一般人，从而表现出能量节约现象。运动员在安静状态下之所以能增加搏出量，主要是由于他们的静脉回心血量较大。而在剧烈运动期间，为了保证搏出量不下降，心脏通过增强心肌收缩力并且减少收缩末期心室内的余血量来进行调节。这些调节显示了运动员心脏在不同状态下的适应性和高效能。

不同类型的运动导致心脏肥大的机制不同，肥大程度也不同。耐力性和力量性运动员的心脏肥大程度比速度性运动员更为明显。长跑、长距离游泳、自行车赛和越野滑雪等耐力性运动通常导致心室腔内径的扩大和左心室壁轻微增厚，这种肥大形式称为离心性肥大。而投掷、举重等力量性运动通常导致血管外周阻力增加，心脏的左心室壁增厚，心室腔容积改变较小，这种肥大形式称为向心性肥大，可使心肌的收缩力增强。长期训练导致的心脏肥大与高血压、冠心病病人的病理性心脏肥大明显不同。前者收缩力量大，射血分数高；后者收缩力减弱，射血分数下降。

3. 心脏泵血功能改善

在安静状态下，普通人和运动员的心脏供血量基本相同（表 3–7），但二者的供血机制有所不同。普通人心脏依靠较高的心率和较小的搏出量来维持身体的血液供应，而运动员心脏则通过较低的心率和较大的搏出量实现相同的供血效果，从而以更低的能量消耗来保证血液供应。此外，运动员在安静状态下的低心率还增加了其心率储备，有助于提高心脏的心力储备。这种差异反映了运动员心脏在效率和功能上的优化。在运动时，随着运动强度的增加，无训练者搏出量随着心率的增加会轻微下降，而运动员心脏几乎不出现搏出量的下降。

表 3–7　普通人和运动员在不同状态下的心功能指标变化

状态	级别	心输出量/（mL/min）	搏出量/mL	心率/（次/分）
安静时	普通人	4 970	71	70
	运动员	5 000	100	50
最大运动时	普通人	22 000	113	195
	运动员	35 000	179	195

运动训练不仅促进心脏在形态和功能上的适应性，还改善了其调节机能。受训练的运动员在进行定量运动时，心血管系统的动员速度快、潜力大，并能迅速恢复。运动开始后，他们能迅速调动心血管功能以适应运动需求，心脏泵血功能的变化幅度较小，这主要是因为他们的运动能力较强，完成相同运动时更为轻松，生理反应较小。在进行最大强度运动时，经过训练的运动员在神经—体液调节下，能够充分发挥心血管系统的最大潜能，展现出卓越的心脏泵血功能。此外，运动员在运动后的恢复期也较短，这表明运动员心脏虽然在运动时机能变化显著，但一旦停止运动，便能迅速恢复至安静状态。

4. 运动性低血压

长期进行耐力训练的运动员在安静状态下往往会表现出较低的血压，这种现象称为运动性低血压。通常，他们的收缩压可能降至 85 ~ 105 mmHg，而舒张压则可能为 40 ~ 60 mmHg。此外，脉压可能保持不变或有所增加。这表明心肌的收缩力得到了增强，并且血管的舒张能力有所提升，血管外周阻力减小。这些变化反映了机体在长期运动训练后对能量和资源的节省和优化。

（三）体育运动与心血管意外

运动性猝死通常被定义为在运动过程中或运动后 24 h 内发生的非创伤性意外死亡。这类猝死事件绝大多数与心血管问题有关。在 35 ~ 40 岁的人群中，冠心病是导致运动性猝死的主要原因；而在 35 岁以下的年轻人中，最常见的猝死原因是肥厚型心肌病和先天性冠状动脉畸形。其他较常见的原因包括中度左心室肥厚、心肌炎、致心律失常右室心肌病、二尖瓣脱垂、主动脉瓣狭窄、扩张型心肌病、由离子通道疾病引起的心律失常、主动脉夹层以及其他先天性心脏病等。

运动性猝死通常是由于剧烈运动时交感神经极度兴奋，心肌收缩力增强，心率加快，血压上升，以适应运动时身体的生理需求。这种状态可能引发心脏电生理的紊乱，诱发心室颤动等致命性心律失常。

对于患有代谢性疾病和心血管疾病的人群，在参加体育锻炼前应确保病情稳定，并在专业医生的指导下进行运动负荷试验以评估安全性。对于无明显症状的人群，特别是中老年人，在参加竞技性运动前也应进行充分的健康评估。在运动过程中，如果出现运动性猝死，应立即使用自动体外除颤器（AED）进行除颤并实施心肺复苏，这是猝死急救最有效的方法。

第三节　运动与呼吸

呼吸系统是氧运输系统的重要组成部分，其主要机能是实现机体与外界环境的气体交换。为了维持正常的代谢，机体必须从外界不断地摄取 O_2，同时不断地将体内产生的 CO_2 排出体外。这种机体与外界环境进行的气体交换称为呼吸。我们每时每刻都要进行呼吸，呼吸是维持生命活动的基本生理过程之一。

一、肺通气

（一）肺通气的动力

1. 呼吸运动

肺的扩大和缩小是被动的过程。胸廓可主动完成节律性扩大和缩小，这构成了呼吸运动，这一过程主要通过呼吸肌的收缩与舒张来实现，为肺通气提供动力。在吸气时，如果大气压高于肺内压，气体将借助这一压力差流入肺中；相反，在呼气时，若肺内压高于大气压，气体则通过压力差流出肺部。整个呼吸过程中，大气压始终保持恒定，而肺内压的变化则是由胸廓的扩张和收缩引起的。这种胸廓的动态变化是呼吸的关键，能确保气体进行有效交换。

（1）呼吸运动的全过程

呼吸过程不似看起来那么简单，它包括外呼吸、气体运输和内呼吸三个关键环节，这些环节通过血液循环与组织细胞的协同作用，实现氧气的摄取和二氧化碳的排出，如图 3–16 所示。

外呼吸是指外界环境与肺部之间的气体交换过程，分为肺通气（肺与外界环境间的交换）和肺换气（肺泡与血液间的交换）。气体运输则是血液将氧气从肺部运送到组织毛细血管，同时将组织细胞代谢产生的二氧化碳从毛细血管运送回肺部的过程。内呼吸是指血液通过组织液与组织细胞进行的气体交换过程。通常，我们所说的呼吸指的是外呼吸。

（2）呼吸运动的形式

呼吸运动由呼吸肌负责，这些肌肉分为主要吸气肌、辅助吸气肌和呼气肌三类。膈肌和肋间外肌属于主要吸气肌；胸肌、背阔肌、斜方肌和胸锁乳突肌是辅助吸气肌；肋间内肌和腹壁肌属于呼气肌。根据不同呼吸肌的参与程度、活动强度及其配合方式，呼吸运动可以表现为多种不同的形式。

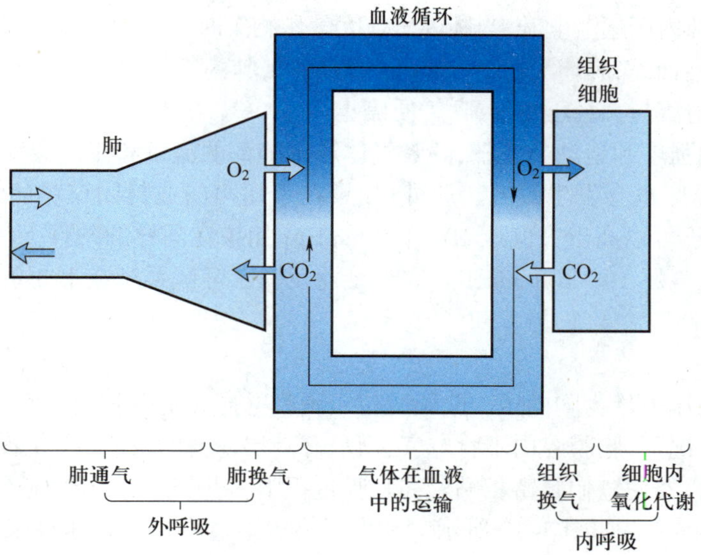

图 3-16　呼吸全过程

①平静呼吸与用力呼吸

呼吸运动按深浅可分为平静呼吸和用力呼吸。平静呼吸发生在安静而放松的状态下，而用力呼吸往往发生在剧烈运动或劳累之后。

在平静呼吸中，吸气时，肋间外肌收缩，肋骨上提，胸廓扩大；膈肌收缩，使膈顶下降，增大胸廓的上下径。这使得肺部扩张，肺容积增大，肺内压降低至低于大气压，从而吸入外界空气。呼气时，膈肌和肋间外肌舒张，肋骨借重力下移，胸廓通过弹性回缩，肺容积减小，肺内压升高，超过大气压，从而将气体排出体外。

在用力呼吸中，吸气不仅涉及主要吸气肌（膈肌和肋间外肌）的加强收缩，还包括辅助吸气肌的参与，从而进一步扩大胸廓，增加吸气量。呼气则是一个主动过程，涉及呼气肌的加强收缩，包括肋间内肌与腹壁肌的同时收缩，使肋骨下移，膈肌上移，胸廓进一步缩小，肺内压大幅增加，呼气深度增大。

②腹式呼吸与胸式呼吸

当膈肌作为主要吸气肌时，腹内压的变化使腹部随之起伏，这种以膈肌活动为主的呼吸运动称为腹式呼吸（膈式呼吸）。肋间肌的活动使肋骨发生提降移动，胸部也随之起伏，以肋间肌活动为主的呼吸运动称为胸式呼吸（肋式呼吸）。

成年人多采用混合式的呼吸，儿童则以腹式呼吸为主。在运动中，呼吸形式因动作的不同而不同，如完成支撑悬垂或倒立动作时，需要固定胸廓才便于发力，故可采用腹式呼吸；在完成屈体直角支撑、仰卧起坐等动作时，腹肌需要紧张，此时采用腹式呼吸将影响动作质量，则应以胸式呼吸为主。但游泳、举重、太极拳、射击等运动项目的呼吸形式比较复杂，运动中的呼吸形式应与动作相配合。

2. 肺内压

肺内压即肺泡内的压力。肺内压与大气压之间的压力差是气体进出肺泡的前提。呼吸道通畅时，在呼气末、吸气末和胸廓停止运动时，肺内压与大气压相等，气体停止流动而使呼吸暂停。平静吸气时，胸廓扩大，肺容积增加，肺内压下降至低于大气压时，空气进入肺泡；随着气体入肺，肺内压逐渐上升，当肺内压与大气压相等时，气体便停止入肺。平静呼气时，胸廓缩小，肺弹性回缩，肺内压上升至高于大气压时，肺内气体呼出；随着气体呼出，肺内压逐渐下降，当肺内压与大气压相等，呼气便停止。

在不同运动强度和运动类型下，呼吸气体进出肺部的流量和流速会发生变化，相应地，肺内压的波动幅度也会发生改变。此外，如果在紧闭声门或封闭口鼻的情况下尽力呼气（即憋气），肺内压可以高出大气压 60 ~ 140 mmHg；如果在同样的条件下尽力吸气，肺内压力则可以低于大气压 30 ~ 100 mmHg。这些变化反映了呼吸系统在不同条件下的适应性和调节能力。

3. 胸内压

胸膜腔内的压力称为胸内压。胸膜腔位于胸膜壁层和胸膜脏层之间，形成一个密闭的空间。在正常情况下，胸膜腔内不含空气，而只有一层薄薄的浆液，这有助于减少两层胸膜之间的摩擦阻力，并使它们紧密相贴。在呼吸过程中，胸膜腔内的压力通常低于大气压，这种状态称为胸内负压，如图 3–17 所示。胸内压可以通过专用的检压计来测量。通常情况下，在平静呼气末，胸内负压为 –5 ~ –3 mmHg；在平静吸气末，胸内负压为 –10 ~ –5 mmHg；而在用力吸气时，胸内负压可以达到 –30 mmHg。

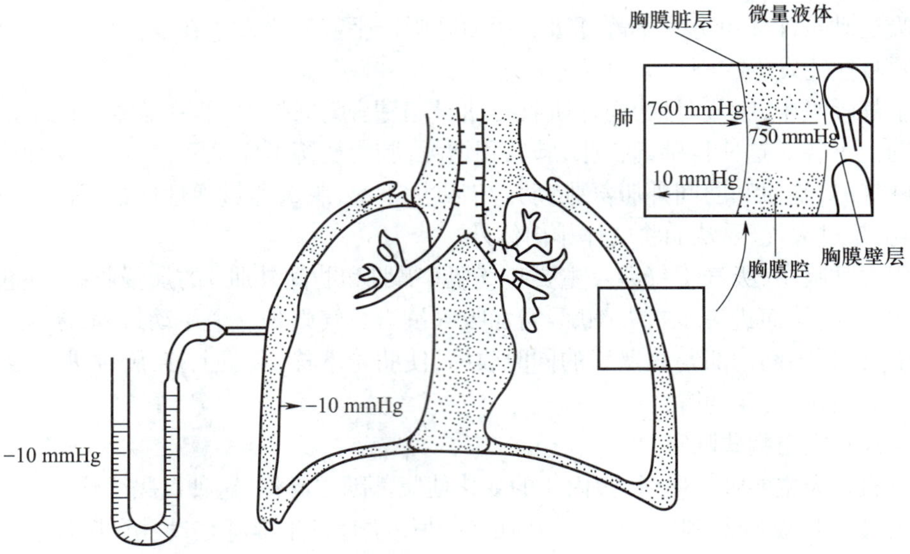

图 3–17　胸膜腔及胸内负压

肺是具有弹性的组织，从人出生后就被进入其中的气体撑开，无法回复到最初的最小状态，因此形成并逐渐加大胸内负压是维持正常呼吸的关键。相较于呼气，吸气时肺部的被动扩张更大，回缩力也随之增强，从而导致胸内负压增大。在运动时，随着呼吸深度的增加，胸内负压的波动幅度也相应增大，这不仅有助于肺部的气体交换，还起到促进静脉血回流的辅助泵作用。

胸内负压不仅影响肺部，使其扩张，也对胸腔内的其他器官，尤其是壁薄且易于扩张的腔静脉和胸导管产生作用。这种负压在呼吸时尤为明显，其增加不仅促进心房、腔静脉和胸导管的扩张，更能有效地促进静脉血和淋巴液的回流。因此，在运动时采用深呼吸不仅可以有效地促进肺泡内气体的交换，还有助于加强静脉血的回心功能。

（二）肺通气的阻力

肺通气的阻力分为弹性阻力和非弹性阻力两种。弹性阻力主要来源于胸廓和肺的弹性回缩力，该力量越大，吸气时的阻力也就越大。非弹性阻力则是气流在通过呼吸道时遇到的阻碍，主要由气体分子间及其与气管壁间的摩擦力造成。影响呼吸道阻力的一个关键因素是呼吸道的管径：管径减小时，阻力增加；管径增大时，阻力减少。

支气管哮喘患者呼吸困难主要是由于支气管平滑肌的痉挛导致管径缩小，进而增加呼吸道阻力。此外，呼吸道内的黏液分泌物也会加剧阻力，而排痰可以有效降低这种阻力。在呼吸过程中，呼吸道阻力会周期性地变化：吸气时，由于肺泡扩张和胸内负压增大，小呼吸道壁受到更强的牵拉，呼吸道口径随之增大，使得阻力减小；相反，在呼气时，呼吸道口径减小，阻力增大。因此，支气管哮喘患者在呼气时通常比吸气更加困难。

（三）肺通气机能

肺通气的相关量取决于呼吸的深度，随着人体活动状态的改变，肺通气的相关量发生相应的变化。

1. 肺总容量及其变化

肺总容量描述的是肺部能够容纳的最大气体量，即在最大吸气末肺内的总气体量。在呼吸过程中，肺总容量会根据呼吸的强度和深度呈现周期性的变化，使用肺功能测试仪可以准确测量吸入和呼出气体的体积，如图 3–18 所示。

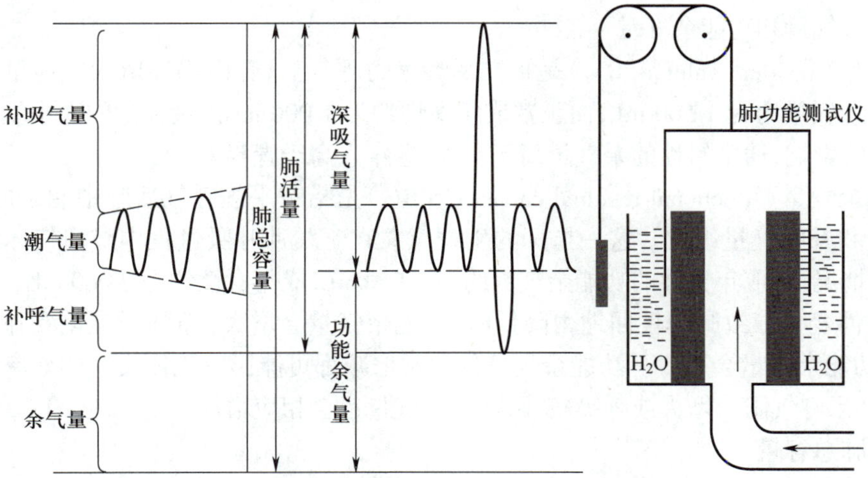

图 3–18　肺总容量的组成

（1）潮气量

吸气和呼气如同潮汐一样起伏升降。潮气量（tidal volume，TV）是指在平静呼吸条件下，每次吸入或呼出的气体量。对于正常成人而言，潮气量大约是 500 mL。这一数值会受到年龄、性别、体表面积以及情绪等因素的影响，并且在运动时，潮气量会有所增加。

（2）补吸气量和深吸气量

在平静吸气之后进行尽力吸气时，额外吸入的气体量称为补吸气量（inspiratory reserve volume，IRV）。正常成人的补吸气量为 1 500 ~ 2 000 mL。从平静呼气末进行的最大吸气所能吸入的总气体量称为深吸气量（inspiratory capacity，IC），它是补吸气量和潮气量的总和。深吸气量反映了机体的最大通气潜力，主要受胸廓形态和吸气肌发达程度的影响。

（3）补呼气量

在完成平静呼气后进行尽力呼气时，额外呼出的气体量称为补呼气量（expiratory reserve volume，ERV）。正常成人的补呼气量通常为 900 ~ 1 200 mL。补呼气量的大小是衡量呼气储备能力的一个重要指标。

（4）肺活量

肺活量（vital capacity，VC）是指在最大深吸气后进行的最大呼气所排出的气体总量，它是潮气量、补吸气量和补呼气量三部分之和。这一指标反映了一次呼吸的最大通气能力，其大小受到性别、年龄、体表面积、胸廓大小、呼吸肌的发达程度以及肺和胸壁的弹性等多种因素的影响，并且不同个体间存在较大差异。例如，正常成年男性的肺活量约为 3 500 mL，而正常成年女性约为 2 500 mL。长期从事运动锻炼，尤其是参与游泳、划船等高水平运动的人，肺活量可显著增加，有时甚至可超过 7 000 mL。

在进行高强度有氧运动时，人体每次呼吸的气体量可达肺活量的 50% ~ 55%。因此，肺活量较小的个体在运动时的肺通气量可能较低。测量肺活量的方法简单且重复性好，是评估肺静态通气功能常用且重要的指标。为了更全面地反映个体的通气功能，有时会将肺活量与身高（mL/cm）或体重（mL/kg）等的相对值进行比较，从而提供更具比较性的通气功能水平。

（5）余气量和功能余气量

余气量（residual volume，RV）是指在尽最大力呼气后，肺内仍存留的气体量。正常成年男性的余气量约为 1 500 mL，而正常成年女性约为 1 000 mL。余气量的大小受到年龄和健康状况的影响，通常男性的余气量高于女性，老年人高于青年人。

功能余气量（functional residual capacity，FRC）是指在平静呼气后肺中剩余的气体量，由余气量和补呼气量组成。这一指标的生理意义在于缓冲呼吸过程中肺泡气体的压力变化。正常情况下，成年男性的功能余气量约为 2 500 mL，成年女性约为 2 000 mL。当肺气肿等肺部条件变化导致肺弹性回缩力降低时，功能余气量会增大；而肺纤维化或肺弹性阻力增大时，功能余气量会减少。功能余气量的异常增减都可能影响气体交换的效率。在运动过程中，如果呼气阻力增大或呼吸较浅，功能余气量也会相应增加。

（6）肺总容量

肺总容量（total lung capacity，TLC）是指肺部能够容纳的最大气体量，它是肺活量和余气量的总和。正常成年男性的平均肺总容量约为 5 000 mL，而正常成年女性约为 3 500 mL。这一数值会根据性别、年龄、体表面积、锻炼程度以及体位的不同而有所变化。

2. 肺通气量

人体每分钟能够吸入或呼出的气体总量称为每分钟通气量（minute ventilation，MV 或 VE），这一指标是呼吸深度（潮气量）与呼吸频率（每分钟呼吸次数）的乘积。在安静状态下，正常成年人的呼吸频率为 12～18 次/分，潮气量约为 500 mL，因此每分钟通气量通常为 6～8 L。每分钟通气量会因性别、年龄、体型和活动量的不同而有所变化。随着人体新陈代谢水平的提高，呼吸深度和呼吸频率会同时增加。

在运动期间，随着运动强度的增加和运动持续时间的延长，每分钟通气量会逐渐增大。在剧烈运动时，每分钟吸入或呼出的气体量可达到最大，此时呼吸频率可增至 40～60 次/分，每分钟通气量可增至 80～150 L，甚至高达 180 L。最大通气量是指在单位时间内，肺部通气能力得到最大发挥时的通气量，它是评估肺通气功能的一个重要指标。

3. 肺泡通气量

肺泡通气量（alveolar ventilation，VA）是指每分钟实际进入肺泡并能与血液进行气体交换的有效通气量。在呼吸过程中，并非所有吸入的气体都能到达肺泡进行气体交换。一部分气体会留在呼吸道（如鼻、咽、喉、气管和支气管）中，这部分呼吸道称为解剖无效腔，其容积在健康成年人中为 150～200 mL，大约占安静时潮气量的 30%。此外，由于血流在肺内分布不均，进入肺泡的气体也可能未完全参与气体交换，这部分肺泡容量称为肺泡无效腔。解剖无效腔和肺泡无效腔合称生理无效腔。因此，真正能够参与气体交换的有效气体量是每次吸入的新鲜气体量减去生理无效腔的气体量，即每分钟通气量 =（潮气量 - 生理无效腔气体量）× 呼吸频率。

在运动时，肺泡无效腔对肺泡通气量的影响会增大。体育锻炼和运动训练能够改善肺泡的血液循环，减小肺泡无效腔，从而提高肺泡通气量。值得注意的是，潮气量和呼吸频率的变化对每分钟通气量和肺泡通气量的影响是不同的。肺泡通气量总是小于肺通气量。即使肺通气量相同，由于生理无效腔的存在，浅而快的呼吸与深而慢的呼吸的肺泡通气量却是不同的，见表 3-8。因此，从肺泡通气效果的角度来说，深而慢的呼吸通常比浅而快的呼吸更能有效地更新肺泡气体。

表 3-8　不同呼吸频率和潮气量时的肺泡通气量

呼吸频率/（次/分）	潮气量/mL	肺通气量/（mL/min）	肺泡通气量/（mL/min）
8	1 000	8 000	6 800
16	500	8 000	5 600
32	250	8 000	3 200

在安静状态下，通过适度增加呼吸深度和频率，不仅可以减少呼吸肌的能量消耗，还能维持必要的肺泡通气量，从而促进有效的气体交换。在进行运动时，采用深且快的呼吸方式可以进一步提高肺泡通气量，这对于提高氧气供应尤为有利。然而，这种呼吸模式会增加呼吸肌的能量需求，导致呼吸肌疲劳，因此通常只在需要大量氧气（如进行高强度运动）时，才采用此种呼吸策略。

（四）肺通气机能的评价

1. 肺活量

肺活量是衡量肺一次最大通气能力的重要指标，广泛用于评估运动员的训练效果和进行国民体质监测。系统的长期运动训练可以增强呼吸肌的力量，提升其吸气和呼气的能力，从而增加肺活量。此外，肺活量也会随着年龄的增长而变化。研究显示，年龄每增长 10 岁，肺活量的正常下降不超过 9%，超出这一范围可能表明衰老加速或肺功能减退。

2. 连续肺活量

通过连续 5 次、每次间隔 30 s 的肺活量测量，可以迅速评估呼吸肌的疲劳程度和整体的身体机能。如果肺活量在后一次测量中比前一次的数据有所增加或基本持平，通常表明前一次的呼吸肌活动为后续的表现提供了有效的准备，反映出呼吸肌功能强劲，是身体机能良好的指标；相反，如果肺活量在后续测量中呈现下降趋势，往往意味着呼吸肌可能正经历疲劳，或者身体尚未有效地从之前的疲劳中恢复。

3. 用力肺活量

用力肺活量（forced vital capacity，FVC）测量的是在最大吸气后，尽可能快速进行最大呼气排出的气体总量。正常成人在最大呼气的初期，第 1 s、第 2 s 和第 3 s 末分别能呼出总肺活量的 83%、96% 和 99%。这表明在 3 s 内，人体呼出的气体几乎与肺活量相等。特别是第 1 s 内呼出的气量，对于评估肺的通气功能尤为重要，因为它不仅显示了肺的容量，还能反映出呼吸速度和呼吸道的畅通程度。用力肺活量是评价肺功能的一个有效的动态指标。

4. 最大通气量

在实验中，当受试者进行尽可能深且快的呼吸时，每分钟所吸入或呼出的最大气体量称为最大通气量或最大随意通气量（maximal voluntary ventilation，MVV）。通常通过测量 15 s 内的通气量，将其转换为每分钟的值来确定最大通气量。最大通气量是评估通气功能的一个重要指标，它有助于了解受试者的通气储备能力。

二、气体交换和运输

气体交换包括肺泡与血液，以及血液与组织细胞之间的氧气和二氧化碳传递。在肺部、肺泡和肺泡周围的毛细血管之间的气体交换过程称为肺换气。而在身体其他部位，毛细血管血液与组织细胞之间的气体交换过程称为组织换气。这两种换气过程均通过扩散机制进行：肺换气通过呼吸膜实现，组织换气则通过毛细血管壁和组织细胞膜来完成。

（一）气体交换

1. 气体交换原理

（1）分压

气体交换的动力是分压差，O_2 与 CO_2 可按照各自的分压差由高向低扩散。在混合气体的总压力中，每种组成气体占有的压力称为分压，用 P 表示。这个分压可以通过将混合气体的总压力与该气体在混合气体中的体积百分比相乘来计算。以空气为例，它是一种混合气体，其总压力即大气压，为 760 mmHg。在这种情况下，O_2 和 CO_2 在空气中的体积百分比分别为 20.94% 和 0.04%，因此 O_2 的分压（PO_2）为 159 mmHg，而 CO_2 的分压（PCO_2）为 0.3 mmHg。

在正常情况下，人体各部位的气体分压保持相对稳定，肺泡、血液和组织细胞中的 PO_2 和 PCO_2 具体值见表 3-9。

表 3-9　海平面空气、肺泡气、血液和组织细胞内的 PO_2 和 PCO_2

单位：mmHg

气体分压	海平面空气	肺泡气	动脉血	静脉血	组织细胞
PO_2	159	104	100	40	0 ~ 30
PCO_2	0.3	40	40	46	50 ~ 80

（2）分压差与气体扩散

在人体的肺泡、血液和组织中，PO_2 和 PCO_2 各不相同，这些分压差构成了气体交换的驱动力。气体总是从高分压区向低分压区移动，这种现象称为气体的扩散或弥散。分压差即高分压与低分压之间的差值，它是气体扩散的关键因素。分压差越大，气体的扩散量也越大。气体扩散的终极目标是达到压力平衡，使分压差消失。

分压差不仅是气体交换的动力，其大小还决定了气体扩散的方向和速率。气体扩散速率即单位时间内气体扩散的体积，它与分压差、气体温度、扩散面积以及气体在液体中的溶解度正相关，而与气体分子量的平方根和扩散距离负相关。

除了分压差，肺换气和组织换气的效率还受到多种因素的影响，如肺泡壁和毛细血管壁的通透性、参与气体交换的肺泡壁面积、肺毛细血管的血流状况以及全身血液循环的速度等。这些因素共同决定了气体交换的效率和效果。

（3）气体的肺扩散容量

气体的肺扩散容量是指在 1 mmHg 的分压差下，每分钟通过呼吸膜扩散的气体量。这一指标是评估肺换气功能的重要参数，通常通过测量氧气的扩散容量（简称氧扩散容量）来反映。在安静状态下，成人的氧扩散容量通常为 20 ~ 33 mL/（min · mmHg）。

氧扩散容量受多种因素影响，包括年龄、性别和体位。与成年人相比，儿童和老年人的氧扩散容量较低；男性的氧扩散容量通常高于女性；而直立体位的氧扩散容量低于仰卧位。此外，氧扩散容量与个体的体表面积成正比。

在进行体力活动或运动时，氧扩散容量会增加。这是因为参与气体交换的呼吸膜面积和肺毛细血管的血流量均有所增加，从而加强了气体交换的能力。

2. 肺换气和组织换气

（1）肺换气

在肺循环过程中，来自肺动脉的静脉血液流经肺泡毛细血管时，肺泡气中的 PO_2 为 102 mmHg，显著高于静脉血中的 PO_2（40 mmHg）；同时，肺泡气中的 PCO_2 为 40 mmHg，低于静脉血中的 PCO_2（46 mmHg）。因此，O_2 从肺泡向血液中扩散，而 CO_2 则从血液向肺泡扩散。这一过程称为肺换气，它使得含较少 O_2、较多 CO_2 的静脉血转变为含较多 O_2、较少 CO_2 的动脉血。由于肺通气持续进行，每次通气只更新约 1/7 的肺泡气，肺泡气的成分始终保持相对稳定，确保肺泡气中的 PO_2 始终高于静脉血，而 PCO_2 始终低于静脉血。O_2 和 CO_2 在肺部的换气过程如图 3-19 中箭头方向所示。

O_2 和 CO_2 通过正常的呼吸膜迅速扩散。当静脉血流过肺毛细血管约 1/3 的距离时，气体交换已基本完成，平衡状态仅需 0.3 s 即可达成。这表明肺换气过程具有相当多的时间余量，因此即便在运动期间血流速度增加，肺部仍能有效完成气体交换。

（2）组织换气

在组织中，当体循环的动脉血流经组织毛细血管时，动脉血的 PO_2 通常为 100 mmHg，远高于组织细胞中的 PO_2（0 ~ 40 mmHg）；而动脉血的 PCO_2 为 40 mmHg，低于组织细胞中的 PCO_2（46 ~ 80 mmHg）。因此，O_2 从血液中向组织细胞扩散，CO_2 则从组织细胞向血液扩散，这一过程称为组织换气，它使流经组织的动脉血转变为静脉血。由于细胞新陈代谢持续消耗 O_2 并产生 CO_2，组织细胞内的 PO_2 始终低于动脉血，而 PCO_2 则始终高于动脉血。

组织细胞中 PO_2 和 PCO_2 的波动受到组织代谢活动强度的影响。运动是人体新陈代谢活跃的一种形式，它导致 O_2 的过度消耗和 CO_2 的产生增加，使得组织细胞中的 PO_2 可能下降至接近零，而 PCO_2 显著升高，从而增加了分压差。因此，在运动期间，组织的换气过程会加快，换气量也会增大。

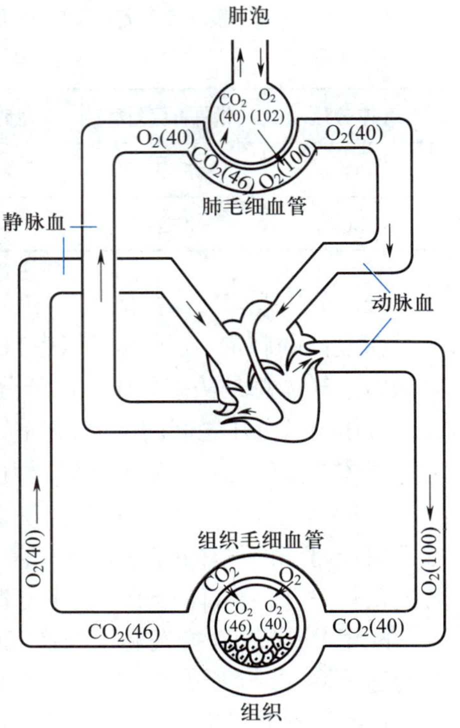

图 3–19　气体交换示意图
数字为气体分压，单位：mmHg

3. 气体交换的影响因素

（1）气体分压差

在运动期间，O_2 和 CO_2 的扩散速率主要由血液与交换部位（如肺泡或组织细胞）之间的分压差决定。运动时，活跃的肌肉代谢增强，导致组织细胞中的 PO_2 迅速降低而 PCO_2 迅速上升，这样就增大了动脉血与组织细胞间的分压差，从而加快了组织的换气速度。同时，在肺部，静脉血中的 PO_2 显著下降，PCO_2 显著上升，增大了静脉血与肺泡之间的分压差，进而加快了肺部的换气速度。此外，气体扩散速度与温度成正比，因此运动时体温的升高也加速了气体的扩散。

（2）呼吸膜的通透性和面积

肺换气主要发生在肺泡和肺毛细血管之间，这一过程涉及的结构称为呼吸膜，包括肺泡壁和肺毛细血管壁。呼吸膜极其薄且具有较高的通透性，便于气体的快速通过。气体的扩散速率与扩散面积成正比。正常成人在静息状态下，呼吸膜的面积大约为 40 m^2。当进行运动时，由于肺通气量的增加，呼吸膜变得更薄，同时肺毛细血管的开放数量增多，使得呼吸膜的总扩散面积可以增加到 70 m^2 以上，从而提供了更大的气体交换面积。此外，运动时肌肉中的毛细血管也会增多，进一步扩大了扩散面积，显著提升了组织换气的效率。

（3）通气/血流比值

气体交换还有赖于肺泡通气量与肺血流量的相互配合，通常用通气/血流比值来表示，即每分钟肺泡通气量和肺血流量（心输出量）的比值。正常人安静时的该值为 0.84，此时通气量与血流量最匹配，气体交换效率最高。在进行中小强度运动时，人体一方面通过调节呼吸运动增大肺通气量，另一面增加心输出量，使该比值保持稳定。但当运动强度过大时，心输出量的加大跟不上肺通气量的增加，该比值升高。该情况下部分肺泡得不到血液灌流，以致不能与血液充分进行气体交换，气体交换的效率相对下降。由此可见，增强心泵功能，使剧烈运动时单位时间内流经肺泡的血流量增多，有利于使该比值保持在 0.84，从而可以提高肺换气效率。

（4）组织局部血流量

在组织换气的过程中，组织细胞从血液中获取氧气的能力不仅受到血液与组织细胞间氧分压差的影响，还受到组织局部血流量的显著影响。在运动过程中，肌肉内毛细血管的数量会增加，这不仅增加了血流量，同时也提升了肌肉组织的换气效率。

（二）气体运输

气体交换在肺和组织两个不同的地方进行，血液则承担了运输气体的任务。血液中气体的运输有两种主要方式：一种是通过物理溶解进行气体运输，这种方式只占一小部分；另一种则是通过化学结合进行气体运输，这是主要的运输方式。这两种运输方式互为补充，通常处于动态平衡状态，可以表示为：气体 $\rightleftharpoons$ 物理溶解 $\rightleftharpoons$ 化学结合。在气体交换的过程中，气体首先需要溶解于血液中，之后才能转化为化学结合的形式；相反，当气体从血液中释放时，它需要先从化学结合的形态解离，转化为溶解状态，然后才能从血管中释放出来。

1. 氧气的运输

在正常情况下，每 100 mL 血液中血红蛋白与氧气结合的最大量为 19～20 mL，称为血红蛋白的氧容量。其中，大约 0.3 mL 氧气以溶解形式存在，仅占总氧容量的 1.5%；其余氧气被运输到红细胞内，与血红蛋白结合，形成氧合血红蛋白。每 100 mL 血液中血红蛋白与氧气结合的量称为血红蛋白的氧含量。血红蛋白的氧含量与其氧容量的比例称为血红蛋白的氧饱和度，它是衡量氧气结合效率的一个重要指标。

（1）血红蛋白与氧气结合

在正常情况下，每 100 mL 血液中大约含有 14 g 血红蛋白，而每克血红蛋白能与 1.34 mL 氧气结合，形成氧合血红蛋白。在 PO_2 较高的肺部，血红蛋白能迅速与氧气结合，产生氧合血红蛋白，这一过程称为氧结合作用。相反，在 PO_2 较低的组织细胞中，血红蛋白则迅速释放氧气，恢复为未结合状态，这一过程称为氧解离作用。血红蛋白与氧气的结合与解离是一种快速且可逆的反应，不需要酶的参与，但其进行的速率受到 PO_2 的直接影响。血红蛋白与氧气结合的方程式为：

$$Hb + O_2 \underset{PO_2\text{较低的组织细胞}}{\overset{PO_2\text{较高的肺部}}{\rightleftharpoons}} HbO_2$$

（2）氧离曲线

氧离曲线也叫作氧合血红蛋白解离曲线，它描述了血红蛋白结合氧气的量与 PO_2 之间的关系，或者是氧分压与血氧饱和度之间的关系。这一曲线揭示了血红蛋白与氧气结合的量是如何随着 PO_2 的变化而变化的。值得注意的是，氧离曲线并不是一条直线，而是有特定形状的 S 型曲线，如图 3-20 所示，这种形状更加准确地反映了血红蛋白与氧气结合的动态过程。

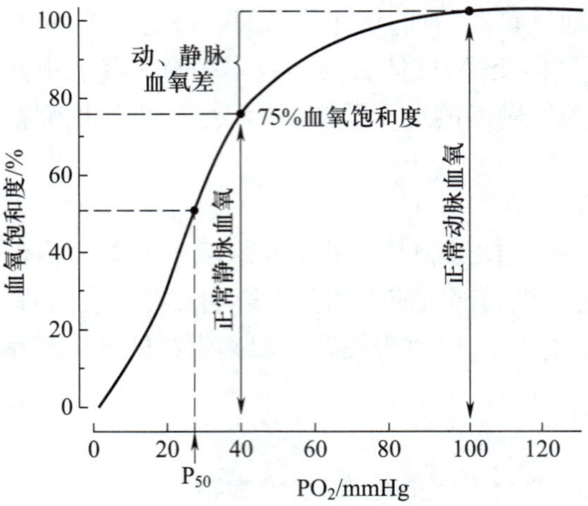

图 3-20 氧离曲线

在安静状态下，人体的氧气需求相对较低，通常只有大约 25% 的血液中运输的氧气被组织细胞所利用。然而，在剧烈运动时，耗氧量显著增加，此时静脉 PO_2 可能降至 18 ~ 20 mmHg，导致氧合血红蛋白迅速解离，使得高达 90% 的运输氧气被组织细胞提取。氧离曲线的 S 型结构有助于满足人体不同状态下的供氧需求。特别是在 PO_2 高于 90 mmHg 的相对平缓区域，即使动脉 PO_2 在 90 ~ 100 mmHg 的范围内波动，血氧饱和度也不会显著下降。这一特性在人体衰老或进入高原等 PO_2 降低的环境时，对于维持氧气供应具有重要意义。

血红蛋白与氧气的结合和解离受多种因素影响，这些因素会导致氧离曲线的位置发生偏移。例如，血液中的 PCO_2 升高、pH 降低、体温升高以及红细胞中 2，3–二磷酸甘油酸（2，3–DPG）含量增加都会降低血红蛋白对氧气的亲和力，使氧离曲线向右移动，从而促使血液释放更多的氧气。相反，当血液中的 PCO_2 降低、pH 升高、体温降低和 2，3–DPG 含量减少时，血红蛋白对氧气的亲和力增强，氧离曲线向左移动，使血液能够结合更多的氧气，如图 3–21 所示。这些调节机制确保了在不同生理状态下氧气的有效供应和利用。

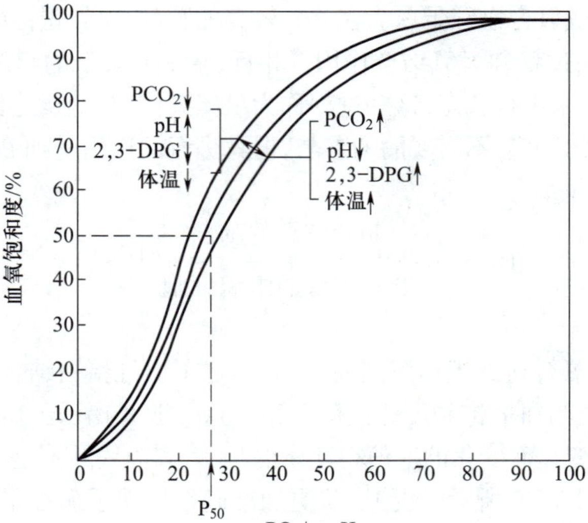

图 3–21 影响氧离曲线的主要因素

在运动过程中，肌肉代谢的加强导致 H^+ 和 CO_2 的产量增加，这些变化会引起体温上升、血液中的 PCO_2 升高、pH 下降以及 2，3-DPG 显著增加。例如，从平原地区进入高海拔地区时，红细胞中的 2，3-DPG 水平也会上升。这些因素共同作用，导致氧离曲线向右移动。氧离曲线向右移动意味着在相同的 PO_2 下，血红蛋白能释放更多的 O_2，从而为身体提供更多的 O_2。

此外，一氧化碳（CO）与血红蛋白的亲和力是 O_2 与血红蛋白亲和力的 200 倍，这使得 CO 可以与 O_2 竞争结合血红蛋白的位置。这种竞争显著减少了血液对 O_2 的运输能力，从而降低了 O_2 向组织细胞的扩散量，最终可能导致窒息。

（3）氧储备

在正常状态下，人体不仅用氧气维持代谢需要，还会储备一部分氧气以备不时之需。体内储存的氧气总量为 1 300～2 300 mL，这部分氧气主要储存在血液和肺中。此外，还有 240～500 mL 的氧气储存在肌红蛋白中，这是一种存在于骨骼肌、心肌和肝脏中的蛋白质，其结构与血红蛋白类似。

肌红蛋白对氧气的亲和力比血红蛋白更强。在无氧代谢的条件下，即肌细胞内的 PO_2 极低时，氧合肌红蛋白开始发挥作用，能够释放出其结合的 90% 的氧气，供肌肉代谢使用。值得注意的是，红肌纤维中的肌红蛋白含量高于白肌纤维，这使得红肌纤维在耐力活动中表现更为出色。

（4）氧利用率

氧利用率是指每 100 mL 动脉血在流经身体组织时释放的氧气量占其总氧含量的百分比。这一指标反映了组织细胞对氧气的利用效率。计算方法为：

$$\text{氧利用率}=\frac{\text{动脉血氧含量}-\text{静脉血氧含量}}{\text{动脉血氧含量}}\times 100\%$$

在安静状态下，当动脉血的 PO_2 为 100 mmHg 时，血氧饱和度大约是 98%。此时，每 100 mL 动脉血的氧含量大约为 20 mL。而在静脉血中，PO_2 降至 40 mmHg，血氧饱和度约为 75%，相应地，每 100 mL 静脉血的氧含量为 15 mL（即 20 mL × 75%）。由此，可得氧利用率为［（20－15）÷ 20］× 100% = 25%。

在剧烈活动中，肌肉中的 PO_2 可能降至 20 mmHg，甚至更低。以 PO_2 为 20 mmHg 为例，此时血氧饱和度降至约 35%，对应的静脉血氧含量为（35 ÷ 100）× 20 mL = 7 mL，释放 13 mL 的氧气。这种情况下的氧利用率为（13 ÷ 20）× 100% = 65%，是安静状态下的 2.6 倍。

在剧烈运动期间，局部血流量可增加 3 倍以上，氧利用率也相应提高 3 倍以上，毛细血管与组织细胞之间的氧分压差增大，使得氧气供应在剧烈运动时比安静状态高出 9 倍或更多，氧利用率接近 100%。因此，氧利用率是评估训练水平的重要指标之一。

（5）氧脉搏

氧脉搏是指心脏每次跳动时所输出的血液中的氧含量，可以用每分钟的摄氧量除以每分钟的心率来计算。氧脉搏的数值越高，表明心肺功能越强大且效率越高。研究显示，当心率维持在 130～140 次/分时，氧脉搏可达到最高，通常为 11～17 mL。然而，当心率过快时，氧脉搏会呈现下降趋势。值得注意的是，一些顶尖运动员在进行高强度运动时，其氧脉搏甚至可以达到 23 mL。因此，氧脉搏不仅是评估个体心肺功能的重要指标，也反映了其运动能力的高低。

（6）氧通气当量

氧通气当量（VE/VO_2）是指每分钟的肺通气量与每分钟的摄氧量之比。这一指标的数值越小，表明氧气的摄取效率越高，因此它是衡量呼吸效率的一个重要指标。

在安静状态下，人体的每分钟肺通气量大约为 6 L，每分钟的摄氧量为 0.25 L，此时的氧通气当量为 24（6 L/0.25 L）。这意味着，为了摄取 1 L 氧气，身体需要进行 24 L 的通气。然而，在最大强度的运动中，肺通气量可以增加到每分钟 190 L，而摄氧量则可达到每分钟 5 L，此时的氧通气当量上升至 38。这表明在剧烈运动时，肺通气量显著增加，而且其增幅比摄氧量的增加更为显著。

此外，优秀的耐力运动员在相同强度的运动中通常表现出更低的氧通气当量。这意味着在相同的摄氧量下，他们的肺通气量较无训练者更少；反之，在相同的肺通气量下，他们的摄氧量更大。因此，这些运动员不仅呼吸效率更高，而且能够承受更大的运动强度。

2. 二氧化碳的运输

当 CO_2 从组织细胞进入血液后，其中只有大约 6% 以物理溶解的形式存在，而绝大多数通过化学结合的方式运输。其化学结合形式主要包括两种：一种是形成碳酸氢盐（如 $NaHCO_3$ 和 $KHCO_3$），这一形式占 CO_2 总运输量的 87%；另一种则是形成氨基甲酸血红蛋白（HbNHCOOH），这一形式约占总运输量的 7%。这两种机制共同确保了 CO_2 在血液中的高效运输。

（1）碳酸氢盐形式的运输

由组织细胞代谢产生的 CO_2 主要通过 HCO_3^- 的形式在血液中运输。在红细胞内，碳酸酐酶催化 CO_2 与 H_2O 反应生成 H_2CO_3，该物质迅速分解成 HCO_3^- 和 H^+。生成的 HCO_3^- 大部分扩散到血浆中，并与 Na^+ 结合形成 $NaHCO_3$，而少部分则与红细胞内的 K^+ 结合生成 $KHCO_3$。此过程中，为了维持电荷平衡，血浆中的 Cl^- 会转移至红细胞内，这一过程称为氯转移。与此同时，由于红细胞膜对正离子的通透性极低，新产生的 H^+ 会与红细胞内的 HbO_2 结合，促进氧气的释放。

在肺部的毛细血管中，CO_2 从血液中向肺泡扩散，引起碳酸反应向相反方向进行。HCO_3^- 从血浆回到红细胞中，并在碳酸酐酶的催化下与 H^+ 再次结合形成 H_2CO_3，随后分解释放出 CO_2。这些 CO_2 随后从血浆扩散到肺泡，最终被排出体外。因此，血浆中的 CO_2 主要以 $NaHCO_3$ 的形式运输，直至到达肺部进行气体交换和 CO_2 的排出。

（2）氨基甲酸血红蛋白形式的运输

CO_2 进入红细胞后，能够直接与血红蛋白分子上的自由氨基（$—NH_2$）反应，形成氨基甲酸血红蛋白（HbNHCOOH）。即：

$$HbNH_2 + CO_2 \rightleftharpoons HbNHCOOH$$

这一反应是迅速且可逆的，不需要酶的参与，且具有高效的运输能力，但其效率受到氧合状态的影响。具体来说，血红蛋白释放氧气（HbO_2 转变为 Hb）时，其与 CO_2 的结合能力增强，形成更多的 HbNHCOOH。而在肺部，随着 Hb 再次结合氧气形成 HbO_2，其与 CO_2 的结合能力减弱，导致 CO_2 从 HbNHCOOH 中解离出来并扩散进入肺泡。

尽管通过 HbNHCOOH 形式运输的 CO_2 只占总运输量的 7%，但在肺部释放的 CO_2 中，约 18% 是通过这种方式排出的。这表明，尽管占比不高，氨基甲酸血红蛋白的解离对于 CO_2 的排出仍具有重要的生理意义。

（3）呼吸与酸碱平衡

在血液运输过程中，CO_2 与水结合形成 H_2CO_3，进一步与 Na^+ 反应生成 $NaHCO_3$，这两种物质构成了血液中的重要缓冲对。当 $NaHCO_3$ 与 H_2CO_3 的比值保持在 20 : 1 时，血液的 pH 维持在 7.40，这是血液正常 pH 范围 7.35 ~ 7.45 的中心值。

当体内的乳酸等酸性物质大量产生并进入血液时，血浆中的 $NaHCO_3$ 会与之反应生成更多的 H_2CO_3。H_2CO_3 是不稳定的，会迅速分解成 CO_2 和 H_2O，这导致血液中的 PCO_2 升高，从而刺激呼吸运动加强，增加 CO_2 的排出，帮助维持 $NaHCO_3$ 与 H_2CO_3 比值的稳定。

相反，当血液中的碱性物质增多时，会与 H_2CO_3 反应，导致 $NaHCO_3$ 的浓度上升。这时，由于 H_2CO_3 的浓度和 PCO_2 降低，呼吸运动会相应减弱，随后 H_2CO_3 的浓度逐渐回升，以保持 $NaHCO_3$ 与 H_2CO_3 的比值在正常范围内。

因此，呼吸不仅通过改变其强度来调节肺部通气量，从而调节血浆中 H_2CO_3 的含量，还通过维持 $NaHCO_3$ 与 H_2CO_3 比值的稳定来发挥维持体内酸碱平衡的关键作用。此外，血液的缓冲系统和肾脏的调节作用也是人体维持酸碱平衡的重要机制。

三、呼吸运动的调节

呼吸运动是胸廓的节律性活动，其深度和频率会根据机体的代谢水平发生变化。在运动时，为了适应机体增加的代谢需求，呼吸会变得更加深且快，从而吸入更多的氧气并排出更多的二氧化碳。这种调节主要是通过神经调节机制和体液调节机制共同实现的，其中神经调节机制起主导作用，如图 3-22 所示。延髓呼吸中枢控制这一精准的调控过程，其产生的神经冲动通过脊髓中的运动神经元间接调控呼吸肌群的活动。此外，在进行跑步、唱歌等特定活动时，人体还能自主调节呼吸。

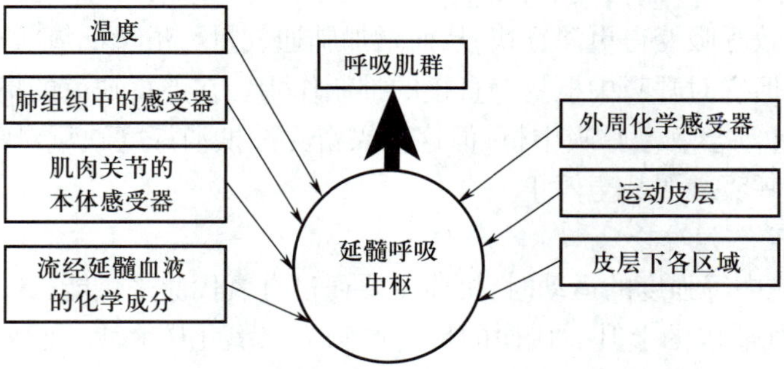

图 3-22　运动时呼吸的多因素调节

（一）呼吸的反射性调节

延髓是最基本的呼吸中枢，正常的节律性呼吸是由延髓与高级中枢共同调控的。呼吸中枢还接收来自各种感受器的传入信号，通过反射作用调节呼吸运动。

1. 肺牵张反射

肺牵张反射是指由肺部的扩张或收缩引起的吸气抑制或兴奋的反射性呼吸变化。具体表现为,在吸气过程中,当肺部扩张到一定程度时,会反射性地触发呼气;而在呼气时则相反。这种反射与位于脑桥的呼吸调节中枢协同作用,共同调节呼吸的频率和深度。

2. 呼吸肌本体感受性反射

呼吸肌本体感受性反射是指当呼吸肌的本体感受器(肌梭)受到牵拉时,由此产生的传入冲动引起的反射性呼吸变化。在人体中,这种反射参与正常的呼吸运动调节,并在呼吸肌负荷增加时发挥显著作用。

3. 防御性呼吸反射

防御性呼吸反射包括咳嗽反射和喷嚏反射等。这些反射由分布在整个呼吸道黏膜上皮的迷走神经末梢感受器所触发,当受到机械或化学的刺激时,可以引发防御性呼吸反射,从而阻止有害物质进入肺泡。

此外,血压的显著变化也能反射性地影响呼吸过程。当血压升高时,呼吸可能会变得较弱且缓慢;当血压降低时,呼吸则会变得更快且更加强烈。

(二)化学因素对呼吸的调节

呼吸的化学性调节主要是指血液中某些化学成分的变化通过刺激周围或中枢化学感受器,进而引发呼吸增强的过程。这些化学因素主要包括动脉血或脑脊液中的氧分压、二氧化碳分压和氢离子浓度。呼吸系统的核心功能是维持血液中 PO_2、PCO_2 和 H^+ 浓度的相对稳定。

1. 二氧化碳对呼吸机能的影响

二氧化碳对呼吸具有显著的刺激效果。当吸入气体中的二氧化碳浓度适度增加时,会导致呼吸变得更深且快。

2. 缺氧对呼吸机能的影响

当吸入气体中的 PO_2 下降时,肺泡气和动脉血中的 PO_2 也相应降低。这种降低刺激外周化学感受器,导致呼吸变得更深且快,从而增加肺通气量。虽然低氧状态对中枢化学感受器没有直接影响,但它对呼吸中枢具有直接的抑制作用。在严重缺氧的情况下,尽管外周化学感受器的传入冲动会刺激呼吸中枢,但这种兴奋无法抵消深度缺氧对呼吸中枢的直接抑制作用,可能导致呼吸减弱甚至停止。

3. 氢离子浓度增加对呼吸机能的影响

在进行轻度或中等强度的运动时,机体主要通过有氧代谢来供能,此时通气量的增加足以满足机体对氧气需求的上升。代谢的最终产物为二氧化碳和水,血液 pH 保持在正常稳定的水平,此时氢离子浓度较低,对化学感受器的刺激极小。然而,在进行高强度运动时,通气量的增加无法完全满足机体对氧气的需求,部分能量需通过糖酵解来供应,从而导致酸性终产物(如乳酸)的积累。尽管血液中的碱性缓冲物质可以在一定范围内中和并缓冲乳酸,但在剧烈运动中,这些碱性缓冲物质可能会被过度消耗,导致氢离子浓度升高和血液 pH 下降。因此,动脉血中氢离子浓度的增加可以视为剧烈运动时呼吸增强的诱因之一。

此外,运动时体液温度的升高也可能通过体温调节机制,在促进肺通气量增加中发挥重要作用。同时,运动时静脉血回流量的增加,以及腔静脉和右心房的传入冲动,也对呼吸产生一定的刺激作用。

综合来看,运动时呼吸的变化是多种因素共同调节的结果。神经调节机制在其中起着主要作用,而体液调节机制和其他因素则起了辅助和调整作用。例如,运动时肺通气量的快速升降可能主要由神经机制引起,而在这些快速变化的基础上,通气量的缓慢变化则可能由体液中的化学因素引起。这些因素的共同协调作用使得肺通气量能够根据运动类型、强度、持续时间及环境因素等的变化而进行适应性调整。

四、运动对呼吸机能的影响

在运动过程中,随着机体代谢的加强,呼吸系统也会经历一系列调整,以满足机体增加的代谢需求,确保运动的顺利进行和完成。这些调整是为了增加氧气的摄入和二氧化碳的排出,从而支持身体在运动时的高效能量转换。

(一)运动中呼吸机能的变化

1. 运动中肺通气机能的变化

随着运动强度的提升,机体的代谢需求也相应增加,导致呼吸变得更深且快,肺通气量显著提高。在安静状态下,潮气量通常是 500 mL,但在运动时可以增加到 2 000 mL 以上。同时,呼吸频率也会随着运动强度的增加而提高,从 12 ~ 18 次/分增加到 40 ~ 60 次/分。

具体到运动强度的不同阶段,运动员在进行较低强度的运动时,肺通气量的增加主要是通过提高潮气量来实现的;在进行中等强度的运动时,肺通气量的增加则主要依赖于呼吸深度的增加;而在剧烈运动阶段,肺通气量的进一步增加主要是通过加快呼吸频率来实现的,如图 3-23 所示。

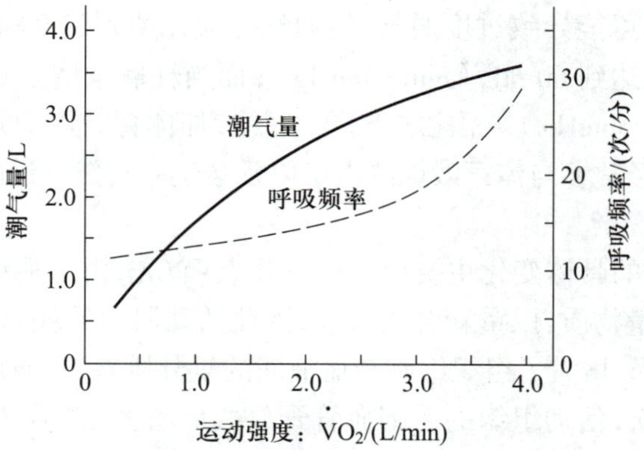

图 3-23 进行不同强度运动时潮气量和呼吸频率的变化

呼吸的深度和频率的增加表明呼吸运动的加剧,因此,用于通气的氧耗也相应增加。研究显示,在安静状态下,通气所需的耗氧量仅占总耗氧量的 1% ~ 2%,而在剧烈运动时,这一比例可以增加到 8% ~ 10%。

肺通气量与运动强度在一定范围内呈现线性关系。然而,一旦超过这个范围,肺通气量的增加将明显超过运动强度的提升。在运动前后,肺通气量的变化过程经历了三个阶段:运动开始前,肺通气量略有上升;运动开始后,肺通气量迅速增加,随后逐渐以较慢的速度继续上升，最终达到一个稳定的水平；运动结束后，肺通气量先是快速下降，然后慢慢恢复到运动前的水平，如图 3–24 所示。

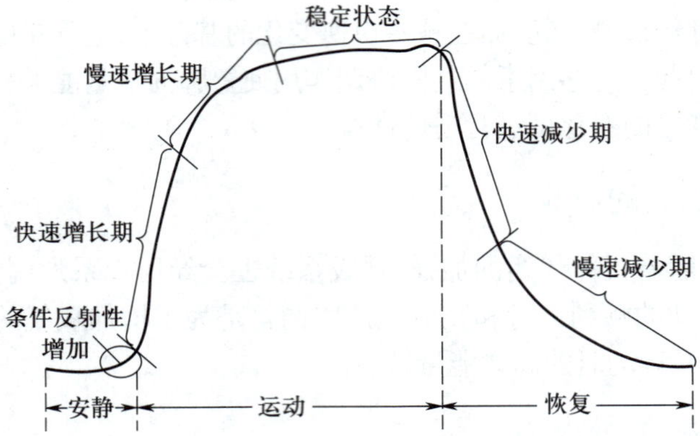

图 3–24　运动前后肺通气量的变化

2. 运动中肺换气机能的变化

运动时，肺换气机能的变化主要通过氧气的扩散和交换来实现。运动加强了人体各器官组织的代谢活动，导致肺部静脉血中的 PO_2 降低，从而增大了呼吸膜两侧的氧分压差，加快了氧气在肺部的扩散速率。同时，血液中儿茶酚胺的含量增加，引起呼吸细支气管的扩张，增加了参与通气的肺泡数量。此外，肺泡毛细血管前括约肌的扩张使得更多的肺泡毛细血管开放，从而扩大了呼吸膜的表面积。右心室的泵血量增加也导致肺血流量增加，使通气血流比值维持在 0.84 左右。

氧通气当量是评价呼吸效率的一个重要指标，它表示每分钟通气量与每分钟吸氧量的比值。然而，剧烈运动可能导致过度通气，使通气血流比值超过 0.84。当耗氧量为 4 L/min 时，肺的氧扩散容量可达到 60 mL/（min · mmHg）；而当耗氧量增至 6 L/min 时，氧扩散容量可提高至 80 mL/（min · mmHg）。相比之下，不经常参加体育锻炼的人从 20 岁开始，肺换气功能逐渐下降；相反，经常参与体育锻炼的人可以延缓这一自然衰退的趋势。

3. 运动中组织换气的变化

运动时，组织换气的具体变化主要包括以下几点：首先，由于活动的肌肉组织需要利用更多的氧气来氧化能量物质，以重新合成 ATP，因此活动肌肉的耗氧量显著增加，导致组织细胞中的 PO_2 迅速下降，增大了组织细胞与血液间的氧分压差，从而加快了氧气在肌肉组织部位的扩散速率。其次，活动组织的毛细血管开放数量增多，这不仅增加了组织的血流量，还扩大了气体交换的表面积。最后，二氧化碳的积累导致组织细胞中的 PCO_2 升高以及局部温度的上升，氧离曲线向右移动，促进了 HbO_2 的解离，进一步加强了氧气的释放。这些运动时的组织变化显著提高了肌肉的氧气利用率，使得肌肉的代谢率在运动时可比安静时增高达 100 倍。

（二）运动训练对呼吸机能的影响

1. 运动训练对通气机能的适应性影响

长期运动训练对机体的影响表现在多个方面。在安静状态下，肺通气量保持不变。虽然耐力训练不会引起肺部结构的适应性变化，但它能显著降低次最大强度运动时的每分钟通气量，降幅为20%～30%。在低强度运动中，训练前后的每分钟通气量没有明显差异；当运动强度增加时，训练后的每分钟通气量有较为缓慢的增长。在相同的每分钟通气量下，经过训练的个体能够承受更高的运动强度。这些变化可能源于骨骼肌有氧代谢能力的提高，这有助于减少运动过程中产生的H^+，从而提高运动效率和耐力。

2. 运动训练对换气机能的适应性影响

肺换气功能的改变主要通过氧气的扩散和交换实现，这一过程主要发生在肺泡中。肺扩散功能在休息状态或进行次最大强度运动时保持不变，但在达到最大运动强度时会有所增加。此外，随着运动训练的进行，肺部血流量会增加，这意味着更多的血液会在肺部进行气体交换，更多的肺泡参与到这一过程中，从而提高了肺部的气体交换效率。

五、运动时合理的呼吸方式

合理的呼吸方式在运动中至关重要，它有助于维持人体内环境的稳定，提升训练成效，并助力运动员创造出色的成绩。因此，正确的呼吸技巧是运动技能的重要组成部分。教师应当指导学生掌握与特定运动相适应的呼吸技巧。改善呼吸方式的基本原则包括以下四个方面。

（一）减小呼吸道阻力

在安静状态下，正常人通过呼吸道进行通气。然而，在进行较为剧烈的运动时，为了减小呼吸道的阻力，人们往往采用口呼吸或口鼻并用的方式，这是一种自然的生理调节机制。这样做有如下作用：首先，鼻腔较为狭窄，吸入气体有限且阻力较大，口鼻并用可以减小肺通气的阻力，从而增加气流量；其次，减轻呼吸肌为克服阻力所需承担的额外负担，节省能量，从而有助于延迟肌肉疲劳的出现；最后，通过口腔内布满血管的湿润表面，增加体热的散发途径。

特别值得注意的是，在寒冷的季节进行运动时，应避免大口大口地吸气。通过口腔进行呼吸时要使吸入的空气在进入咽喉和气管前得到适当加温，以减少冷空气对呼吸道的刺激，保护肺泡健康。

（二）提高肺泡通气效率

在运动过程中，合理调节呼吸频率并采用较深的呼吸方式对提高肺泡通气量极为重要，这有助于促进氧气的吸收和二氧化碳的排出，从而提高气体交换的效率。随着运动强度的增加，呼吸频率会逐渐增加，并在2～4 min后达到稳定状态；而呼吸深度和肺通气量则需要3～5 min才能稳定。在进行剧烈运动时，尽管呼吸频率和肺通气量会迅速上升，但呼吸深度却会变浅。

特别是在感受到呼吸困难或严重缺氧的情况下，有意识地控制呼吸频率，同时适当增加呼吸深度，并重点进行深呼气，是非常关键的。这样不仅可以更有效地增加肺泡的通气量，还能更好地应对高强度的运动需求。

（三）与技术动作相适应

在高水平的体育竞技中，呼吸的控制是至关重要的一环，它不仅能够帮助运动员更好地执行技术动作，还能有效地延缓疲劳，提高整体表现。

1. 呼吸形式与技术动作的配合

呼吸形式的选择应当根据动作需求灵活调整。例如，在体操中，当运动员进行手倒立或吊环十字悬垂等动作时，由于需要胸肩带部分的稳定，采用腹式呼吸能更好地满足这一需求，使上半身保持固定；相反，当进行杠上直角支撑等需要腹部固定的动作时，胸式呼吸则能帮助维持腹部的稳定，有利于动作的执行。

2. 呼吸时相与技术动作的配合

呼吸的时相应与动作相协调。在进行杠铃卧推等力量型动作时，运动员在推起杠铃的过程中应进行呼气，这有助于发力和增加核心稳定性；而在放下杠铃时则进行吸气，帮助身体准备下一次的发力。同样，在做仰卧起坐练习时，从仰卧到坐起的过程中呼气，可以增加腹部压力，帮助完成动作。

3. 呼吸节奏与技术动作的配合

在跑步、游泳等周期性运动中，呼吸节奏应与动作节奏相匹配。例如，长跑运动员可能采用每跑 2 ~ 4 步吸一次气，再跑 2 ~ 4 步呼一次气的节奏，这样的呼吸模式可以帮助运动员维持节奏，减少疲劳；在游泳中，特别是蛙泳和自由泳，运动员需要在每一次或每三次划手时进行一次呼吸，这样的节奏配合可以使呼吸效率最大化，保持速度和耐力。

总之，无论是静态还是动态的体育项目，呼吸的控制都是优化表现的关键因素。运动员和教练应根据具体的运动技术需求，科学地调整呼吸的形式、时相和节奏，以达到最佳的运动表现。

（四）合理运用憋气

憋气是在深吸气或浅吸气后紧闭声门并尽力呼气的动作。在体育活动中，尤其是在进行举重、拔河等最大静止用力的项目时，憋气常被用来增强力量和稳定性。

憋气的益处包括：一是能自然增加肌肉张力，如憋气时人的臂力和握力达到最大；二是为运动提供最佳的肌肉收缩条件，如在短跑中，憋气有助于控制胸廓的起伏，为快速的摆臂动作提供稳定支撑，同时保持腹肌的紧张状态，有助于提高步频和步幅。

然而，憋气也可能对身体产生不良影响，尤其是当超出个体的安全极限时。长时间憋气会增加胸内压，影响血液回流至心脏，减少心脏输出量，过度憋气可能导致头晕、恶心、耳鸣、视觉闪光、晕厥甚至永久性脑损伤，因为大脑和其他关键器官在缺氧的情况下无法正常工作；憋气结束时，深吸气的反射性动作会使血压骤升，对心脏功能较弱的人尤其不利。在体育运动中，如果运动员在没有适当监督和训练的情况下尝试憋气，可能会出现危险情况。例如，游泳运动员如果在水中强行超过其生理极限憋气，可能会导致突发性水下昏迷，这是非常危险的。总的来说，憋气训练需要在专业指导下谨慎进行，以确保安全并充分发挥其在体育运动中的潜在益处。

合理运用憋气应注意两个方面：一是避免过深地吸气，憋气时可适当让少量气体通过略微开启的声门逸出，伴随轻微的“嗨”声；二是仅在关键时刻使用憋气，如冲刺、举重举起阶段或摔跤的决定性瞬间。对于儿童青少年，由于心脏尚未完全发育，不宜频繁憋气。对于成年运动员和健康成人，适当的憋气可以作为增强心肺功能的一种手段，但应循序渐进，避免过度使用。

六、呼吸肌与运动训练

正常情况下，人类的吸气是一个主动过程，而呼气则是被动的。但在进行中、高强度运动或者患有某些慢性阻塞性肺疾病时，呼气和吸气都会变成主动行为。在正常呼吸中，膈肌起最主要的作用。增强呼吸肌的力量和耐力，可以提高肺活量和通气效率，延迟疲劳的发生，改善运动表现。

呼吸肌的训练主要分为肌力和耐力两个方面。与其他骨骼肌一样，呼吸肌的训练遵循超负荷性、特异性和可逆性等基本原则。常规训练可以与呼吸肌训练相结合，在开始训练和结束训练时可以加入呼吸肌的专项训练，或者在力量训练的间隙进行呼吸肌训练。

呼吸肌可以通过多种方法进行训练：一种是使用呼吸肌训练仪，通过设定吸气和呼气的阻力、深度和频率来增强肌力和耐力；另一种是通过持续的有氧运动来进行呼吸肌训练，如跑步、骑自行车或游泳等；此外，简单的呼吸操，如缩唇呼吸和膈式呼吸（也称为深慢腹式呼吸），以及传统的气功练习，也是提升呼吸肌功能的有效方法。

案例分析题 1

小李最近被选入学校体育队参加集训。然而，一个月后，他开始出现面色苍白、心慌气促和精神萎靡的症状。家长带他去医院进行检查，检查结果显示他的红细胞和血红蛋白水平偏低。医生据此诊断他患有运动性贫血。小李感到困惑，他原以为参与体育活动应该会增强体力，促进健康，不明白为何会出现这种反效果。针对这一案例，请结合本章知识，分析运动性贫血发生的常见原因及预防措施。

案例分析题 2

小王是一名 20 岁的大二男生，在一次体育测试中，他完成 100 m 冲刺并到达终点后突然感到眼前一片漆黑，随后便晕倒了。大约 1 min 后，他恢复了意识。请结合本章知识分析他出现这种情况的可能原因。

案例分析题 3

为什么有经验的田径运动员在赛跑比赛冲过终点线后，往往采取身体前屈、双手扶膝的方式调整呼吸？

第四章　运动与物质能量代谢

学 习 导 航

关键名词

1. 能量代谢；
2. 基础代谢；
3. 食物热价；
4. 氧热价；
5. 呼吸商；
6. 代谢当量；
7. 磷酸原系统；
8. 酵解能系统；
9. 氧化能系统。

学习目标

1. 掌握与能量代谢有关的基本概念、三个供能系统的特点；
2. 熟悉能量代谢的测定方法、影响能量代谢的因素；
3. 了解运动过程中的能量消耗和供应、机体的产热和散热、体温调节机制；
4. 树立合理控制体重的科学理念。

知识拓展

肠道微生态。

第一节　运动与物质代谢

导学视频 8

新陈代谢是生命活动的核心，它可分为物质代谢和能量代谢。为了维持生命活动，机体既需要从外界获取营养合成自身物质，又需要将自身物质分解，排出代谢产物。人体与外界进行的物质交换即为物质代谢。

一、消化与吸收

人体从食物中摄取营养物质，其中糖、脂肪和蛋白质属于大分子物质，需要被消化为小分子物质之后才能被人体吸收，水、无机盐和维生素则可以直接被人体吸收。在消化道内，食物被分解成可吸收的小分子物质的过程即为消化。被消化的小分子物质经过消化道黏膜进入血液或淋巴液的过程即为吸收。

（一）消化

1. 消化的方式

消化过程可以分为两种基本类型：机械性消化和化学性消化。机械性消化也称为物理性消化，主要通过咀嚼以及消化道肌肉的收缩活动来实现，这些活动可将食物磨碎，将之与消化液充分混合，并逐步推动食物沿消化道向下移动。而化学性消化则涉及消化腺分泌的消化液，这些消化液中包含的消化酶将大分子物质分解成小分子物质以便吸收。在正常的生理状态下，这两种消化方式是互相协作、同时进行的，确保食物得到有效的分解和吸收。

2. 消化的过程

消化过程起始于口腔，终于大肠。食物在消化道各部位停留的时间不同，各部位分泌出来的消化液的成分及数量不同，各部位机械运动的程度不同，因此食物在消化道各部位被分解的程度有很大差异。

（1）口腔内消化

人的口腔存在三对主要的大唾液腺——腮腺、下颌下腺和舌下腺，以及众多分布广泛的小唾液腺。这些唾液腺负责分泌唾液，即一种润滑并开始消化过程的混合液体。以一小块馒头为例，当它进入口腔后，通过咀嚼与唾液混合形成湿润的食团，由于其停留时间短暂，唾液中的淀粉酶仅能分解少量的淀粉并将其转化为麦芽糖，因此吃馒头时能尝到一丝丝甜味。随后，食团通过吞咽经过食管并被进一步运送到胃中继续消化。

（2）胃内消化

①胃内机械性消化

进食大约 5 min 后，食物从胃排出。在胃的蠕动作用下，食物与胃液混合形成被称为食糜的半流态物质。食物从胃排到十二指肠的过程称为胃排空。各种食物的排空速度是有差异的。通常液体排空速度快于固体，食物越小排空越快，等渗液体排空速度快于非等渗液体。糖类排空速度快于蛋白质，蛋白质排空速度快于脂肪。因日常摄入的多是混合食物，排空通常需要 4 ~ 6 h。

②胃内化学性消化

胃内的消化液即胃液，是一种无色、酸性液体，pH 为 0.9 ~ 1.5，正常成人每日分泌量为 1.5 ~ 2.5 L。胃液主要成分包括盐酸、胃蛋白酶、黏液以及内因子。盐酸能够激活胃蛋白酶原，使其转变为有活性的胃蛋白酶；还能刺激促胰液素的分泌，进而促进胰液、胆汁和小肠液的产生。胃蛋白酶能将蛋白质分解为蛋白胨和一些小分子多肽。

（3）小肠内消化

小肠的消化是消化过程中最重要的一环，包括机械性消化和化学性消化。前者通过机械运动处理食糜，后者通过胰液、胆汁和小肠液的化学作用进一步分解食物。

①小肠机械性消化

小肠机械性消化分为紧张性收缩、分节运动和蠕动。紧张性收缩有助于加速小肠内容物的混合和转运。分节运动主要由小肠环形肌舒缩完成，促进食糜与消化液的充分混合，还通过挤压肠壁帮助血液和淋巴液回流。小肠的蠕动则有效地将内容物推向大肠。

②小肠化学性消化

胰液是由胰腺分泌的碱性消化液，pH 为 7.8 ~ 8.4，每日分泌量为 1 ~ 2 L。它含碳酸氢盐，能有效中和胃酸，并为消化酶提供最佳作用环境。胰液中的胰淀粉酶、胰脂肪酶、胰蛋白酶能分解三大营养物质。

肝细胞分泌的胆汁里含有胆盐和胆色素等成分，前者可以将脂肪乳化为小颗粒，通过提高脂肪酶的作用效率来促进脂肪分解，还能促进脂溶性维生素的吸收及胆汁的分泌。

人体的小肠每日分泌 1 ~ 3 L 的小肠液，小肠液具有弱碱性，pH 为 7.5 ~ 8.0。小肠液有助于中和胃酸和稀释消化产物，从而促进养分的吸收。此外，小肠还分泌肠激酶，这种酶能够激活胰蛋白酶原，进一步促进蛋白质的消化。

（4）大肠的功能

人类大肠的核心功能是吸收水分和无机盐，临时储存食物残渣，并将其转化为粪便。大肠具有一定分泌功能，其分泌的黏液蛋白不仅保护肠黏膜，还帮助润滑粪便，便于排出。大肠的机械运动会推动残渣向肛门移动，通过排便反射机制，使粪便排出体外。这一过程对维持身体健康和排毒有重要作用。

问与答

问：功能性便秘是如何产生的？

答：正常情况下，直肠对机械刺激有一定的感觉阈，达到此阈值时，人体便会产生便意。如果环境不适宜排便，大脑就可以暂时抑制这种感觉。然而，频繁抑制便意会使直肠对刺激的敏感性减弱，从而使得感觉阈提高。同时，粪便在结肠内停留时间过久，水分被过度吸收，粪便就会变干变硬，从而引起功能性便秘。

（二）吸收

1. 吸收的部位

消化道各部位明确分工，吸收速度和能力各不相同。口腔和食道的吸收能力极低，而胃能吸收酒精和少量水分。小肠是主要的吸收场所，负责大部分营养物质的吸收。大肠则主要吸收水分和无机盐。这种分工确保了消化系统的高效运作。

2. 小肠的吸收

水、无机盐和维生素无须经过消化过程，可以直接吸收入血。小肠每天能从消化道吸收超过 8 L 的液体。食物中的三价铁在被还原为二价铁后，吸收效率会显著提高。维生素 C 可以促进铁的还原，从而加速其吸收，因此对于经常进行大量运动训练的运动员来说，补充维生素 C 尤为重要。三大营养物质被分解后才能被吸收，其中，糖类必须被分解为单糖，蛋白质被分解为氨基酸，脂肪被分解为甘油和脂肪酸。小肠也能吸收少量未经消化的天然蛋白质或蛋白质分解中间产物。

3. 大肠的吸收

大肠黏膜具有强大的水分和电解质吸收能力，每天能够吸收 5～8 L 的电解质溶液。因此，在大肠中，大部分的水分和电解质都会被吸收，只有约 150 mL 的水和少量的钠离子、氯离子随粪便排出体外。此外，大肠还能吸收由肠道细菌合成的维生素 B 复合物和维生素 K，以及细菌分解食物残渣产生的短链脂肪酸，这些物质对维持身体健康具有重要作用。

知识拓展

肠道微生态

人体是成千上万微生物的共生家园，这些微生物的数量甚至超过人体细胞的十倍。特别是在肠道中，存在上千种微生物，它们共同构成了被称为肠道微生物群的复杂生态系统。这些微生物与其宿主——人类在微环境中共同构建了肠道微生态，通过协同进化形成了互相依赖的共生关系，这种关系直接或间接地影响着人类的多种生理功能。肠道微生物群的一个重要特征是其稳定性，这种平衡一旦被打破，就可能导致多种肠内外疾病的发生。

二、主要营养物质的代谢

（一）糖代谢

1. 糖储备及供能形式

糖类是人体获得能量的基本来源。人体内的糖类主要以糖原和葡萄糖两种形式存在：糖原作为储存形式，主要分布在肝脏和肌肉中；而葡萄糖则作为主要的运输形式，在血液中流通。人体所需能量的 50%～70% 来自食物中的糖类。当食物中的多糖被消化分解成单糖并被吸收进入血液后，它们将被用于几个不同的途径：一部分转化为肝脏和肌肉中的糖原进行储存；一部分在体内被直接氧化，以提供即时能量；还有一部分用来维持血糖水平。总的来说，人体中的糖类以血糖、肝糖原和肌糖原的形式存在，并围绕血糖水平保持一种动态的平衡状态，如图 4–1 所示。

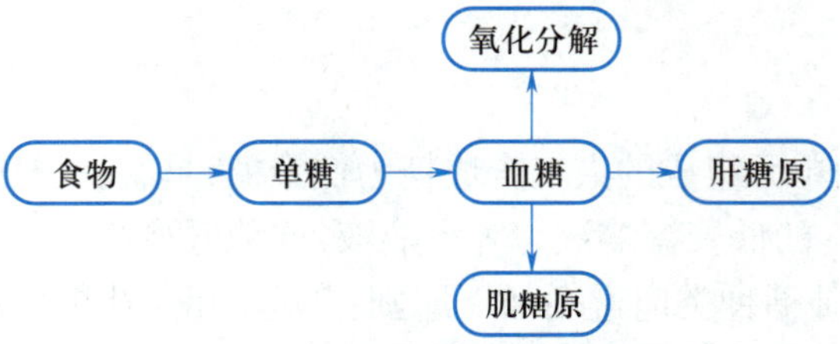

图 4–1　人体中糖类的动态平衡

（1）糖原

人体中的糖原储量是有限的，尤其是在脑组织中，糖原的含量非常少。相比之下，肝脏和肌肉中储存的糖原量较多。肝糖原的储备一般为 70～100 g，而肌糖原的储备则为 300～400 g。在体育运动中，无论是高强度的无氧运动，还是中、高强度的有氧运动，肌糖原都是非常重要的能量来源。因此，赛前通过糖原填充增加肌糖原的储量，特别是在进行大强度耐力运动前，可以有效地提高运动表现。

（2）血糖

血糖即血液中的葡萄糖，总量为 5～6 g，正常成年人空腹时的血糖浓度通常为 3.9～6.1 mmol/L。血糖是包括大脑在内的中枢神经系统的主要能量来源。血糖水平的维持是人体糖类代谢平衡的关键指标，显示着糖类的分解和合成之间的动态平衡。

在安静状态下，运动员的血糖浓度与普通人相似。然而，在长时间运动或饥饿状态下，血糖水平会下降，这可能导致运动员的运动效率降低和感到疲劳。在这种情况下，肝脏中的糖原可以迅速分解转化为葡萄糖，释放到血液中来补充能量，帮助维持血糖水平的稳定。这个过程对于保持运动员的体能和精神状态至关重要。

（3）糖类在体内的分解代谢

糖类在人体内主要通过两种途径进行分解：一种是无氧酵解，这一过程不需要氧气的参与；另一种是有氧氧化，需要消耗氧气。

2. 运动与补糖

对于超过 1 h 的运动来说，糖类成为限制运动能力的重要因素。因此，对于像马拉松这样的长时间运动项目，在运动的各个阶段适时适量补充糖分不仅有助于延缓疲劳的出现，还可以直接或间接地调节身体的免疫功能，并促进运动后的恢复，从而维持运动表现，提升训练成效和比赛结果。

（1）补糖时间与补糖量

补糖时间应遵循如下原则：①运动前，距离正式运动 2 ~ 4 h 补充糖分，以增加运动开始时的肌糖原储备。运动前 15 min 到 1 h，应避免补糖，以防血糖下降。进行高强度的长跑应该在运动开始前 3 天增加高糖食物的摄入量。②运动开始前 5 min 内或在运动开始时补充糖分，则效果更佳。超长距离跑需在运动过程中补糖。③运动结束后，为促进糖原尽早恢复，运动后的 2 h 内每 20 min 补糖一次。对于耐力运动员来说，在激烈比赛或高负荷训练期间，日常饮食中的糖类应占其日总能量消耗的 70%。

补糖量应遵循如下原则：①在运动或比赛前，建议采用 35% ~ 40% 的糖溶液，服用量为 40 ~ 50 g。②在运动或比赛过程中，则应使用 5% ~ 8% 的糖溶液，因为糖溶液的浓度超过 10% 时，会显著降低胃的排空速率。糖分的补充应定期间隔进行，通常每 20 min 补充 15 ~ 20 g 糖。

（2）补糖种类

由 2 ~ 10 个葡萄糖单元组成的人工合成糖为低聚糖，具有渗透压较低、分子量高于葡萄糖的特点。浓度为 25% 的低聚糖溶液为等渗溶液，这种低渗透压且高热量的溶液在补充能量时尤为理想。因此，补糖种类应遵循如下原则：①运动前，补果糖优于补葡萄糖。②运动后，淀粉和蔗糖转化成肌糖原的速率高于果糖，但果糖在合成肝糖原方面的效果优于蔗糖和葡萄糖，因此在补充糖分时，选择合适的种类至关重要。

（二）脂肪代谢

1. 脂肪储备

人体丰富的脂肪储量保证了充足的能量供应。人体的脂肪含量有适宜的范围，过低或过高都会对健康造成损害。男性体脂率保持在 15% ~ 20% 为宜，超过 25% 则为肥胖；女性体脂率适宜范围为 20% ~ 25%，超过 30% 则为肥胖。

2. 脂肪的分解代谢

在脂肪酶的参与下，脂肪被分解转化为 CO_2 和 H_2O，同时释放出大量的能量合成 ATP。长时间运动时，脂肪是重要的供能物质，特别是在持续超过 3 h 的运动中，随着肌糖原含量的显著下降，脂肪供能比例逐渐增加。在安静状态下，心肌和骨骼肌需要脂肪供能。

人体可以无限储存脂肪，运动可促进脂肪消耗。维持体重的基本原则是合理膳食、吃动平衡，若摄入较多，则体重增加。尽管目前有人认为高脂饮食有助于减肥，但实际上，真正的高脂饮食会增加肌糖原和肝糖原的消耗，并导致与糖原一同储存的水分流失，这种水分的流失通常是高脂饮食初期体重迅速下降的主要原因，而脂肪并未减少。

（三）蛋白质代谢

1. 蛋白质的代谢过程

蛋白质不是人体能量的主要来源，其供能不超过运动能量消耗的 10%。当糖类和脂肪供能不足时，机体将分解组织蛋白来产生氨基酸以供能。在蛋白质的代谢过程中，它先被分解成氨基酸，然后生成 α-酮酸和氨。α-酮酸通过三羧酸循环转化为 CO_2 和 H_2O，并释放出能量。同时，氨会在肝脏被转化为尿素，并通过肾脏产生的尿液排出体外。这个过程不仅满足了机体在缺乏其他能源时的能量需求，还是体内氨处理和排泄的重要途径。

2. 运动与蛋白质补充

在运动训练中，不同人群对蛋白质的需求量不同。普通成人的最低生理需求量为每日 30 ~ 45 g 或每千克体重 0.8 g。青少年由于生长发育的需要，他们的蛋白质需求量更高，达到每日每千克体重 2.5 ~ 3 g。

对于运动员而言，他们的蛋白质需求量通常高于普通人，因为运动后肌纤维生长和修复需要消耗更多蛋白质。目前认为，我国运动员的蛋白质需求范围为每日每千克体重 1.2 ~ 2 g。对于举重运动员，推荐的蛋白质摄入量为每日每千克体重 1.3 ~ 1.6 g；耐力项目运动员的蛋白质推荐摄入量为每日每千克体重 1.5 ~ 1.8 g，不应超过每日每千克体重 2 g。对于正常饮食的运动员来说，通常不需要额外补充很多氨基酸类补剂，摄入一些优质蛋白（如含有大量必需氨基酸的乳制品），可以有效促进蛋白质的合成。

（四）水盐代谢

1. 水和无机盐的作用

水和无机盐是构成机体内环境的重要成分。营养物质的消化、吸收、运输及排泄均需要水的运输，水还具有维持物质代谢、调节体温及润滑的作用。

无机盐通常以离子形式存在于体内。它们在多个方面对生理功能起至关重要的作用，包括组成机体以及维持体内的渗透压、酸碱平衡和电解质平衡。此外，无机盐还是维持神经和肌肉兴奋性的关键因素。

2. 人体内水的分布

人体大部分是由水构成的，成年人体重的 60% 是水分，水分对于维持生命活动至关重要。人体中水分的 2/3 存在于细胞内，1/3 存在于细胞外。体内的水分以两种形式存在：游离水和结合水。存在于血液、淋巴液和组织液中，能够自由移动的水为游离水；而与无机盐离子、蛋白质和糖原等亲水胶体颗粒结合的水为结合水，如心肌所含的大部分水就是结合水。

体内水的平衡有赖于水的来源与去路的恒定状态，如图 4-2 所示。

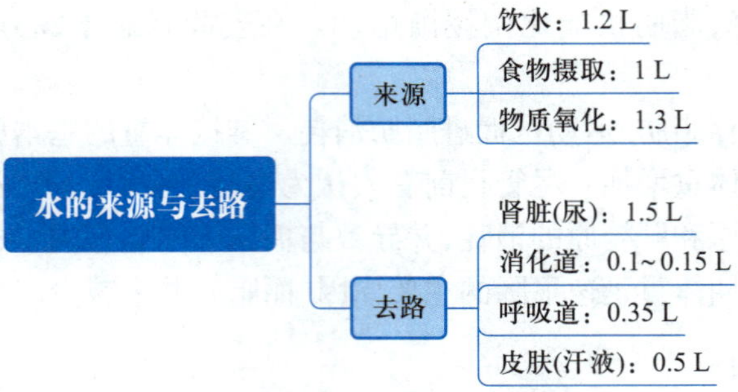

图 4–2　水的来源与去路

3. 脱水及补水

水是机体每天丢失最多的营养物质，有些运动员每天丢失的水量可以达到 8 L，随之也会丢失大量无机盐。通过饮食，丢失的无机盐可以补充回来，因此运动员很少发生矿物质缺乏的情况，但是女运动员可能发生缺钙的情况。脱水是指体内液体损失超过体重的 1% 的情况。脱水可以分为两类：主动脱水和被动脱水。在运动训练中，由于环境温度、运动强度和持续时间等因素的影响，运动员可能会不自觉地失去水分，这种情况称为被动脱水。主动脱水是指为了减轻体重，人为地减少体内水分。例如，拳击、跆拳道等项目的运动员在赛前为控制体重所进行的脱水便是主动脱水。当然，无论是哪种脱水，都可能对运动表现产生负面影响，见表 4–1。

表 4–1　不同程度的脱水对运动的影响

脱水程度	失水量/体重	丢失液体	生理表现
轻度	2%	细胞外液为主	口渴、尿少、尿钾丢失
中度	4%	细胞内液、细胞外液	心率加快、体温升高、严重口渴、疲劳、血压下降
重度	6% ~ 10%	细胞内液为主	呼吸加快、肌肉抽搐，甚至昏迷

失水量对运动能力的影响取决于运动员的训练水平。一般水平的运动员轻度脱水就可能影响体温调节和运动表现；而高水平的运动员即使失水量为 3% ~ 4%，其运动能力也不会受太大影响。

为了有效缓解脱水，运动员应在运动前、中、后补充适量的水分以维持体内水平衡。需要注意的是，补水不可过多，如果大量、快速补充白开水，可能会导致低钠血症，与运动相关的低钠血症极少发生。补水时，推荐使用含适量的糖类和无机盐的低渗液体（无机盐的浓度低于 20 g/L，糖的浓度低于 25 g/L），每 10 ~ 15 min 饮用 150 ~ 250 mL，温度控制在 6 ~ 12 ℃。在耐力赛事前 1 ~ 2 h 一次性饮用 500 mL，有助于预防脱水。对于时长超过 1 h 的高强度运动，建议补充含 Na^+ 的糖盐水，浓度为 0.5 ~ 0.7 g/L。运动后的液体补充量应达到失水量的 150% ~ 200%，以确保充分恢复。

第二节　运动与能量代谢

导学视频 9

能量代谢是指机体在物质代谢过程中所伴随的能量的释放、转移、储存和利用，它是维持生物生命活动的基础。在人体中，主要的能量来源是食物中的糖类、脂肪和蛋白质。这些物质在体内经过复杂的代谢过程，为各种生理功能提供必需的能量。

一、能量的来源

（一）直接能量来源

人体的各种生理活动，如神经冲动传导、腺体分泌以及肌肉收缩等，都依赖三磷酸腺苷（ATP）作为直接的能量来源。ATP 是一种高能磷酸化合物，在酶的作用下，ATP 断裂一个磷酸键，分解成二磷酸腺苷（ADP）和无机磷酸（Pi），并在这一过程中释放出能量。具体来说，每克 ATP 的分解可以释放 7～12 kcal 的能量，为细胞执行各项生理功能提供所需的动力。

（二）补充能量来源

在细胞内，ATP 的浓度通常较低且储量有限，因此，当它被消耗之后需要迅速补充，这一过程可以由肌肉中的磷酸肌酸（CP）来完成。CP 在释放能量的过程中帮助 ADP 重新转化成 ATP，同时产生肌酸。这个过程可以用化学方程式表达为：CP + ADP → C + ATP。人体中的 ATP 最终补充来源是糖类、脂肪和蛋白质。糖类是肌细胞最重要的供能物质，它可以在肌细胞的细胞质中进行无氧酵解，也可以在肌细胞的线粒体中进行有氧氧化。肌细胞也可以利用脂肪供能，肌细胞中含有少量的甘油三酯，大量甘油三酯可储存在脂肪细胞中。甘油三酯可分解为甘油和脂肪酸，脂肪酸可通过血液运输至肌细胞被彻底氧化分解产生 ATP。蛋白质不是主要的供能物质。如果蛋白质作为主要的供能物质产生 ATP，那么肌细胞中的各种蛋白质将被分解，会影响其生理功能。

二、能量代谢的测定

（一）基础代谢

基础代谢是指人体在清醒、安静、空腹、室温 20～25 ℃条件下的能量消耗。基础代谢率（basal metabolic rate，BMR）则是指在这些条件下，人体单位时间内消耗的能量，它代表了维持生命最基本功能所需的最低能量水平。与此相似，静息代谢率（resting metabolic rate，RMR）是指在安静状态下，人体单位时间内的能量消耗。

能量代谢率与体表面积成正比，通常以每小时每平方米体表面积的产热量来衡量，单位为 kJ/(m^2·h)。通常情况下，正常成年男性的基础代谢率约为 170 kJ/(m^2·h)，而女性约为 155 kJ/(m^2·h)。基础代谢率会受到年龄、性别等因素的影响。一般而言，男性的基础代谢率高于女性，儿童青少年高于成人。随着年龄的增长，每增加 10 岁，基础代谢率平均下降约3%。此外，体温的升高也会影响基础代谢率，体温每上升1 ℃，代谢率可提高13%。

基础代谢率的测量值与标准值的差异在±10%~15%属于正常范围；若差异超过20%，则可能指示存在病理状况。值得注意的是，过度训练的运动员可能会表现出更高的基础代谢率。

（二）能量代谢的测定原理和方法

根据能量守恒定律，机体在特定时间内消耗的食物量，与机体产生的热量及其所做的外功相等，根据此定律可计算出机体在单位时间内的总能量消耗。能量代谢的测定方法主要包括直接测热法和间接测热法两种。

直接测热法是指在一间特制的密闭绝缘房间内测量受试者产生的热量和热量的丢失。这间房间与外界隔热，墙体内外有水循环流动。通过计算水的流量以及进出房间的水温差，可以确定受试者的产热量。同时，收集受试者通过呼吸和皮肤蒸发的水分，计算由此产生的热量损失，从而得到总能量消耗。这种方法虽然精确，但操作复杂且成本高。

间接测热法则基于定比定律，通过测量受试者在一定时间内的耗氧量和二氧化碳产量，来推算其能量代谢率。此方法的核心在于收集受试者安静和运动状态下的呼出气体，分析其中氧气和二氧化碳的含量，并将其转换为能量消耗值。这种方法相对简便且成本较低，也更为常用。

（三）能量代谢相关的基本概念

1. 食物热价

食物热价是指1 g食物在完全氧化分解时所释放的热量，分为物理热价和生物热价两种类型。前者是指食物在实验室条件下完全燃烧时产生的热量，而后者是指食物在人体内通过氧化过程产生的热量。对于糖类和脂肪，二者是相同的。然而，蛋白质的物理热价与生物热价不相等，因为蛋白质在人体内氧化不完全，一部分以尿素形式排出，所以其生物热价小于物理热价。

2. 氧热价

氧热价是与能量代谢相关的又一个重要概念，它是指食物在体内经过氧化分解，每消耗1 L氧气所产生的热量。

三种能源物质氧化时的能量代谢指标见表4–2。

表4–2　三种能源物质氧化时的能量代谢指标

能源物质	产热量/（kJ/g）			耗氧量/（L/g）	CO_2产量/（L/g）	氧热价/（kJ/L）	呼吸商
	物理热价	生物热价	营养学热价				
糖类	17.17	17.15	16.74	0.83	0.83	20.66	1.00
蛋白质	23.43	17.99	16.74	0.95	0.76	18.93	0.80
脂肪	39.75	39.75	37.66	2.03	1.43	19.58	0.71

3. 呼吸商

呼吸商（respiratory quotient，RQ）是指在体内氧化过程中产生的二氧化碳与消耗的氧气的体积比。例如，糖类的呼吸商为 1，脂肪的呼吸商大约是 0.70，蛋白质的呼吸商约为 0.80。通常情况下，人类的饮食包含多种食物，因此平均呼吸商大约为 0.85，见表 4–3。

表 4–3　非蛋白质呼吸商和氧热价

非蛋白质呼吸商	氧化的百分比/%		氧热价	
	糖类	脂肪	kJ/L	kcal/L
0.70	0.00	100.0	19.620	4.687
0.71	1.10	98.9	19.637	4.691
0.72	4.75	95.25	19.687	4.703
0.73	8.40	91.6	19.738	4.715
0.74	12.0	88.0	19.792	4.728
0.75	15.6	84.4	19.842	4.740
0.76	19.2	80.8	19.892	4.752
0.77	22.8	77.2	19.947	4.765
0.78	26.3	73.7	19.997	4.777
0.79	29.9	70.1	20.047	4.789
0.80	33.4	66.6	20.102	4.802
0.81	36.9	63.1	20.152	4.814
0.82	40.3	59.7	20.202	4.826
0.83	43.8	56.2	20.257	4.839
0.84	47.2	52.8	20.307	4.851
0.85	50.7	49.3	20.357	4.863
0.86	54.1	45.9	20.412	4.876
0.87	57.5	42.5	20.462	4.888
0.88	60.8	39.2	20.512	4.900
0.89	64.2	35.8	20.562	4.912
0.90	67.5	32.5	20.617	4.925

续表

非蛋白质呼吸商	氧化的百分比/%		氧热价	
	糖类	脂肪	kJ/L	kcal/L
0.91	70.8	29.2	20.667	4.937
0.92	74.1	25.9	20.717	4.949
0.93	77.4	22.6	20.772	4.962
0.94	80.7	19.3	20.822	4.974
0.95	84.0	16.0	20.872	4.986
0.96	87.2	12.8	20.927	4.999
0.97	90.42	9.58	20.997	5.016
0.98	93.63	6.37	21.027	5.023
0.99	96.82	3.18	21.082	5.036
1.00	100.0	0.0	21.132	5.048

4. 代谢当量

代谢当量（metabolic equivalent，MET）用于描述活动时相对于安静状态下耗氧量的倍数。1MET 代表的是在安静状态下每分钟的能量消耗，通常约等于 250 mL/min 或 3.5 mL/（kg·min）。2MET 则表示在进行某项活动时耗氧量是安静状态的两倍。这个指标非常有用，因为它帮助评估不同活动强度下的能量代谢水平，并在制定个性化的运动计划时提供科学依据。

三、影响能量代谢的因素

（一）肌肉运动

肌肉运动是影响能量代谢最显著的因素。骨骼肌无论是收缩还是舒张，都是耗能的过程，因为粗细肌丝相对滑行需要消耗 ATP 释放能量。即使是轻微的肌肉运动也能显著提升耗氧量，从而增加能耗，提高能量代谢率。因此，想要增加能量消耗，运动是首选。

（二）精神活动

精神活动对能量代谢的影响没有肌肉运动那么明显，但仍然是重要的影响因素。在安静状态下，精神活动对能量代谢的影响相对较小，通常不会超过总能量消耗的 4%。然而，在精神紧张或激动的情况下，如吵架、烦躁或者紧张时，产热量会显著增加。这种增加主要是由于：情绪变化引起无意识肌肉紧张，增加产热；肾上腺髓质激素释放增多，促进细胞代谢。这些生理反应会加速能量的消耗，从而影响整体的代谢率。

（三）食物的特殊动力作用

在安静状态下，当人体摄入食物后，人体产生的热量会超过食物本身通过氧化作用产生的热量，该现象称为食物的特殊动力作用。不同类型的食物对热效应的贡献程度不同，蛋白质的特殊动力作用大约为产热量的 30%，糖类大约为 6%，脂肪则约为 4%，而混合食物可使产热量增加约 10%。这种额外增加的热量仅用于维持体温，不能用于做机械功。目前的研究认为，这种效应可能与肝脏内氨基酸的脱氨过程和尿素的形成有关。

（四）环境温度

人体安静并处于适宜的温度范围（20 ~ 30 ℃）时，不需要额外能量加热或者冷却身体，代谢率处于最低。当环境温度降至 20 ℃以下时，人体的代谢率便开始上升；当温度进一步下降至 10 ℃以下时，代谢率的增加更为显著。这主要是因为寒冷刺激引起寒战反应和肌肉紧张增强。另一方面，当环境温度升高至 30 ~ 45 ℃时，体内的化学反应会加速，呼吸和循环系统功能也会增强，同样导致代谢率的提升。因此，无论是环境温度过高还是过低，都会促使人体的能量代谢率增加。这种调节机制帮助维持体内的稳定状态，确保身体能有效应对不同的环境温度变化。

四、三个能源系统

在人体进行各种运动时，所需能量主要由三种不同的能源系统提供，包括磷酸原系统、酵解能系统以及氧化能系统，见表 4–4。这三种能源系统根据运动的种类、强度和持续时间的不同而各自发挥作用，共同满足人体在不同运动状态下的能量需求。

表 4–4　人体运动时三个能源系统的特征

能源系统名称	底物	储量/（mmol/kg）	可合成 ATP 量/［mmol/（kg · s）］	可供运动时间	供给 ATP 恢复的物质和代谢产物
磷酸原系统	ATP	24.6	—	6 ~ 8 s	CP
	CP	76.8	100		CP + ADP → C + ATP
酵解能系统	肌糖原	365	250	2 ~ 3 min	肌糖原→乳酸
氧化能系统	肌糖原	365	13 000	1.5 ~ 2 h	糖 + O_2 → CO_2 + H_2O
	脂肪	48.6	不受限制	不限时间	脂肪 + O_2 → CO_2 + H_2O
	蛋白质	—	—	—	蛋白质 + O_2 → CO_2 + H_2O + 尿素

（一）磷酸原系统

磷酸原系统也称为 ATP–CP 系统，是人体中一种快速提供能量的生化途径，尤其是在进行短暂且高强度的运动时至关重要。此系统不依赖于氧气，能迅速释放储存于肌肉中的能量，从而支持短时间内的高强度运动。肌肉中储存的 ATP 只能维持 2～3 s 的高强度活动，随后由 CP 来补充，但由于 CP 的储存量也有限，磷酸原系统只能在短时间（6～8 s）内有效。这个系统可以在没有足够氧气供应的情况下发挥作用，如短跑、举重和跳跃等爆发力运动。在运动训练和恢复中，增强这一系统的效能是提升运动表现和快速恢复的关键因素。

（二）酵解能系统

酵解能系统即糖酵解系统，是人体在运动中获取能量的另一种重要方式，在运动 30～60 s 供能速率达到最大，在中距离跑等持续几分钟的运动中尤为关键。与磷酸原系统不同，糖酵解系统通过糖类来产生能量，这一过程可以在无氧条件下的细胞质中进行，产生的能量很容易被肌肉利用。糖酵解的最终产物是乳酸，乳酸的积累会导致疲劳，这是因为它降低了肌细胞的 pH，影响了酶的活性和肌肉收缩的效率。该系统的优点是能迅速产生能量，比磷酸原系统的持续时间长，能支持 2～3 min 的运动，如中距离跑步或快速游泳。酵解能系统与磷酸原系统共同为短时间高强度无氧运动提供能量，非周期性项目（如篮球）在运动中加速、冲刺时的能量也由这两个系统提供。在运动训练中，增强糖酵解能力可以提高运动持久力和中等强度运动的表现。

（三）氧化能系统

氧化能系统也称为有氧氧化系统，是 3 000 m 赛跑、马拉松等长距离项目的主要供能系统。该系统是在 O_2 供应充足的条件下，利用糖类、脂肪和蛋白质作为供能底物在线粒体进行氧化分解的供能系统。这个过程产生的代谢终产物为 CO_2 和 H_2O，释放大量能量，再合成 ATP。有氧氧化系统的能量输出最大功率不高，仅为酵解能系统的一半，但其优势是供能底物的储备量大，能够支持长时间的运动。例如，糖类能够支持 1～2 h 的运动。体内脂肪储存量很大使氧化能系统的供能持续时间很长。

五、运动与能源系统

运动所需的能量是由三个能源系统共同提供的，以哪个能源系统为主，取决于运动本身的特点，如运动强度、持续时间。这三个能源系统的协同作用形成了一个连续的统一体，通常称为“能量连续统一体”。在任何运动项目中，都不会有单一能源系统独立供能的情况。

以 100 m 短跑为例，这是一个典型的速度型项目，主要依赖快速且高输出功率的能量供应，此时磷酸原系统扮演主要供能角色。然而，即使在这样短时、高强度的活动中，酵解能系统和氧化能系统也会提供一定比例的能量。在马拉松这种长时间耐力项目中，氧化能系统则占主导地位，因为它能够提供持续且稳定的能量，但酵解能系统同样重要，尤其是在比赛中的加速和终点冲刺阶段，它的作用变得更为显著。随着运动员训练水平的提升，他们在马拉松比赛中对酵解能系统的依赖也会增加，这有助于满足比赛过程中的突发加速以及最后冲刺的需求。这种能源系统的灵活调配和优化是高水平运动表现的关键。

第三节　体温及其调节

导学视频 10

体温是一个重要的生理参数，反映了生物体内能量代谢的状态和环境适应能力。对于恒温动物，尤其是人类而言，即使周围环境温度发生变化，人体通过内外的调节仍能维持体温的恒定。维持相对稳定的体温是生命活动正常进行的基本条件之一。一天之内，体温能够保持动态平衡，但是如果进行长时间大强度运动或者感冒发烧等，导致产热和散热不平衡，体温就会偏离稳定的范围。

一、体温概述

（一）体温的概念

在研究体温时，常将人体分为核心区和表层区两个部分。核心区的温度也称为体核温度，是相对较稳定的，主要反映了身体内部器官（如大脑、心脏和腹部器官）的温度。相比之下，表层区的温度即体表的温度，较为不稳定，且在人体的不同部位间存在较大的差异。在不同的环境温度下，这种差异尤为显著，如图 4–3 所示。通常所说的体温是指人体核心区的平均温度，这是因为核心区的温度更能准确反映人体的生理状态和健康状况。

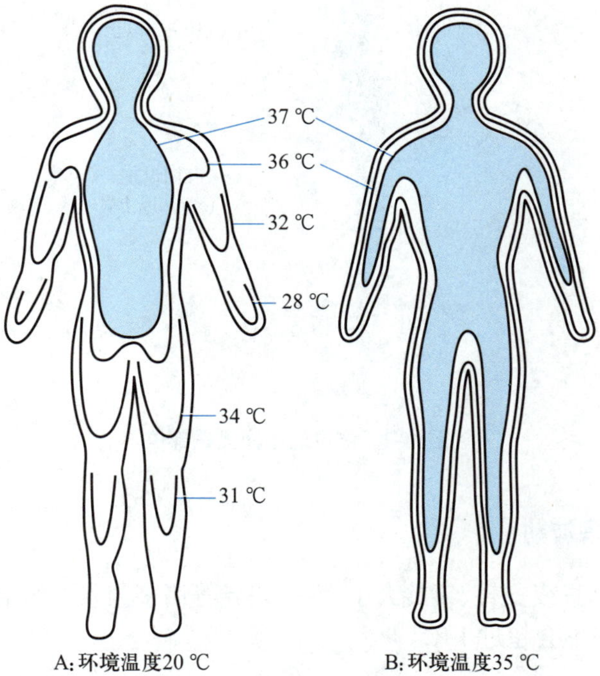

图 4–3　在不同环境温度下人体的体温分布

（二）体温的测量

由于直接测量体核温度较为困难，临床上通常通过测量直肠、口腔和腋窝等部位的温度来间接代表体温。对成人而言，口腔和腋窝的测量较为方便；对婴幼儿来说，多测量直肠的温度。这些部位的温度测量相对容易操作，且能够较好地反映体核温度，但需要注意的是，这些部位的温度可能会受到外部环境或个体差异的影响，如表 4–5 和图 4–4 所示。

表 4–5　不同部位温度的测量

部位	正常温度范围/℃	优点	缺点
直肠	36.9 ~ 37.9	接近体核温度	不方便
口腔	36.7 ~ 37.7	测量较为方便	哭闹的小儿以及精神病患者不宜
腋窝	36.0 ~ 37.4	测量较为方便	时间较长，腋窝要保持干燥

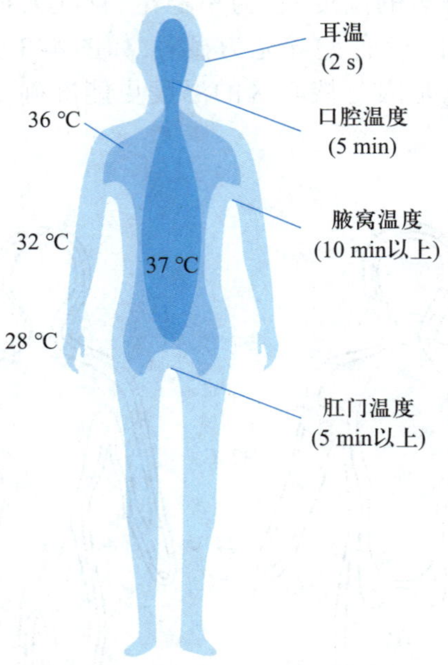

图 4–4　体温的不同测量部位

（三）体温的生理波动

体温高低会受到昼夜交替、年龄大小、性别差异等诸多因素的影响，但这种影响所产生的温度变化幅度一般不会超过 1 ℃。

1. 昼夜节律

体温在一天内呈现出周期性的波动，通常在凌晨 2 点到 6 点间达到最低，而在午后 1 点到 6 点间达到最高。

2. 性别及年龄的差异

女性有较厚的皮下脂肪，在散热过程中起到一定的隔绝作用，所以成年女性的平均体温高于男性。此外，女性的体温还会随着月经周期发生变化，如图 4–5 所示。相比之下，儿童青少年由于新陈代谢活跃，体温通常较高。而老年人因基础代谢率降低，体温偏低。新生儿的体温调节机制尚未完全发育成熟，使得他们调节体温的能力较弱，体温易受外部环境影响。因此，对于老年人和新生儿，适当的保温措施是非常重要的，以维持稳定的体温并防止健康问题。

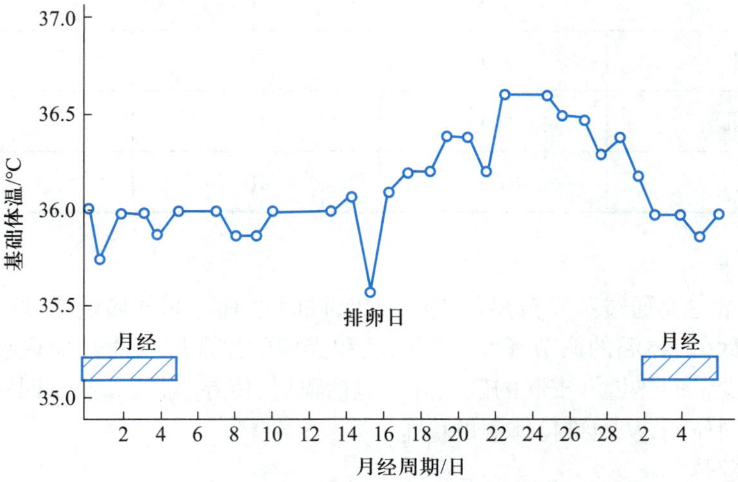

图 4–5　女性月经周期中基础体温的波动

3. 肌肉活动

在肌肉运动时，人体的代谢活动加强，产生的热量增多。当产生的热量超过身体散热的能力时，体温便会上升。因此，在测量体温时，应让受试者先休息一段时间，以确保得到准确的体温读数。特别是在测量小儿体温时，应避免他们哭闹，因为这会影响体温测量的准确性。

此外，评估体温时，要考虑到情绪、饮食等变量可能对体温产生的影响。

二、体温调节

（一）体热平衡

1. 产热过程

人体产热由复杂而精细的机制调控，包括基础代谢、食物动力效应、肌肉活动产热及非战栗产热。在安静状态下，人体产热量通常比基础代谢高出约 25%，其中内脏器官贡献了约 56% 的产热量，脑约 16%，骨骼肌则大约为 18%。肝脏作为代谢最旺盛的内脏器官，其产热量最高。

在剧烈运动期间，人体的产热量可以比安静时增加 10 ~ 20 倍，骨骼肌的产热量在这时可占到总产热量的 90% 以上，成为主要的产热器官，见表 4–6。在寒冷环境中，人体通过骨骼肌的节律性收缩（战栗产热）和分解氧化褐色脂肪（非战栗产热）来增加产热，从而维持体温。由于新生儿不能进行战栗，他们主要依靠分解氧化褐色脂肪产热来调节体温。

表 4–6 几种器官的产热百分比

产热器官	质量占比/%	产热量贡献/%	
		安静状态	劳动或运动期间
脑	2.5	16	1
内脏（肝）	34.0	56	8
骨骼肌	56.0	18	90
其他	7.5	10	1

2. 散热过程

人体的热量主要通过蒸发散热从皮肤散出，同时也有一部分热量通过呼吸道的蒸发过程散发出去。此外，体温的调节还涉及随尿液和粪便的排泄以及通过加热吸入的冷空气和冷食物来散发少量的热量。皮肤的散热方式包括辐射、传导、对流和蒸发四种主要机制。这些散热方式协同作用，从而维持体温的稳定。

（1）辐射散热

人体以热辐射（红外线）的形式向外界传递热量的方式称为辐射散热，这是人体保持体温恒定的重要调节方式之一。辐射散热的散热量主要由皮肤与环境间的温差决定，温差越大，散热越多。散热量还与人体的有效散热面积有关，面积越大，散热量越高，其中四肢占体表面积的比重较大，在辐射散热中尤为重要。因此，夏天的时候我们会通过少穿衣服，增加皮肤的暴露面积，以增加散热量。

人体不断向环境中辐射散热，同时也会接受周围物体的辐射，如炎热的夏天暴露在阳光下，人体会吸收太阳的辐射散热以及地面的热量。

（2）传导散热

传导散热是人体通过直接接触其他物体来传递热量的一种方式。当人体的皮肤与比其温度低的物体接触时，热量会从较热的人体向较冷的物体流动，从而实现热量的散失。传导散热与所接触物质的导热性有关，导热性越好（如金属），热量传递越有效。空气的导热性较差，所以人体与空气间的传导散热相对较少。水的导热性较好，用冷水洗澡、高热患者用冰袋降温利用的就是此原理。

（3）对流散热

对流散热是通过流体交换热量的一种方式。人体释放的热量首先传递给与皮肤直接接触的一层空气，空气的持续流动加速了热量的迁移，从而增强了散热效果。实际上，对流散热可以视为传导散热的一种延伸。在炎热的天气或进行体力活动时，增加空气流动（如使用风扇或在通风更佳的环境中活动）可以有效增强对流散热，从而帮助身体更好地调节体温。

（4）蒸发散热

蒸发散热是通过体表水分的蒸发来散失体内热量的生理过程。这种散热方式对于调节体温至关重要，尤其是在热环境中或进行体力活动时。蒸发散热主要包括两种形式：不感蒸发（不显汗）和发汗。前者是一种无法感觉到的水分蒸发，发生在皮肤和呼吸道表面。即便在不出汗的情况下，人体也会通过这种方式不断地失去水分，有助于维持体温稳定。这种蒸发与汗腺的活动无关。后者是通过汗腺的主动分泌来实现的蒸发过程。当环境温度升高或身体进行剧烈活动时，体内产生的热量通过汗液的分泌和蒸发被有效地带走，从而帮助身体冷却。通常在安静状态下，当环境温度达到大约 30 ℃时便开始发汗；若空气湿度较高，空气中的水汽含量高，限制了水分的进一步蒸发，蒸发散热的效果会减弱，25 ℃时就可能发汗；在干燥通风的环境中，蒸发散热更为有效。在运动时，即使气温低至 20 ℃以下，如果进行大运动量训练，也会导致机体大量出汗。

问与答

问：赛前紧张时，手心出汗增加可以调节体温吗？

答：赛前紧张导致的出汗主要发生在手心、脚心和额头，这种现象属于精神性出汗，与体温调节关系不大。实际上，这是机体应对压力的一种反应，反映了身体在紧张情绪下的生理变化。

（二）体温调节

正常情况下，产热和散热过程保持平衡，人体的体温才能维持在一个相对恒定的水平。体温调节中枢接受来自体内外的温度信息变化，综合分析这些信息后，通过神经调节和体液调节机制来调整皮肤血流量、立毛肌、汗腺和骨骼肌的活动，影响内分泌系统的功能，确保产热与散热之间保持平衡。

1. 温度感受器

温度感受器可以分为外周温度感受器和中枢温度感受器两类，如图 4-6 所示。外周温度感受器是存在于皮肤、黏膜及内脏中，对温度变化敏感的游离神经末梢，中枢温度感受器则是分布在中枢神经系统中的神经元。

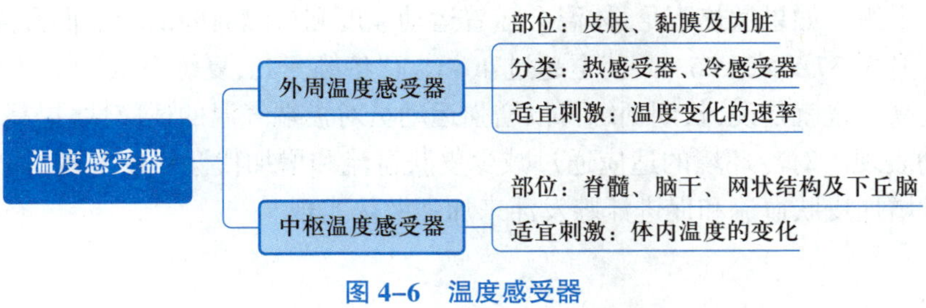

图 4-6　温度感受器

2. 体温调节中枢

在人体的中枢神经系统中，从脊髓到大脑皮层均存在调节体温的中枢，但体温调节中枢主要位于下丘脑。特别是下丘脑的视前区，在体温调节中起着重要作用。多数学者采用“调定点学说”来解释下丘脑体温调节中枢的工作原理。该学说认为，体温调节类似于恒温器的工作方式，属于一种生物自动控制系统，如图 4–7 所示。调定点是体温调节系统中设定的理想温度值，通常为 37 ℃。这个设定值影响着体温的高低。控制系统根据这个调定点，调控产热器官以及散热器官的活动，以便机体内部温度维持在设定值附近。

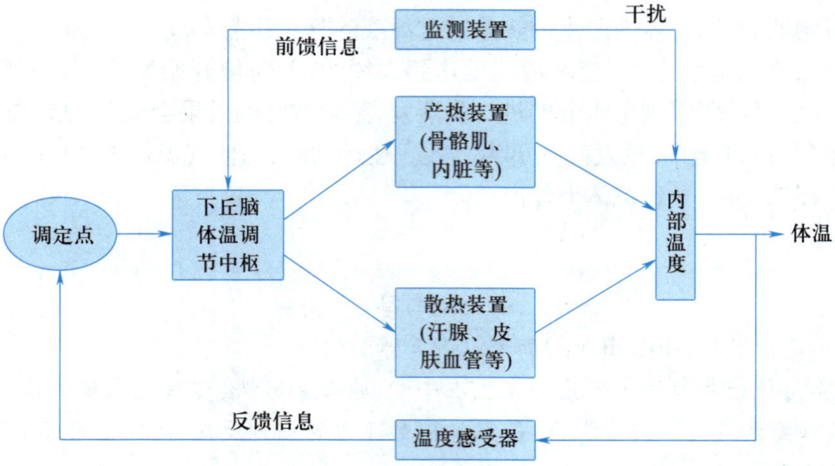

图 4–7　体温调定过程

体温会受到多种内外环境因素的影响，如体育活动、气温、湿度和风速等。这些因素的变化会通过皮肤和体内的温度感受器被检测到，并将信息反馈给调定点。体温调节中枢对这些信息进行处理和整合后，会对受控系统做出新的调节，以建立新的体热平衡，并稳定体温。当体温超过调定点时，热敏神经元活动增强，促进汗腺分泌和交感神经活动的调整，如皮肤血管扩张，增加散热，使体温降低；相反，当体温低于调定点时，则抑制汗腺分泌，促进全身血管收缩以减少散热，并通过寒战、交感神经兴奋和增加甲状腺素分泌来增加产热，从而使体温升高。这一复杂的调节机制确保了人体在各种环境下维持恒定的体温。

（三）运动及特殊环境下的体温调节

运动时，代谢活动增强导致体内产热增多，此时，机体通过加强散热机制（如大量发汗）来维持体温平衡。如果散热不足，体温会随着运动强度和持续时间的增加而升高。例如，跑步后体温可升至 37.5 ~ 39.75 ℃，甚至超过 40 ℃。“冬练三九，夏练三伏”后，人体对冷热的调节能力提高。也就是说，长期训练可以增强运动员对极端气温的适应性，提高其在不同环境下的运动表现。对冷环境的适应通过减少皮肤血流和增加代谢产热实现，而对热环境的适应则通过增加皮肤血流和促进汗腺发汗来加强散热实现。

问与答

问：发烧 39 ℃与中暑之后的体温 39 ℃有何不同？

答：人体发烧 39 ℃时体温调节功能并无障碍，而只是由于调定点上移到 39 ℃，产热活动增强，体温逐渐上升，直至升高到 39 ℃以上时才出现散热反应。当人体中暑时，体温升高则是由体温调节功能失调引起的。

案例分析题 1

A、B、C 是体育学院大一某班级的三位同学，其中 A 是举重运动员，B 和 C 是田径运动员（分别跑 400 m 和马拉松）。请分析并回答以下问题：

1. 什么是能量代谢？
2. 分析三位同学所从事的运动项目供能的方式和特点。
3. 运动后哪位同学的体温可以达到 39 ℃或更高？分析体温升高的原因。

案例分析题 2

某次，一位田径运动员刚刚吃完饭就开始参加训练，中途感觉腹胀、腹痛，请分析原因。

第五章　运动与肾脏

学习导航

关键名词	学习目标	知识拓展
1. 排泄； 2. 肾单位； 3. 肾糖阈； 4. 运动性蛋白尿； 5. 运动性血尿； 6. 肾血流量； 7. 重吸收作用。	1. 掌握肾单位的构成、尿液的生成过程； 2. 熟悉肾小管的分泌和重吸收机制； 3. 了解调节尿量变化的主要内分泌激素及其作用； 4. 正确认识脱水的危害，并养成补水的习惯。	尿十项检测的临床意义。

肾脏是人体的重要排泄器官，主要负责清除血液中的废物和多余物质，维持人体内环境的稳定。肾脏通过过滤血液和产生尿液的方式排出代谢废物（如尿素和肌酐）、多余的电解质（如钠离子和钾离子）以及其他溶解在血液中的有害物质，该过程称为排泄。

除了肾脏的排泄之外，人体还通过多种排泄途径维持内环境的稳定。首先，呼吸器官在呼吸过程中不仅排出二氧化碳，还能排出少量的水分和某些挥发性药物。其次，消化系统通过胆汁排出胆色素和胆盐，同时肠道和消化腺负责排出含有钙、镁、铁、磷等元素的无机盐，这些物质随粪便排出体外。此外，皮肤和汗腺也参与排泄工作，通过汗液排出水分、尿素以及少量的盐分。这些机制共同作用，促进体内废物和多余物质的有效排出，确保身体健康。

在所有的排泄器官中，肾脏排出的物质种类和数量最多。除了排泄功能之外，肾脏还具有调节体液平衡、电解质平衡和酸碱平衡的功能，这些都是维持生命活动不可或缺的重要机能。通过这些复杂而精细的过程，肾脏不仅保证了代谢废物的有效清除，也保障了整个体系的生理平衡。

第一节　肾脏的结构与功能

肾脏是一个实质性器官，形态似蚕豆形，位于脊柱两侧第十二胸椎到第三腰椎之间，每个人体内通常有两个肾脏。在成年人中，每个肾脏的重量为 120 ~ 150 g，长 10 ~ 12 cm，宽 5 ~ 7 cm，厚约 3 cm。每个肾脏的结构复杂，由外至内分为肾皮质和肾髓质两大部分。肾皮质位于外层，血管丰富，含有大量的肾小球，负责过滤血液；而肾髓质则位于内层，由肾小管组成，这些肾小管负责处理过滤后的液体，最终形成尿液。这两个肾脏的功能至关重要，它们不仅负责清除体内的废物和多余水分，还参与调节血压、电解质平衡及红细胞的生成。

一、肾的基本结构

导学视频 11

肾单位是肾脏中的基本结构和功能单元，人体的肾脏大约由 200 万个肾单位构成，每个肾单位由肾小体和肾小管组成。肾小体包括由毛细血管丛组成的球状结构——肾小球，以及包裹肾小球的包膜——肾小囊。肾小管是一个复杂的管道系统，包括近曲小管、髓袢和远曲小管三部分。肾单位的构成如图 5–1 所示。

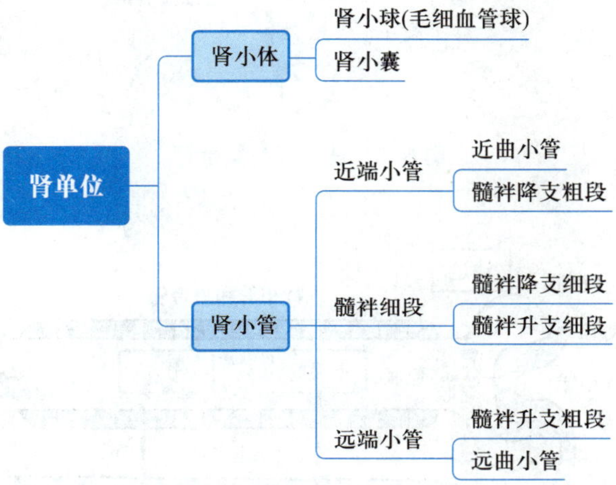

图 5–1　肾单位的构成

肾脏的排泄途径是：肾小球→肾小囊→近曲小管→髓袢→远曲小管→集合管→肾盏→肾盂→输尿管→膀胱→尿道。

每日流经肾脏的血量很大，占心输出量的 20%～25%，有利于尿液的滤过和生成，流经肾皮质的血流量大约占肾脏总血流量的 94%。肾脏的血液供应会形成两次毛细血管网：入球小动脉进入肾脏以后会形成第一次毛细血管网，经滤过后汇集成出球小动脉出肾脏，之后会在肾小管和集合管处形成第二次毛细血管网，重吸收其中的葡萄糖、尿素等物质，最后汇集成肾静脉，如图 5–2 所示。

二、尿的生成及排出过程

导学视频 12

（一）尿的生成

肾脏的排泄功能是通过形成和排出尿液来实现的。尿液的形成涉及三个主要步骤：首先，肾小球进行滤过；其次，肾小管和集合管执行重吸收过程；最后，肾小管和集合管负责分泌及排泄作用。这些环节共同确保了尿液的有效生成和排泄，如图 5–3 所示。

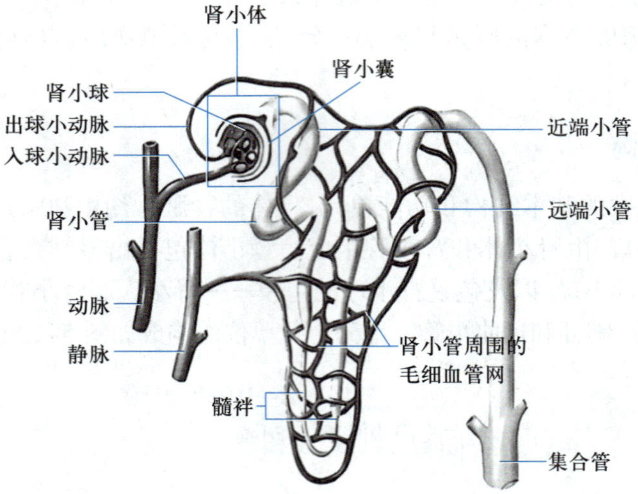

图 5-2　肾单位和集合管

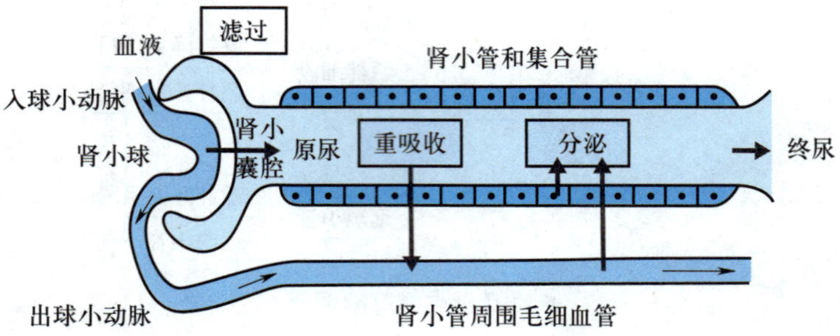

图 5-3　尿的生成过程

1. 肾小球的滤过作用

血液流经肾小球毛细血管时，其中的水分和小分子溶质（包括一些小分子量的血蛋白）通过滤过膜进入肾小囊内，这一过程称为滤过作用。形成的滤液也称为原尿，其量比较大，成分与血浆类似，除了不包含大分子蛋白质，其渗透压和酸碱度也与血浆相似。每分钟由肾小球滤过产生的原尿量称为肾小球滤过率，健康成人的肾脏每分钟可生成 120～130 mL 滤液，每日可以形成原尿的量约为 180 L。肾小球滤过功能决定着尿液中的水分及溶质的初始组成，影响肾小球滤过率的关键因素包括滤过膜的通透性和面积、有效滤过压以及肾小球血浆流量。

（1）滤过膜的通透性及滤过面积

如图 5-4 所示，滤过膜由三层结构组成：内层是毛细血管内皮细胞，具有多个直径在 50～100 nm 的圆形微孔，这些微孔可以阻止血细胞通过；中间层是非细胞性的基膜，其厚度约为 300 nm，具有由水和凝胶构成的纤维网结构，网孔直径为 4～8 nm，允许水和部分溶质通过；外层由肾小囊上皮细胞组成，这些细胞伸出的足突交错排列，形成的裂隙上覆盖有一层薄膜，膜上的微孔直径为 4～14 nm，可限制蛋白质的通过。这三层结构形成了滤过膜的机械屏障。此外，滤过膜各层还覆盖有带负电荷的糖蛋白，形成电学屏障，限制带负电荷分子的通过。因此，不同物质的滤过能力取决于其分子大小和所带电荷。

人体肾脏的总滤过面积超过 1.5 m^2，滤过面积大在生理状态下有利于尿液的形成。因此，滤过膜的面积和通透性通常保持稳定，从而确保肾小球滤过率的稳定性。

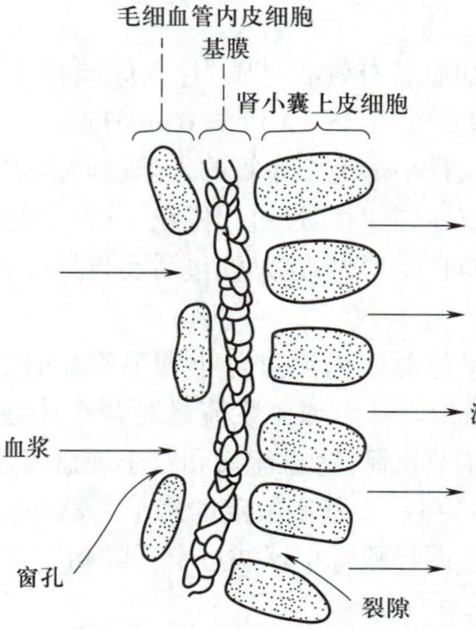

图 5-4　肾小球滤过膜的结构

（2）有效滤过压

肾小球滤过的主要驱动力是有效滤过压。当滤过膜的通透性和肾小球血浆流量保持不变时，原尿的生成量主要受有效滤过压的影响。有效滤过压是由三个压力的代数和决定的，包括肾小球毛细血管压、血浆胶体渗透压和肾小囊内压，如图 5-5 所示。

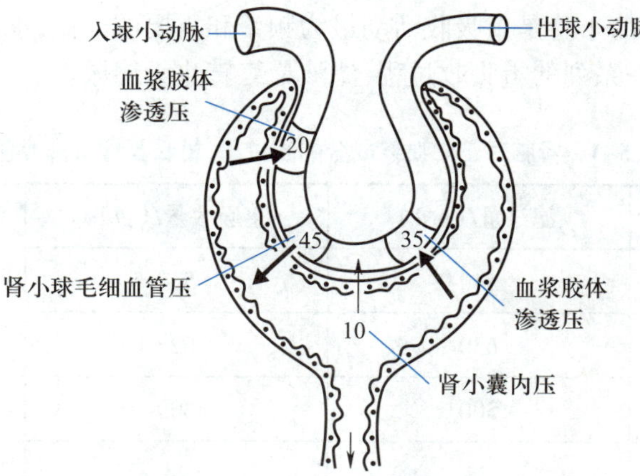

图 5-5　与肾小球滤过作用相关的压力

有效滤过压的计算公式为：

有效滤过压 = 肾小球毛细血管压 -（血浆胶体渗透压 + 肾小囊内压）

其中，肾小球毛细血管压是推动血浆中物质滤入肾小囊的主要力量，通过微穿刺法测定，其平均值为 45 mmHg；肾小囊内压则起到抵抗作用，阻止血浆进入肾小囊，这一压力在正常情况下较为稳定，平均值为 10 mmHg；血浆胶体渗透压是阻碍血浆滤过的重要力量，测定显示，在入球端约为 20 mmHg，而随着水分的滤出，血浆中的渗透压会逐渐升高，在出球端可达到约 35 mmHg。这三种压力共同作用，决定了肾小球的滤过效率和原尿的生成量。

根据上述数值，肾小球毛细血管有效滤过压为：入球端有效滤过压＝[45－(20＋10)]＝15 mmHg；出球端有效滤过压＝[45－(35＋10)]＝0 mmHg。

以上分析表明，随着血液从肾小球毛细血管的入球端向出球端流动，有效滤过压逐步减小。在出球端，有效滤过压降至零，此时滤过过程停止。这一现象说明，在肾小球内部，随着血液的流动，滤过动力逐渐减弱直至消失，这是滤过活动自然终止的重要机制。

（3）肾小球血浆流量

肾小球血浆流量是指在单位时间内流过肾小球毛细血管的血浆量，对于正常成人而言，这一数值为 600～700 mL/min。肾小球血浆流量对肾小球滤过率具有显著影响。通常情况下，由于肾血流量的自我调节机制，肾血流量和肾小球血浆流量能够保持较为稳定的水平，从而使肾小球滤过率也维持在一个基本恒定的水平。然而，在剧烈运动期间，血液重新分配导致肾血流量显著减少，进而导致肾小球滤过率下降和原尿的生成量减少。

2. 肾小管与集合管的重吸收作用

肾小球每日产生的滤液量高达 180 L，而实际每日排出的尿量仅为 1.5～2 L，只占滤液总量的 1% 左右。这一显著差异表明，在滤液生成的同时，约 99% 的滤液在肾小管中被重新吸收。重吸收是指滤液（原尿）在流经肾小管和集合管过程中，部分成分通过肾小管和集合管上皮细胞被重新输送回血液的过程。

肾小管和集合管对于滤液成分的重吸收是具有选择性的，见表 5–1。例如，原尿中的葡萄糖和氨基酸被完全重吸收，水和电解质（如 Na^+、K^+、Cl^- 等）大部分被重吸收，而尿素只有小部分被重吸收，肌酐则不被重吸收。此外，肾小管的不同部位对于物质的重吸收能力和机制也有所不同，其中近曲小管是重吸收活动最为频繁和重要的部位，承担了多种物质的大量重吸收任务。经过这一系列的重吸收过程，滤液最终转化为终尿。

表 5–1　肾脏对正常血浆成分的滤过量、重吸收量与排泄量

物质	滤过量/（g/d）	重吸收量/（g/d）	排泄量/（g/d）
Na^+	540	537	3.3
Cl^-	630	625	5.3
HCO_3^-	300	300	0.3
K^+	28	24	3.9
葡萄糖	140	140	0
尿素	53	28	25
肌酐	1.4	0	>1.4

重吸收的过程分为主动重吸收和被动重吸收两种方式。主动重吸收涉及滤液中的溶质逆电化学梯度通过肾小管上皮细胞进入血液的过程，这一过程需要消耗能量，并依赖于肾小管上皮细胞膜上的载体（由酶组成的泵）来完成。此类方式主要用于葡萄糖、氨基酸、Na^+、K^+、Ca^{2+} 等必需物质的重吸收。被动重吸收则是指溶质顺电化学梯度通过肾小管上皮细胞进入血液的自然过程。

肾小管对滤液中溶质的重吸收受到各种物质的重吸收能力的限制。例如，肾小管对葡萄糖的重吸收限度是 160 ~ 180 mg/100 mL。在正常情况下，人体血糖浓度为 80 ~ 120 mg/100 mL，因此可以实现 100% 的重吸收。但如果血糖浓度超过重吸收限度，超出的部分则不能被肾小管重吸收，从而在终尿中出现，形成糖尿。通常将终尿中不出现葡萄糖的最高血糖浓度称为肾糖阈，其值为 160 ~ 180 mg/100 mL。肾脏对其他物质的吸收也存在这种情况，不同物质的重吸收限度各不相同。

3. 肾小管与集合管的分泌与排泄作用

肾小管和集合管上皮细胞通过分泌和排泄作用，将其新陈代谢产物（如 H^+、NH_3 等）以及血液中的某些物质（如肌酐、K^+、尿酸等）转移至小管液中。

分泌和排泄主要发生在近曲小管，其次是远曲小管和集合管。分泌和排泄过程的方向与重吸收的方向相反，有助于调节体液的离子浓度和维持酸碱平衡。例如，远曲小管能分泌 H^+、K^+ 和 NH_3 等物质，近曲小管则参与肌酐和某些外来药物（如酚红、青霉素等）的分泌。

经过肾小管的重吸收和分泌作用，终尿包含了未被重吸收的残留物质、多余的水分、无机盐以及通过分泌和排泄进入小管液的物质，见表 5–2。

表 5–2　血浆、原尿与终尿的成分对比

成分	血浆/%	原尿/%	终尿/%	浓缩倍数
水	90 ~ 93	97	95	1
蛋白质	7 ~ 9	微量	0	—
葡萄糖	0.1	0.1	0	—
尿素	0.03	0.03	1.8	60
肌酐	0.001	0.001	0.075	75
尿酸	0.004	0.004	0.05	12.5
Na^+	0.32	0.32	0.35	1.1
K^+	0.02	0.02	0.15	7.5
Ca^{2+}	0.008	0.008	0.015	1.9
Mg^{2+}	0.002 5	0.002 5	0.006	2.4
Cl^-	0.37	0.37	0.6	1.6
PO_4^{2+}	0.009	0.009	0.15	16.7
SO_4^{2+}	0.002	0.002	0.18	90

（二）尿量及尿的理化性质

1. 尿量

正常成年人的尿量受到摄入水量和其他途径排出水量的影响。当摄入水量较多且不出汗时，尿量会明显增加；反之，则会减少。正常成人每天产生约 35 g 的固体代谢产物，至少需要 0.5 L 的尿量来溶解并排出这些物质。尿量过少或无尿会导致代谢产物在体内积累，而尿量过多则会导致机体丧失大量水分，进而使细胞外液量减少，这些变化都会干扰机体内环境的理化性质。

2. 尿的理化性质

最终排出体外的正常新鲜尿液为淡黄色透明液体，呈微酸性。若有细菌感染，则尿液可能会浑浊、颜色加深或有泡沫。尿液的主要成分是水，占尿液总量的 95% ~ 97%，其余为溶解在其中的固体物质，主要包括电解质和非蛋白含氮化合物。正常情况下，原尿中的糖类及蛋白质含量极低。血糖浓度超过肾糖阈，则会出现糖尿；运动量过大，可能会出现运动性血尿，尿液中出现红细胞，颜色加深。尿液的 pH 通常约为 6.5，但其酸碱度的变化范围较大，会受到运动和饮食等因素的影响，pH 可在 4.5 ~ 8.0 的范围内波动。在普通膳食条件下，新鲜尿液的比重通常为 1.015 ~ 1.025 g/mL。如果尿比重长期低于 1.010 g/mL，可能表示尿浓缩功能受损，这是肾功能不全的表现。

（三）尿的排出

肾脏生成尿液是一个连续的过程。由泌尿小管生成的尿液不断地进入肾盂，通过肾盂的收缩和输尿管的周期性蠕动，将尿液输送到膀胱。当膀胱内的尿液积累到一定量时，会引起排尿反射，最终通过尿道将尿液排出体外。

1. 膀胱和尿道的神经支配

膀胱的逼尿肌和内括约肌受到副交感神经和交感神经的双重支配。副交感神经纤维源自骶髓的盆神经，当膀胱壁被牵拉时会兴奋，导致膀胱逼尿肌收缩和尿道内括约肌舒张，促进排尿。交感神经纤维则源自腰段脊髓，通过腹下神经到达膀胱，兴奋时会使膀胱逼尿肌松弛，尿道内括约肌收缩，从而阻止排尿。尿道外括约肌还受到阴部神经的支配，兴奋时会收缩，可以被意识控制；相反，则会松弛。

2. 排尿反射

排尿是一个反射过程，称为排尿反射，属于正反馈调节。这是一种脊髓反射，但大脑的高级中枢可以抑制或加强这一反射过程。当成人膀胱的尿量达到 400 ~ 500 mL 时，膀胱内压迅速升高，膀胱壁上的感受器受到牵张刺激而兴奋，冲动通过盆神经传入纤维传至骶髓的排尿反射初级中枢。同时，冲动也会上传到脑干和大脑皮质的排尿反射高位中枢，并产生尿意。如果环境不允许排尿，大脑皮质会下传抑制信息，暂时抑制排尿；如果环境允许，骶髓初级排尿中枢发放冲动，引起膀胱逼尿肌收缩，尿道内括约肌松弛，尿液进入后尿道。后尿道的感受器受到尿液刺激，反射性抑制阴部神经，使尿道外括约肌舒张，尿液被排出体外。婴幼儿由于大脑皮质尚未发育完善，对初级排尿中枢的控制能力较弱或缺乏，因此容易发生遗尿现象。

三、肾脏在维持水平衡和酸碱平衡中的作用

导学视频 13

肾脏在泌尿过程中发挥着重要作用，通过肾小球的滤过和肾小管的分泌功能，将体内的代谢废物（如尿素、尿酸、氨和 H^+ 等）排出体外，同时吸收滤液中对机体有益的物质（如水、电解质、葡萄糖、氨基酸等）。这一过程对于维持体内水平衡和酸碱平衡具有重要作用。

（一）肾脏在维持水平衡中的作用

水分占人体体重的 60% ~ 70%，是人体的重要组成部分。这些水分主要通过食物和饮水摄入，少部分由体内物质的氧化过程产生（代谢水）。水分主要通过肾脏的泌尿过程排出，其次是通过皮肤、肺和粪便排出。正常情况下，人体的摄水量与排出量保持动态平衡，见表 5-3。这种平衡主要通过血浆晶体渗透压和循环血量的变化来调节，进而影响肾脏远曲小管和集合管对水的重吸收。

表 5-3　正常人每昼夜的进出水量

进水		出水	
来源	水量/mL	去路	水量/mL
饮水	1 200	由肾脏排出（尿）	1 500
食物	1 000	由皮肤排出（水蒸气）	600
代谢水	300	由肺排出（水汽）	300
		由大肠排出（粪便）	100
共计	2 500	共计	2 500

在体内缺水的情况下（如大量出汗或失血），血浆晶体渗透压上升，循环血量减少，这会引起口渴感，增加饮水需求。同时，抗利尿激素的分泌增加，促使远曲小管和集合管增强对水分的重吸收，从而减少尿量，有利于保留体内水分。反之，当体内水分过量时（如大量饮水或输液），血浆晶体渗透压降低，抗利尿激素的分泌减少，导致尿量增加，从而排出多余的水分。

虽然中枢神经系统和某些激素（如抗利尿激素、心钠素等）在控制水平衡中起着重要作用，但它们主要通过调节肾脏的泌尿活动来实现这一功能。因此，肾脏在维持人体水平衡中起着决定性的作用。

（二）肾脏在维持酸碱平衡中的作用

正常情况下，人体体液的 pH 维持在 7.35 ~ 7.45，这是细胞发挥正常功能的必要条件，pH 的偏离可能会干扰正常的生命活动。人体通过几种机制来维持体液 pH 的稳定性，包括血液的缓冲系统、呼吸作用以及肾脏的调节功能。

肾脏在调节体液 pH 平衡中扮演着“排酸保碱”的关键角色。这一过程主要通过肾小

管上皮细胞进行 H^+ 与 Na^+ 的交换（即 H^+–Na^+ 交换）来实现，目的是维持血浆中 $NaHCO_3$ 与 H_2CO_3 的比例约为 20 : 1。当体内积累了过多的酸性物质时，这一机制会加强，以增强酸的排出和碱的保留；相反，当体内碱性物质过多时，这一过程会减弱，从而促进碱的排出。通过这种精细调节，肾脏有助于维持体液 pH 的相对稳定，保障细胞和生命活动的正常进行。

第二节　运动对肾脏机能的影响

导学视频 14

运动会影响肾脏的功能，这种影响可以通过尿量和尿成分的变化来观察。这些变化提供了一种可以客观地评估运动期间肾脏的功能状态以及整体的身体健康状况的方法。通过监测这些指标，能更好地了解身体在运动负荷下的反应与适应性。

一、尿量

正常情况下，一个人每天的尿量在 1 ~ 2 L，通常约为 1.5 L。尿量的多少主要由每日的摄水量和排水量决定，摄入的水分越多，尿量也相应增加。在运动期间，由于物质代谢加速和血液循环增快，流经肾脏的血量比平时多，但这并不一定会导致尿量增加。实际上，运动后的尿量受多种因素影响，包括气温、运动强度、运动持续时间、出汗量和饮水量等。例如，在炎热的环境中运动或者进行长时间、强度较高的运动时，由于大量出汗，血容量减少，尿量可能会随之减少；而进行举重、跳跃等短时间运动时，尿量通常不会有明显变化。

二、尿乳酸

在正常情况下，人类尿液中的乳酸含量非常低，大约为 0.05 mg/100 mL。然而，运动后尿液中的乳酸含量会增加，这与糖酵解过程中的能量供应有关。例如，在中距离跑步等高强度运动中，体内由于缺氧，糖酵解速度加快，从而产生大量乳酸。这些乳酸进入血液后，血液中乳酸浓度会显著升高，达到 140 ~ 280 mg/100 mL，相应地，尿液中乳酸含量也会增加，大约可达 230 mg/100 mL。因此，尿液中乳酸的浓度变化与血液中乳酸的浓度紧密相关，可以作为评估运动强度和体内糖酵解程度的重要生理指标。

三、运动性蛋白尿

正常人在运动后可能出现的一过性蛋白尿称为运动性蛋白尿。在安静状态下，正常人的尿中仅含有极少量的蛋白质，大约为 2 mg/100 mL，通常这么微量的蛋白质使用常规检测方法难以检出，结果呈阴性。然而，经过长时间的剧烈运动后，尿中的蛋白质含量可能升高，此时通过检测可以发现尿中的蛋白质，结果显示为阳性。因此，运动性蛋白尿可以用作评估运动的负荷和强度，以及评价运动员身体机能状态的重要指标。

运动性蛋白尿的产生主要有以下几个原因：首先，运动导致乳酸增多，引起血浆中蛋白质体积缩小，同时肾小管上皮细胞肿胀，导致蛋白质被滤过进入尿中；其次，运动中酸性物质的增加导致体内正电荷增多，使带正电荷的蛋白质更容易透过肾小球带负电荷的滤过膜，进入滤液中；再次，激烈运动可能对肾脏造成机械性损伤；最后，剧烈运动时全身血流重新分配可能导致肾小球缺血缺氧，肾脏上皮细胞变性，血循环障碍以及毛细血管通透性增加，最终导致尿中出现较多蛋白质。

通常情况下，运动后出现的运动性蛋白尿在休息一段时间后会自行消失，因此它被认为是一种生理性变化。影响运动性蛋白尿的主要因素包括运动的强度、持续时间以及个体的肾功能状态等。

（一）运动项目

研究显示，在进行长距离跑步、游泳、自行车骑行、足球和赛艇等运动项目后，运动员出现蛋白尿的情况较为常见，且蛋白尿的排泄量相对较大。相比之下，从事体操、举重和射箭等运动的运动员在运动后蛋白尿的阳性率较低，排泄量也相对较少。这些差异可能与各项运动的强度和特性有关。

（二）运动负荷

随着运动负荷的增加，蛋白尿的阳性率和排泄量也相应增加。在进行大负荷训练的初期，机体对于增加的负荷尚未适应，因此蛋白尿的排泄量较多。然而，随着训练的持续和循序渐进的强度增加，当完成相同的运动负荷时，蛋白尿的排泄量会逐渐减少。这一变化反映了机体对运动负荷的适应性。

（三）个体差异

运动性蛋白尿在不同个体间表现出显著差异。即使在相同的运动负荷和强度下，一些人可能不会出现蛋白尿，而其他人则会，并且其排泄量差异较大。然而，对于同一人而言，当重复进行相同运动负荷和强度的活动时，其蛋白尿的排泄量通常保持相对稳定。这表明，尽管存在个体差异，但是个体由运动引起的蛋白尿反应在一定程度上是可预测的。

（四）机能状态

人体的机能状态和对运动负荷的适应性与蛋白尿的排泄量密切相关。在运动负荷不变时，如果个体的机能状态良好且适应性较强，蛋白尿的排泄量会减少，同时蛋白尿的恢复期也会相应缩短；相反，如果机能状态不佳或适应性较差，蛋白尿的排泄量则会增加，恢复期也会相应延长。这反映了个体对运动负荷的响应和恢复能力的差异。

（五）年龄与环境

随着年龄的增长，蛋白尿的发生率逐渐降低。此外，运动时的外部环境因素，如温度和海拔高度，对蛋白尿的出现也有显著影响。例如，与正常水温下游泳相比，冬泳后的蛋白尿阳性率更高；在高原地区，由于寒冷或低气压对身体及肾脏的额外刺激，蛋白尿的阳性率和排泄量均高于平原地区。随着人体对这些环境因素的适应性逐渐提高，由环境引起的蛋白尿排泄量会逐渐减少。这些变化显示了环境对运动性蛋白尿的重要影响。

四、运动性血尿

正常情况下，红细胞不会从血液中滤过出来，因此尿液中不会检测出红细胞。但是，正常人在运动后可能出现一过性的血尿，称为运动性血尿。这种血尿可分为肉眼血尿和镜下血尿两种形式。肉眼血尿通常呈褐色或浓红茶色，而镜下血尿虽颜色正常，但可以观察到红细胞。

运动性血尿的发生可能与多种因素有关。运动时，肾上腺素和去甲肾上腺素的增加导致肾血管收缩，肾血流量减少，可能引起肾脏的暂时性缺血缺氧，以及血管壁营养障碍，从而增加肾脏的通透性，使红细胞渗出。此外，肾脏在运动中可能受到挤压或撞击，或肾脏下垂导致肾静脉压力升高，同样可能导致红细胞的渗出。运动过程中自由基的增加也被认为是引发运动性血尿的一个因素。

运动性血尿是一种在特定运动后可能发生的现象，其发生率受多种因素的影响，包括运动的类型、运动负荷、运动强度、运动者的身体适应能力以及外部环境因素等。首先，不同类型的运动对血尿的影响程度不同。例如，长跑、跳跃、各类球类运动（如足球和篮球）以及拳击等涉及高冲击或身体碰撞的运动，更容易导致运动性血尿的发生。这是因为这些运动中，身体各部位尤其是腹部和盆腔可能会受到较大的冲击或压力，从而影响到泌尿系统的稳定性。其次，运动负荷和强度也是影响血尿的重要因素。在运动负荷和强度急剧增加的情况下，如在冬季训练期或比赛初期，运动员的身体可能还未完全适应这种高强度的训练，从而增加了血尿的风险。此外，过度训练或者在疲劳、恢复不足或营养不良等身体适应能力下降的状态下训练，泌尿系统可能更易受到损伤，导致血尿的发生。最后，环境因素也是不可忽视的影响因素。极端的环境条件，如非常寒冷的气候或高海拔环境，都可能对身体产生额外的压力。在寒冷环境下，身体需要更多的能量来维持体温，可能会影响到身体的其他功能，包括泌尿系统的健康。同样，高海拔环境下的低氧状态也可能影响肾脏的功能，增加血尿的风险。

运动性血尿大多数情况下无其他症状或不适。血尿的持续时间通常不超过 3 天，极端情况下可达 7 天。出现血尿时，适当调整运动量，一般血尿很快会消失，严重的可服用止血药物或中药，预后一般良好。

综上所述，运动性血尿的发生是一个复杂的生理现象，受到多种内外因素的影响。了解这些因素并采取适当的预防和调整措施，对于运动员来说是保持健康的重要内容。

知识拓展

尿十项检测的临床意义

尿十项检测包含的指标有尿葡萄糖（GLU）、尿蛋白（PRO）、尿胆红素（BIL）、尿胆原（UBG）、尿酸碱度（pH）、尿比重（SG）、尿潜血（BLD）、尿酮体（KET）、尿亚硝酸盐（NIT）、尿白细胞（LEU）十项，能够比较全面、客观地反映运动负荷对泌尿系统的刺激及机体供能物质的代谢情况。其为无创性采样，检测方法快捷，而且能够及时、有效地评价运动负荷，防止在运动训练中造成过度疲劳，保护运动员的身体健康。

案例分析题

小王是一名就读于体育院校的 19 岁男生，开学后参加了高强度的体能训练。训练后他意外发现尿液呈酱油色，并偶尔伴有轻微的下腹疼痛，但未感觉到其他不适。他随后前往医院接受检查，包括肾功能检查、血液检查、B 超和 X 射线检查，结果均未显示异常。尿常规检查结果显示尿潜血为（+～++），尿蛋白为（+～++），镜检红细胞满视野，偶见白细胞。这种酱油色的尿液持续了 3 天后自行消失。请应用本章所学知识分析上述现象并提出改善症状的建议。

第六章　运动与内分泌

学习导航

关键名词	学习目标	知识拓展
1. 内分泌； 2. 激素； 3. 自分泌； 4. 旁分泌； 5. 远距分泌； 6. 靶器官； 7. 激素的协同作用； 8. 激素的拮抗作用。	1. 掌握内分泌相关的基本概念、主要激素及其基本功能； 2. 熟悉运动的内分泌反应与适应规律； 3. 了解激素分泌的调节； 4. 培养与糖尿病防治等相关的责任感和使命感。	激素的生理作用。

在运动的影响下，机体的各个系统、器官、组织和细胞都会经历显著的适应性变化。内分泌系统作为机体的一个重要调控系统，必须与神经系统和免疫系统共同作用，协同调节机体各系统和器官的功能状态，以维持机体的整体稳定。

第一节　内分泌、内分泌系统与激素

内分泌系统由分布在全身的内分泌腺和某些组织器官中的内分泌细胞构成，是一个复杂的体内信息传递网络，如图 6–1 所示。这一系统在调节人体多种生理过程中发挥重要作用，包括新陈代谢、内环境的稳态、生长发育以及生殖等方面。内分泌系统与神经系统紧密相连，二者相互协作，共同调控机体的各种功能活动，帮助人体更有效地适应内外环境的变化。内分泌系统通过其内分泌组织和具备内分泌功能的细胞所产生的激素来执行其调节作用。

一、内分泌与内分泌系统

（一）内分泌

人体的分泌机制分为外分泌和内分泌两种类型。外分泌是指外分泌腺通过管道将分泌物输送至体腔或体外，从而发挥其生理作用。相对地，内分泌是指内分泌腺或细胞直接将激素这类生物活性物质释放进体液中，以此发挥其功能。

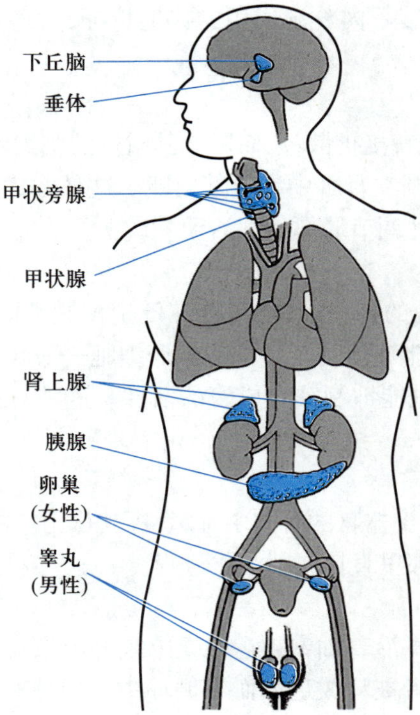

图 6-1　全身内分泌腺的分布

（二）内分泌系统

内分泌系统由体内所有能够分泌激素的腺体、器官和组织组成，包括垂体、甲状腺、甲状旁腺、肾上腺、胰岛、性腺、松果体和胸腺等主要内分泌腺。激素由这些腺体分泌后，随血液循环运输至体内各处，但它们不会与所有器官、组织或细胞发生反应，而是只与特定的器官、组织或细胞（即其靶器官、靶组织或靶细胞）产生特异性反应。这种选择性反应确保了激素调控的精确性和效率。

知识拓展

激素的生理作用

激素的生理作用概括为以下几个方面：调节三大营养物质及水盐代谢，参与维持内环境的相对稳定；促进细胞分裂、分化，调控机体生长、发育、成熟和衰老过程；影响神经系统发育和活动，调节学习、记忆及行为活动；促进生殖系统发育成熟，影响生殖过程；调节机体造血过程；与神经系统密切配合，增强机体对伤害性刺激和环境激变的耐受力和适应力，参与机体的应激反应。

（三）激素传递方式

1. 远距分泌

激素在被分泌进入血液后，通过血液循环被运送到体内远处的靶组织，在那里发挥其生理作用。这种方式是“经典”内分泌作用的典型特征，大多数激素都通过这种机制发挥作用。

2. 旁分泌

激素也可以通过组织液直接扩散，从而影响其附近的靶细胞。例如，性激素在卵巢内部发挥作用，而血管紧张素Ⅱ则在肾脏中展现其效能。这种方式使得激素能够在不经过远距离运输的情况下，快速有效地调节局部生理活动。

3. 自分泌

激素不仅能够影响远处的靶细胞，还可以在产生该激素的细胞内发挥作用，这种现象称为自分泌。例如，胰岛素能够抑制其自身的生产细胞——胰岛B细胞中胰岛素的分泌活动；同样，肾上腺髓质激素也能抑制其合成酶的活性。这种自我调节机制确保了激素水平的平衡和稳定。

4. 腔分泌

激素也可以直接被释放到器官的管腔中，以发挥其作用。例如，某些胃肠激素就能直接分泌进入肠道腔内，从而在那里直接调节消化过程。

5. 神经分泌

激素在神经元中合成，并沿着轴突被运输至末梢神经末端释放。这些激素可以通过扩散作用于附近的靶细胞，或者被释放进入血液循环中，以发挥全身效应。例如，下丘脑的神经元分泌的调节肽通过垂体门静脉系统作用于腺垂体；同样，室旁核的大细胞合成的血管升压素在神经垂体被释放，进而进入血液循环。

二、激素与激素的分类

内分泌腺和分布于各处的内分泌细胞分泌出的具有调节作用的高效能生物活性物质称为激素。激素通过组织液或血液运输，从而发挥其调节功能。

（一）激素及其内分泌腺

激素不仅仅由传统的内分泌腺（如垂体、肾上腺、甲状腺等）分泌，实际上，许多其他主要功能器官或组织，如心脏和肾脏，除了执行它们的基本功能外，也能分泌多种调节性激素。由“经典”内分泌腺和其他功能器官或组织分泌的主要激素见表6-1和表6-2。

表6-1 “经典”内分泌腺分泌的主要激素

内分泌腺		分泌的主要激素
垂体	腺垂体	促甲状腺激素（TSH）、促肾上腺皮质激素（ACTH）、促卵泡生成素（FSH）、促黄体生成素（LH）/间质细胞刺激素（ICSH）、生长激素（GH）、催乳素（PRL）、促脂素（LPH），β-内啡肽、促黑素细胞激素（MSH）等
	神经垂体	血管升压素（VP）/抗利尿激素（ADH）、缩宫素（OT）等
松果体		褪黑素（MT）、8-精缩宫素
甲状腺		甲状腺素：四碘甲状腺原氨酸（T_4）、三碘甲状腺原氨酸（T_3），降钙素（CT）
甲状旁腺		甲状旁腺激素（PTH）

续表

内分泌腺		分泌的主要激素
胸腺		胸腺素
胰腺		胰岛素、胰高血糖素、生长抑素（SS）、胰多肽（PP）、胃泌素、血管活性肠肽（VIP）、淀粉素等
肾上腺	皮质	皮质醇、醛固酮（ALD）、雄激素等
	髓质	肾上腺素（AD）、去甲肾上腺素（NA）、肾上腺髓质素（ADM）等
性腺	卵巢	雌二醇（E_2）、孕酮（P）、睾酮（T）、抑制素、激活素、松弛素等
	睾丸	睾酮（T）、雌二醇（E_2）、抑制素、激活素等

表 6-2　功能器官或组织分泌的主要激素

功能器官或组织	分泌的主要激素
下丘脑	促甲状腺激素释放激素（TRH）、促肾上腺皮质激素释放激素（CRH）、促性腺激素释放激素（GnRH/LHRH）、生长激素释放抑制激素（GHIH）/生长抑素（SS）、生长激素释放激素（GHRH）、催乳素释放因子（PRF）、催乳素释放抑制因子（PIF）、促黑素细胞激素释放因子（MRF）、促黑素细胞激素释放抑制因子（MIF）、生长因子等
心脏、血管	心房钠尿肽（ANP）、内皮素、一氧化氮（NO）等
肝脏	胰岛素样生长因子-1（IGF-1）/生长激素介质（SM）、1，25-二羟基维生素 D3
胃肠道	促胃液素、胆囊收缩素（CCK）、促胰液素、胰高血糖素、血管活性肠肽（VIP）等
肾脏	促红细胞生成素（EPO）、1，25-二羟基维生素 D3 等
胎盘	人绒毛膜促性腺激素（HCG）、人绒毛膜生长素（HCS）等
骨骼肌	IL-6、IL-8、IL-15、脑源性神经营养因子（BDNF）、鸢尾素等
脂肪组织	瘦素、脂联素、肿瘤坏死因子-α（TNF-α）等
骨骼	骨钙素等
其他部位	前列腺素（PG）、血小板源生长因子（PDGF）、上皮生长因子（EGF）、细胞因子、血管紧张素（Ang）等

（二）激素的分类与作用机制

激素种类众多，来源广泛，根据其化学结构，可以分为两大类：含氮激素和类固醇激素。有研究还将脂肪酸的衍生物——前列腺素，归类为第三类激素。

1. 含氮激素

含氮激素可分为肽类和蛋白质类激素、胺类激素两类。

（1）肽类和蛋白质类激素

主要有下丘脑调节性多肽、神经垂体激素、腺垂体激素、胰岛素、甲状旁腺激素、降钙素及消化道激素等。

（2）胺类激素

主要有肾上腺素、去甲肾上腺素和甲状腺激素等。

2. 类固醇激素

类固醇激素主要由肾上腺皮质和性腺分泌，包括皮质醇、皮质酮、醛固酮、雌激素、孕激素以及雄激素等。这些激素的化学结构与胆固醇相似，实际上，它们大多数是从胆固醇衍生而来。由于胆固醇是一种类脂物质，所以类固醇激素能够直接穿越细胞的脂质双层膜，进入细胞内发挥作用。此外，在肾脏产生的1，25-二羟基维生素D3（维生素D3的一种形式）也是胆固醇的衍生物，属于类固醇激素。

三、激素的一般生理作用和作用特征

（一）激素的一般生理作用

1. 维持内环境的稳态

激素在维持水和电解质平衡、酸碱平衡、体温及血压调节中发挥关键作用，并直接参与机体的应激反应。通过全面整合机体功能，激素帮助维持内环境的稳态，增强机体的生存和适应能力。

2. 调节新陈代谢

激素参与调节组织细胞的物质代谢和能量代谢，保持机体的能量平衡，为各种生命活动提供必要的基础。

3. 促进生长、发育

激素促进组织细胞的生长、增殖、分化和成熟，参与细胞凋亡过程，从而确保并影响各系统器官的正常生长、发育和功能活动。

4. 调控生殖过程

激素不仅促进生殖器官的正常发育和成熟，还支持生殖全过程，维持生殖细胞的生成，确保个体生命的持续和种系的繁衍。

（二）激素对靶细胞作用的共同特征

尽管激素对靶细胞的作用效果各不相同，但在发挥调节功能时，不同激素展现出一些共同的特征。

1. 激素的“信使”作用

在实现其调节功能的过程中，激素仅通过化学信号将调节信息传递给靶细胞，进而增强或减弱靶细胞的原有生理活动。在这一过程中，激素本身并不引发新的功能活动，也不为现有活动提供能量，其主要作用是作为细胞间的信息传递者，起到“信使”作用。

2. 激素的相对特异性

激素通过血液循环传遍全身，尽管与多种器官、组织和细胞接触，但只有特定的器官、组织和细胞能响应其作用，这种现象称为激素的相对特异性。不同激素的特异性程度各异，因此它们的作用范围也大不相同。例如，促甲状腺激素专门作用于甲状腺，而生长激素和甲状腺激素则影响全身多数组织的代谢过程。激素的这种特异性作用主要取决于靶细胞表面受体的种类和密度。

3. 激素的高效性

激素在血液中的浓度虽然非常低，通常仅为纳摩尔每升（nmol/L）或皮摩尔每升（pmol/L）级别，但其生理影响却极为显著。激素与受体结合会引发一系列瀑布式的级联反应，形成一个高效的生物放大系统，因此即使是极小的激素量也能产生强大的效应，如图 6–2 所示。例如，1 mg 的甲状腺激素能使机体产热增加约 4.18 kJ。

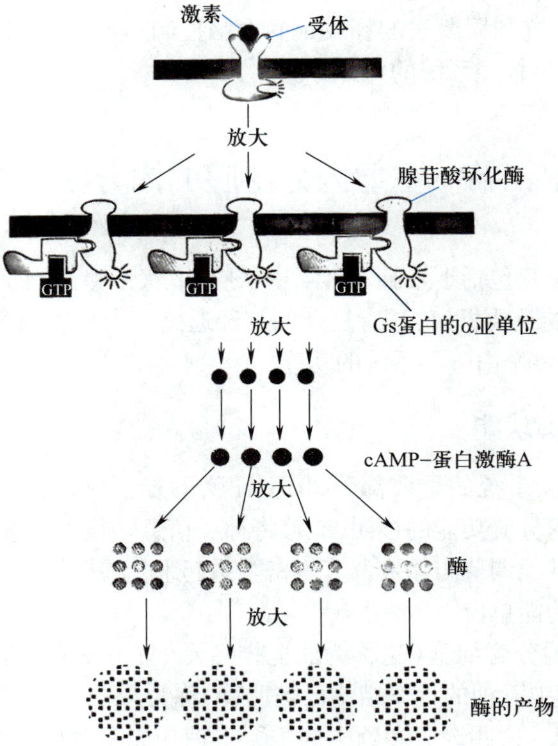

图 6–2　激素放大作用

如果某个内分泌腺分泌的激素过多或不足，将会干扰机体的正常功能活动。因此，为了保持机体功能的平衡和稳定，维持血液中激素水平的相对恒定是至关重要的。

4. 激素之间的相互作用

多种激素通常共同参与调节特定的生理活动，它们之间可能表现出协同作用或拮抗作用。这意味着激素的效应并非独立存在，而是相互作用和影响。协同作用指的是多种激素共同作用产生的总效应超过它们各自单独效应之和。例如，生长激素、糖皮质激素、肾上腺素和胰高血糖素在提高血糖水平方面就展现出协同作用。相对地，胰岛素的作用与这些升血糖激素相反，它通过多种方式降低血糖，显示出与升血糖激素的拮抗作用。这些协同作用和拮抗作用对于维持生理功能的稳定至关重要。

（三）激素分泌的调节

激素的分泌受到神经调节和体液调节的精确调控，确保其分泌量和速率与机体的需求相匹配。神经系统不仅调节内分泌，还将内外环境的变化转化为适当的激素反应。

激素释放通常是间歇性的，这导致血浆中激素水平短期内波动，并且还可能表现为月周期（如女性月经周期）或年周期的长期波动，形成生物节律。激素的精确效应需要严格的调控机制，否则会引起功能失调。例如，胰岛素的分泌受血糖水平的负反馈调控：血糖升高刺激胰岛素分泌，胰岛素增多则促进葡萄糖利用，从而降低血糖，血糖正常时胰岛素分泌减少。这种负反馈机制是内分泌系统维持稳态的关键。

神经系统也参与激素的调控。例如，肾上腺髓质的肾上腺素和去甲肾上腺素的分泌由交感神经系统控制；抗利尿激素的释放则受大脑控制；而整个内分泌活动的最高调控中枢——下丘脑，本身就是神经系统的一部分。

第二节　主要内分泌腺的内分泌功能

机体的主要内分泌腺包括下丘脑、垂体、甲状腺、甲状旁腺、肾上腺和性腺。下丘脑是神经系统与内分泌系统的重要枢纽，具有复杂的神经通路。内环境的变化通过这些神经通路影响下丘脑，从而调控整个内分泌系统的功能。

一、下丘脑的内分泌功能

下丘脑是中枢神经系统的重要部分，位于丘脑下方、大脑腹面，主要负责调节内脏活动。它含有多个具有内分泌功能的核团，能够将神经信息转化为激素信息，起到换能神经元的作用。这一过程将神经调节与体液调节紧密联系起来，尤其是下丘脑与垂体密切联系，共同构成下丘脑—垂体功能单位。

下丘脑中的神经内分泌细胞（也称为肽能神经元）能分泌多种肽类激素或神经肽。这些神经肽共有九种，其中五种的化学结构已被明确，称为激素，而其他四种由于化学结构尚未明确，因此称为因子。这些激素和因子的主要生理功能是调控下级内分泌腺（主要是垂体）的活动，见表 6–3。

表 6–3　下丘脑所分泌神经肽的主要生理功能

神经肽名称	英文缩写	主要生理功能
促肾上腺皮质激素释放激素	GRH	促进腺垂体分泌促肾上腺皮质激素
促甲状腺激素释放激素	TRH	促进腺垂体分泌促甲状腺激素
生长激素释放激素	GHRH	促进腺垂体分泌生长激素
促性腺激素释放激素	GnRH	促进腺垂体分泌促性腺激素
生长激素释放抑制激素（简称生长抑素）	SS	抑制腺垂体分泌生长激素
催乳素释放因子	PRF	促进催乳素释放
催乳素释放抑制因子	PIF	抑制催乳素释放
促黑素细胞激素释放因子	MRF	促进促黑素细胞激素释放
促黑素细胞激素释放抑制因子	MIF	抑制促黑素细胞激素释放

二、垂体的内分泌功能

垂体包括腺垂体和神经垂体，分别分泌不同激素。

（一）腺垂体激素

腺垂体是体内一个重要的内分泌腺，其分泌的激素对身体多个系统具有调控作用。这些激素主要包括促甲状腺激素、促肾上腺皮质激素、促卵泡生成素和促黄体生成素，它们各自针对特定的靶腺，构成三个主要的调节轴：下丘脑—垂体—甲状腺轴、下丘脑—垂体—肾上腺皮质轴和下丘脑—垂体—性腺轴。这四种激素统称为促激素，通过激活特定靶腺的激素分泌来发挥其作用。此外，腺垂体还分泌其他三种激素：生长激素、催乳素和促黑素细胞激素，这些激素直接影响其靶组织或靶细胞，从而执行其生理功能。

1. 生长激素的主要生理作用

（1）促进生长发育

生长激素的主要作用是促进组织和器官的生长，尤其是骨骼、软骨和肌肉。在儿童青少年时期，如果生长激素分泌不足，则可能导致生长发育迟缓，表现为身材显著低于正常水平，非常矮小，这种情况称为侏儒症，可能需要生长激素的补充治疗。相反，如果在儿童青少年时期生长激素分泌过量，会导致过度生长，形成巨人症。巨人症患者会出现身高异常增长、手脚粗大、面部粗糙、头痛、关节疼痛等症状，常见原因是垂体瘤导致生长激素过度分泌。而成年人如果有过多的生长激素分泌，虽然不会影响已经闭合的长骨，但会促使短骨和软组织（如手足、鼻、唇及下颌等部位）异常增生，表现为手脚粗大、面部粗糙、鼻子及耳朵变大、声音低沉等，这种症状称为肢端肥大症，一般是由脑部的垂体瘤引起的，通常需要手术去除瘤体。

（2）调节物质代谢

生长激素对蛋白质、脂肪和糖类的代谢均有显著的促进作用，具体体现在以下几个方面：首先，在蛋白质代谢方面，生长激素主要增强蛋白质的合成并抑制其分解。其次，关于糖类代谢，生长激素在正常水平下可刺激胰岛素释放，提高葡萄糖的利用率。然而，当生长激素分泌过多时，会阻碍葡萄糖的利用并减少葡萄糖的消耗，导致血糖水平上升。最后，在脂肪代谢方面，生长激素作为一种脂解激素，促进脂肪分解，释放脂肪酸和甘油，从而提高血液中的游离脂肪酸水平，并促使脂肪酸在肝脏中进行氧化。

（3）调节免疫功能

生长激素几乎对所有的免疫细胞都有促使分化、调节功能的作用。

2. 催乳素的主要生理作用

催乳素的化学结构与生长激素相似，因此二者的功能有一定的重叠。

（1）乳腺作用

催乳素在乳腺方面的作用主要包括促进乳腺生长、启动泌乳过程以及促进乳液的产生。

（2）性腺作用

在女性身体中，催乳素刺激卵巢中的促黄体生成素受体的形成，这种生成素及其受体的结合能够促进排卵、黄体形成以及孕激素和雌激素的分泌。在男性身体中，催乳素在睾酮的作用下，可促进前列腺和精囊的生长，并增强促黄体生成素对睾丸间质细胞的作用，从而增加睾酮的合成。

（3）应激反应

催乳素是重要的应激反应激素之一。在应激状态下，如麻醉、外科手术、电休克或剧烈运动等情况下，血液中的催乳素浓度会有所升高，通常伴随着促肾上腺皮质激素和生长激素的增加。

（4）免疫调节作用

催乳素在免疫调节中也发挥着重要作用。人体的B淋巴细胞和T淋巴细胞均含有催乳素受体。催乳素与特定的细胞因子共同作用，促进淋巴细胞的增殖，并影响相关免疫细胞的功能，如促进B淋巴细胞分泌抗体。此外，免疫细胞本身也能产生催乳素，通过自分泌或旁分泌的方式发挥作用。

3. 促黑素细胞激素的主要生理作用

促黑素细胞激素又称为黑素细胞刺激素，它的主要生理作用是刺激黑色素细胞，使细胞内的酪氨酸转化为黑色素，同时使黑色素颗粒在细胞内散开，导致皮肤、虹膜和毛发等的颜色加深。

（二）神经垂体激素

神经垂体作为下丘脑的延伸部分，主要由无髓神经纤维和神经胶质细胞构成，并不含有腺细胞。该结构内部含有丰富的窦状毛细血管。神经垂体中的激素实际上源自下丘脑，主要包括血管升压素和催产素两种。

1. 血管升压素的主要生理作用

血管升压素也称为抗利尿激素，是维持体内水平衡的重要激素之一。它通过促进肾脏远曲小管和集合管对水的重吸收来发挥作用。在生理状态下，血管升压素的浓度较低，主要表现为抗利尿效果。然而，在大出血等应激情况下，其浓度显著增加，此时血管升压素还具有显著的缩血管作用，有助于提升和维持动脉血压。

2. 催产素的主要生理作用

催产素的主要作用对象是子宫和乳腺。在子宫，它促进平滑肌的收缩；在乳腺，它参与射乳反射，并有助于维持哺乳期乳腺的持续泌乳，防止乳腺萎缩。催产素对未妊娠子宫的作用较弱，但在妊娠期间，其效果显著增强。分娩过程中，胎儿对子宫颈的刺激可以反射性地增加催产素的分泌，从而促进子宫的收缩，助力分娩过程。

三、甲状腺、甲状旁腺的内分泌功能

（一）甲状腺的内分泌功能

甲状腺是人体最大的内分泌腺，重20～25 g，主要功能是分泌甲状腺激素，这种激素对机体的能量代谢和物质代谢、生长及发育具有至关重要的作用。

1. 对能量代谢的影响

甲状腺激素能显著提升基础代谢率，增加大多数组织的产热量和耗氧率，尤其是心脏、肝脏、骨骼肌和肾脏。因此，甲状腺功能亢进的患者往往怕热喜冷，容易出汗，虽然食欲增加、摄入食物增加，但是体重会下降；而甲状腺功能减退的患者怕冷喜热，虽然饮食不变，但是体重会增加。

2. 对物质代谢的影响

甲状腺激素对糖类、脂肪和蛋白质的代谢都有影响。在蛋白质代谢方面，它促进蛋白质合成，维持正氮平衡，有利于机体的生长发育。在糖类代谢方面，它增强小肠对糖类的吸收，加速肝糖原分解和糖异生，并增强胰高血糖素、生长激素等其他激素的升糖作用，从而提高血糖水平。在脂肪代谢方面，它提高胆固醇的分解速度，使其超过胆固醇的合成速度，导致甲亢患者血胆固醇含量较低，而甲减患者则相反。

3. 对生长与发育的影响

甲状腺激素促进组织分化和成熟，对长骨和大脑发育尤为关键。幼年时期如果甲状腺激素合成不足，会导致智力和身高发育受阻，表现为克汀病。克汀病患者会出现面部粗糙浮肿、肌肉无力、运动发育迟缓的情况，新生儿期早发现、早治疗往往预后较好。

4. 对器官系统的影响

甲状腺激素不仅促进中枢神经系统的发育，还提高成熟神经系统的兴奋性。所以甲亢患者表现出烦躁不安、多言多动等症状；而甲减患者则显得较为迟钝，且会出现记忆力减退。甲状腺激素还会影响心血管系统，增加心率和心肌收缩力，提高心输出量，但长期增加心脏负荷可能导致心肌肥大，严重可致心力衰竭。此外，甲状腺激素通过增加代谢和产热，促使外周血管舒张，增加血流量。

（二）甲状旁腺的内分泌功能

甲状旁腺激素、降钙素以及维生素 D3 三种物质共同调控钙磷代谢，维持血浆中钙和磷水平的平衡。这些激素和维生素通过精细的调节机制，确保体内钙和磷的稳定，对维持骨骼健康和其他生理功能正常至关重要。

1. 甲状旁腺激素的主要生理作用

甲状旁腺激素是调控钙磷代谢最关键的激素，是机体维持血钙稳态的主导激素。它的主要作用是在提高血液中钙浓度的同时降低磷的水平，确保体内钙磷平衡。

2. 降钙素的主要生理作用

降钙素的生理作用主要是降低血液中钙和磷的水平，其作用主要集中在骨骼和肾脏。在骨骼方面，降钙素能够抑制破骨细胞的活性，减缓骨质破解过程并促进骨形成，减少骨组织中钙和磷的释放，并增加这些矿物质的沉积，从而降低血钙和血磷水平。在肾脏方面，降钙素抑制肾小管对 Ca^{2+}、HPO_4^{2-}、Na^+ 和 Cl^- 等无机盐离子的重吸收，促进这些离子通过尿液排出。

3. 维生素 D3 的主要生理作用

维生素 D3 是维持血钙稳态的另一种关键激素。皮肤中的 7–脱氢胆固醇在接受紫外线照射后可以转化为维生素 D3，当然也可以从食物中获取维生素 D3。其主要作用是促进骨骼中的钙释放进入血液，并增强小肠黏膜及肾小管对钙和磷的吸收，从而提升血钙和血磷水平。通过这些作用，维生素 D3 在维护体内钙磷平衡和骨骼健康中起到至关重要的作用。

四、肾上腺的内分泌功能

肾上腺由两个主要部分组成：中心的髓质和外围的皮质。肾上腺皮质负责产生类固醇激素，而肾上腺髓质则生成儿茶酚胺类激素。在应激状态下，这两部分在功能上紧密协作，共同调节身体反应，从而显著提升机体的应变和耐受能力。

（一）肾上腺皮质的内分泌功能

肾上腺皮质激素简称皮质激素，属于类固醇激素。肾上腺皮质可以分泌三类主要激素：糖皮质激素、盐皮质激素和性激素，这些激素由肾上腺皮质不同层次的上皮细胞产生。具体来说，球状带的细胞主要分泌盐皮质激素，如醛固酮；束状带的细胞主要分泌糖皮质激素，如皮质醇和皮质酮；网状带的细胞主要分泌性激素，包括脱氢表雄酮和雌二醇。

1. 糖皮质激素的功能

（1）糖皮质激素的主要生理作用

糖皮质激素在多种组织中具有显著的代谢影响，尤其是在促进肝脏的合成代谢以及加速肌肉和脂肪组织的分解代谢方面。糖皮质激素的这些作用范围广泛且复杂，它们参与调节机体的多种生理功能。糖皮质激素对代谢或功能活动的调节效应见表 6–4。

表 6–4　糖皮质激素的主要生理功能

代谢或功能活动	调节效应
糖代谢	促进糖原分解和糖异生，维持血糖浓度，降低细胞对胰岛素的敏感性
脂肪代谢	促进脂肪分解和脂肪酸氧化，减少脂肪合成；促进肢体部的脂肪分解，增加躯干及面部脂肪沉积（脂肪重新分布）
蛋白质代谢	促进肝内蛋白质合成；促进肝外组织蛋白质分解，减少肝外组织对氨基酸的利用
水盐代谢	减少肠道对钙的吸收和肾脏对钙的重吸收；增加骨骼对钙的吸收；保留 Na^+，排出 K^+，调节细胞外液量
血液	增加红细胞、中性粒细胞、单核细胞、血小板数量；减少感染部位中性粒细胞的积聚；减少淋巴细胞和嗜酸性粒细胞的数量
循环	增强心血管系统对儿茶酚胺和血管紧张素Ⅱ的反应性；维持心肌正常功能；维持毛细血管的完整性和循环血量
呼吸	促进胎儿肺泡Ⅱ型上皮细胞形成，增加肺表面活性物质
消化	促进消化液和消化酶分泌，特别是胃酸；提高胃腺对迷走神经和促胃液素的反应性；促进胎儿肝脏和胃肠道酶的合成
泌尿	增加肾小球血浆流量，增加肾小球滤过率，促进水的排泄
神经	维持中枢神经系统正常功能；影响胎儿和新生儿的脑发育，改变行为和认知能力
内分泌、生殖	减少垂体激素的分泌；降低性腺对 GnRH 的反应性
骨骼	抑制骨细胞增殖及 RNA、蛋白质、胶原等的合成；促进 PTH 及维生素 D3 对骨骼的作用；降低成骨细胞活性，增加破骨细胞数量和活性，促进骨质的溶解和吸收
免疫功能和炎症	抑制淋巴组织生长，抑制吞噬活动；影响抗体的形成和清除抗原的能力；降低毛细血管通透性，增加溶酶体稳定性；减少前列环素合成；降低炎症反应

（2）糖皮质激素在应激反应中的作用

当机体遭遇创伤、手术、饥饿、疼痛、感染或剧烈运动等多种内外环境及社会心理因素的挑战时，会引起血液中促肾上腺皮质激素水平急剧上升和糖皮质激素的大量释放。这种广泛的非特异性反应称为应激反应。在这种情况下，机体通过增加血液中促肾上腺皮质激素和糖皮质激素的浓度，激发一系列适应性和保护性反应。

2. 盐皮质激素的主要生理功能

人体内的主要盐皮质激素是醛固酮，它主要负责促进肾脏远曲小管和集合管对 Na^+ 和水的重吸收以及对 K^+ 的排泄，从而维持机体的水盐平衡。如果醛固酮的分泌不足，可能在长时间的运动后导致机体出现严重脱水和代谢性酸中毒。

（二）肾上腺髓质的内分泌功能

肾上腺髓质分泌的肾上腺素和去甲肾上腺素均属于儿茶酚胺类激素。它们的作用极为广泛，影响着代谢、心血管系统、内脏平滑肌、骨骼肌以及神经系统等多个方面。肾上腺髓质激素的主要生理作用见表 6–5。

表 6–5 肾上腺素与去甲肾上腺素的主要生理作用

作用方面	肾上腺素	去甲肾上腺素
心脏	心率加快，心肌收缩力增强，心输出量增加	心率减慢
血管	皮肤、肾、胃肠等血管收缩；冠状动脉、肝血管、骨骼肌血管舒张	大多数血管收缩
血压	升高，尤其是收缩压	明显升高，尤其是舒张压
支气管平滑肌	舒张	稍舒张
能量代谢	增强	稍增强

当机体遭遇紧急情况时会发生应急反应，也称为“战斗或逃跑”反应，这是身体面对突发或紧急情况自然做出的生理和心理反应。例如，当我们在森林里遇到一只熊，这种潜在的威胁会触发身体的应急反应。此时，人体心率和血压会上升，为肌肉提供更多的氧气和营养物质；呼吸加深加快，肺通气机能加强；血糖水平升高，即时供能；肌肉张力增加，随时准备“战斗或逃跑”；脂肪氧化增加，因此氧气消耗量增加，产生更多热量使基础代谢率提升。

当机体受到应急刺激时，这种刺激也往往会引起应激反应，两种反应会协同发生。

五、胰岛的内分泌功能

胰岛是散布于胰腺中的内分泌细胞群的总和。它分泌的激素主要有胰岛素、胰高血糖素、生长抑素和胰多肽，这里主要介绍胰岛素和胰高血糖素。

（一）胰岛素的主要生理作用

胰岛素是一种代谢调节类激素，主要促进机体的合成代谢，增加糖原、脂肪和蛋白质的体内储存。

1. 糖代谢调节

胰岛素是生理状态下唯一能降低血糖的激素。它通过促进组织细胞吸收和利用葡萄糖，加快葡萄糖转化为糖原并储存在肝脏和肌肉中，同时将葡萄糖转化为脂肪。此外，胰岛素还能抑制糖原的分解和糖异生，从而降低血糖水平。胰岛素分泌不足时，血糖升高，超过肾糖阈后，葡萄糖便会随尿排出，导致尿糖。

2. 脂肪代谢调节

胰岛素促进肝脏合成脂肪酸，并将其运输到脂肪细胞中储存。同时，胰岛素还抑制脂肪的分解氧化，减少血液中游离脂肪酸的含量。缺乏胰岛素时，脂肪代谢紊乱，脂肪分解增强，血脂和血酮水平升高，可能引发酮血症和酮症酸中毒。

胰岛素还促进葡萄糖进入脂肪细胞，不仅合成脂肪酸，也有助于甘油三酯的形成和储存，同时抑制脂肪酶活性，减少脂肪分解。

3. 蛋白质代谢调节

胰岛素有助于氨基酸的摄取和蛋白质的合成，同时抑制蛋白质分解，促进生长。它与腺垂体分泌的生长激素协同作用，共同推动机体生长。但单独存在时，胰岛素和生长激素对生长的影响不明显。

（二）胰高血糖素的主要生理作用

胰高血糖素是一种促进分解代谢的激素，具有强烈的促进糖原分解和糖异生的作用，能够明显提高血糖水平。此外，它还促进储存脂肪的分解和脂肪酸的氧化，增加血液中的酮体，并加速氨基酸进入肝细胞进行脱氨基和异生为糖，同时促进蛋白质的分解并抑制其合成。同时，胰高血糖素还能刺激胰岛素和胰岛生长抑素的分泌。

（三）胰岛素和胰高血糖素对血糖的调节

胰岛素和胰高血糖素在调节血糖水平时相互拮抗。胰岛素的主要作用是降低血糖水平，而胰高血糖素的主要作用则是提高血糖水平。假设一个人刚吃完一顿富含碳水化合物的饭菜，会导致血糖水平迅速上升。为了处理这种情况，胰腺会分泌胰岛素。胰岛素帮助组织细胞吸收血液中的葡萄糖，将其用于供能或储存在肝脏和肌肉中，从而降低血液中的葡萄糖浓度。相反地，一个人在进行了长时间的运动后，或者在长时间未进食的情况下，血糖水平会下降。为了防止血糖水平过低，胰腺会分泌胰高血糖素。胰高血糖素的主要作用是促使肝脏将储存的糖原分解成葡萄糖，并释放到血液中，从而提高血糖水平。此外，胰高血糖素还可以促进糖异生过程，即从非碳水化合物源（如氨基酸和甘油）生成葡萄糖。通过以上调节，胰岛素和胰高血糖素确保血糖水平在一个相对稳定的范围内波动，既不过高也不过低，以支持正常的生理功能和能量需求。

六、性腺的内分泌功能

性腺器官在男性和女性中分别扮演着重要的生理角色。男性的主要性腺器官是睾丸。睾丸不仅负责生产精子，还是分泌睾酮的内分泌腺。睾酮这一主要激素具有多重功能，包括促进男性生殖附属器官（如前列腺、阴茎等）的成长，并在青春期引导男性第二性征的发展，如增加体毛、加深声音和促进肌肉及骨骼的发育。此外，睾酮还显著地促进蛋白质合成，尤其是在肌肉中，并能促进红细胞的生成。

女性的性腺器官为卵巢。卵巢不仅产生卵子，还分泌雌激素和孕激素等多种激素。雌激素主要促进女性生殖附属器官（如子宫和乳房）的发育，同时促进女性特有的第二性征的发展，如体态的柔和和声音的细腻。雌激素还对钙磷代谢有积极影响，促进青春期骨骼的生长和肌肉蛋白质的合成。

孕激素主要在雌激素的作用基础上发挥其功能，关键在于为受精卵的着床和妊娠的维持创造条件。它通过使子宫内膜增厚并促进腺体分泌，为受精卵提供良好的着床环境。同时，孕激素还抑制子宫平滑肌的活动，确保胚胎在一个平稳的环境中发展，并为哺乳期的乳腺发育做准备。

总的来说，男性和女性的性腺器官通过分泌各自不同的激素，不仅支持生殖功能，还影响身体的多种生理过程和性别特征的展现。

第三节　运动与激素

在运动期间，机体的代谢水平和各器官功能会发生显著变化，这些变化与激素水平的调整密切相关。特别是被称为应激激素的一类激素，它们在运动时动员能量供应，并对运动刺激做出反应。随着运动训练的深入，这些激素也会发生适应性变化。骨骼肌的强烈收缩是运动中对机体的一大刺激，它导致呼吸频率和心率加快，心输出量增加，从而增加氧气的运输，以满足增加的氧气需求。此外，机体的内环境也会发生显著变化。内分泌系统在运动过程中得到充分激活，并与神经系统及免疫系统协同工作，调节不同系统和器官的功能状态，以维持机体的稳态。

一、激素对运动能量代谢的调控

在运动过程中，能量代谢显著加速，其中分解代谢尤为突出。多种激素共同促进这一过程，它们之间相互配合、协调，共同维护运动时显著提升的能量代谢水平。这些激素不仅支持运动中的能量需求，还参与运动后能量物质的恢复过程。

（一）激素对运动过程中能量代谢的调控

能量代谢分为合成代谢和分解代谢两种类型，通常情况下，多数应激激素（如肾上腺皮质激素和髓质激素等）主要促进分解代谢，而胰岛素则主要调控合成代谢。这两种代谢过程相互作用，维持着生理上的动态平衡。然而，在进行大强度运动时，分解代谢明显占据主导地位，以满足身体对高额能量的需求。在这种情况下，随着肌肉活动和能量消耗的增加，糖皮质激素、胰高血糖素、甲状腺素、肾上腺素、去甲肾上腺素、生长激素等激素的血液浓度显著提高，而胰岛素水平则可能保持不变或降低，从而加强分解代谢，以应对运动的高能量需求。

（二）激素对运动后能量代谢的调控

在运动结束后，随着身体耗能恢复至安静水平，升血糖激素的水平迅速下降，胰岛素水平上升，促进能量物质的再合成，使合成代谢成为主导。在运动后的恢复期间，不仅消耗的能量得到补充，还可能发生“超量恢复”现象，即能量储备超过原有水平，这有助于提高未来训练和比赛的能量供应，是评价运动训练效果的重要指标。

二、激素对运动中糖代谢的调节

葡萄糖在体内以糖原的形式储存，主要分布在肌肉和肝脏中。为了从糖原中释放葡萄糖，需要加强糖原的分解过程。在肝脏中分解的糖原释放的葡萄糖，通过血液被运输到进行活动的组织细胞中，并且可以通过糖异生过程来提高血糖水平。增加血糖浓度的激素主要包括胰高血糖素、肾上腺素、去甲肾上腺素和皮质醇等。

在安静时，胰高血糖素主要作用于肝脏，促进糖原分解并通过氨基酸异生过程增加血糖。而在运动时，胰高血糖素和儿茶酚胺类激素（包括肾上腺素和去甲肾上腺素）的分泌增多，共同作用以加速糖原的分解。此外，运动中皮质醇水平的提升促进蛋白质分解为氨基酸，这些氨基酸在肝脏中转化为葡萄糖，进一步提高血糖水平。生长激素的增多也促进游离脂肪酸的释放，有助于减少糖原的消耗并维持较高的血糖浓度。甲状腺激素的增加同样促进葡萄糖的分解和脂肪的代谢。

运动强度的增加导致儿茶酚胺类激素快速释放，使得肝脏释放的葡萄糖量超过了肌细胞的吸收能力，尤其是在短距离的剧烈运动中。此时，肌细胞会优先使用自身的糖原，而非立即利用血液中的葡萄糖，导致运动后血糖浓度暂时升高。随后，为了补充减少的肌糖原，葡萄糖会被转移到肌细胞中，导致血糖浓度下降。

在持续数小时的运动中，肝脏释放葡萄糖的速度更加匹配肌细胞对葡萄糖的需求，保持血糖水平稳定或略高于安静状态。随着肌细胞对葡萄糖的需求增加，肝脏的葡萄糖释放也相应增加。在长时间运动的后期，尤其是当肝糖原接近耗尽时，血糖可能开始下降，此时胰高血糖素和皮质醇的作用变得尤为重要，它们促进糖原分解，以确保肌细胞获得足够的能量。

如图 6-3 所示，在一项持续 3 h 的自行车运动的研究中，肾上腺素、去甲肾上腺素、胰高血糖素、皮质醇和葡萄糖浓度的变化表明，在长时间的体力活动中，尽管激素调节帮助维持血糖水平，但当肝糖原几乎耗尽时，肝脏释放葡萄糖的速度可能跟不上肌细胞的需求，此时补充葡萄糖成为维持血糖水平的关键策略。

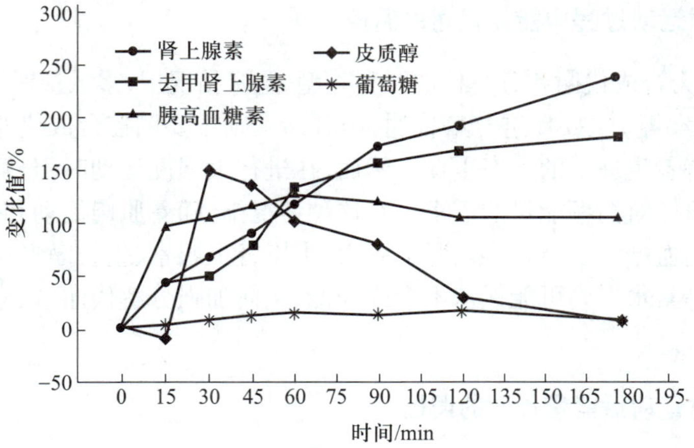

图 6-3　长时间运动中血液肾上腺素、去甲肾上腺素、胰高血糖素、皮质醇和葡萄糖浓度的变化

三、激素对运动中脂肪代谢的调节

尽管肌肉在运动时以糖类作为主要能量来源，但脂肪的分解也提供了部分能量。特别是在耐力运动中，游离脂肪酸的释放和氧化对运动表现至关重要。随着长时间运动的进行，糖类逐渐耗尽，肌肉越来越多地依赖脂肪的氧化来提供能量。当血糖水平降低或肝糖原储备减少时，内分泌系统会促使脂肪分解，确保肌肉的能量需求得到满足。

游离脂肪酸主要以甘油三酯的形式储存在脂肪细胞和肌细胞内。在脂肪组织中，甘油三酯需要分解以释放游离脂肪酸，这些脂肪酸随后被运输到肌细胞中进行代谢。运动中，肌细胞对游离脂肪酸的吸收速率与血浆中游离脂肪酸的浓度密切相关，血浆中游离脂肪酸浓度的增加有助于提高肌细胞对其的吸收率。此外，甘油三酯的分解速率在一定程度上取决于肌肉将其用作能源的比例。

体内脂肪分解的速率受多种激素的调控，包括胰岛素、肾上腺素、去甲肾上腺素、皮质醇和生长激素。运动中，脂肪分解的加强主要是由于血液中胰岛素浓度的降低。肾上腺素和去甲肾上腺素的增加也有助于促进脂肪分解。皮质醇在运动中通过加速游离脂肪酸的动员和利用，促进糖异生作用。血浆中皮质醇的浓度在运动开始后 30 ~ 45 min 达到峰值，之后逐渐回落至接近正常水平。尽管如此，运动过程中血浆游离脂肪酸的浓度持续上升，表明脂肪分解酶被儿茶酚胺和生长激素等其他激素持续激活。甲状腺激素虽然在动员和促进游离脂肪酸代谢中的作用较小，但也不容忽视。

综上所述，内分泌系统在调节运动过程中 ATP 的生成以及维持糖类和脂肪代谢的平衡中发挥着重要的作用。

四、激素对运动中体液和电解质平衡的调节

在运动过程中，体液平衡对于机体的代谢、心血管功能和体温调节至关重要。运动一开始，水分会根据运动肌肉的活动量和运动的强度，从血浆转移到组织液中。此外，代谢产物在肌纤维内及其周围积聚，导致该区域的渗透压上升，进而通过扩散作用将水分推向细胞外。同时，肌肉活动引起的血压升高也会使得水分从血液中溢出，从而增加运动中的排汗量。这些因素共同导致肌肉和汗腺消耗大量血浆。例如，在进行 75% 最大摄氧量强度的跑步训练时，血浆量可能减少 5% ~ 10%。血浆量的减少会使血压下降，并减少流向皮肤和肌肉的血流量，这些变化都可能影响运动员的运动能力。

内分泌系统在调节体液平衡的同时，也负责调节电解质平衡，尤其是钠离子的平衡。主要通过垂体后叶释放的抗利尿激素和肾上腺皮质分泌的盐皮质激素——醛固酮来调控，这两种激素的主要靶器官是肾脏。这一精细的调节机制确保了运动中和运动后体液和电解质的稳定，对维持整体生理功能至关重要。

五、内分泌指标在运动实践中的应用

（一）睾酮

血清睾酮在运动训练中发挥着重要作用，尤其是在影响运动成绩和人体形态及机能的变化方面。考虑到年龄的影响，睾酮水平是评估运动员机能状态和运动选材的一个重要指

标。通常情况下,睾酮有助于促进机体的合成代谢,当身体机能良好时,血清睾酮水平相对稳定,并会随着体能的增强而逐渐上升。研究显示,在一次性运动期间,睾酮水平会轻微上升,但长期训练可能导致男性运动员安静时的睾酮水平下降。若睾酮水平持续显著降低,可能是疲劳、过度训练或机能状态不佳的信号,尽管这一判断标准目前尚无统一认定。在运动选材中,建议选择安静状态下睾酮水平较高的运动员,因为他们在力量、耐力和恢复等方面具有明显优势,能够承受更大的运动强度和训练量。

(二)皮质醇

皮质醇是由肾上腺皮质分泌的一种激素,它促进脂肪分解,并增强肝内脂肪酸的氧化,从而有利于糖异生。皮质醇是代表机体分解代谢的一个重要指标,可用于监控运动负荷和评估运动员的恢复能力。训练周期结束后,如果进行相同负荷运动时血清皮质醇浓度上升的幅度减少,则表明运动员已适应该训练量,表明运动负荷适中;如果上升幅度增加,则可能表示运动负荷过大。在运动后的恢复期,如果血清皮质醇持续偏高且恢复到正常水平的时间延长,可能表明机能状态不佳或对运动负荷的适应性差。通常情况下,当皮质醇水平低于 276 nmol/L(10 μg/dL)时,可以认为运动员的恢复能力较好。

(三)促红细胞生成素

促红细胞生成素(EPO)是一种重要的造血因子,由肾小管间质细胞产生,主要功能是促进骨髓中红细胞的生成,从而维持血液中红细胞和血红蛋白的数量,提高氧气的运输能力。目前,EPO 可以人工合成,对治疗贫血很有效,但是也会导致血液的黏滞性增加,增加血栓、心脏病或中风的发生风险。研究表明,耐力运动员的 EPO 水平通常高于其他类型的运动员,因此 EPO 可以作为评估和预测耐力训练效果的指标。在高强度训练下,EPO 水平可能会下降。当机体处于缺氧环境(如高原或低压氧舱)时,EPO 的上升有助于增加红细胞数量,其上升幅度可以反映机体对缺氧环境的适应程度。然而,EPO 水平过高可能会增加血液的黏滞性,不利于氧气的携带;相反,EPO 水平过低则表明运动员的身体机能较差。因此,EPO 也是评估运动员在高原训练期间适应情况的重要指标。

案例分析题

男子举重运动员小王经过一个月冬训后,其血清睾酮浓度有所升高,与冬训前有显著差异,但其运动能力并没有明显变化,请解释原因。

第七章　运动与感觉

学 习 导 航

关键名词

1. 感受器；
2. 感受器的适应现象；
3. 视力；
4. 视野；
5. 双眼视觉；
6. 听阈；
7. 听域；
8. 本体感觉；
9. 前庭反应；
10. 两点辨别阈。

学习目标

1. 了解感受器、感觉器官的一般生理特征；
2. 熟悉与体育运动关系密切的位觉、本体感觉、视觉、听觉及其形成机制；
3. 掌握各种感觉的基本生理现象和功能特点；
4. 培养运用视觉、位觉以及本体感觉理论知识指导运动实践的能力。

知识拓展

1. 近视的成因；
2. 中耳炎的预防；
3. 前庭功能稳定性的作用及提高方法；
4. 运动时各感觉机能间的相互作用。

感觉是人的感觉器官对客观事物的个别属性、个别方面的直接反映，如视觉、听觉、触觉等，它是整个认知过程的起始环节。人类能够对内外环境中的多种刺激产生感觉，这一过程始于刺激对机体的感受器或感觉器官的作用。这些器官接受适宜的刺激，并将其转化为神经冲动，这些冲动随后通过传入神经传递至感觉中枢。在感觉中枢，这些信号经过分析处理，最终形成我们的感觉体验。因此，我们的各种感觉体验是由特定的感受器或感觉器官、传入神经以及大脑皮质的协同作用产生的。

第一节　感觉器官概述

人能够看到物体、听到声音、闻到气味，是因为有感觉器官眼睛、耳朵、鼻子接受外界的刺激，这是人与外界交互的基本方式，以适应内外环境的变化。

一、感觉器官与感受器的概念

（一）感觉器官

感觉器官也称为感官，由感受器及其辅助结构组成，是机体用来感知周围环境变化的专门器官。人类的主要感觉器官包括眼睛、耳朵、鼻子、舌头和皮肤等，如果这些感觉器官的功能出现障碍，则不能正常地对外界环境刺激做出反应，会影响生活、学习及运动表现。

（二）感受器

感受器是指分布在体表或组织内部的一些专门感受机体内外环境变化的特殊结构或装置。感受器种类繁多，主要有以下几种分类方法。

1. 按结构划分

可分为简单感受器和复杂感受器。简单感受器包括与痛觉相关的体表和组织内部的游离神经末梢。复杂感受器包括眼睛（视觉器官，视网膜的视杆细胞和视锥细胞为光感受器）和耳朵（听觉器官，耳蜗中的毛细胞为声波感受器）等。

2. 按分布部位划分

可分为外感受器和内感受器。外感受器主要分布于体表，感受外界环境变化，如声、光、温度、触、味等。内感受器位于体内器官组织中，感受本体感觉、内脏感觉和平衡等内部环境的变化。

3. 按接受刺激的性质划分

可分为化学感受器、机械感受器、温度感受器、光感受器等。

二、感受器的一般生理特性

（一）适宜刺激

每种感受器都对特定类型的刺激最为敏感，这种刺激称为感受器的适宜刺激。例如，视网膜上的感光细胞对可见光（波长 400 ~ 780 nm）最为敏感，而耳蜗的毛细胞对声波（频率 20 ~ 20 000 Hz）反应最活跃。这里的“适宜”不仅指刺激的种类，还包括刺激的适当强度。虽然非适宜刺激也能引发反应，但通常需要的刺激强度远高于适宜刺激。

（二）换能作用

各种感受器具有将接收到的不同形式的刺激能量转换为神经冲动，并传递至中枢神经系统的能力，这一过程称为感受器的换能作用。例如，眼睛的视网膜上的感光细胞能够将光能转换为神经冲动，而耳蜗则能将声波的机械能转换为神经冲动。这些转换过程使得我们能够感知和响应外界环境的变化。

（三）编码作用

感受器不仅能将各种刺激能量转换为神经动作电位，还能将刺激中包含的环境变化信息编码到动作电位序列中，这一过程称为感受器的编码作用。不同感觉的产生与多种因素有关，包括刺激的性质、被激活的感受器的类型、神经冲动所经过的特定神经通路以及冲动到达的大脑皮质的特定区域。通过感受器的编码作用，刺激信号首先进行初步处理，随后传递至各个感觉中枢进行更深入的分析和综合，最终形成各种感觉。刺激的不同强度可以通过单一神经纤维上动作电位的频率变化或参与电信号传递的神经纤维数量来进行编码。

（四）适应现象

当某一恒定强度的刺激持续作用于感受器时，感受器上产生的动作电位频率会逐渐降低，这一现象称为感受器的适应。不同感受器的适应速度各不相同。例如，皮肤触觉感受器适应速度较快，属于快适应感受器。快适应感受器对刺激的变化极为敏感，这对于机体探索新事物或障碍物以及接受、响应新的刺激非常有利，对于传递快速变化的信息和维持生命活动极为重要。相反，肌梭和腱梭的适应过程较慢，属于慢适应感受器。慢适应感受器的特点是适应过程缓慢，有利于机体对某些生理功能状态（如体温、血压等）进行长期持续的监测，并根据变化随时调整机体功能，从而确保调节系统的运转精度。

第二节　运动与视觉

视觉器官（眼睛）允许我们捕捉和分析光线，理解并与外界互动。视觉器官的结构复杂，由折光系统和感光系统两部分组成，如图 7-1 所示。其中，折光系统包括角膜、房水、晶状体和玻璃体四个部分；感光系统是指视网膜。光线首先穿过眼内的折光系统发生折射，随后在视网膜上形成清晰的成像。视网膜中的感光细胞（视杆细胞和视锥细胞）负责将光能的电磁波刺激转换为神经冲动。这些神经冲动通过视神经传递到丘脑，然后进一步向大脑皮质的感觉区投射，最终形成视觉体验。

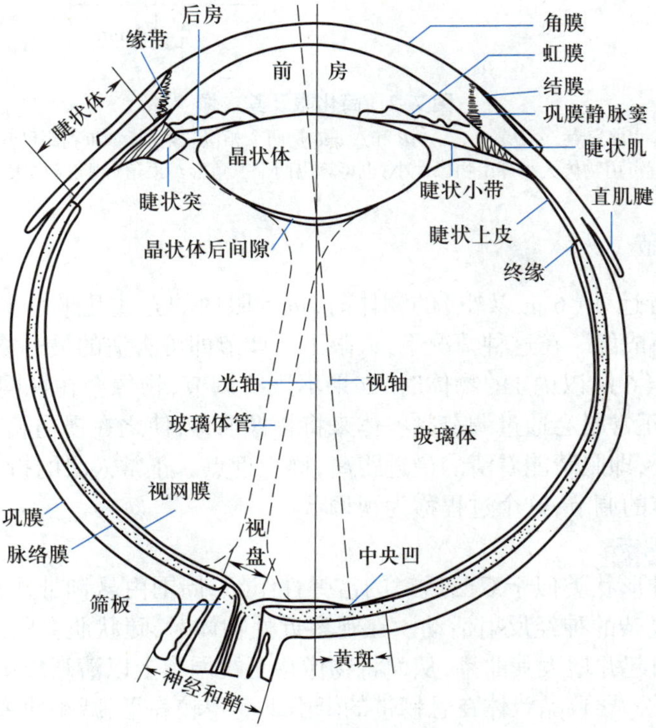

图 7-1　眼球的水平切面（右眼）

一、眼的折光功能

光线在通过眼的折光系统时发生折射，使物体在视网膜上形成一清晰的物像，这与光线在光学仪器中发生折射的规律相同。

（一）眼的折光系统及成像

当光线从一种介质进入另一种折射率不同的单球面折光体时，除非光线与折光体的界面垂直，否则总会发生折射。人眼的折光系统是由多个折光界面构成的复杂光学系统。通常，为了便于研究和理解，人眼被简化为一个单球面折射系统，这种模型称为简化眼，如图 7–2 所示。在简化眼模型中，假定眼球的前后径为 20 mm，折光指数为 1.333。光线进入眼睛时，在角膜的前球形界面仅发生一次折射，其节点位于角膜后方 5 mm 处。这个模型与人眼在正常安静状态下的折光效果基本相同。6 m 以外的物体 A 和 B 发出的光线，在节点处交叉而不发生折射，随后在视网膜上形成 a 和 b 两点，构成物体 A 和 B 的倒立实像。尽管在视网膜上形成的是倒立实像，我们感知到的却是正立的，这是因为大脑皮质通过生活经验积累进行了感觉矫正，从而产生了正立像的感觉。

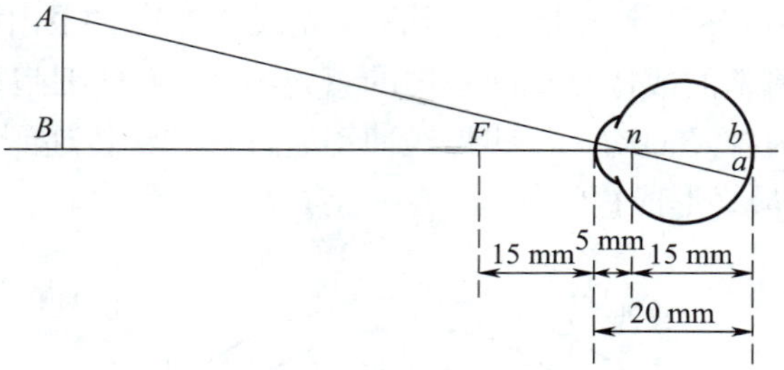

图 7–2　简化眼及其成像

F 为前焦点，n 为节点，△ AnB 和△ anb 是两个相似三角形；如果物距已知，就可由物体大小算出物像大小，也可算出两个三角形对顶角（视角）的大小

（二）眼的调节

正常眼在观看远处（6 m 以外）的物体时，进入眼内的光线几乎是平行的，无须调节即可在视网膜上清晰成像。在这种情况下，人眼不需调节即可看清的最远物体距离称为远点。然而，在观看近处（6 m 以内）的物体时，如果不进行调节，物像会在视网膜之后成像，导致视物模糊。此时，正常眼会通过调节晶状体来将物像前移，使之在视网膜上清晰成像。晶状体的调节能力极限，即眼睛能看清的最近距离，称为近点。正常人眼的折光系统能够根据物体的距离进行相应的调节，这个过程称为视调节。

1. 晶状体的调节

晶状体是一种形状类似于双凸透镜的富弹性组织，周围由悬韧带连接至睫状体。晶状体的调节是一种复杂的神经反射活动。在观察近处物体时，睫状肌会收缩，使悬韧带放松，这让晶状体前后凸起并增大其曲率，从而将物像移至视网膜上以清晰成像。相反，观看远处物体时，睫状肌放松，导致晶状体在悬韧带的牵引下变得较扁平，减小曲率，使物像正确聚焦在视网膜上。晶状体的调节能力也与年龄有关，青少年通常具有较强的晶状体调节能力，而随着年龄增长，晶状体蛋白质可能发生变性，导致调节能力逐渐减弱。

2. 瞳孔的调节

瞳孔是光线进入眼睛的通道，其直径可在 1.5 ~ 8.0 mm 范围内变化，由虹膜环绕形成。在观察近距离物体时，瞳孔会自动缩小，这种现象称为瞳孔调节反射，其主要功能是减少进入眼内的光量，帮助眼睛更好地聚焦。

瞳孔的调节主要受两个因素的影响：一是所观察物体的远近，二是进入眼内的光线强弱。当眼睛接受到强光时，瞳孔会自动缩小以保护视网膜免受过强光线的伤害，这种现象称为瞳孔对光反射。一旦强光消失，瞳孔会重新扩大。这种对光反射是双侧性的，即互感性对光反射，常用于临床上评估中枢神经系统的病变位置、全身麻醉的深度及病情的严重程度。

此外，情绪状态也能影响瞳孔大小。例如，在体育比赛中，运动员在过度紧张时会因交感神经的刺激而瞳孔扩大，这可能对他们的运动表现产生不利影响。这些调节机制展示了瞳孔作为眼睛调节系统的一个重要组成部分，对保护视觉和适应环境变化起着重要作用。

3. 双眼会聚

当人的双眼聚焦于从远处逐渐靠近的物体时，不仅瞳孔会相应缩小，还会观察到两眼球向鼻侧移动以会聚在一点，这种现象称为双眼会聚。通过双眼会聚，可以确保物体的成像恰好落在两眼视网膜的对称位置上，这不仅提高了视觉的清晰度，还有效避免了复视的出现。这一机制是视觉系统精确调节的表现，确保人眼能够清楚地看到不同距离的物体。

（三）眼的折光异常

在视力正常的情况下，当眼睛观看远处（6 m 以外）的物体时，进入眼内的光线是近乎平行的，并且可以直接在视网膜上形成清晰的影像，这样的眼睛称为正视眼。然而，如果眼睛的折光系统存在异常，或者眼球的形状不标准，平行光线就无法在视网膜上正确聚焦，这种情况称为折光异常或屈光不正。常见的折光异常包括近视、远视和散光。眼的折光异常和矫正调节如表 7–1 和图 7–3 所示。

表 7–1　眼的折光异常

折光异常	产生原因	特点	矫正方法
近视	眼球前后径过长（轴性近视） 折光力过强（屈光性近视）	视远物时物像在视网膜之前 近点和远点均移近	凹透镜
远视	眼球前后径过短（轴性远视） 折光力过弱（屈光性远视）	视远物时物像在视网膜之后 近点变远	凸透镜
散光	折光面曲率不一致	视物变形、不清	柱面镜

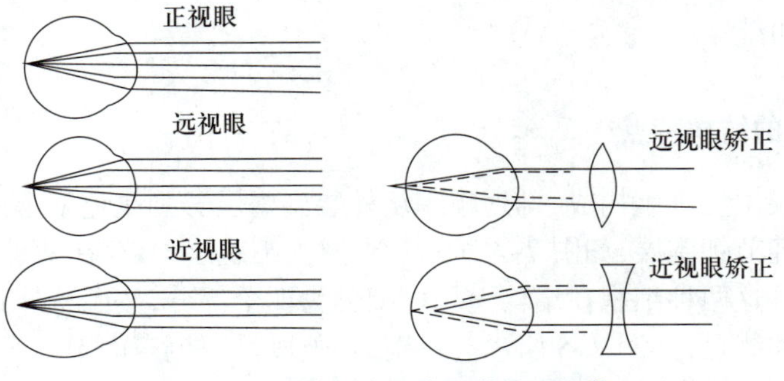

图 7–3　眼的折光异常及其矫正调节

知识拓展

近视的成因

近视形成的原因分为先天和后天两种。先天近视主要是超过600度的高度近视，多与遗传因素有关，67%是在10岁以前发病。后天近视一般低于600度，主要与环境因素有关。近视眼是人眼对环境的适应性改变，它的发生、发展与日益增加的近距离用眼活动以及摄入营养成分的失衡密切相关。不正确的用眼、不注意用眼卫生是现代青少年近视大增的主要原因。由于长时间近距离地注视物体（如长时间面对屏幕阅读、娱乐等），睫状肌一直处于紧张的收缩状态而得不到应有的放松，久而久之，就会失去对晶状体凸度的调节，从而导致视物模糊不清，成为近视眼。

（四）房水和眼内压

房水是一种充填在眼睛前房和后房中的液体，其化学成分与血浆相似，但含有较低的蛋白质和较高的 HCO_3^- 与 Na^+，使得其总渗透压高于血浆。房水在眼内不断地生成与回收，维持其在后房与前房之间的持续流动，为角膜和晶状体提供必要的营养。

房水的恒定流动有助于维持眼内静水压（即眼内压）的稳定，这对保持眼球尤其是角膜的正常形态和折光功能至关重要。眼内压的稳定性确保角膜能保持其正常曲度，从而有效地聚焦光线。值得注意的是，人眼的总折光能力主要由角膜实现，大约占80%，因此角膜形状和曲度的任何变化都会显著影响视力。

当眼球受到穿刺伤害时，房水可能流失，导致眼内压下降和眼球变形，进而影响角膜的正常曲度。此外，房水循环障碍可能引起眼内压过高，这种状况在临床上称为青光眼。青光眼不仅会引起角膜、晶状体和虹膜等眼内结构的代谢问题，还可能导致角膜混浊和视力下降，对视觉健康构成严重威胁。

问与答

问：老花眼看远物时是否需要佩戴老花镜进行矫正？

答：不需要。因为老花眼是由于晶状体的弹性功能减弱，视物时近点变远，所以在视近物时需要佩戴老花镜进行矫正，视远物时则不需要。

二、眼的感光功能

（一）视网膜的结构特点

视网膜由四层主要细胞构成，排列顺序从外层到内层分别是色素上皮层、感光细胞层、双极细胞层和神经节细胞层，如图7–4所示。在感光细胞层中，存在两种类型的细胞：视杆细胞和视锥细胞。这两种细胞在结构上均可细分为四个部分，按照从外到内的顺序分别是外段、内段、胞体和终足，如图7–5所示。特别地，外段是视色素的聚集区，这些视色素在光信号转换过程中起重要作用。

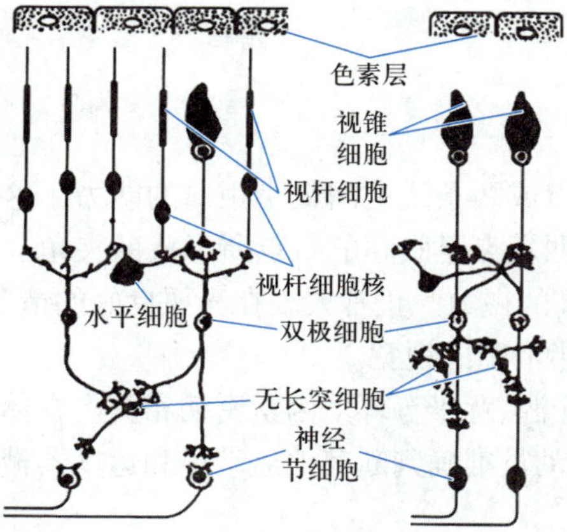

图 7–4　视网膜主要细胞层及其联系

左半部分为周围区域，右半部分为中央凹

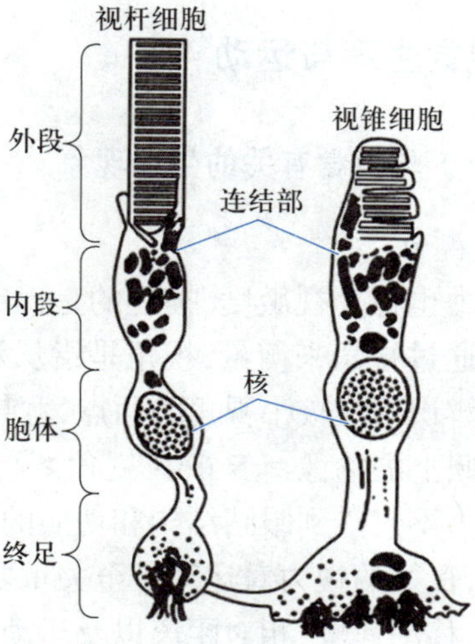

图 7–5　视杆细胞和视锥细胞的结构

视杆细胞主要集中在视网膜的外围区域，在中央凹偏外 6 mm 的位置密度最高。这些细胞与相连的双极细胞和神经节细胞一起构成视杆系统。视杆细胞对光线极为敏感，能够感应微弱的光线，主要负责在低光环境下的暗视觉，但它们不参与色彩识别，对物体的细节分辨能力相对较弱。

视锥细胞主要分布在视网膜的中央凹区域，与相关联的双极细胞和神经节细胞共同组成视锥系统。视锥细胞对光的敏感度较低，需较强的光线刺激才能激活，负责在光线充足的环境中形成明视觉和色觉。此外，视锥细胞在分辨物体细节方面表现出较高的能力。

（二）视网膜的感光机能

1. 视杆细胞的光化学反应

在视杆细胞中，感光色素视紫红质在光照作用下会触发一系列化学反应，这一过程称为光化学反应。具体来说，当受到光线刺激时，视紫红质迅速分解成视黄醛和视蛋白，这一变化促使视杆细胞产生超极化的感受器电位，并引发神经冲动。这些神经冲动随后通过视神经传递至大脑的枕叶，从而生成视觉体验。在无光照的环境下，视黄醛和视蛋白会自动重组，重新合成视紫红质。在合成与分解过程中，部分视黄醛被消耗，因此需要依赖体内储存的维生素 A 进行补充。维生素 A 的缺乏不仅会影响暗视觉的功能，而且在严重情况下可能导致夜盲症。因此，膳食中补充胡萝卜、鱼油、肝脏等食物对提高暗适应能力有一定帮助。

2. 视锥细胞的光化学反应和颜色视觉

人眼能够辨识光谱上 50 多种颜色，但主要识别的是红、橙、黄、绿、蓝、靛和紫这 7 种基本颜色。对此现象的解释主要基于三原色理论。根据这一理论，视网膜上存在三种类型的视锥细胞，每种细胞分别对红、绿、蓝三种光的波长具有敏感性。不同颜色的光线激发这三种细胞的活动程度不同，从而产生不同强度的神经信号。这些信号以特定的组合方式传递至大脑皮层，进而形成我们对不同颜色的感知。无法识别三原色中某一种颜色的情况通常称为色盲，这种状况大多由遗传因素引起，受影响的个体在颜色相关的职业选择上可能会受限。对特定颜色的辨识能力低于常人的情况则称为色弱。

三、视觉生理与运动

（一）与视觉有关的生理现象

1. 视力

视力也称为视敏度，描述的是人眼分辨两个点或两条线之间最小距离的能力。这一能力通常通过视角来衡量，视角是指从观察物体的两端点至眼睛的节点所形成的夹角。若眼睛能够辨识构成较小视角的两点，意味着具有更高的视力。正常人眼在光照良好的情况下，当视网膜上的物像 $\geq 5\ \mu m$（视角 $\geq 1°$）时，能产生清晰的视觉。

视力不仅受到眼睛结构和功能的影响，还与光源、背景等环境因素密切相关。在体育运动领域，良好的视力对运动员至关重要，它帮助运动员准确判断其他运动员和运动器械的空间位置、移动速度、相对距离以及运动方向。

2. 视野

单眼在固定不动的状态下直视前方某一点时，该眼所能覆盖的空间范围称为视野。正常人的视野大小受到面部结构、视网膜上感光细胞的分布以及所观察物体的颜色等因素的影响。视野的范围可以使用视野计来测定，其中白色的视野范围最广，其次为黄色、蓝色、红色和绿色。不同运动项目的运动员具有不同的视野需求，如篮球运动员通常具有较广的视野，而足球运动员则在绿色视野上表现得更为突出。

3. 双眼视觉和立体视觉

双眼同时看某一物体时产生的视觉称为双眼视觉。双眼视物时，不仅能看到物体的平面，还能看到物体的深度，从而形成立体视觉，可增加判断物体大小和距离的准确性。立体视觉在各项体育活动中具有重要意义，特别是对需要精确判断运动物体速度、方位与距离的运动项目（如球类运动）更为重要。经常从事这些项目的练习，可以提高人的立体视觉。球类运动员立体视觉不完善则会降低空间感，从而使出球、传球、接球等技术动作不准确，特别是在场地范围小、球速快的条件下，不能准确地判断对方的动作及接传方向。

4. 暗适应与明适应

当人在明亮的环境中停留较长时间后突然进入昏暗的环境时，最初可能什么也看不见。这是因为眼睛需要一段时间来调整，以提高对光线的敏感度，这个过程称为暗适应。例如，当你从阳光明媚的户外进入一间昏暗的电影院时，最开始可能难以辨认座位，但过一会儿后，你的眼睛逐渐适应，便能看清楚周围的环境。

相对地，当人从暗处突然进入明亮的环境时，如从夜晚的室外走进光线充足的室内，最初会感到眼前有一片耀眼的光芒，甚至无法清晰看见物体，这种现象称为明适应。明适应的过程非常快速，通常在几秒钟内就能完成。这是因为眼睛迅速调整以适应更高的光线水平，使视觉恢复正常。

（二）眼球的运动装置与眼肌平衡

眼球的运动由六条眼肌控制，包括上、下直肌，内、外直肌和上、下斜肌。这些肌肉不仅负责眼球的灵活转动，还是感知身体位置的重要感觉器官。

眼肌的平衡取决于肌肉紧张和松弛的协调。当眼睛直视前方时，如果对称眼肌的紧张度相等，瞳孔会位于正中，称为正视。如果某条肌肉过于紧张，瞳孔会偏向一侧，称为斜视。有些人即使一条眼肌稍微紧张，也能通过对侧肌肉的调整来补偿，保持瞳孔居中，这种情况称为隐斜视。隐斜视患者的眼肌容易疲劳，尤其在体力活动中，疲劳可能导致斜视现象的暂时出现。

青少年时期应特别注意监测眼肌平衡，如果发现眼球偏斜，应及时进行治疗或进行眼肌训练。平时参与乒乓球、篮球等能够帮助维持眼肌平衡的运动也是有益的。

在体育运动，尤其是球类运动中，保持眼肌的平衡对于准确判断球的位置、距离、速度和运动员动向等至关重要。

（三）视觉在体育运动中的作用

视觉在体育运动中起重要作用，尤其是在运动员掌握和执行动作技能的过程中。在技能未熟练之前，视觉通常起到主导作用。它帮助运动员了解周围环境，产生空间感知，控制动作，并观察比赛中的变化。例如，在击剑、拳击和摔跤等对抗性运动中，敏锐的视力是必不可少的；而在球类运动中，良好的立体视觉和宽广的视野则是提高技术水平的关键。

视觉还对维持身体平衡有着重要影响。即使在缺乏前庭感觉和本体感觉的情况下，人们也能仅凭视觉来保持平衡。然而，在进行快速动作或闭眼活动时，前庭感觉和本体感觉的作用变得不可或缺。视觉障碍或缺陷可能会削弱运动员的方向感和平衡感，使得在运动中维持正确的身体姿势变得困难。

在体育教学和训练中，除了培养运动技能外，视觉功能的训练也同样重要。值得注意的是，在运动中过度紧张可能导致瞳孔扩大，这一由交感神经引发的反应可能对运动表现产生不利影响。因此，管理情绪和训练视觉功能是提高运动表现的重要方面。

第三节　运动与听觉和位觉

耳朵不仅是我们的听觉器官，也是负责感知位置和平衡的器官。从结构上看，耳朵由外耳（包括耳郭、外耳道）、中耳（包括鼓膜、鼓室、听小鼓和咽鼓管）的传音系统以及内耳的感音系统组成，如图 7–6 所示。内耳又称为迷路，它包括耳蜗、椭圆囊、球囊以及三个半规管，其中椭圆囊、球囊和三个半规管统称为前庭器官。耳蜗内部有能够接收声波的听觉感受器，而前庭器官则有能够感知头部位置变化和加速度变化的感受器。内耳是主要的位觉和听觉器官。

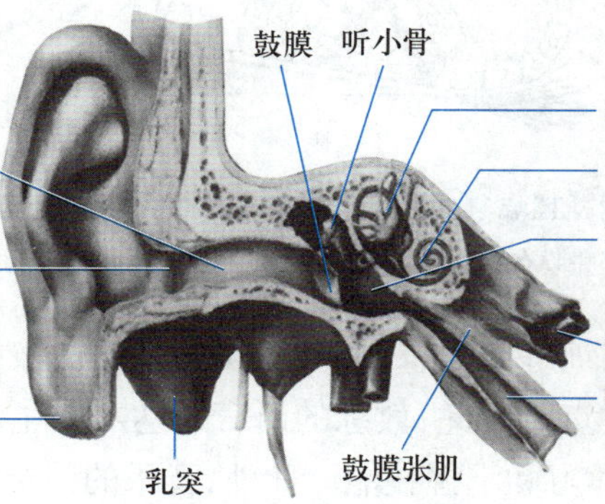

图 7–6　耳朵的结构

一、听觉

（一）听觉感受器的适宜刺激与微音器电位

人耳的听觉感受器即毛细胞，对声波特别敏感。当外界的声波通过外耳道传入时，它们引起鼓膜和听骨链的振动。这种振动随后传至耳蜗，使得耳蜗中的外淋巴和基底膜产生振动（图 7–7），进而激活基底膜上螺旋器中的毛细胞。这些毛细胞因此产生去极化的感受器电位（图 7–8），并通过突触传递至听觉神经末梢，引发动作电位。当这些动作电位沿神经传递至大脑皮质的听觉中枢时，我们便产生了听觉感知。通过这一过程，人类不仅能够分辨声音的强弱、高低和复合音，还能够判断声源的方向和距离。声音属性的识别不仅依赖于耳蜗的功能，还受到中枢神经系统各部分功能的综合影响。

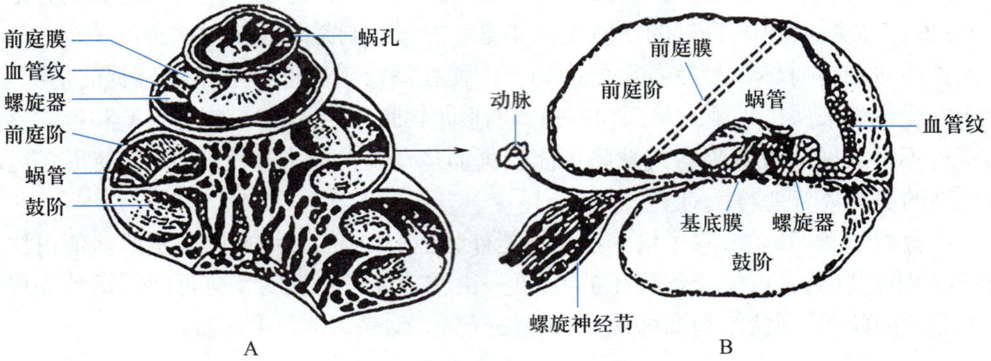

图 7–7　耳蜗纵切面及耳蜗管横断面

A：耳蜗纵切面；B：耳蜗管横断面

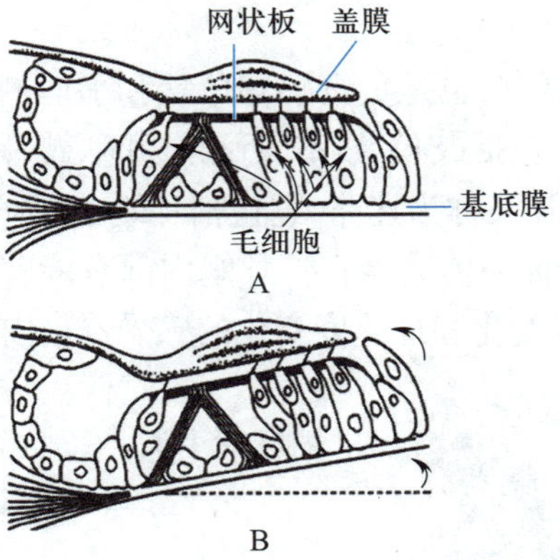

图 7–8　耳蜗基底膜上螺旋器中毛细胞和盖膜的运动

A：静止时的情况；B：基底膜在振动中上移时，毛细胞因与盖膜间的切向运动而弯向蜗管外侧

听觉在体育教学和运动训练中很重要。通过语言讲解，教师和教练能够帮助学生通过听觉理解和掌握动作的关键点。因此，教练的语言表达需要生动、简洁且准确，语调也应适宜，这样有助于学生更快地学习和掌握技能。此外，音乐的伴奏能够增强动作的协调性和美感，同时听音乐也能有效地消除疲劳。需要注意的是，噪声可能对人体产生不良影响。

知识拓展

中耳炎的预防

咽鼓管与鼻咽部相通，使咽鼓管成为中耳感染的主要途径。当有上呼吸道感染或在不干净的水中游泳或跳水时，因呛水而鼻腔进水后不适当地擤鼻等，致病菌可从咽鼓管侵入中耳，引发中耳炎。由于儿童的咽鼓管比成人短、粗且平直，因此，儿童的鼻及鼻咽部感染时较成人更易患中耳炎。

游泳运动应在卫生条件合格的正规场所进行，有上呼吸道感染、慢性中耳炎、鼓膜穿孔者均不宜游泳。一旦鼻腔进了水，正确的做法是：赶快用手指紧压一侧鼻孔，缓缓擤出另一侧鼻孔的水，左右反复多次，避免用力过猛，不要同时捏住两个鼻孔用力擤，或用力抽吸到后鼻孔，再从口内吐出，以免引发中耳炎及鼻窦炎。

（二）听阈与听域

通常，人耳能够感知的振动频率范围是 20 ~ 20 000 Hz，而能感受的声压范围则是 0.000 2 ~ 1 000 达因每平方厘米（dyn/cm²）。对于每一个特定频率的声波，存在一个最低的声强，这个最低声强能够刚好引起听觉反应，称为听阈。当声强增加到一定程度时，不仅会引起听觉反应，还可能导致鼓膜疼痛，这个极限称为最大听阈。从听阈到最大听阈的区间，覆盖的面积表示人耳所能感知的声波范围，称为听域，如图 7–9 所示。在声频 1 000 ~ 3 000 Hz 的区间内，正常人的听阈最低，这也是听觉最为敏感的频段。随着年龄的增长，人的听阈会逐渐提高。

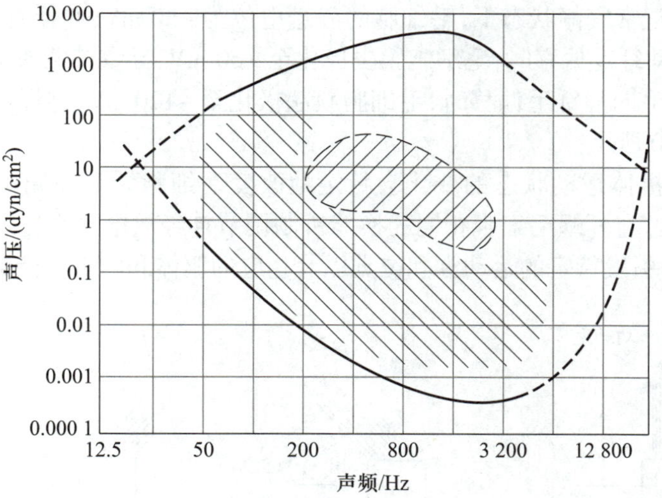

图 7–9　人的正常听域

中心部分的斜线区为通常的会话语言域，下方的斜线区为次主要语言域

（三）听觉在运动训练中的作用

在体育教学和运动训练中，口令和语言指导是重要工具，这些工具使学生可以通过听觉理解和掌握动作的要点，帮助他们迅速形成整齐的队列并掌握技能。因此，运动训练和比赛

中的适当音量、音调以及生动而简洁的指导和口令，能够集中激发运动员大脑皮质的听觉中枢，加速条件反射的形成。

音乐同样对运动员构成积极的激励。在体操、花样滑冰等需要音乐伴奏的项目中，音乐的节奏有助于运动员建立合适的运动节奏，而音乐的选择有时甚至可以直接影响比赛结果。

在大型的运动训练和比赛中，运动员可能会受到观众喧闹声的影响，这种持续或间歇的噪声干扰可能导致运动员过度紧张，从而影响他们的表现。因此，平时的训练应当考虑在噪声较大的环境下进行，以帮助运动员适应正式比赛时的噪声环境。

此外，听觉还能使运动员对远距离环境的变化做出预先的适应性反应。在体育运动中，运动员需要依靠听觉、视觉、本体感觉和前庭感觉协同工作，这不仅有助于控制动作的节奏和速度，还能准确感知空间位置和维持身体平衡，这对于掌握和熟练运用动作技能至关重要。

二、位觉

位觉又称为前庭感觉，是由前庭器官中的位觉感受器在身体进行各种变速运动（包括直线加速和角加速运动）时受到激发而产生的感觉。前庭器官位于颞骨岩部迷路内，由椭圆囊、球囊和三个半规管组成，其感受细胞为毛细胞，主要通过机械力作用进行刺激。这一系统是维持身体姿势和平衡的关键，其正常功能依赖于前庭器官、视觉器官和本体感觉感受器的协同作用。

（一）前庭器官感受毛细胞的适宜刺激

前庭器官毛细胞与耳蜗毛细胞的结构和功能相似，每个毛细胞顶部配有一条最长的动纤毛和多条较短的静纤毛，底部连接感觉神经末梢。这些毛细胞对平行于纤毛生长方向的机械力敏感。在正常安静状态下，毛细胞的静息电位为 –80 mV，并伴有神经纤维的持续放电。当静纤毛向动纤毛偏移时，毛细胞膜去极化至 –60 mV，导致神经放电频率增加，表现为兴奋；反之，动纤毛向静纤毛偏移时，毛细胞膜超极化至 –120 mV，神经放电频率降低，表现为抑制，如图 7–10 所示。

头部位置和机体运动状态的变化会特定地改变毛细胞纤毛的偏移方向，引起电位变化。这种变化通过与耳蜗毛细胞相同的换能机制调节神经放电频率，从而将力的变化信息传递至感觉中枢，引发特定的运动觉和位觉以及相应的躯体和内脏功能的反射性变化。

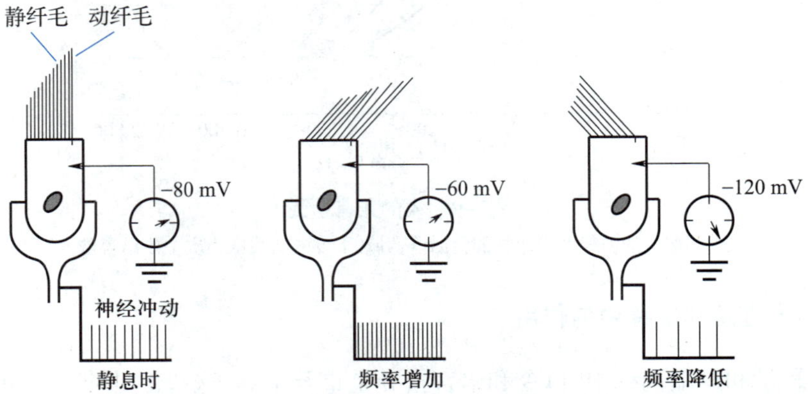

图 7–10　前庭器官中毛细胞顶部动纤毛和静纤毛受力情况与电位变化关系

1. 半规管壶腹嵴毛细胞的适宜刺激

半规管内的壶腹嵴毛细胞对旋转运动中的加速或减速特别敏感。在身体进行旋转时，内淋巴因惯性作用而向与运动方向相反的方向流动，这种流动冲击到终帽，从而激活毛细胞。这一过程中产生的神经信号通过前庭神经传送至大脑，导致颈部、躯干和四肢的肌肉张力发生调整，并引发旋转的感觉。在内耳的迷路结构中，水平半规管主要负责感知绕垂直轴的左右旋转动作，而前后半规管则主要感知绕身体的前后轴和横轴的旋转。这种结构设计使得人类能够准确感知并适应各种平面上的旋转动作。

2. 椭圆囊斑和球囊斑毛细胞的适宜刺激

椭圆囊和球囊的内壁上分布着囊斑，它们对重力、直线运动的加速与减速，以及头部在空间中的位置变化极为敏感。当头部发生倾斜（如前倾、后仰、向左侧或右侧倾斜）时，重力作用于耳石的方向随之改变，导致耳石膜与毛细胞之间的相对位置发生变化。这种变化引起躯干和四肢相关肌肉的张力调整，以适应新的头部位置。同样，当人体进行直线运动（如启动、停止或急速变动速度）时，耳石膜由于直线运动的加速或减速而发生位移，这使得毛细胞的纤毛发生弯曲并激发神经信号，通过神经反射机制调整骨骼肌的张力，帮助维持身体的平衡并产生位置感觉。此外，囊斑还能感应到震动、摇晃以及头部位置的其他变化，从而帮助身体做出适当的反应。

（二）前庭反应与前庭功能稳定性

1. 前庭反应

当前庭器官受到刺激并兴奋时，不仅能够反射性地引起位置感和运动感，还会引起骨骼肌和内脏功能的各种变化。这种广泛的生理反应称为前庭反应。

（1）前庭器官的姿势反射

当身体做直线变速运动时，椭圆囊和壶腹嵴受到刺激，从而反射性地调整颈部和四肢的肌肉张力。例如，当猫从高处跳下时，它会本能地使头部后仰并伸直四肢，以准备着陆；落地时，猫的头部会前倾，四肢则屈曲，以缓冲落地的冲击。类似地，旋转变速运动会刺激半规管，同样引发颈部和四肢肌肉张力的调整，帮助维持身体平衡。

这些姿势反射的作用主要是与初始刺激产生对抗，帮助机体尽可能地保持其在空间中的原始位置，从而维持姿势的稳定和平衡。

（2）前庭自主神经反应

当人类的前庭器官遭受过强或持续过久的刺激时，常会触发自主神经系统的功能性改变，进而引发一系列内脏反应。这些反应包括头痛、冒冷汗、眩晕、面色苍白、心率加快、血压下降，甚至恶心和呕吐等不适症状，这种现象称为前庭自主神经反应，也称为晕动症。对于一些人来说，这种现象表现得尤为明显，如晕车或晕船等，这往往是他们的前庭器官功能异常敏感所致。例如，一个经常乘坐公交车上班的人，每次车辆急转弯或急停时，都会感到明显的不适，如眩晕和恶心，这就是前庭器官对移动刺激反应过敏的表现。

（3）眼震颤

当身体进行旋转运动时，可能会引发眼球的往返运动，这种现象称为眼震颤。眼震颤主要由半规管的刺激引起，导致眼外肌肉有规律地活动，使眼球发生规律性的往返运动。其中，水平震颤是最常见的形式，包括两个运动阶段：首先是眼球缓慢向一侧移动；达到眼裂的极限后，眼球会快速回到中心位置。前一阶段称为慢动相，后一阶段称为快动相。例如，当头部前倾 30° 并向左旋转时，由于内淋巴的惯性，左侧壶腹嵴的毛细胞被刺激，引发眼球先缓慢向右移动，随后快速返回中心。当旋转速度保持一致时，眼球将停止震颤，保持在中央位置。一旦旋转减速或停止，内淋巴因惯性继续运动，导致壶腹嵴的压力变化，可能引起方向相反的眼震颤，如图 7–11 所示。

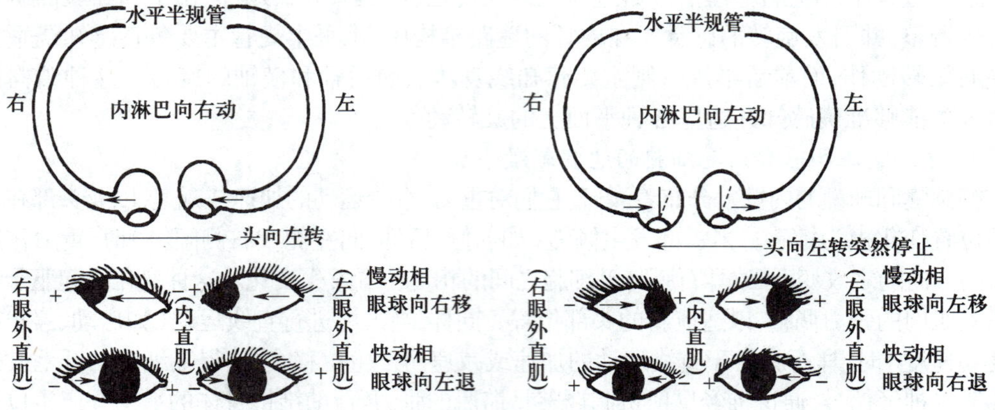

图 7–11　旋转运动时眼震颤的产生机制及眼球运动方向

2. 前庭功能稳定性

前庭功能稳定性是指由前庭感受器受刺激产生的神经冲动，引起机体各种前庭反应的程度，其主要作用是维持机体的姿势稳定和保持身体平衡。具有良好前庭功能稳定性的人在面对前庭器官的刺激时，表现出的反应较弱，这有助于提升其工作效率和能力。通常，通过测量在特定角加速度或直线加速度下的植物性功能或姿势反射的反应程度，可以评估一个人的前庭功能稳定性。

相反，前庭功能稳定性较差的人在受到类似刺激时，会表现出明显的内脏反应，这会影响其工作和日常活动的表现。飞行员、跳水和体操运动员都需要有较高的前庭功能稳定性，以提高在工作中或运动中的表现。值得注意的是，前庭功能稳定性可以通过运动训练逐步提高，经常参与体育锻炼的人通常具有更高的前庭功能稳定性。在跳伞、跳水、滑雪、体操以及各种球类运动中，运动员往往表现出较高的前庭功能稳定性。因此，定期参与这些类型的体育活动有助于增强前庭功能稳定性，从而提高整体的协调和平衡能力。

知识拓展

前庭功能稳定性的作用及提高方法

较好的前庭功能稳定性有助于运动员高质量地完成复杂、尖端的旋转和翻腾等高难度动作，以适应现代竞技体育飞速发展的需要；对于普通大众，前庭功能稳定性的高低也对生活、学习和工作有直接影响。

逐渐增加对前庭感受器的刺激量，可以提高个体的前庭功能稳定性。航天员飞行前常采用主动和被动两种前庭功能训练方法，前者是指选择各种包含加速的旋转运动和直线运动进行训练，包括转轮、滑冰、游泳等；后者是指在具有加速度变化的器械上，让人被动地感受加速度的变化，包括转椅、秋千和特技飞行训练等。也可以将主动训练和被动训练结合起来执行。

3. 前庭习服

前庭习服是指在特定类型的刺激长期且反复作用于前庭器官后，前庭器官对该刺激的反应逐渐减弱的现象。研究显示，经常参与赛艇、划船、跳水、跳伞和滑雪等体育活动能有效提升前庭功能稳定性，使得前庭器官对这些活动中的刺激的反应逐渐降低甚至消失。这种适应性改变有助于提高运动表现和日常活动的舒适度。

（三）失重、超重对前庭功能的影响

1. 失重对前庭功能的影响

失重对人体感觉功能有显著影响，尤其是在视觉和位觉功能方面。在失重状态下，由于人体内部各部分的重量变为“零”，位觉功能无法正常发挥，这使得维持身体平衡变得困难。同时，控制眼球运动的肌肉不再需要维持常态下的紧张度，这种变化可能导致视觉定位的混乱，并容易引发空间定向的错觉，特别是对距离的感知会出现异常。虽然失重对人的飞行能力产生一定的影响，但这种影响大多是暂时的。通过一段时间的习服和适应，人体可以有效地克服这些挑战，因为正常人具备充分的适应能力。

2. 超重对前庭功能的影响

超重是指在外力作用下，机体短时间内承受的重力超过地面常态重力。在超重状态下，位觉器官的重量增加，导致作用于毛细胞的机械压力升高，从而使囊斑传递给神经的冲动增强，这可能引发植物性神经反应和肢体肌肉紧张度的提升。在日常生活和体育活动中，通常经历的超重情况较轻微且持续时间短暂，因此一般不会感到不适。

在民用和运输航空中，超重主要发生在起飞和着陆阶段，但超重的程度较轻，普通人通常能够承受。宇航员通过特殊训练，对失重和超重环境有着较强的适应能力。

第四节　本 体 感 觉

本体感受器主要由分布在肌肉、肌腱和关节囊中的肌梭与腱梭组成，它们能够分别感受肌肉的牵拉程度以及肌肉收缩和关节伸展的情况。这些感受器被激活时，产生的感觉称为本体感觉或运动觉，这种感觉帮助我们了解身体各部位的相对位置和状态。

一、本体感受器的结构与功能

（一）肌梭的结构与功能

肌梭是肌肉中的梭形感受器，位于肌纤维之间，并与肌纤维平行，如图 7–12 所示。肌梭包含 6 ~ 12 根特殊的梭内肌纤维，这些肌纤维两端附着在梭外肌纤维的肌膜上。肌梭作为长度感受器，能够感受肌肉长度的变化。当肌肉被拉长时，肌梭同样被拉长，激发梭内肌纤维产生神经冲动，这些神经冲动通过感觉神经传入感觉中枢，引发肌肉收缩；相反，当肌肉收

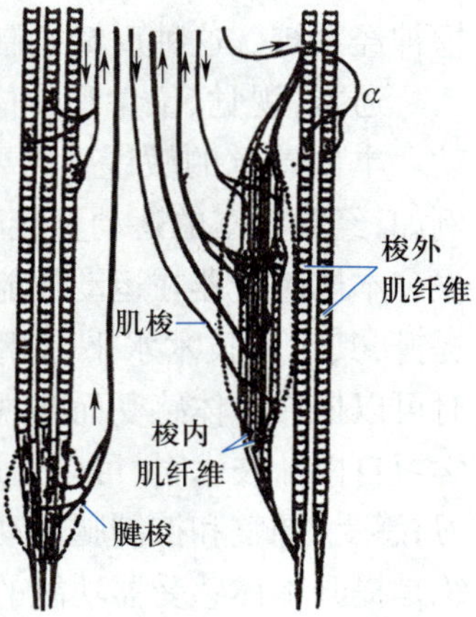

图 7–12　肌梭与腱梭

缩时,肌梭缩短,刺激消除,神经冲动停止,导致梭外肌纤维舒张。

(二)腱梭的结构与功能

腱梭是位于肌腱胶原纤维之间的张力感受器,与梭外肌纤维串联排列。当肌肉的收缩力增加时,腱梭受到刺激并产生兴奋,通过感觉神经传递神经冲动至感觉中枢,引起肌肉舒张并抑制牵张反射,从而防止肌肉受损。

当肌肉被动牵拉时,肌梭和腱梭的传入神经冲动频率会增加。这些神经冲动帮助中枢神经系统分辨肌肉的长度和受到的张力,进而综合分析,以感知身体各部位的空间位置、姿势和运动状态。例如,在举起物体时,肌肉牵拉的程度会影响动员的运动单位的数量:重负荷需要动员更多的运动单位,而轻负荷只需动员较少的运动单位。

知识拓展

运动时各感觉机能间的相互作用

人体运动时各机能均发生了剧烈变化,这些变化的产生均与感觉器官之间的相互作用有关。运动员在运动中靠视觉、听觉、位觉、皮肤感觉和本体感觉等来判断客观环境的变化和空间方位,同时感受身体各部位的位置变化和整个身体在空间的位置,大脑皮质是综合了各感受器传入的兴奋后产生精确感觉的。此外,这种感觉不仅仅体现在运动神经方面,还体现在植物神经的反应。如当运动中CO_2、H^+浓度增加时,刺激颈动脉窦、主动脉弓及主动脉体等感受器,从而对呼吸、循环及内分泌系统的功能造成影响,使血压升高,心率加快,血糖升高,呼吸频率加快,呼吸深度加深,摄氧量增加,以满足运动时骨骼肌的代谢需要。

二、本体感觉在运动训练中的作用

在建立运动条件反射的过程中,若缺乏肌肉本体感觉的传入冲动,条件刺激无法得到强化,从而无法形成运动条件反射,也就难以掌握学习的动作技能。通过本体感受器,我们能感知肌肉、肌腱、关节和韧带的状态变化,如缩短、放松和拉紧,并将这些信息连续反馈到中枢神经系统。这种反馈机制使得运动动作得以不断调整和矫正,从而变得更加协调和精确。

通常,视觉、位觉和本体感觉相互作用,并通过大脑皮质的综合分析功能来控制肌肉活动。本体感觉的敏锐度需要经过长时间的训练才能显著提高,并在动作执行中体现出来。例如,经验丰富的运动员能够迅速察觉到动作的微小变化,而初学者则难以感觉到明显的错误。本体感受器在运动技能形成中发挥着重要作用,实践证明,随着运动员本体感受功能的提升,其运动技术水平也相应提高。在篮球和足球等高水平运动实践中,熟练的运动员有时可以依靠本体感受而非视觉来完成复杂的动作,这表明他们具有极高的本体感受灵敏度。学习自由泳技术时,可以通过腿部浮板专注于腿部的动作练习,也可以闭眼进行腿部打水练习,感受、调整和控制腿部动作,从而改善和建立腿部的本体感觉。由此可见,反复的实践训练是提升本体感受器功能的关键,这不仅有助于运动技能的形成和提升,还促进了技术和战术的运用与创新,从而能够提高整体的运动表现。

第五节　其他感觉

皮肤中散布着多种感受器，这些感受器能够感知触觉、压力、温度以及痛觉等不同的感觉。在体育活动中，皮肤感觉发挥着至关重要的作用。

一、触—压觉

触—压觉是皮肤在接受机械刺激时产生的感觉，它能通过分辨最小的两点间的距离来测量，称为两点辨别阈。在实验室中，通过使用钝头的两脚规同时或相继触及皮肤来测量这一阈值。值得注意的是，疲劳会导致两点辨别阈值增大，因此它可以作为评估运动性疲劳的生理指标。

在学习和执行体育动作时，触—压觉的作用至关重要。它与视觉、听觉和本体感觉等相结合，帮助机体识别环境中物体的大小、形状、硬度、光滑度及其空间位置。例如，在排球运动中，运动员通过手对球的感觉来完成接球、发球、传球、扣球和拦网等技术动作，有效控制球的运动。

二、温度觉

冷觉和温觉统称为温度觉。当皮肤温度低于 30 ℃时，冷觉感受器开始发放神经冲动并产生兴奋；而当温度超过 30 ℃时，温觉感受器开始发放神经冲动。除了皮肤，口腔黏膜、喉黏膜以及胃肠道黏膜等部位也分布有温度感受器。

温度觉的强度不仅取决于温度刺激的强度，还与被刺激部位的大小有关。长时间的冷热刺激会使温度觉产生适应，反复的冷刺激能够锻炼皮肤，并改进体温调节机能。人类在极热或极冷的环境中进行运动时会展现出非凡的适应能力。

在运动训练中，温度觉通过与多种生理功能的协调来发挥其特殊作用。例如，在炎热气候中进行长距离耐力跑、铁人三项或足球等项目，相关运动员需要进行热适应性训练，以防热伤害。而在寒冷环境中训练可以提高神经系统的调节功能，使机体对气温骤变更加敏感，对温度的感知更加准确，这是一种自我保护的防御性反应。

在冰雪运动等特定的运动中，温度觉与前庭感觉、运动感觉和其他感觉（如触—压觉、视觉、内脏感觉）共同作用，形成了运动员对冰雪特性的敏锐辨别能力，这对技术的发挥至关重要。

三、内脏感觉

内脏有多种感受器，如血管壁上的压力感受器和化学感受器，这些感受器能将内脏的活动及其信息变化传递到中枢神经系统，从而引发各种内脏感觉，如饥饿、渴感、便意、恶心和疼痛等。这些内脏感觉在调节内脏功能中有重要作用。下丘脑则具备对渗透压、血糖和温度的感应能力。

在体育活动中，内脏感觉同样起着重要作用。只有当内脏器官的功能状态正常时，人体才能顺利地进行体育活动。反之，内脏功能的异常可能引起不适感，从而降低运动表现，甚至迫使运动者停止活动。例如，饱食后立即进行剧烈运动常会导致腹痛，使运动者不得不中断锻炼。

四、痛觉

痛觉也是一种重要的感觉，人体通过痛觉感受器对可能或实际对皮肤造成伤害的多种刺激做出反应，通常伴随着情绪的主观体验。与皮肤痛觉不同，内脏痛觉对切割、烧伤等刺激不太敏感，但对拉伸等刺激反应敏感，导致内脏疼痛时往往难以准确定位疼痛的源头。

疼痛是一种生命保护机制，是身体受到威胁时的警告信号。疼痛的强度受神经系统状态的影响，坚强的意志可以帮助人们忍受更剧烈的疼痛。例如，运动员在比赛中可能因团队荣誉而忽视或压制疼痛感，使得疼痛感减轻甚至完全消失。

第六节　运动对感觉功能的影响

感受器和感觉器官感受来自体内外的刺激，并将这些信息传递至大脑皮质，从而产生各种独特的感觉体验。通过神经系统的反射机制，这些感觉有助于维护人体功能的协调与统一，使得身体能够适应不断变化的内外环境。此外，感觉功能还对身体的运动反应起到重要作用。

一、一次性运动对感觉功能的影响

当运动量较小时，通常会引起 24 h 内可以消除的轻度疲劳，而感觉功能的变化并不显著。相反，如果运动量较大而疲劳未能及时消除，人的反应速度会降低，辨别能力减弱，感觉器官（如视觉和听觉器官）的敏感度可能会升高或降低，导致感觉功能失调，平衡感也会受到影响。常常通过测试皮肤的两点辨别阈、闪光融合频率和主观体力感觉等级等指标，来综合评估神经系统和感觉器官的功能。这些测试有助于判断运动强度和运动量是否适宜，以及监控疲劳程度和身体恢复状况是否合适。

在运动过程中，闪光融合频率通常会在开始运动后一段时间内逐渐增加，之后开始逐步下降。运动量越大，频率下降越快且幅度越大。特别是某些对身体局部负荷较重的运动，容易导致局部疲劳的积累。肌电图研究显示，未能及时消除疲劳的肌肉，其本体感觉功能的变化会导致肌肉收缩和放松的潜伏期延长。

如果运动量过大，导致的疲劳在 3 天内无法消除，长期进行这种高负荷的过度运动训练将显著影响感觉功能。因此，测量各种感觉器官的辨别阈及功能变化，可以有效反映疲劳的消除程度。

二、运动训练对感觉功能的影响

（一）长期适度的运动训练使各感觉器官功能提高

通过运动训练，运动员的本体感受器功能得到提升，使得他们在执行熟练动作时，对微小的变化也能敏感察觉。这种感知的提高，配合神经系统的精确调节，进一步增强了肌肉活动在时间和空间上的协调性,从而确保了动作的准确性。这不仅有助于形成和提升运动技能,还促进了技术和战术的应用与创新,最终提升运动员的整体表现。研究表明,长期的运动训练,特别是参与链球、铁饼和体操等项目,能显著增强运动员的前庭功能稳定性。

(二)长期体育锻炼改善平衡感觉

研究表明,太极拳的练习对于提升老年人的姿势控制精度和下肢膝踝关节的运动感知具有显著效果,能有效增强平衡能力。

三、过度训练对感觉功能的影响

当运动强度或运动量过大时,中枢神经系统可能会受到抑制,导致运动性疲劳。这种状况通常表现为大脑皮质的持续节律性自发脑电活动出现异常。随着神经细胞抑制过程的加剧,依赖大脑皮质完成的某些感觉功能也会出现下降。因此,训练中应常用各种感觉功能评价指标来监测运动员中枢神经系统的疲劳程度及其恢复情况。

四、体育锻炼和运动疗法对感觉功能的干预效应

通过结合主动活动和被动感觉刺激,可以诱导正常运动和抑制异常运动,同时加强功能训练,促进自主反应。此外,利用神经感觉统合方法可以提高儿童整合和控制感觉信息的能力,包括前庭位置感、本体感觉和触—压觉等。具体的运动疗法包括头部控制训练、翻身坐起训练、坐位训练、站立训练和步行训练等,这些训练都有助于改善神经肌肉和关节的运动功能。

案例分析题

从感知觉角度,帮助教练员选择几个指标进行篮球运动员的选材和评价。

应用篇

第八章　运动技能的学习

学 习 导 航

关键名词

1. 运动技能；
2. 运动技术；
3. 运动技巧；
4. 运动动力定型；
5. 动作自动化；
6. 正反馈；
7. 负反馈；
8. 运动技能迁移。

学习目标

1. 了解运动技能的分类；
2. 掌握运动技能的定义及生理本质；
3. 掌握运动技能的形成过程；
4. 了解影响运动技能形成和发展的主要因素；
5. 培养突破自我、挑战自我的奋斗精神。

知识拓展

运动技能迁移。

无论是在日常活动中，还是在各类体育运动中，运动技能都发挥着重要的作用。从走路、跑步到跳跃、投掷，再到更复杂的技能，如体操、篮球运球和击球等，都是我们通过学习和训练习得的运动技能。

第一节　运动技能的概念、分类和生理本质

导学视频 15

一、运动技能的概念

运动技能是指人体在运动中通过大脑皮质的控制，协调不同肌群以精确、有序地完成特定动作的能力。这涉及在恰当的时间和空间内，使用适当的力量和速度来执行动作。运动技能是运动技术和运动技巧的基础。运动技术是根据身体运动规律确立的基本运动方法，如跑、跳、投等。运动技能发展到高级阶段形成运动技巧，表现为动作的高度熟练和自动化，确保时间和空间在执行动作时的精确匹配。

二、运动技能的分类

（一）闭式和开式运动技能

运动技能通常分为闭式和开式两大类。一般而言，开式运动技能的动作更为复杂。闭式运动技能通常在相对固定或可预测的环境中执行，而开式运动技能需要在不断变化的环境中适应和做出反应，见表 8–1。

表 8–1　运动技能的分类及比较

分类	闭式运动技能	开式运动技能
时序特征	严格的时序性	随外界环境改变而改变
动作结构	周期性	非周期性（多样性）
反馈信息源	本体感受器	多种感受器
项目举例	游泳、田径	球类、摔跤、跆拳道

（二）离散、连续和串联技能

离散技能、连续技能和串联技能是运动技能的另一种分类方式，它们描述了运动技能在时间上的特性。

1. 离散技能

离散技能是指在有限的时间内完成的单个独立动作或动作序列。这些动作通常是通过单次决策和执行来完成的，不需要连续的、长时间的运动表现。例如，投掷飞镖、击球、射门等都是离散技能。离散技能通常可以在每次尝试之间进行评估和调整。

2. 连续技能

连续技能是指在持续时间内进行的动作，通常是一个连续的、流畅的动作序列。这些技能要求运动员以持续的方式执行动作，没有明确的开始和结束点。例如，游泳、跑步和骑自行车都属于连续技能。连续技能通常需要良好的协调性和节奏感，以保持连续动作的流畅。

3. 串联技能

串联技能是指由多个离散技能或连续技能组合而成的复合技能。它要求运动员能够在一个连贯的动作序列中执行不同的动作。例如，体操、花样滑冰和击剑都是串联技能，运动员需要在一系列动作中完成各种技巧和动作组合。

这些不同类型的技能在执行上有不同的要求和挑战。离散技能需要精确的时机和动作控制，连续技能需要连贯的动作协调，而串联技能则需要在不同动作之间的转换和协调。理解不同类型的技能有助于针对不同运动项目进行训练和技能发展。

三、运动技能的生理本质

运动技能是由大脑皮质控制骨骼肌进行的随意运动，是在体育锻炼和训练中通过后天学习逐渐发展形成的。

（一）随意运动的本质

随意运动是指由意识指挥的肌肉活动。著名生理学家伊万·米哈伊洛维奇·谢切诺夫（Ivan Mikhailovich Sechenov）认为，所有随意运动本质上都是反射行为，即脑活动通过肌肉运动表现出来。这一过程从感觉开始，通过心理活动中继，最终以肌肉活动结束。伊万·彼德罗维奇·巴甫洛夫（Ivan Petrovich Pavlov）后来进一步解释，随意运动的生理机制是基于暂时性神经联系。由此可见，学习和掌握运动技能的生理本质就是建立运动条件反射的过程。

（二）运动条件反射形成的生理机理

运动相关的简单非条件反射与一些条件刺激多次结合，人体便能形成简单的运动条件反射。人体运动技能的形成实质上是形成了一系列复杂的、连锁的、本体感受性的运动条件反射。

1. 运动技能与简单运动条件反射的区别

运动技能与简单运动条件反射的区别包括三个方面：①多中枢参与。形成运动条件反射涉及多个中枢，而非单个中枢，这增加了反射活动的复杂性。②连锁性特征。反射活动是由成串动作构成的。③本体感受性的重要性。在运动条件反射过程中，肌肉感受到的传入冲动（本体感受性冲动）起着重要作用。缺少这种传入冲动，条件刺激无法得到强化，因而复杂的条件反射和运动技能的掌握就无法实现。

2. 运动动力定型

运动动力定型是指通过反复练习，形成熟练的运动技能，大脑皮质的兴奋与抑制规律而有序地间隔交替发生，形成一个系统化的结构。实践证明，运动动力定型的稳固程度越高，动作越熟练；运动动力定型建立的数量越多，越有助于快速学习新的运动技能。

第二节　运动技能的形成过程

导学视频 16

运动技能的形成是一个从简单到复杂的循序渐进过程，遵循一定的规律。通常，我们可以将运动技能的发展划分为四个阶段，以更好地理解和指导技能学习与提升。

一、泛化阶段

（一）动作表现及产生原因

在运动技能形成的泛化阶段，动作表现通常是不够成熟和精细的。在这一阶段，学习者对动作的深层次结构和内在规律的理解尚不完全，这种表层的认识往往导致动作执行时的不准确和不流畅。具体来说，学习者在这一阶段的肌肉活动表现为僵硬和不协调。例如，可能会出现不需要收缩的肌肉被激活，或者添加了不必要的动作，这些都是动作控制不精确的表现。此外，由于缺乏效率和技巧，执行这些动作往往比较费力。虽然泛化阶段的动作表现可能不够理想，但它是运动技能学习过程中一个必经的重要阶段，为后续的技能精细化和自动化打下基础。

泛化阶段的出现主要是由于大脑受到新的外界刺激时，大脑皮质的细胞会产生强烈的兴奋反应。在这个初期阶段，大脑皮质内的分化抑制机制还未完全建立，导致兴奋和抑制状态在大脑中呈现出扩散状态。这种扩散状态意味着大脑不能有效地分辨和控制哪些神经元应该被激活以执行特定动作，哪些神经元应该被抑制，使得条件反射的联系变得不稳定。

（二）教师注意要点

在泛化阶段的教学中，教师及其所使用的方法至关重要，因为这一阶段学生的动作表现可能仍不稳定和不精确，应注意以下教学要点。

1. 正确示范

教师应提供清晰、准确的动作示范，因为学生在这个阶段很大程度上依赖于视觉和模仿学习来形成对动作的初步理解和执行。

2. 简练讲解

教学时，教师应简化语言，直接点明动作的关键部分，避免过多的技术性细节，这有助于学生将注意力集中在动作的核心要素上，而不是被边缘信息分散注意力。

3. 抓住主要环节

教师应识别并强调那些对动作执行最为关键的环节，使学生将练习的焦点集中在最重要的部分，从而更有效地改进和稳固动作。

4. 关注学生的主要问题

每个学生在学习过程中可能会遇到不同的难题。教师应通过观察和反馈，了解每个学生在动作执行中遇到的主要难点，并提供针对性的指导和练习建议。

5. 调整难度

教师应根据学生的具体表现和进步情况，适时调整练习的难度。

二、分化阶段

（一）动作表现及产生原因

在分化阶段的技能学习中，动作表现具有以下四个方面的特点。

1. 动作比较流畅

由于学习者对运动技能的内在规律有了初步的理解，他们开始能够比较精确地执行动作，减少不必要的动作部分，使得整体动作看起来比较流畅。

2. 纠正大部分错误

随着不断的练习和反馈，学习者能够识别并纠正自己的错误动作。

3. 初步建立运动动力定型

此阶段的重要特征是形成了初步的运动动力定型，即学习者能够比较顺利、连贯地完成完整的技术动作。这表明学习者已经掌握了动作的基本结构和顺序。

4. 动作稳定性不足

尽管运动动力定型已经初步建立，但在高压力或新环境下（如观众在场或比赛情境），运动动力定型的稳定性还不够强，可能导致学习者在这些情况下重新出现多余或错误的动作。

分化阶段是从技能的基础掌握向高级技能的过渡阶段。该阶段的出现是因为大脑皮质运动中枢的兴奋与抑制过程逐步变得更集中，尤其是分化抑制明显提升，促使大脑活动从泛化阶段逐渐过渡到专注且细致的分化阶段。

（二）教师注意要点

在分化阶段的教学中，教师应专注于几个关键策略，以促进学生技能的精确性提升和细节掌握。首先，教师需要进行正误对比演示，这不仅能帮助学生清晰地看到正确与错误动作的区别，还强化了正确的技术和动作。其次，对正确的动作应给予积极的强化，以增强学生对这些动作的记忆和复现能力。最后，教师需细致地指出并纠正错误的动作，通过详细解释和示范，使学生能深刻理解并体会到每一个动作的细微差别，这是非常重要的。这种方法不仅帮助学生修正错误，还促进了分化抑制的发展。

三、巩固阶段

（一）动作表现及产生原因

在巩固阶段，动作的主要特点体现在其准确性和流畅性上。通过反复练习，运动条件反射得到显著加强，达到了稳定的运动动力定型阶段。在这一阶段，大脑皮质中的兴奋与抑制作用在时间和空间上更加集中和精确。学习者的动作不仅准确，某些环节的动作甚至能够实现自动化，使得整个动作过程显得更为省力和轻松自如。即使在环境条件发生变化时，这些技术动作也不易受到破坏，显示出高度的适应性和稳定性。

（二）教师注意要点

在巩固阶段，教师应该对学生提出更高的要求，并引导学生深入理解相关的技术理论。这样做不仅有利于运动动力定型的进一步巩固，也能显著提升动作的质量。

问与答

问：运动技能学习到了巩固阶段，动作还会变形或者遗忘吗？

答：巩固阶段仍需要继续练习，提高动作精确度，持续巩固运动动力定型；如果忽视练习，越复杂的动作技术，运动动力定型消退得也越快。

四、动作自动化阶段

（一）动作自动化的概念及特征

动作自动化是指在长时间的练习和技能巩固之后，个体能够在无意识的状态下完成某一套技术动作的现象。这种现象通常发生在运动技能经过反复练习并达到非常稳固的程度之后。动作自动化的主要特征是，整个动作或其中的某些环节可以暂时地在无意识状态下执行。例如，走路是一个典型的自动化动作。大多数人在走路时能够同时进行其他活动，如谈话或阅读，而无须有意识地思考如何迈步或保持身体平衡。这表明走路这一动作已经被大脑深度编码，成为一种自动化的技能。同样，一位熟练的篮球运动员在比赛中的运球等技能，也往往达到了自动化的程度，他们不需要有意识地关注每一个动作细节，就能够自然而然地执行这些动作。

（二）动作自动化的产生原因

动作自动化的产生原因是运动技能的逐步巩固以及大脑信号处理方式的变化。在技能学习的初期，动作的执行需要大量的认知资源和意识控制，此时大脑皮质的活动较为活跃。随着技能的不断练习和熟练，动作逐渐变得更加流畅和自然，不再需要强烈的意识控制。在这一过程中，原本由高度兴奋的大脑皮质所控制的动作转而由兴奋较低或被抑制的区域来完成。

在动作自动化的阶段，第一信号系统（直接负责感觉和简单反射的系统）的活动不再依赖于第二信号系统（负责复杂的逻辑思维和决策的系统）。这意味着，一旦动作自动化，它就可以在较低或无意识的状态下完成，因为这些动作不需要经过复杂的思考过程。动作的自动执行减少了意识层面的负担，使大脑能够将注意力和资源分配给其他需要高度认知处理的任务。

（三）动作自动化的意识转换及质量保持

自动化动作并非始终无意识进行。当遇到异常外界刺激时，大脑皮质的兴奋增强，使得原本自动化的动作重新变得有意识。例如，在悬崖上行走或运动员专注于特定肢体动作的细节时，这部分动作会变得有意识，而其他部分则维持自动化状态。因此，尽管动作自动化能提高效率，但并不保证动作质量始终如一。动作自动化后，仍需定期检查和调整，以确保动作的持续优化和精准执行。

问与答

问：运动技能形成的四个阶段之间有怎样的关系？

答：四个阶段虽然有不同的动作表现，但无明显界限。这些阶段的出现与持续时间受多种因素的影响，如动作本身、教学方法、训练水平等。训练水平较高，则学得更快，因为泛化阶段较短，且分化能力较强；而初学者则相反。复杂动作的学习需要更长的时间，因其泛化阶段更长，分化难度也更大。

第三节　影响运动技能学习发展的因素

导学视频 17

一、动机

动机是驱动行为的目的，通过一个循环链与行为相连，如图 8-1 所示。动机由内部或外部环境的刺激引发，导致行为的产生。如果行为达到了目的，循环便结束；如未达到目的，会重新激起动机，促使新的行为产生，直至满意为止。

在运动技能形成和提升运动成绩的过程中，动机和运动成绩的关系并非简单的线性关系，而是呈现倒 U 字形曲线，如图 8–2 所示。在最佳动机水平下，运动员的训练效果和比赛成绩最佳。动机过高或过低都可能对运动成绩产生负面影响。因此，在教学和训练中，教练应通过满足需求、合理强化、因材施教和培养责任感等策略，调整运动员的动机水平，以使其达到最佳表现。

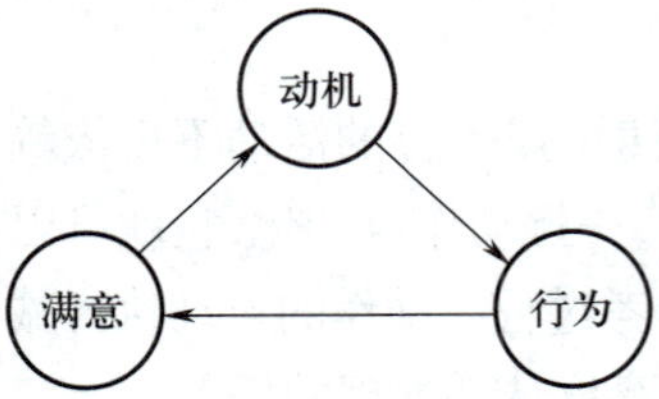

图 8–1　动机行为循环链

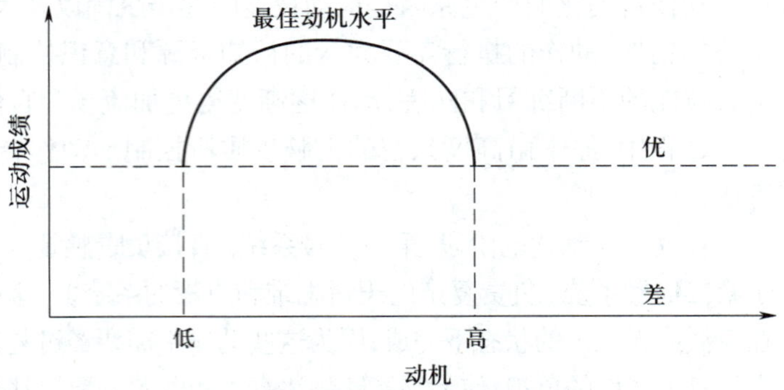

图 8–2　动机和运动成绩的关系

二、大脑皮质的机能状态

运动技能的形成需要大脑皮质保持良好的机能状态。大脑皮质兴奋性过高或过低都会影响运动技能的正常发挥。赛前兴奋性过高或者疲劳都会导致运动技能发挥欠佳。因此，合理调整赛前状态和做好准备活动，可以帮助运动员优化运动表现。

三、身体素质

身体素质是运动技能形成和技术发挥的基础。良好的身体素质不仅能够促进运动技能的提升，还能随技能水平的增长而进一步发展。在运动技能形成的生理基础上，运动技能与协调性、柔韧性、力量、平衡和灵敏度等素质紧密相关。协调性确保动作的省力和流畅；柔韧性是执行大幅度和快速动作的基础；力量是克服阻力、产生运动的基础；平衡是完成技术动作的前提；灵敏度则关乎运动员快速调整体位和应对变化的能力。这些身体素质共同支撑着技能的高效执行。

四、感觉机能

运动技能的形成是一个涉及多种感觉机能的复杂过程，大脑皮质动觉细胞与本体感觉之间的暂时性神经联系极为关键。在运动训练中，通过反复练习，运动员能够精确区分正确与错误的动作，从而巩固正确的动作模式。视觉在学习球类运动和射击等项目中尤为重要，而在中长跑和体操等项目中，听觉与本体感觉的相互作用也不容忽视，它们共同帮助运动员建立正确的运动节奏和频率。在体操和跳水的空中动作训练中，利用保护措施和位觉的相互作用可以有效加速技能的形成。自由泳初学者通过限制圈控制打水幅度，铅球运动员在教练的指导下通过触感调整动作，都展示了皮肤感觉与本体感觉的相互作用。这些感觉机能根据不同的运动项目起着各自独特的作用。

五、反馈信息

反馈在运动训练中起着重要作用,它是通过提供信息或回应来评估和改进运动员的动作或表现的过程。教练需要科学地运用反馈原理,以提升训练效果。反馈可来源于内部,如运动员的感觉和知觉,也可来源于外部,如教练、技术设备和其他运动员的指导。

在实际应用中,反馈不仅有助于运动员技术的改进和错误的纠正,还能提供心理支持,激发训练及比赛的动机。此外,它有助于运动员设定目标、跟踪进展,并在比赛中做出明智的决策。然而,过度依赖反馈可能导致运动员在没有反馈时表现下降。

知识拓展

运动技能迁移

运动技能迁移是指已掌握的运动技能对学习新技能的影响,这种影响可能是正面的(正迁移)、负面的(负迁移),或没有显著影响(零迁移)。

正迁移是指一个运动技能的学习有助于另一个技能的发展。例如,篮球运动员的运球和传球技能可能正面迁移到足球中的控球技巧,因为这些运动都需要肢体协调和精确控球。

负迁移是指一个运动技能的学习干扰了另一个技能的发展。例如,习惯棒球投球动作的运动员可能在尝试板球投球时遇到困难,这两种运动的投球技术虽相似但存在关键差异,可能导致混淆和效率下降。

零迁移是指一个运动技能的学习对另一个技能既无正面影响也无负面影响。例如,精通射箭的运动员在游泳技能上可能不会有任何显著提升,因为这两项技能之间的相关性极低。

运动技能迁移受多种因素的影响,包括两项技能之间的相似性、运动员的认知能力、技能练习的质量和数量,以及个人的适应性和可塑性。教练和运动员可以有意识地设计训练计划,利用正迁移效果,尽量避免负迁移,从而优化技能学习和运动表现。

问与答

问:为何短跑的训练有助于跳远助跑的加速,但是篮球运动员学习推铅球的时候,却难以适应推铅球的出手动作?

答:短跑训练有助于跳远助跑,是正迁移,而篮球运动技能会干扰对铅球运动技能的学习,属于负迁移。

案例分析题

假如你是一名足球教练,你正在训练一名新加入队伍的青少年球员。这名球员有基本的足球技能，但是在比赛中往往无法找到最佳的传球和射门时机。你的任务是帮助他提高技能并将他的能力提升到一个新的水平。请分析并回答以下问题：

1. 解释运动技能的概念，并根据运动技能的分类，分析这名球员目前的技能属于哪一类。

2. 描述运动技能的学习过程，并针对这名球员设计一套适合他的技能训练方案。

3. 根据你的训练方案，设想一次具体的训练课程，包括预期的困难，以及你会如何给予反馈。

第九章　身体素质

学习导航

关键名词

1. 身体素质；
2. 绝对力量；
3. 相对力量；
4. 力量耐力；
5. 反应速度；
6. 动作速度；
7. 位移速度；
8. 有氧耐力；
9. 无氧耐力；
10. 最大摄氧量；
11. 乳酸阈。

学习目标

1. 掌握身体素质的概念和分类，掌握各素质的生理学基础；
2. 熟悉各素质的训练方法；
3. 了解各素质的评定方法；
4. 培养训练中分析和解决问题的能力；
5. 形成对自身身体素质的认知，提高健康意识，养成健康的生活方式。

知识拓展

1. 摄氧量峰值；
2. 高原训练和模拟高原训练。

身体素质是指人体在肌肉活动中所展现的力量、速度、耐力、平衡、灵敏性、柔韧性和协调性等综合能力，反映了各器官系统的功能。身体素质受诸多因素影响，与先天遗传、后天营养摄入及运动锻炼密切相关。优良的身体素质不仅是体能健康的重要标志，还对掌握运动技能、提高运动表现至关重要。无论是体育教学和运动训练，还是大众健身，身体素质的提升都很重要。对于从事某一特定运动项目的运动员来说，身体素质的训练必须与专项运动的特点相结合，才能有效地提高专项运动成绩。

第一节　力量素质

力量作为人体对抗外界阻力的基本能力，在体育训练和日常生活的活动中不可或缺。在体育运动中，无论是速度、耐力还是灵活性，均以肌肉力量为基础。因此，力量素质不仅关系到运动表现的优劣，更是影响整体体能的关键因素。这种全面的重要性使得力量被誉为“素质中的素质”。

一、力量的分类

（一）绝对力量

在进行单一最大力量输出时所能展示的最大肌肉力量即为绝对力量。绝对力量一般用个体所能克服的最大负荷来表示。一般体重越大,绝对力量就越大。由于绝对力量大小与体重有关,所以用绝对力量进行个体之间力量的评估比较并不科学。

（二）相对力量

相对力量通常以单位体重的力量输出来表示,排除体重对力量评估的影响,从而更准确地反映运动员的真实力量素质。相对肌力也称为比肌力,衡量的是肌肉在单位生理横断面积上进行最大收缩时产生的张力。相对肌力是一个重要的指标,它可以公平地比较不同体重运动员的力量水平。

（三）速度力量

肌肉于短时间内快速发挥力量的能力即为速度力量,常以肌肉单位时间的做功量来表示。速度力量与爆发力密不可分,因为爆发力受速度力量的影响,爆发力是肌肉速度力量的典型表现形式。任何运动项目中,爆发力都很重要。一般来说,爆发力会随着速度的变快而增加。虽然耐力运动员的最大爆发力小于短跑运动员,但是耐力运动员能够长时间保持爆发力输出。在投掷项目中,运动员克服的阻力不变,这类项目的力量训练主要是提高器械出手速度。

（四）力量耐力

力量耐力是肌肉保持长时间收缩的能力,可以通过肌肉在克服一定负荷时能够执行的最大重复次数（动力性运动）或能够持续的最长时间（静力性运动）来衡量。例如,长时间维持平板支撑的姿势,所表现出的持久性肌肉紧张状态为静力性力量;多次进行杠铃举重,肌肉能够连续完成这些动作的能力为动力性力量。这两种力量耐力都是评价运动表现的重要指标,对于完成各种体育活动和日常生活中的持续性任务均有重要意义。

二、力量的生理学基础

肌肉力量受到与肌肉因素有关的肌源性因素和与神经有关的神经源性因素的影响。此外,力量还与年龄、性别及体重等因素有关。

（一）肌源性因素

1. 肌肉生理横断面积

肌肉的生理横断面积由肌纤维的总数和粗细决定,是衡量肌肉力量的重要指标。简单来说,肌肉生理横断面积越大,其力量也越大。力量训练导致的肌力增加主要是由于训练增加了肌肉中的氨基酸吸收和蛋白质合成,使肌纤维肥大。

2. 肌纤维类型

快肌纤维比慢肌纤维拥有更大的收缩力量和速度，因此快肌纤维比例高的运动员往往拥有更强大的肌肉收缩力量。

3. 肌肉初长度

肌肉收缩前的长度为肌肉初长度。在一定范围内，肌肉初长度越长，肌肉收缩产生的力量越大。当肌节中的粗、细肌丝处于最佳重叠状态时，活化最多的横桥数目，能产生最大的收缩力量，该初长度即为最适初长度。肌节长于或者短于最适初长度，肌肉的收缩力量都会下降。此外，收缩前牵拉肌肉产生更大收缩力量的效应还与弹性势能及牵张反射有关。

问与答

问：肌肉初长度越长，产生的收缩力量一定越大吗？举例说明。

答：不一定。在进行立定跳远之前，我们通常会先下蹲，这一动作实际上是在增加腿部肌肉的长度，使其至最适初长度，使得肌肉在收缩时能产生最大的力量。直立或深蹲都会降低肌肉的收缩力量。因此并不是肌肉初长度越长，产生的收缩力量一定越大。此外，快速的收缩动作激活了牵张反射，增强了肌肉力量，而肌肉的弹性部分在被拉长时积累了弹性势能。因此，下蹲后要立即起跳而不是过一段时间后再跳。

（二）神经源性因素

1. 中枢神经系统的兴奋性及激活水平

中枢神经系统的兴奋性对提高中枢激活至关重要。中枢激活是指中枢神经系统调动肌纤维参与收缩的能力，主要通过控制运动神经元的放电频率及其同步化程度来实现。中枢激活水平越高，参与收缩的肌纤维数目越多，从而使肌肉的收缩力量也越大。

未经训练的人在最大随意收缩时只能调动约 60% 的肌纤维，而训练有素的人则可以调动超过 90% 的肌纤维。当中枢神经系统兴奋性高时，更多的神经元被激活，放电频率增加，使得更多低兴奋性的运动单位也参与收缩，从而增加肌力。

研究表明，在肌肉克服最大肌力的 20% ~ 80% 的负荷时，肌力的提升主要依赖于神经系统募集更多运动单位的能力；而当负荷超过最大肌力的 80% 时，主要通过提高神经中枢的放电频率和肌肉的同步兴奋性来增加肌力。因此，力量训练能显著提升中枢激活水平，进而增强肌肉力量。

问与答

问：为什么被狗追的时候跑得比平时快？

答：因为情绪和环境也会影响中枢神经系统的兴奋性。人被狗追逐时，肾上腺素、乙酰胆碱等生物活性物质由于中枢神经系统的兴奋性提高而被释放出来，增加人的肌肉力量。此外，中枢神经系统发放的强而集中的神经冲动，也促进了运动单位的同步收缩，因此跑得比平时快。

2. 中枢神经系统对肌肉活动的协调和控制能力

人体执行任何动作时，都依赖多肌肉群的协调合作。由于不同肌肉群受到不同神经中枢的控制，因此神经中枢之间的良好协调可以减少肌肉群间不协调造成的力量抵消和能量浪费，从而提升整体力量。

中枢神经系统对肌肉活动的协调和控制能力是可以通过训练得到提高的。例如，一个篮球运动员通过反复练习投篮，不仅提升了手臂肌肉的力量，也优化了相关神经中枢之间的协调能力，使得每一次投篮动作更加精准和有力。动作的熟练程度直接影响了完成动作时的力量表现。

（三）其他因素

1. 性别、年龄

肌力大小与年龄及性别有关。出生后，肌力便随年龄的增加而增长。肌肉力量通常在20～30岁时达到最大，之后逐渐下降。青春期前，男孩的力量比女孩略大。进入青春期后，男孩的力量显著大于女孩。该差异的出现主要是由于男性体内睾酮水平较高，能够促进合成代谢，肌肉量和力量容易随训练而增加；而女性体内的睾酮含量仅为男性的1/20，力量训练后，合成代谢较弱。

2. 体重

绝对力量的大小与体重有关。体重大的人，绝对力量通常也越大。而绝对力量相同时，体重大的人相对力量反而小。这可以解释为什么体操运动员身材娇小，而投掷运动员身材高大，因为前者需要较高的相对力量，而后者需要较高的绝对力量。

3. 运动训练

运动训练可以通过神经源性因素和肌源性因素的变化提升肌肉的力量。若30岁以后不进行运动训练，则肌力会逐年下降。无训练者刚刚开始进行运动训练时，力量增加很快，并不是肌肉收缩蛋白增加了，而是神经动员的肌纤维数量增加了。当训练进行2个月左右时，肌纤维会产生更多的收缩蛋白，肌肉力量随之增加，运动训练增加力量的上限与遗传因素有关。运动员停训会导致收缩蛋白分解，肌肉萎缩。

三、力量训练

（一）力量训练的原则

想要提升肌力，必须进行科学的力量训练，需要遵循以下基本原则。

1. 大负荷原则

力量训练最重要的原则是大负荷原则（超负荷原则），指的是训练负荷应接近或超过个人平时的最大承受能力。这一原则基于人体对运动的生理反应和适应规律：运动负荷越大，引发的生理反应越强烈，人体的适应性变化也越显著。如果训练仅使用习惯的负荷，肌力将停滞不前。因此，为了提高最大肌力，训练负荷通常应超过最大负荷的80%。如果目标是增强肌肉耐力，应选择较小的负荷并增加重复次数和持续时间。

随着训练的进行，肌肉会逐渐适应当前的负荷，为了持续增强肌力，需要按照大负荷原则适时增加负荷。增加负荷时应注意适度，避免过快或过大的负荷增加导致过度训练或运动损伤。

2. 专门性原则

专门性原则强调肌肉力量训练应针对特定的肌肉群、运动能力或运动模式进行专门设计,使之与运动项目特性及比赛相匹配。这一原则包括两个方面:一是目标肌肉群的专门性;二是练习动作的结构、节奏和速度的专门性。例如,篮球运动员为了提高垂直跳跃能力,他们的力量训练会特别强调下肢的爆发力,具体的训练项目可能包括深蹲、跳箱训练和腿部推举等。这些训练专门针对增强腿部肌肉群的力量和爆发力,直接与篮球中的跳跃动作相关。举重运动员需要进行大量的技术训练,这些训练专门针对举重比赛中的抓举和挺举动作。他们的力量训练不仅包括传统的力量练习,如深蹲和硬拉,还包括大量模拟比赛中动作的练习,如肩部推举,以此来模拟和强化比赛中的具体动作。由此可见,力量训练的专门性原则确保了训练内容和运动表现之间的直接相关性,从而使运动员能够在其专项运动中获得最大的能力提升。

3. 练习顺序原则

练习顺序原则是指在力量训练中应合理安排各项动作的顺序。基本规则是:为避免很快疲劳,将大肌肉群的练习安排在小肌肉群练习之前;多关节肌肉的训练应放在单关节肌肉训练之前;前后两次的练习应训练不同肌肉群;训练某肌肉群时,将大强度训练安排在前,然后再进行小强度训练。这样的顺序有助于提高训练效率并减少受伤风险。

4. 合理间隔原则

合理间隔原则是指两次力量训练之间应保持合适的间隔时间。为了保证训练效果的累积,通常在上一次训练的恢复达到最高峰时开启下一次训练,即在超量恢复期开始下一次训练效果最好。训练间隔应根据训练强度和运动量来调整:强度高和运动量大的训练需要更长的恢复时间。通常,小强度训练次日可恢复,可每天训练;中等强度训练隔日可恢复,因此需要隔日训练;而高强度训练恢复较慢,每周 1 ~ 2 次即可。力量增长的速度越快,则消退得也越快。

(二)力量训练的要素

1. 负荷强度

负荷强度是力量训练的一个关键要素,它指的是训练中所使用的重量或阻力相对于个体最大肌力的比例。这个强度可以通过最大重复次数(repetition maximum, RM)来量化,即一个人能够连续克服最大重量的次数。例如,1 RM 表示只能完成一次的最大重量,而较高的 RM 值代表使用较轻的重量,可以执行更多次。负荷强度的选择依训练目标而定,如力量增长、肌肉增大或耐力提高,每种目标对应不同的负荷强度范围。基于不同训练目的的参考负荷强度见表 9–1。

表 9–1　基于不同训练目的的参考负荷强度

运动项目	训练目的	最大肌力/%	起始负荷	调整负荷
举重等	增大肌力	90 ~ 100	1 ~ 3 RM	3 ~ 5 RM
短跑、跳跃等	增大肌力和爆发力	75 ~ 90	5 ~ 8 RM	8 ~ 12 RM
健身等	增强肌肉耐力	50 ~ 75	12 ~ 15 RM	20 ~ 25 RM

注:上表中,起始负荷是指"负荷到多少 RM",调整负荷是指"训练到多少 RM 后需调整负荷"。

问与答

问：采用 80 kg 的负荷进行训练，甲最多能克服 5 次，乙最多能克服 3 次，那么甲和乙中谁的训练负荷更大？

答：由题可知，甲的力量比乙大。采用该负荷训练两人，表示绝对负荷相同，但相对负荷乙比甲大。因为 RM 值越小，负荷强度反而越大。

2. 练习次数、组数和频度

通常情况下，负荷越大，次数越少，组数则在 3～6 组之间选择。训练频度依据练习者的能力和目标确定，初学者一般适合隔日训练。

训练最大肌力的项目应采用接近最大负荷的重量，次数应少，组数不少于 3 组，每周训练 1～2 次。训练肌肉速度及爆发力的项目应降低强度，但增加组数和频度。训练肌肉耐力和内脏功能的项目应进一步降低强度，增加练习次数和频度。

3. 动作速度和组间间隔时间

力量训练的动作速度和组间间隔时间是两个重要的训练变量，它们对训练效果有显著影响。进行力量训练时，控制动作速度非常关键。较慢的动作速度可以增加肌肉张力的持续时间，从而增强肌肉力量和体积。例如，在做举重训练时，可以慢慢地举起并缓慢放下杠铃，这样有助于更好地控制动作并减少受伤风险。如果训练目的是增加爆发力或速度，动作应该快速而有力。例如，做抓举或跳跃类练习时，快速的动作能够更好地激活快肌纤维，提高力量输出和反应速度。

进行大重量的举重等高强度的力量训练时，需要较长的组间间隔时间，通常为 2～3 min，以便肌肉有足够的时间恢复，准备下一组训练。如果目标是增强肌肉耐力，组间间隔时间可以缩短，通常为 30～90 s，这样的安排有助于提高肌肉的耐乏能力和整体耐力。

总之，力量训练的动作速度和组间间隔时间应根据个人的训练目标和训练水平进行合理安排，以达到最佳的训练效果，避免过度训练。

（三）肌肉力量的训练方法

1. 等长练习

等长练习是一种特殊形式的力量训练，训练过程中肌肉在施力时长度不会改变，身体的关节也不会动，常用于发展最大肌力。在这种训练中，肌肉被激活并产生力量，但没有明显的动作或肌肉长度的变化。

等长练习能有效增加特定角度下的肌肉力量，帮助提高肌肉对细微动作的控制能力，有助于提高身体的总体稳定性和平衡。虽然等长练习安全性较高，但长时间重复同一姿势可能导致肌肉过度疲劳。

2. 向心练习

向心练习（等张练习）是肌肉长度缩短的练习。进行向心练习时肌肉的收缩和舒张交替进行，不易疲劳。例如，卧推杠铃时，胸大肌做向心收缩将杠铃向上推。

3. 离心练习

离心练习与向心练习相反，指的是肌肉收缩的同时被拉伸的练习方法。离心收缩可以承受更重的负荷,如放下重物时肌肉做的就是离心收缩。离心练习会造成更多的肌肉微损伤,对于发展肌肉的力量和耐力效果显著,该收缩方式在运动中往往起到缓冲的作用。但是,离心练习更容易引起肌肉损伤,加剧延迟性肌肉酸痛的发生。

4. 等速练习

等速练习是一种特殊的力量训练方式,训练过程中肌肉收缩速度保持恒定,而负荷可以根据肌肉的力量变化进行调整。这种训练通常需要使用特殊的设备,如等速训练器。设备根据施力大小自动调整阻力,确保整个运动范围内肌肉都被充分使用,可以更全面地激活和增强肌肉,优化运动表现。

5. 超等长练习

超等长练习是由离心收缩和向心收缩构成的,指的是肌肉在拉长的离心收缩之后立即缩短进行向心收缩的练习。超等长练习被用于提升肌肉爆发力,训练中流行的快速伸缩复合训练就是超等长练习。

6. 电刺激

电刺激是一种通过在皮肤上放置电极,利用电脉冲直接刺激肌肉,引发肌肉收缩的训练方法。这种技术被广泛应用于肢体固定的病人康复期进行肌力恢复,防止肌肉中蛋白质降解导致肌肉萎缩。电刺激可以产生最大的肌肉收缩,可以用于改善肌肉功能,以及辅助运动损伤后的恢复过程,但不能完全替代传统的力量训练。

7. 振动训练

振动训练又称为全身振动训练,是一种利用振动平台产生的振动刺激来增强力量训练效果的方法。设备产生的振动波作用于人体,迫使肌肉以非常快的速度反复收缩和放松,从而增强肌肉力量和耐力。该方法也可以用于训练前的肌肉激活及训练后的肌肉放松。

第二节　速度素质

人体在运动中进行快速运动或在最短时间内完成特定运动的能力称为速度素质。速度素质可分为三种形式:反应速度、动作速度和位移速度。

一、速度的生理学基础

(一)反应速度的生理学基础

人对各种外部刺激做出反应的速度即为反应速度,如短跑运动员听到起跑信号后启动所需的时间。先天遗传因素对反应速度的快慢有较大影响。反应速度主要受三个方面因素的影响。

1. 反应时间

反应速度的主要影响因素是兴奋通过反射弧传导的时间长短。因此,反射弧结构(感受器、传入神经、中枢神经系统、传出神经和效应器)中的任何一个环节受到影响都会改变反应速度。但是,传入神经及传出神经的传导速度相对固定,因此,个体的反应时间主要由感受器的敏感性、中枢神经系统的处理延迟（中枢延搁）以及效应器的兴奋性决定，而在这些因素中，中枢延搁通常起决定性作用。例如，当手指意外触碰到热锅时，皮肤的温度感受器迅速感受到高温并通过传入神经传递信号到大脑。在这个过程中，尽管感受器和肌肉的反应也很重要，但大脑处理信息和做出反应的时间是影响整体反应时间的关键因素。

此外，反射活动的复杂性也影响反应时间。如果反射活动包含更多的突触（神经元之间的连接点），信息传递的路径就更长，处理信息所需的时间也就更多，从而导致总的反应时间增加。

2. 中枢神经系统的机能状态

反应速度与中枢神经系统的活跃程度紧密相关。当中枢神经系统处于适宜的兴奋状态时，身体对外界刺激的响应会更迅速。例如，在竞技体育中，运动员如果在比赛前保持精神振奋和集中，反应时间往往会更短；反之，如果运动员感到疲劳，他们对起跑枪声等信号的反应就会变慢。

3. 运动条件反射的巩固程度

运动条件反射的巩固程度对反应速度有显著影响。条件反射是通过反复训练形成的，其巩固程度决定了反应速度的快慢。以职业篮球运动员为例，他们通过无数次的投篮训练建立了巩固的条件反射，使得他们在面对防守压力时依然能够快速准确地完成投篮。

（二）动作速度的生理学基础

动作速度是指完成单个动作所需要的时间的长短。它主要受四个方面因素的影响。

1. 肌纤维类型

快肌纤维收缩速度快、力量大，因此可以通过速度爆发性训练提高快肌纤维的百分比，以提升动作速度。

2. 肌肉力量

力量素质是其他身体素质的基础。凡是能够影响肌肉力量的因素都可以影响动作速度，因此通过锻炼提高肌纤维横截面积占比等方式，可以提高动作速度。

3. 肌肉组织的机能状态

当肌肉组织处于兴奋性较高的状态时，它对外界刺激的敏感度增加，这意味着即使是较低的刺激强度和较短的刺激持续时间也足以引发肌肉的反应。这种现象在日常生活和体育活动中均有体现。例如，足球比赛中，球员的肌肉组织处于兴奋状态，使得他们能够对突然的传球或射门机会做出迅速反应。

4. 运动技能的水平

随着运动技能的提高，动作速度通常会变得更快。神经系统在调节主动肌、协调肌和对抗肌方面的能力增强，可确保动作的协调和力量的最优分配，从而提高动作的速度和效率。此外，在短时间内需要大量能量输出的运动（如短跑）中，肌肉的无氧代谢系统能够迅速提供能量，支持快速而强力的肌肉收缩。这种代谢机制的效率直接影响到动作的速度和持续时间。

（三）位移速度的生理学基础

位移速度是指周期性运动中人体通过一定距离所需要的时间或者一定时间内通过的距离。以跑步运动为例，位移速度的大小主要取决于步长和步频这两个因素，而步长和步频又受到诸多其他因素的影响。

1. 步长

步长即步幅，指一步跨过的距离。通常腿长越长、肌力越大、下肢关节的柔韧性越好，步幅越大。

2. 步频

步频即单位时间跑步的步数多少。大脑皮质运动中枢的灵活性较高时，可以快速地在兴奋与抑制状态之间切换，可提高步频。此外，肌肉群间的良好协调性可以减少因对抗肌肉群紧张而产生的阻力，从而更有效地提高步频。通过特定训练提升快肌纤维面积，对提高步频也很重要。

总之，步长和步频保持适宜，才能获得最大的位移速度。此外，提升肌肉放松能力及肌肉中 ATP-CP 含量，也可以提升位移速度。

二、速度素质的训练方法

（一）提高动作速率

大脑皮质灵活性的提升有助于加快动作速率。为了增强这种灵活性，可以通过多样化的训练方法来提升反应速度和动作频率。例如，牵引跑训练可以帮助运动员在保持步长的同时提高步频。此外，使用旋转跑步机和顺风跑等训练手段也能有效地提高神经系统在兴奋与抑制状态之间的快速切换能力，从而提升动作速率。

（二）发展磷酸原系统供能的能力

速度训练是无氧运动，强度高且持续时间短，这类训练主要依赖磷酸原系统供能。因此，进行速度训练的关键在于加强磷酸原系统的能量输出能力。重复训练法是能够提升速度和爆发力的有效方法，如短跑运动员所进行的连续 10 s 内短距离快速冲刺。

（三）发展肌肉力量及关节的柔韧性

力量（特别是快速力量或爆发力）是影响投掷、扣球等动作速度的关键因素。对于短跑运动员来说，可以通过跳深等快速伸缩复合训练来发展腿部力量。另外，通过改善关节柔韧性的练习增加跑步时的步幅，也有利于提高速度素质。

（四）提高肌肉的放松能力

肌肉运动时，其协调性和放松能力提高，可以减少运动时的阻力。另外，肌肉放松之后，血液循环状态更好，有利于氧气的运输及能量的供应，从而提高肌肉收缩的速度。因此，越来越多的运动员开始重视肌肉协调性和放松能力的提升。

第三节 耐力素质

导学视频 18

不论是高强度运动还是低强度运动，都需要肌肉有一定的耐力。耐力指的是机体长时间运动对抗疲劳的能力。在运动生理学中，根据能量供应的机制，可将耐力分为有氧耐力和无氧耐力两种形式。

一、耐力相关指标

有氧耐力（有氧工作能力）是指人体在长时间内氧气供应充足的情况下主要通过糖类和脂肪的有氧氧化来供能的运动能力。相对地，无氧耐力（无氧工作能力）是指人体在缺乏氧气的情况下，通过无氧代谢支持肌肉活动的能力。

（一）需氧量和摄氧量

1. 需氧量

需氧量是指人体在一定时间内为维持特定生理功能所必需的氧气量。安静状态下的正常成人每分钟需氧量大约为 250 mL。随着运动强度的增加，需氧量也相应增加。总体来说，运动的总需氧量主要由运动持续的时间决定，运动时间越长，累计消耗的氧气量也越多。

运动时总需氧量的计算公式为：总需氧量 = 运动时每分摄氧量 × 运动时间 + 恢复期每分摄氧量 × 恢复时间 − 安静时每分摄氧量 ×（运动时间 + 恢复时间）。

2. 摄氧量

摄氧量（耗氧量）是指机体在单位时间内能够摄取并使用的氧气量。人体在安静状态代谢水平较低，能量需求较小，摄氧量能与需氧量持平。在运动过程中，需氧量随着运动强度的提升而增加。此时，摄氧量能否满足需氧量的需求则取决于于具体的运动类型。

（二）氧亏和运动后过量氧耗

1. 氧亏

在运动时，如果机体的摄氧量无法满足实际需求，所出现的氧气亏欠称为氧亏，如图 9–1 所示。氧亏常见于高强度短时运动和低强度运动初期。在高强度运动中，由于需氧量显著增加，所以易发生氧亏；而在低强度运动开始时，氧运输系统尚未迅速适应，导致氧亏的发生。

2. 运动后过量氧耗

运动结束后，能量代谢率并未随着大多数肌肉运动的停止而恢复至安静水平，机体的摄氧量仍高于运动前或安静状态，这一现象称为运动后过量氧耗（excess post-exercise oxygen consumption，EPOC）。运动后过量氧耗可能与体温的升高、磷酸肌酸的再合成、肌细胞内 Ca^{2+} 水平的提升、儿茶酚胺的作用以及甲状腺素和肾上腺皮质激素的影响有关。运动后过量氧耗与运动强度及运动持续时间有关，运动强度越大、时间越长，EPOC 持续的时间就越长。

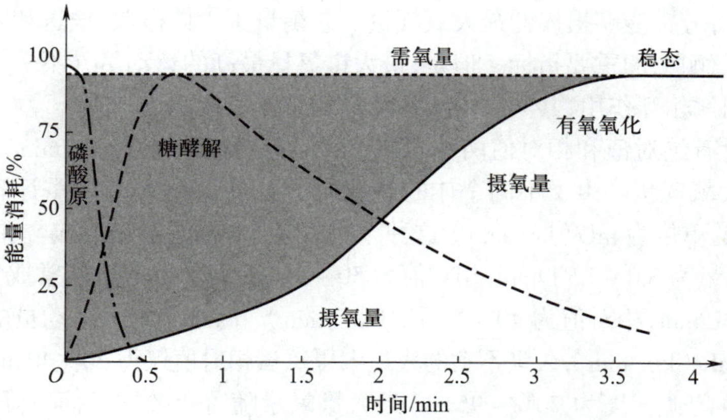

图 9-1　运动过程中机体摄氧量与需氧量关系曲线

问与答

问：氧亏与运动后过量氧耗的摄氧量相等吗？

答：运动后恢复期的摄氧量大于运动中的氧亏。因为运动后恢复期出现的过量氧耗，不仅用于弥补运动中的氧亏，而且要用于偿还处于较高代谢水平的机体逐渐恢复到运动前安静水平所消耗的氧气量。

二、有氧耐力

（一）有氧耐力的生理学基础

有氧耐力是肌肉摄取并利用氧气的能力，因此凡是涉及肌肉摄取、利用氧气的器官、系统都会成为有氧耐力的影响因素，主要包括呼吸和循环系统以及血液、肌肉等组织器官。

1. 氧气运输系统的功能

呼吸系统和心血管系统共同完成氧气的摄取、交换及运输，因此其功能决定着氧气的供应是否充足。肺的通气和换气能力、心脏的泵血功能、血液运输氧气的能力等影响最大摄氧量的因素都会影响氧气的供应，进而影响有氧耐力。

2. 骨骼肌利用氧气的能力

肌纤维从血液摄取和利用氧气的能力是影响有氧耐力的重要因素。肌纤维利用氧气的能力主要取决于肌纤维的类型及其代谢特征。运动员的慢肌纤维比例越高，其有氧耐力越强。

3. 其他因素

有氧耐力还会受到遗传、年龄、性别及训练因素的影响。

（二）有氧耐力的评价指标

1. 最大摄氧量

（1）最大摄氧量的概念及正常值

最大摄氧量（maximal oxygen uptake，VO_2max）是指人体在剧烈运动中，心肺和肌肉系统达到极限时,每分钟能够摄入的最大氧气量。它衡量了人体摄取、输送和利用氧气的整体能力,是判断有氧耐力的重要指标。但是,最大摄氧量最高的运动员并不一定第一个完成比赛。许多其他因素相互作用,共同决定了运动员的总体表现。

最大摄氧量有绝对值和相对值两种表达形式。绝对值以升/分(L/min)计,表示单位时间内吸入的最大氧气量。由于不同个体的体型大小不同,以每千克体重计算相对值更具比较意义,相对值的单位为 mL/(kg·min),这种方式消除了体重差异的影响。在中国,正常成年男性的最大摄氧量为 3.0 ~ 3.5 L/min,相对值为 50 ~ 55 mL/(kg·min);正常成年女性的最大摄氧量为 2.0 ~ 2.5 L/min,相对值为 40 ~ 45 mL/(kg·min)。高水平耐力运动员的最大摄氧量相对值可超过 70 mL/(kg·min),久坐不动的人最大摄氧量相对值仅为 30 ~ 40 mL/(kg·min)。

最大摄氧量的遗传度为 70% ~ 95%。最大摄氧量随着年龄增长而下降,运动训练可以将其提高 5% ~ 25%,但是每个人的提高程度也不同。通常,经过 12 个月左右的训练,最大摄氧量会达到比较稳定的水平,此后不会进一步提升,但是有氧运动能力会进一步提高。

(2)最大摄氧量的测量

①直接测量法

最大摄氧量可以通过在跑台、功率自行车上进行逐级递增负荷实验测定。是否达到最大摄氧量的判断标准是:实验持续 6 ~ 12 min,心率达到 180 次/分(儿童青少年达到 200 次/分);呼吸商达到或接近 1.15;摄氧量随运动强度增加出现平台或下降;受试者已精疲力竭。通常满足四项标准中的三项即可判定为达到最大摄氧量。功率自行车上测出的最大摄氧量可能会低于跑台的测量结果,因为自行车运动以动员下肢肌肉为主,上半身肌肉不活跃。

虽然实验室直接测量法能够可靠且准确地评估有氧耐力,且具有良好的重复性,但这种方法也存在缺点。它要求受试者进行强烈运动,这可能不适合某些人群,如老年人、年龄太小的儿童,或者有呼吸、循环系统疾病的人。此外,这种方法需要特别的设备和复杂的操作,限制了普通人群的使用。

②间接推算法

目前比较流行的最大摄氧量的间接推算法有三种。

a. 阿斯特兰-瑞明(Astrand-Ryhmin)列线图法

在进行亚极限运动时,可以通过监测受试者的心率和在达到特定心率时的做功量来估算或预测其最大摄氧量,如图 9-2 所示。

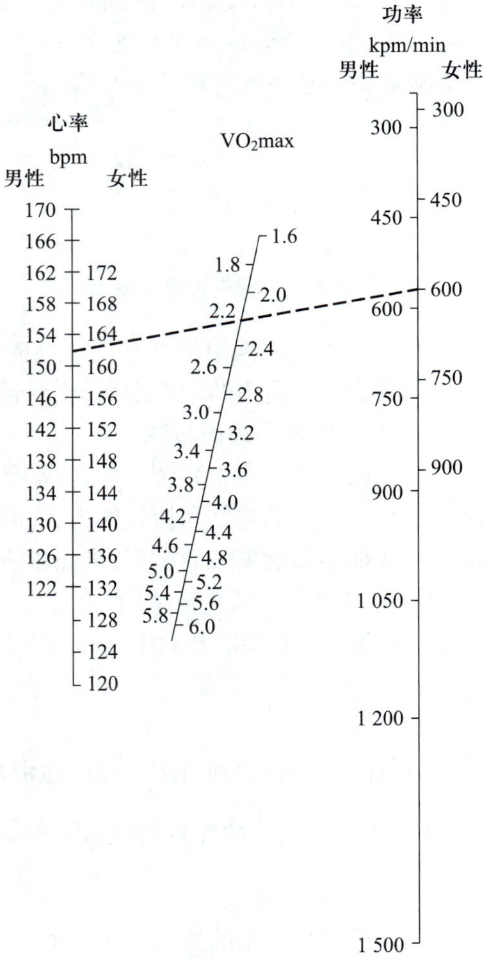

图 9-2 Astrand-Ryhmin 列线图

b. 库珀（Cooper）实验

通过测量 12 min 全力跑的总距离来估计最大摄氧量，计算公式如下：

$$VO_2max = \frac{d_{12} - 505}{45}$$

其中，VO_2max 的单位是 mL/（kg·min）；d_{12} 表示受试者 12 min 内跑过的总距离，单位是 m。

例如，受试者在 12 min 内跑过的总距离为 2 980 m，则 VO_2max =（2 980 − 505）÷ 45 = 55 mL/（kg·min）。

c. 菲克（Fick）公式法

还可以利用 Fick 公式计算出肌肉最大收缩时的最大摄氧量，计算公式如下：

$$VO_2max = Q(CaO_2 - CvO_2)$$

其中，Q 表示心输出量；CaO_2 表示动脉血氧含量；CvO_2 表示静脉血氧含量。

间接推算法通常更适合普通人群和运动能力较低的人使用，而对于高水平运动员，这种方法推算出的数值往往与实际测量结果存在较大偏差。不过，间接推算法具有简单、经济且快速的优点。

知识拓展

摄氧量峰值

摄氧量峰值也是衡量有氧耐力的一个重要指标。与最大摄氧量的直接测定不同，摄氧量峰值的测定更多地依赖于受试者的主观感受。若受试者感到不适，并且摄氧量在达到最高点后能维持 1 min，那么这一点就被认为是摄氧量峰值。通常情况下，摄氧量峰值小于或等于最大摄氧量。

（3）最大摄氧量在运动实践中的应用

最大摄氧量在体育实践中具有重要的应用意义：首先，它是衡量心肺功能和有氧耐力的一个重要客观指标；其次，它作为选拔运动员的生理指标，可以用 11 ~ 12 岁的儿童青少年的最大摄氧量预测其成年后的心肺功能；最后，它还是确定训练强度的重要参考。

2. 乳酸阈

耐力项目运动员成绩大幅提升时，其最大摄氧量的增长幅度却很小。可见，有氧竞技表现并非由最大摄氧量单一因素驱动。事实上，乳酸阈能更准确地反映运动员的有氧耐力。

（1）乳酸阈的概念

在递增负荷运动过程中，血乳酸浓度会随着负荷的增加而逐渐升高。当运动强度达到某一水平时，血乳酸的浓度急剧上升那一点称为乳酸阈（lactate threshold，LT）。乳酸阈所对应的运动强度即为乳酸阈强度，是机体从以有氧代谢为主向以无氧代谢为主转变的关键转换点，如图 9–3 所示。

具有更高乳酸阈的个体在递增负荷运动中能够维持更长时间的有氧代谢，延迟无氧代谢的启动，从而避免乳酸的快速积累。此外，乳酸阈在个体间存在显著差异，通常在 1.4 ~ 7.5 mmol/L 范围内。因此，“个体乳酸阈”能更准确地反映出个体的有氧耐力。

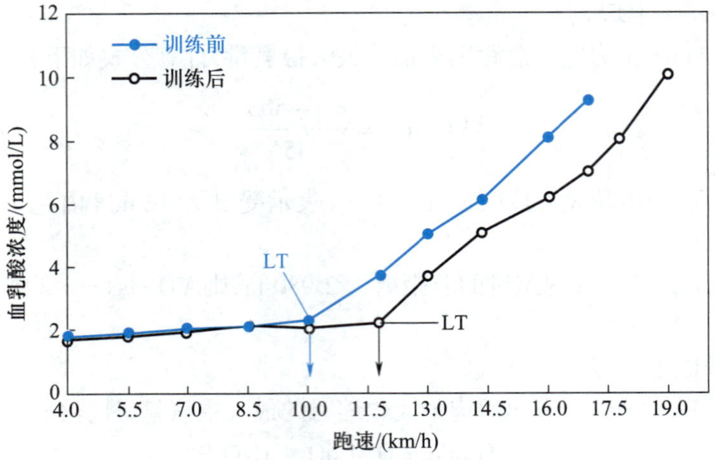

图 9-3　训练前后乳酸阈的变化

（2）乳酸阈的测定方法

通常在实验室条件下进行递增负荷运动（跑台或功率自行车）实验，通过连续测得血乳酸浓度的变化来测定乳酸阈，或通过测得运动中呼出气体参数的变化来无损伤测定乳酸阈。

①利用血乳酸浓度测定乳酸阈

乳酸阈的测定通常通过对运动员在逐渐增加的运动强度下的血乳酸浓度进行监测来实现。受试者在跑台或功率自行车上进行运动，运动强度逐步提高。在每个运动强度级别的最后，测量受试者的血乳酸浓度。以做功量为横坐标，血乳酸浓度为纵坐标作图，分析收集到的数据，寻找血乳酸浓度开始显著增加的点，该点即为乳酸阈，而此时的运动强度就是乳酸阈强度。

②利用通气阈测定乳酸阈

通气阈（ventilatory threshold，VT）是指在递增负荷的运动测试中，呼吸量（通气量）开始超过正常比例增加的那个点。通气阈通常与乳酸阈相近，因为它也标志着从有氧代谢向无氧代谢的转换。通气阈的测定需要运动员在跑台或功率自行车上开始以较低的强度进行运动，每隔一定时间逐步增加运动强度，记录在整个测试过程中呼吸频率、每次呼吸的气体量等参数，寻找肺通气量异常升高的点，该点即为通气阈。通气阈与乳酸阈的对应关系如图 9-4 所示。

问与答

问：伴随乳酸阈的出现，通气量发生相应变化的原因是什么？

答：随着运动强度的提升，当身体通过有氧代谢无法完全满足能量需求时，身体便增加糖酵解的比例，导致血液中乳酸浓度上升。为了中和这些乳酸，身体利用碳酸氢盐缓冲系统，产生乳酸钠和碳酸，进而增加二氧化碳的生成。这些额外生成的二氧化碳刺激呼吸中枢，引发更快、更强烈的呼吸反应，在达到乳酸阈时，肺部通气量和二氧化碳排放量出现激增。

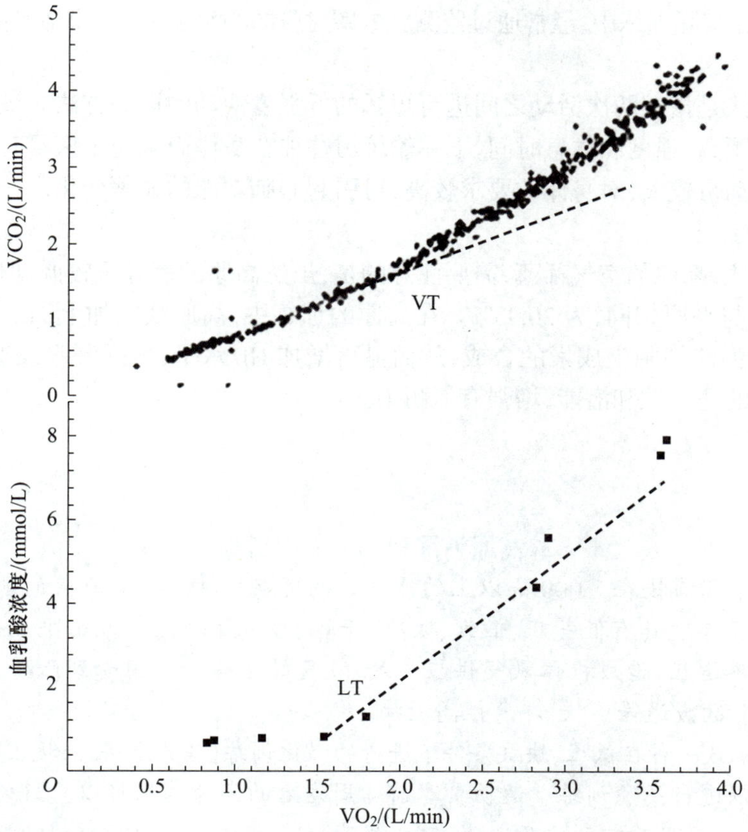

图 9–4　通气阈与乳酸阈的对应关系

（3）乳酸阈在运动实践中的应用

乳酸阈是评价有氧耐力的又一重要指标，乳酸阈那一点的运动强度还可以作为有氧运动训练的适宜强度。

（三）有氧耐力的训练

为了有效提升有氧耐力，训练强度需要保持在有氧代谢的范围内。当然，有氧训练也应该与力量训练相结合，因为力量训练可以防止肌肉减少。发展有氧耐力的同时，也应该提高无氧耐力，以保证运动中的快速冲刺。目前，用于发展有氧耐力的训练方法主要有四种。

1. 持续训练法

持续训练法是指进行较长时间的连续运动，通常以较低的强度进行。在提升有氧代谢效率方面，总体的训练量比单次训练的强度更为关键。体内各器官在运动时需要一定时间来充分动员，通常在开始运动后约 3 min 内达到最佳功能状态。因此，建议训练时长至少保持 5 min，最好延长至 20 min 或更久。

2. 乳酸阈强度训练法

乳酸阈强度训练法是指训练中利用个体的乳酸阈来确定最适合发展有氧耐力的强度，这种方法可以有效增强有氧耐力。这种训练策略已被广泛应用于长跑、划船等多种耐力运动项目。随着运动员有氧耐力的提升，其乳酸阈也会相应提高，因此，应调整训练强度以适应新的乳酸阈水平。在实际训练中，经常通过监测乳酸阈对应的心率来调节和控制训练强度。

3. 间歇训练法

间歇训练法是指在两次活动之间进行短暂的低强度活动的训练方法。该训练方法严格规定了运动的距离、强度和休息时间，下一轮练习往往在身体尚未完全恢复时开始。该训练方法的总体运动量较大，对身体的要求较高，可引起心肺功能的显著变化。

4. 高原训练法

与平原相比，高原的空气稀薄，需要注意的是，虽然高原的氧分压较低，但空气中氧气的含量占比依然与平原相同，为 20.93%。在高原的训练中，高原缺氧加上训练的双重作用能刺激肾脏增加促红细胞生成素的合成，从而显著增加 Hb 水平，增强呼吸及循环功能，可以有效激发身体的适应性和潜能，增强有氧耐力。

知识拓展

高原训练和模拟高原训练

高原通常指海拔在 1 000 m 以上的地区。高度在 1 000 ~ 2 000 m 的地区一般称为亚高原。高原环境具有低气压、低氧、寒冷、干燥、多风等特点。人由平原进入高原后，对高原环境不适应，造成机体氧气供应不足，氧气的运输和利用受到阻碍，有人会产生头痛、失眠、食欲减退等症状，即急性高原病。

高原训练是一种在低压、缺氧条件下进行的强化训练，理论上讲，海拔 1 000 ~ 3 000 m 的地区都可以进行高原训练。运动员赛前 4 周左右的高原训练可以更好地锻炼心血管系统，产生高原习服后回到平原比赛，可以提高比赛成绩。模拟高原训练就是精准控制空气中的氧气浓度，从而获得高原环境的一部分特性，提高机体抗缺氧能力、全身耐力及抗疲劳能力，从而提高运动成绩。

三、无氧耐力

人体在进行剧烈运动时，在氧气不足的情况下通过无氧代谢产生能量进行活动的能力即为无氧耐力。这种能力主要依赖于 ATP–CP 系统和糖类的无氧酵解。ATP–CP 系统为短时间高强度活动提供能量；而糖类的无氧酵解则支持速度耐力，帮助维持较长时间的高强度运动。此外，在长时间运动中，剧烈运动的初期及冲刺阶段也需要无氧代谢供能。

（一）无氧耐力的生理学基础

1. 供能底物的储备

无氧代谢的供能底物包括 ATP、CP、葡萄糖及糖原。磷酸原系统的供能能力取决于 ATP 和 CP 的含量及 ATP 的再合成能力，ATP 和 CP 在人体每千克肌肉中含 15 ~ 25 mg。在短时间高强度运动中，这些高能磷酸化合物 10 s 内就能耗完。糖类无氧酵解需要将糖原分解成乳酸并释放能量，这种能力与肌糖原含量和酵解酶的活性有关。糖原含量越高，酵解酶活性越高，无氧耐力越强。

2. 快肌纤维占比

慢肌纤维的有氧耐力强，快肌纤维的无氧耐力强。因此，无氧耐力与肌纤维组成密切相关，快肌纤维占比高的运动员糖酵解能力及无氧酵解酶的活性更强，无氧耐力也更强。

3. 机体缓冲酸性物质的能力

机体对产生的酸性物质具有一定的缓冲能力。血液和肝脏都具有缓冲并清除乳酸的功能。这种能力主要由血液中碳酸氢钠的含量和碳酸酐酶的活性决定。无氧项目运动员的碱储备及碳酸酐酶的活性高于普通人，说明他们具有更强的乳酸处理能力。

4. 脑细胞对酸性物质的耐受能力

虽然血液和肝脏能够缓冲乳酸，但是当乳酸产生量大时，仍可导致血液的 pH 下降，影响脑细胞的功能，因为脑细胞对 pH 的变化非常敏感。经常进行无氧耐力训练能够增强脑细胞对乳酸等代谢产物的耐受性，从而提升无氧运动的表现。例如，短跑运动员通过高强度的冲刺训练，可以提高其脑细胞对运动过程中产生的乳酸的适应能力，使他们能够在比赛中保持更高的速度和更长的耐力。

（二）无氧耐力的测试

无氧耐力的测试方法有很多，包括撒扎特纵跳实验、马加利亚–卡拉门（Margaria-Kalamen）台阶实验、温盖特（Wingate）实验和恒定负荷实验等。

1. 撒扎特纵跳实验

撒扎特纵跳实验是一种简单易行但精确性差的无氧功率测试方法，可用于评价下肢肌肉爆发力。测试时受试者屈膝屈髋、低头弯腰、上肢向后下方摆动，先停顿数秒然后尽最大力往上跳，同时上肢向前上方摆动，纵跳前后的指间差距即为纵跳高度 H，结合体重用下面的公式推算出无氧功率：

$$P=\sqrt{4.9}\times W\times\sqrt{H}$$

其中，P 为无氧功率（kg·m/s）；W 为体重（kg）；H 为纵跳高度（m）。

2. 马加利亚–卡拉门台阶实验

马加利亚–卡拉门台阶实验如图 9–5 所示，其操作也不复杂，可用于测量人体肌肉的爆发力。在此实验中，受试者首先要经过 6 m 长的助跑，然后迅速跑上九个台阶，每三个台阶一步，其中第三个和第九个台阶装有压力感应垫，可以记录从第三个到第九个台阶的时间，身体重心提升高度等于这些台阶之间的垂直距离（1.05 m）。该实验持续时间较短，不会使参与者过度疲劳，能较为准确地评估 ATP–CP 系统的功率。但是本实验不适合儿童、孕妇或老年人，还会受到腿长和个人努力程度的影响。本实验的功率计算公式为：

$$P=(W\times 9.8\times D)/t$$

其中，P 为无氧功率（kg·m/s）；W 为体重（kg）；9.8 表示重力加速度；D 为第三个至第九个台阶的垂直距离（m）；t 为从第三个至第九个台阶所用的时间（s）。

3. 温盖特实验

温盖特实验是一种评估最大无氧功率和平均无氧功率的测试方法，需要受试者在 0.075 千克/净千克体重的负荷下进行 30 s 的全力蹬车。该实验强度很高，可能导致肌肉损伤，因此要求受试者在实验前充分休息并做好充分的准备活动，若有肌肉损伤则不能参加实验，还要禁食 2 h，并确保在过去 1 个月内身体状况良好。本实验功率的计算公式为：

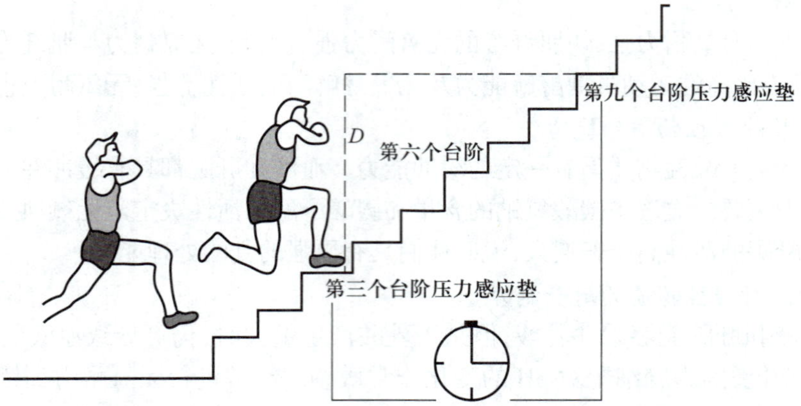

图 9–5　马加利亚–卡拉门台阶实验

最大无氧功率（第一个 5 s）= 5 s 最大蹬车圈数 × 前车轮周长 × 阻力 × 6.11

平均无氧功率 = 6 个 5 s 车轮转的圈数和 ÷ 6

无氧功率递减率（%）=（最高无氧功率 – 最低无氧功率）/最高无氧功率 × 100%

4. 恒定负荷实验

恒定负荷实验是一种评估受试者无氧做功能力的方法，通常采用无氧跑速实验。在此实验中，受试者在跑步机上以 13 km/h 的速度和 20% 的坡度跑步，直到无法继续为止。这种实验适用于评估短跑运动员的无氧耐力，这些运动员通常表现出比耐力运动员更强的无氧做功能力。然而，准确判断受试者的力竭点仍具有一定难度，这也影响了实验结果的准确性。

（三）无氧耐力的训练

1. 磷酸原系统的训练

为了增强磷酸原系统的供能能力，训练应采用短时间高强度的重复模式，主要是无氧低乳酸训练。训练原则包括：最大速度练习时间不超过 10 s；两组练习间的休息时间不少于 30 s，推荐为 60 ~ 90 s；每组练习后的休息时间应在 3 ~ 4 min。这是因为剧烈运动消耗的 ATP–CP 在 20 ~ 30 s 能恢复一半，而 3 ~ 4 min 可完全恢复。

2. 糖酵解系统的训练

提升糖酵解系统供能能力的关键在于增强机体产生及耐受乳酸的能力，这与运动表现直接相关。

（1）最大乳酸训练

通过进行 1 min 的超高强度跑步，间隔 4 min 休息，重复 5 次的间歇训练，可以有效提升机体生成乳酸的最大能力。练习的强度和密度要高，间隔时间要短，通常练习时间应在 30 s 以上，最好是 1 ~ 2 min。

（2）乳酸耐受力训练

提高乳酸耐受力可以通过增强缓冲能力和提升肌肉中乳酸脱氢酶的活性来实现。训练中应使血乳酸浓度达到较高水平，一般以 12 mmol/L 为适宜。在重复训练中保持此乳酸水平，以提高身体对此水平的适应性，进而增强缓冲能力和乳酸脱氢酶活性。

第四节　平 衡 素 质

平衡素质是指人体能够保持特定姿势，以及在运动或受外力影响时，能自动地调整身体并维持某姿势的能力。如果身体无法保持平衡，也就无法完成任何技术动作，因此，维持身体平衡是成功完成动作的基础条件。

一、平衡的分类

1. 静态平衡

在相对静止的状态下，人体精细控制肌肉以维持平衡的能力称为静态平衡。常见的静态平衡动作包括平板支撑、头手倒立、单脚独立等。

2. 动态平衡

在身体运动过程中控制平衡的能力即为动态平衡。例如，在体操运动中，运动员在做空中翻转或跳跃时，必须精确控制身体的每一个部分以确保着陆时的平衡；花样滑冰运动员在执行旋转和跳跃动作时，也需要高度的动态平衡能力来保持优雅的姿态并成功着陆。

二、平衡的生理学基础

平衡除了与自身结构有关之外，还与多个器官和系统的功能有关。

1. 位觉器官功能

位觉器官（前庭器官）是人体感知平衡和空间定位的结构。当人体进行旋转、直线加速或减速运动，或者头部相对于地心引力方向发生位置变化时，前庭器官的感觉细胞便会被激活，产生神经冲动。这些神经冲动通过前庭神经传递至中枢神经系统，使人体能够感知自身在空间中的位置和运动状态，并通过姿势反射调整相关骨骼肌的张力，以维持身体平衡。

前庭器官在调节身体平衡方面具有复杂性。一方面，一个功能良好的前庭系统通过其反射机制可以有效地维护运动中的身体平衡；另一方面，如果前庭器官对位觉刺激反应过于敏感，反而可能导致身体平衡的失调，使运动协调出现问题。因此，前庭器官的稳定性和适度的反应是保持运动平衡和协调的关键。

问与答

问：为何有人乘车、乘船会眩晕和恶心？

答：因有些人的前庭器官较为敏感，当交通工具因变速或者拐弯产生的刺激超出个体耐受能力时，会引发空间定向错觉和一系列明显的植物性功能紊乱反应，故会眩晕和恶心。

2. 本体感觉功能

本体感受器分布于肌肉、肌腱、关节囊等处，能够感知肌肉的张力、长度变化以及关节的运动。这些感受器将物理刺激转换为神经冲动，传递至大脑皮质的感觉区，从而让我们感知身体各部分的空间相对位置和状态，这种感觉称为运动觉或本体感觉。在运动过程中，本体感受器能够准确地感知身体在空间中的位置、姿势以及肌肉的活动状态，从而产生正确的肌肉感觉。例如，当一个舞者在进行芭蕾舞动作时，本体感受器帮助她感知自己的姿势和肌肉状态，确保每一个动作的精确和优雅。如果在舞蹈中出现平衡失调或动作错误，本体感受器会迅速将这些信息传递到大脑，大脑则调整肌肉张力，纠正这些偏差，保证动作的流畅和准确。通过训练，平衡能力可以随着本体感受器敏感度的提升而得到进一步的提高。

3. 视觉功能

清晰的视觉不仅提供了丰富的环境信息，还能调节相关骨骼肌的张力，帮助维持正确的头部位置和身体姿势。在保持身体平衡方面，视觉和本体感觉相互作用。例如，睁眼单脚站立的时间比闭眼单脚站立的时间长，说明视觉可以促进平衡。然而，视觉也可能对平衡产生负面影响。以恐高症患者为例，当他们站在高处向下望时，过强的视觉输入可能会干扰本体感觉和平衡系统的正常工作，导致他们感到双腿发软，难以维持稳定的站立姿势。这种情况下，视觉信息与身体的平衡反应发生冲突，从而影响了身体的整体稳定性。

4. 中枢神经系统功能

中枢神经系统处在适宜兴奋状态时，身体各部分才能有效地协同工作，以维持特定的身体姿势。然而，当身体感到疲劳或生病时，平衡能力会随系统和器官功能的下降而下降。在体育竞赛中，运动员赛前状态不佳可能削弱平衡能力。例如，在体操运动中，心理压力过大可能会导致运动员在执行动作时从平衡木等器械上失足掉落。

三、平衡能力的评定

在实践中，运动员平衡能力的评定常用于运动员选材和制定训练方案等。常用的评定方法有睁眼动态平衡测验、睁闭眼静态平衡测验、金鸡独立测验、平衡仪测试等。

四、平衡素质的训练方法

（一）位觉功能训练

1. 被动训练法

在离心机、电动转椅或过山车等产生加速度变化的设备上进行被动体验，个体可以感受不同的动态环境，此方法可以增强平衡感和身体协调能力。

2. 主动训练法

主动地选择有方向或速率变化的运动可以提高平衡能力，如武术、平衡球、平衡板、篮球、舞蹈等。

3. 综合训练法

将上述两种方法结合，比采用单一方法效果好，而且从小开始训练效果更好。

（二）本体感觉功能训练

本体感觉不容易被感知，因此也称为“暗淡感觉”。唯有通过长期训练，才能被明显感知到。遮蔽视觉信息并将注意力集中于本体感觉，可以更有效地提升平衡能力。这种方法有助于锻炼者更深入地感受和调整自身的身体状态，从而优化平衡控制。

（三）视觉功能训练

视力和视野受先天遗传因素和后天环境因素的双重影响。生活中保护视力可以提高平衡功能。在体育训练中，也需要充分利用和提高视力的作用。例如，篮球运动员可以通过观看比赛录像来分析场上位置和动作，同时在训练中通过不断对照镜子来调整投篮姿势，这样不仅锻炼了视觉判断能力，还加强了视觉与身体感觉的协调，有助于在比赛中更好地维持身体平衡和提高表现。这些方法有助于更好地发挥视觉器官的作用，维持身体平衡。

第五节　灵敏性素质

一、灵敏性的概念和分类

灵敏性是指运动员迅速改变体位、转换动作和应对突发情况的能力，它是一种较为复杂而综合的素质。灵敏性分为两类：一般灵敏性和专项灵敏性。前者表现为起动、急停、起跳、躲闪和维持平衡等基本动作；而后者则更侧重于特定技术的灵敏、灵巧、准确和协调。例如，足球运动员在比赛中需要展示专项灵敏性，包括在对抗中快速调整脚步位置，以及在进攻时精确协调传球和射门。

二、灵敏性的生理学基础

1. 大脑皮质神经过程的灵活性与分析综合能力

大脑皮质神经过程足够灵活，才能迅速地转换动作。例如，在球类运动中，当场上的环境发生变化时，运动员必须迅速做出动作调整以适应新的环境。

2. 感觉器官和肌肉的功能状态

感觉器官和肌肉的功能状态对运动员的灵敏性有重要影响。良好的感觉机能，如敏锐的视觉、听觉和本体感觉，可以提高运动员在空间和时间上的定向和定时能力。此外，运动前通过各种手段调整赛前状态，使肌肉处于适宜的兴奋水平，也有助于提高机体的灵敏性。

3. 运动技能的巩固程度

掌握越多的运动技能，大脑皮层的神经联系越丰富，运动时对环境变化的应答越快，动作的灵活性和协调性越好。

4. 其他因素

灵敏性还受到年龄、性别、体重等因素的影响。例如，在青春期，青少年的灵敏性通常会快速发展；而体重过重往往会降低灵敏性，因为额外的体重增加了身体移动的负担。疲劳也会显著影响灵敏性，因为疲劳时身体反应和协调能力会下降，如在长时间的运动后，运动员的反应速度和动作准确性通常会受到影响。

三、灵敏性的评定

灵敏性的评定方法包括立卧撑测验、象限双脚跳测验、侧跨步测验等传统方法和灵敏测试仪测试。

四、灵敏性素质的训练方法

灵敏性与其他身体素质、神经过程的灵活性等因素有关，因此改善这些因素能够提高灵敏性。在进行灵敏性的训练时，需要遵循以下原则。

（一）结合专项训练

每种运动项目对灵敏性的要求具有独特性，如篮球运动员在运动中突然加速或转变方向，因此训练中需要紧密结合专项训练。

（二）结合力量、爆发力训练

当肌肉力量增大、收缩速度加快时，机体改变动作的速度也会随之加快。因此，灵敏性训练最好结合力量和爆发力训练。

（三）结合反应训练

反应可以分为简单反应和复杂反应。例如，田径运动员在比赛中听到发令枪响而起跑就是简单反应。复杂反应则是根据环境和对手的情况做出实时调整，如球类运动中的动作调整。在提升灵敏性的过程中，复杂反应更为重要。

（四）避免疲劳时训练

疲劳时，灵敏性训练效果差且易受伤。例如，篮球运动员在疲劳时进行灵敏性训练，容易因反应迟钝而发生技术错误，甚至导致运动损伤。

第六节　柔韧性素质

一、柔韧性的概念

柔韧性是指人体关节在主动或被动状态下进行大范围运动的能力。如果柔韧性不足，不仅会影响运动技能的学习和掌握，还可能影响其他身体素质的提高。此外，柔韧性不足也增加了运动中受伤的风险。因此，增强柔韧性是提升整体运动表现和预防运动伤害的重要因素。

二、柔韧性的生理学基础

（一）关节的结构特征

关节的结构本质上是由遗传因素决定的。关节的结构影响了关节活动的方向和幅度，因此，柔韧性的提升应当限制在关节结构允许的范围内，超出这个范围可能导致关节损伤和稳定性下降。在这个安全范围内，可以通过适当的训练提高关节的活动幅度。例如，体操运动员通过长期和系统的训练，能够在不损伤关节的前提下，显著增加关节的活动范围，从而执行高难度的体操动作。

（二）关节周围组织的体积

关节周围脂肪组织、肌肉组织的体积增加，会降低关节的柔韧性。这是因为增加的脂肪或肌肉压迫和限制了关节周围的活动空间。由此可见，保持合理的身体成分可以增加关节的柔韧性。发展肌肉力量的同时，也需要进行柔韧性的训练。

（三）关节周围软组织的伸展性

关节周围软组织的伸展性受到性别和年龄的影响。通常，女性和儿童的柔韧性优于男性和成人。通过拉伸和轻度的活动性练习，可以有效提高软组织的伸展性，从而增强柔韧性。

（四）中枢神经系统的协调功能和肌肉力量

提升柔韧性的关键之一是增强肌肉群之间的协调性，尤其是提高对抗肌的放松能力。同时，增强肌肉力量对于提高柔韧性也是非常有益的。强壮的肌肉能更好地克服外界阻力，帮助扩大关节的活动范围。但是，在肌肉力量增加的同时，肌肉体积也会增加，从而限制关节的活动范围。例如，举重运动员通过增强肌肉力量来提高运动表现，但过度的肌肉增长有时会限制其柔韧性。因此，力量训练和柔韧性训练之间的平衡是非常重要的。

三、柔韧性的评定

人体不同部位的关节表现出来的活动范围也不同。因此，各部位的柔韧性需要分别测量，目前常用的方法分为简易测量方法和精确测量方法。前者有直立体前屈测验、颈部柔韧测验、旋肩测验、背伸测验、髋关节柔韧测验、膝关节柔韧测验、小腿内外旋测验、踝关节柔韧测验；后者有角度测量器测量法和等速测力系统测定法。

四、柔韧性素质的训练方法

发展柔韧性的训练主要包括以下三种方法，这些方法可以帮助增加关节的活动范围，提高肌肉的伸展性，从而提升整体的柔韧性。

（一）静态拉伸

静态拉伸是最常见的柔韧性训练方法。在进行静态拉伸时，需要将特定的肌肉群伸展到某个位置并保持一段时间（通常是 15～30 s），每个肌肉群可以总共拉伸 60 s，每周可练习 2～4 天，每天可拉伸 1 次，经过 3～12 周的训练即可提高关节柔韧性。静态拉伸的方法缓慢拉长肌肉，可以安全地增加肌肉的长度和关节的活动范围。但是，静态拉伸可能会对后续运动的力量、功率和速度产生一些短暂的负面影响，总时长低于 45 s 的拉伸对运动能力的影响较小。

（二）动态拉伸

动态拉伸渐进性地通过运动来增加肌肉的长度和关节的活动范围。例如，向上踢腿可以拉伸腘绳肌。动态拉伸适合作为运动前热身的一部分,通常运动前先进行有氧运动,然后进行拉伸,再进行专项训练。动态拉伸结合有氧运动可以提高肌肉温度和血流量,减少运动中受伤的可能性。动态拉伸时应避免用力过大。与静态拉伸相比,动态拉伸对运动能力几乎没有负面影响。

(三)PNF 拉伸

本体感觉性神经肌肉促进法(proprioceptive neuromuscular facilitation, PNF)是以人体发育学和神经生理学原理为基础的一种运动治疗方法,通常在教练的帮助下进行,结合了拉伸和收缩肌肉的动作。例如,拉伸某个肌肉群后,进行轻微的抵抗性收缩约 10 s,然后再进一步拉伸。前 3~5 次,关节活动范围明显增加,之后增加不明显,这种训练每周可进行 2 次。PNF 被认为是提高柔韧性最有效的方式之一,但是耗时较长,而且需要别人协助。

问与答

问:柔韧性练习需要注意什么问题?

答:柔韧性不应超过关节活动范围上限;拉伸之前先安排热身;掌握合理的柔韧性发展水平;动作幅度从小到大;拉伸与力量训练相结合;从小开始训练,形成习惯并经常加以练习。

第七节 协调性素质

一、协调性的概念

协调性是指运动时各器官和系统在时间和空间上相互配合以完成特定动作的能力。这种能力是执行各种动作的基础,是其他身体素质的体现,也是身体素质与运动技能共同作用的综合结果。有效的协调性能够提高运动效率,减少能量浪费,并优化运动表现。

二、协调性的生理学基础

协调性的生理学基础涉及多个方面,包括神经系统的调控、肌肉的协调作用以及感知觉的协调作用。

(一)神经系统的调控

神经协调是指在运动时,神经系统的兴奋和抑制状态互相转换并协同配合的过程。这一过程主要由运动神经中枢控制,涉及肌肉等组织和器官之间的相互作用,并通过反射机制实现。完成动作时,不仅各个肌肉群需要协同工作,肌肉活动与内脏功能之间,以及不同脏器之间也需要表现出时间上的配合和空间上的协作,以确保动作的顺利完成。

（二）肌肉的协调作用

肌肉的协调作用是指在神经系统的调控下，肌肉收缩产生合适的张力，不同肌肉群先后合理地收缩和舒张，使动作更加合理、协调。

（三）感知觉的协调作用

在运动协调中，视觉可判断物体的空间位置、距离、运动速度和方向，同时也对维持身体平衡至关重要；听觉则通过分析声音帮助调整运动；位觉的协调功能表现在其稳定性上，稳定性越好，动作执行越流畅；本体感受器则负责感知肌肉的张力、长度变化和关节活动，通过各种反射机制调节肌肉的收缩活动，保证动作的协调性和准确性。

三、协调性素质的训练方法

提升协调性需要采用多样化的训练方法。例如，进行反向动作练习，以增强身体对不同方向动作的适应性；通过加大训练难度，结合不常用的动作组合，来提升对复杂动作的掌握；实施放松训练，以增强肌肉的调节能力；同时，通过特定练习提高对空间和距离的感知。具体训练方法包括：跳跃摆腿，有助于提高腿部力量和协调性；左右击脚跳行进，可以提升节奏感和协调性。

案例分析题 1

李铭是一名短跑运动员，每天通过大量深蹲训练提高力量，力量有所提高，运动成绩也有所提升。试回答以下问题：

1. 这种训练方法合理吗？是否需要调整？
2. 力量训练的原则是什么？

案例分析题 2

小李和小张分别是某高校的乒乓球和篮球专项运动员，他们的运动等级相同。请分析并回答以下问题：

1. 在正式的比赛中，谁的摄氧量更高？为什么？
2. 什么是最大摄氧量？如何测试两个人的最大摄氧量？
3. 影响最大摄氧量的因素有哪些？

第十章　运动过程中人体机能变化规律

学 习 导 航

关键名词

1. 赛前状态；
2. 准备活动；
3. 进入工作状态；
4. 极点；
5. 去极点；
6. 稳定状态；
7. 运动性疲劳；
8. 恢复过程。

学习目标

1. 掌握赛前状态的产生机制以及准备活动的产生机制和作用；
2. 熟悉极点、进入工作状态的产生机制；
3. 掌握运动性疲劳的产生机理；
4. 熟悉恢复过程的规律；
5. 了解促进机体恢复的方法；
6. 养成科学运动的意识及永不言败的人生态度。

知识拓展

1. 低血糖症；
2. 应对运动期间的代谢性酸中毒；
3. 减量训练。

运动过程中，人体机能会经历一系列复杂而有趣的变化。这些变化不仅展现了身体适应运动的能力，也反映了人体各系统的协调性和复杂性。人体机能按发生顺序可分为赛前状态、进入工作状态、稳定状态、疲劳及恢复过程。这一系列变化的规律不仅对运动员的训练和比赛有重要指导意义，也对我们更深入地理解人体的运动生理学机制具有重要的科学价值。

第一节　赛前状态与准备活动

导学视频 19

比赛前，人体机能会发生一系列反射性的变化，这些变化在体内各器官系统中都有所体现，如心率提升、肌肉的紧张度增加、呼吸加快等。这些都是身体为了适应即将到来的运动做出的反应。比赛或者训练之前要做好准备活动，以调整机体，使之处于良好的赛前状态，保证比赛顺利进行。

一、赛前状态

（一）赛前状态的概念

赛前状态是比赛前的生理和心理状况的综合体现，指的是在正式比赛或体育训练开始之前，人体内部某些器官和系统自然产生的一系列反射性的生理变化。这种状态的发生时间可以是比赛前几天、几小时甚至几分钟，这些生理变化的程度随比赛时间的临近而加剧。例如，运动员赛前会出现心跳加速、呼吸频率增加等现象。值得注意的是，仅仅是想象参加比赛的情况，也可能触发赛前状态。

（二）赛前状态的生理变化及产生机制

1. 赛前状态的生理变化

赛前状态的生理变化涉及多个器官及系统，如中枢神经系统的兴奋性增强、内脏器官功能加强、体温升高以及物质代谢活动加速。具体可表现为：心率加快、血压升高、呼吸频率和深度增加，这些变化导致心输出量和肺通气量提高。此外，运动员可能会由于紧张而出现出汗增加、尿频和肌肉抖动等现象。

这些赛前生理反应的程度受多种因素影响，包括比赛的重要性以及运动员的训练水平、身体状态和心理素质。例如，一名参加奥运会的运动员可能会在比赛前几天就开始出现显著的心率和血压升高，尤其是当他们缺乏大型比赛的经验或训练不足时。情绪的紧张和比赛的接近也会加剧这些反应。此外，参与高强度比赛的运动员在比赛前的生理反应通常更为强烈。

2. 赛前状态的产生机制

赛前状态与条件反射的形成有关。在比赛或训练中，运动员会接触到各种与运动相关的环境因素，如运动场地、器械、广播和音乐声、观众的呐喊、裁判的指示以及对手的表现等。这些外部信息通过感觉器官传达到运动员的大脑皮质，并与运动时肌肉活动引起的生理反应相结合。随着时间的推移，这些运动场景的信息逐渐成为条件刺激，与大脑形成了暂时性的神经联系。因此，当运动员再次面对相似的运动场景时，即使在没有实际运动的情况下，这些条件刺激也能触发类似的生理反应，从而导致赛前状态的出现。这种机制说明了为什么运动员在比赛前会自然而然地出现心跳加速、紧张等生理和心理反应。

（三）赛前状态的分类及调整

1. 赛前状态的分类

（1）准备状态

准备状态是指中枢神经系统的兴奋性适度提升，内脏器官的功能预先动员，惰性被克服。优秀运动员往往能够在赛前表现出此种良好的状态，从而缩短进入工作状态的时间。

（2）起赛热症

起赛热症是一种由中枢神经系统过度兴奋引起的状态，通常表现为精神紧张过度、四肢乏力、全身轻微颤抖、喉咙发堵、睡眠和饮食障碍、呼吸急促以及频繁排尿等不适反应。这些症状会导致运动员发挥不出正常竞技水平。该现象常见于年轻且没有重大比赛经验以及赛前心理负担过重的运动员。

（3）起赛冷淡

起赛冷淡是一种中枢神经系统兴奋性过低的状态，可能表现为情绪低落、全身无力、反应速度迟缓等不适反应，这种状态会影响运动员的正常发挥。该状态的产生与中枢神经系统持续高度兴奋之后出现的超限抑制有关。

2. 赛前状态的调整

为确保运动员在比赛中的最佳表现,需采取多方面的策略调整赛前状态。首先,通过心理调适提升其心理素质,保持合适的比赛动机,并掌握有效的身心调整方法,以增强自控力和情绪稳定性。其次,通过参与实际比赛、模拟比赛或观看比赛来累积经验,适应不同的比赛环境。此外,根据运动员的赛前状态安排适宜的准备活动,如为起赛热症的运动员提供轻松的活动,而为起赛冷淡的运动员安排更为激烈的练习。按摩也是一个重要手段,可根据需要调整其强度,以适当地提高或降低神经中枢的兴奋性。最后,合理的作息是基础,包括充足的睡眠、科学的饮食安排以及有效的思想教育和管理,以确保运动员处于最佳状态。

二、准备活动

(一)准备活动的概念

准备活动又称为热身,是在正式的比赛、训练或体育课程之前进行的一系列身体活动。其核心目的在于激活人体的生理系统,消除器官的生理惰性,帮助缩短身体达到最佳工作状态所需的时间。准备活动确保参与者能够在即将到来的正式运动中,身体机能得到充分的准备和调整。

(二)准备活动的分类

在运动实践中,准备活动通常分为一般性准备活动和专门性准备活动两种。在正式运动开始前,这两种准备活动都是必不可少的。

1. 一般性准备活动

一般性准备活动即通常的热身运动,动作以走、跳、跑、压腿等为主。这些活动可以提升提神经系统的兴奋性,升高肌肉温度,从而提升身体的代谢效率,预先动员各系统的功能,同时也有助于预防运动中的伤害。

2. 专门性准备活动

专门性准备活动是与实际比赛或训练密切相关的体育练习,这些练习在动作的结构、节奏和强度上与比赛相仿。例如,篮球运动员可能会在比赛前练习上篮和跳投。这种活动的主要目的是提升运动相关神经中枢的协调能力,加强技术动作的准确性,确保运动员在正式的比赛或训练中尽快达到最佳状态。

(三)准备活动的生理作用及生理机制

1. 准备活动的生理作用

准备活动是运动前不可或缺的一部分,它通过多种生理机制优化运动表现。首先,准备活动增强神经系统的兴奋性和协调性,提升内分泌系统的功能,迅速将身体调整到最佳状态。其次,准备活动增加肺通气量和心输出量,舒张心肌和骨骼肌的毛细血管,加快氧合血红蛋白的解离,提升有氧供能能力并减少血液中乳酸积累。此外,准备活动通过增加能量消耗提高体温和新陈代谢速度,同时提升肌肉的收缩速度和力量,增强肌肉和韧带的弹性,从而预防运动伤害;准备活动还能增强机体的散热能力,通过增加皮肤血流量和汗腺分泌来调节体温。最后,准备活动帮助运动员在比赛前达到理想的生理和心理状态,为正式的比赛或训练打下坚实的基础。

2. 准备活动的生理机制

通过准备活动,内脏器官预先动员,并且在神经中枢形成兴奋性的"痕迹"。这种痕迹效应使得在正式比赛或训练时,中枢神经系统能够维持在一个良好的兴奋水平,可以让机体更快进入工作状态。

(四)准备活动生理效应的影响因素

适当的准备活动可以缩短运动员在比赛中达到最佳状态的时间,但准备活动过度可能导致疲劳,从而影响比赛成绩。准备活动是影响运动表现的重要因素,运动员和教练通过有效地设计和实施准备活动,确保在比赛中达到最佳表现。一般来说,准备活动的强度宜维持在 45%VO_2max,心率应控制在 100 ~ 120 次/分,持续时间应为 10 ~ 30 min。理想情况下,从准备活动结束到比赛开始的时间间隔不宜超过 15 min,尤其是在体育教学中,建议这一时间间隔保持在 2 ~ 3 min。如果时间间隔达到或超过 45 min,准备活动的效果将完全消失。

此外,准备活动的效果还受到其他多种因素的影响,如运动员的年龄、训练水平、参与的运动项目、赛前状态以及当时的季节气候等。例如,一个年轻的短跑运动员可能需要在比赛前进行较短时间的高强度爆发力训练,而一个长跑运动员则可能需要较长时间的有氧热身。同样,在寒冷的冬季,运动员可能需要更长时间的准备活动来提升体温,避免肌肉受伤。

第二节　进入工作状态

导学视频 20

在运动开始时,人体并不能立刻就达到最高运动水平,而是需要一段时间才能逐步调整并达到最佳表现状态,这个工作能力逐步提升的过程称为"进入工作状态"。在这个阶段,人体的各项生理机能逐渐提升,包括肺通气量增加、心率加快以及血液循环加速,这些变化帮助身体更有效地适应即将到来的身体活动。长期的系统训练可以显著缩短进入工作状态所需的时间。例如,一位经过长期训练的中长跑运动员,在比赛开始后,可能只需要几分钟就能调整到理想的状态,而一位训练不足的运动员则需要更长的时间。

一、进入工作状态产生的原因

人体运动能力受到两种主要因素的制约:物理惰性和生理惰性。前者是人体从静止或缓慢状态向高速状态转变时必须克服的惯性;后者是人体生理功能逐步适应并提升至最佳工作状态的特性。

(一)反射时间

运动是受中枢神经系统调控的反射活动。运动的执行需要一定的时间,尤其是那些复杂或难度较高的动作。这是因为复杂的动作需要更长的时间让刺激信号在中枢神经系统中传递,并且需要更多的时间来协调各个神经系统之间的反应,从而延长了人体进入工作状态的时间。

（二）内脏器官的生理惰性

刚开始运动时，内脏器官和肌肉的动员速度不同。内脏器官主要由植物性神经控制，其信号传递速度较慢，且在传导过程中涉及多个突触连接，因此反应时间较长。相比之下，肌肉则直接受到躯体运动性神经的快速调节。此外，内脏器官的功能受神经—体液因素调节，过程较为缓慢。例如，在开始跑步时，肌肉迅速响应并开始收缩，而内脏器官（如心肺功能）则需要更长时间来增加其活动水平以适应运动的需求。因此，内脏器官的这种生理惰性是机体进入工作状态产生的主因。

二、影响进入工作状态的因素

进入工作状态所需的时间受到多种因素的影响，如运动本身、运动员自身以及外界环境。一般而言，更高的运动强度可以帮助运动员更快地进入工作状态，而复杂或频繁变化的动作则需要更长的调整时间。如果一个人训练有素，身体状况、赛前状态良好，准备活动充分，并且在良好的场地条件和气候下运动，也能有效地缩减进入工作状态的时间。此外，相比成人，儿童青少年通常能更快速地进入工作状态。

三、"极点"和"去极点"

人体在进入工作状态的过程中，会先后经历两种重要的生理反应："极点"和"去极点"。

（一）"极点"

1. "极点"的概念

在长时间的激烈运动初期，运动者在运动中出现呼吸困难、胸部压迫感、肌肉酸痛和无力、动作迟缓及协调性差、情绪低落等不适反应，甚至有时会有强烈的停止运动的冲动，这种现象称为"极点"。

2. "极点"产生的原因

"极点"是指在剧烈运动中，人体内脏器官暂时无法满足肌肉对氧气的高需求而导致的一种功能失调状态。在这种状态下，氧气供应不足，同时体内的乳酸等代谢产物积累，引起血浆 pH 下降和内环境失衡。例如，一个长跑运动员在比赛中可能会由于前述情况而感到呼吸急促、心跳加速，甚至出现肌肉痉挛。运动动力可能暂时受损，导致运动中枢的抑制过程占据主导。这时，运动员可能会表现出动作迟缓、协调性差和情绪低落等症状。

3. "极点"的影响因素

中长跑运动中容易出现"极点"。通常，运动强度越大，运动员的训练水平越低，"极点"出现越早，而且表现得越剧烈，消退得也越慢。赛前保持良好的状态并进行充分的准备活动可以预先使心肺等器官动员起来，延迟"极点"出现的时间并减弱"极点"的反应程度。

（二）"去极点"

1. "去极点"的概念

人体"极点"出现后，若继续坚持运动，适当降低运动强度，并且控制呼吸频率、加大呼吸深度，一段时间之后，不适感消失，动作重新变得协调而流畅，心跳和呼吸又重新变得平稳,这种状态称为“去极点”。“去极点”即“第二次呼吸”。

2. “去极点”产生的原因和意义

“去极点”的出现主要是由于内脏器官逐渐克服生理惰性,随着氧气供应增加,缺氧状态得到改善,乳酸生成减少、清除增加,从而改善了内环境并恢复了动力定型。此外,肾上腺素的分泌增加,也对“去极点”的形成起到了关键的促进作用。

“去极点”的出现显示出身体已适应了当前的运动强度,标志机体进入工作状态的结束,开始进入一个机能相对稳定的状态。

第三节　稳定状态

稳定状态指的是人体在进入工作状态结束后,心率、呼吸频率、血压等指标在一定时间内达到并保持在一个稳定水平。根据身体对氧气的需求,稳定状态分为真稳定状态和假稳定状态。

一、真稳定状态

(一)真稳定状态的概念

人体在进行中低强度运动时,机体摄取的氧气量等于或高于需氧量,心率、血压等各项生理指标保持稳定,机体的这种状态称为真稳定状态。

(二)真稳定状态的特点

在真稳定状态下,机体以有氧代谢供能为主,糖酵解产生的乳酸较少,内环境的酸碱度波动不大,能够维持一种相对稳定的状态。同时,重要的生理指标(如肺通气量、心率和血压)也保持相对平稳,使得运动能持续进行数十分钟甚至数小时。

真稳定状态的维持时长主要受限于有氧耐力的高低。若有氧代谢能力强,个体就能在真稳定状态下保持更长的运动时间。例如,在马拉松、长距离游泳等耐力运动中,运动员通常在整个比赛过程中维持真稳定状态。

二、假稳定状态

(一)假稳定状态的概念

在进行长时间且强度较大的运动时,即使人体摄氧量达到最大水平,也无法满足氧气需求,导致氧亏增加。此时,糖酵解供能增加乳酸的产生,在体内累积导致血液酸性增加,该状态即为假稳定状态。

(二)假稳定状态的特点

在假稳定状态下,人体虽已达最大摄氧量,但仍不能满足需求。此时,心率、血压等生理指标已达极限水平。然而,无氧代谢导致乳酸堆积,进而导致神经系统兴奋性及骨骼肌收缩力量下降,运动无法持续较长时间。

知识拓展

心血管系统和呼吸系统的机能表现的两个拐点

在长时间运动中，心血管系统和呼吸系统的机能表现有两个拐点。进入工作状态开始之后，心率等生理参数开始升高并稳定在一定水平，标志着进入工作状态结束、稳定状态开始，该拐点即为第一拐点。稳定状态维持到一定阶段，乳酸开始堆积，心肺功能上升，但未达最高水平，该拐点为第二拐点，标志着稳定状态结束、疲劳开始。

第四节　运动性疲劳

运动性疲劳是运动进行到一定阶段出现的一种正常的生理现象。“没有疲劳就没有训练”，适当的疲劳可以使机体产生的适应性最大化，辅以合适的恢复手段，可以不断提升身体机能。在不同的运动项目中，疲劳产生的原因不同，人的感受也有差别，如 400 m 跑和马拉松运动引起的疲劳是完全不同的，但其共同特征是不能保持原有的运动节奏。如果疲劳继续发展，会导致力竭，从而导致运动损伤或健康损害。因此，正确认识疲劳、利用疲劳及消除疲劳，对运动训练具有重要意义。

一、运动性疲劳的概念及分类

（一）运动性疲劳的概念

自 1880 年莫索（Mosso）研究疲劳以来，运动性疲劳经历了 100 多年的研究历程。不同学者从不同角度对疲劳进行了定义。直到 1982 年的国际运动生物化学会议上，疲劳被定义为机体不能将它的机能保持在某一特定的水平或不能维持某一特定的运动强度。该定义将疲劳与生理生化指标及运动能力相结合，为评估疲劳提供了客观指标和方法。

运动性疲劳是运动引起的暂时降低工作能力的一种机体自我保护现象，适当调整便可恢复。若疲劳未完全恢复而发生积累，会导致过度疲劳的发生。力竭是指肌肉或器官完全无法维持运动，是疲劳发展的最后阶段。

问与答

问：疲劳有哪些迹象？疲劳和过度训练有什么区别？

答：疲劳之后，人体表现为不愿意继续运动；无法保持原有速度或运动强度；肌肉力量下降；动作笨拙；动作不准确；肌肉疼痛和不适；认为需要更多的努力来维持运动。

疲劳是暂时性的，在几分钟或几小时之内，根据运动的不同会不同程度地恢复。在这方面，疲劳是可逆的。

过度训练则是持续数天或数周的生理适应不良和表现水平下降，是人体无法适应训练刺激引起的，免疫系统会受到影响，受伤风险增加。

（二）运动性疲劳的分类

运动性疲劳的产生机制较为复杂，可按不同的标准进行分类。

1. 骨骼肌疲劳、心血管疲劳和呼吸系统疲劳

运动性疲劳按照疲劳发生的系统可分为骨骼肌疲劳、心血管疲劳和呼吸系统疲劳。骨骼肌疲劳指的是表现为骨骼肌功能下降的疲劳，常出现肌肉酸痛、僵硬及力量下降等症状。心血管疲劳是指由运动导致心血管系统及其调节功能降低的疲劳，主要会出现运动后心率恢复慢、心输出量减少、心电图变化等现象。呼吸系统疲劳是指由运动导致呼吸系统功能降低的疲劳，如剧烈运动后可能会出现呼吸急促、通气量下降等症状。

2. 快速疲劳和耐力疲劳

运动性疲劳按照疲劳发生速度的快慢可分为快速疲劳和耐力疲劳。快速疲劳是由参加短跑、投掷、跳跃等短时间剧烈运动导致的身体功能下降，而耐力疲劳是由参加马拉松等低强度但长时间的运动导致的身体功能下降。快速疲劳消退得更快。

3. 整体疲劳和局部疲劳

运动性疲劳按照疲劳在身体发生范围的大小可分为整体疲劳和局部疲劳。整体疲劳是由全身运动导致的全身诸多器官功能降低引起的疲劳，如在足球、篮球、马拉松等运动中出现的疲劳。相反，局部疲劳是由负重下蹲等特定部位的运动或专门动作练习导致的局部器官或局部肌肉的功能降低引起的疲劳。一般来说，整体疲劳往往由局部疲劳主导，并可能由局部疲劳发展而来。

4. 轻度疲劳、中度疲劳和重度疲劳

运动性疲劳按照疲劳的程度可分为轻度疲劳、中度疲劳和重度疲劳。轻度疲劳的程度比较轻，通过短暂休息即可恢复。中度疲劳可出现疲惫、肌肉酸痛和心悸，恢复时间延长。重度疲劳的症状则更多、更严重，会出现头痛、胸痛甚至呕吐等症状，并且这些症状持续的时间较长。

5. 心理疲劳和躯体性疲劳

运动性疲劳按照引起疲劳的原因可分为心理疲劳和躯体性疲劳。心理疲劳由心理活动引起，躯体性疲劳由身体活动引起。心理疲劳主要表现为注意力、记忆力等方面的下降，躯体性疲劳表现为动作迟缓、动作命中率下降等。心理疲劳和躯体性疲劳通常在运动性疲劳中同时出现。

二、运动性疲劳的产生机理

运动性疲劳的产生机理较为复杂，目前主要有以下六种学说。

导学视频 21

（一）衰竭学说

衰竭学说（能源耗竭学说）认为，运动过程中供能物质的耗竭引起机体疲劳的发生。不同强度和持续时间的运动消耗的能源物质不同。

在短时间高强度运动中，CP 快速分解用于合成肌肉收缩所需要的 ATP。疲劳的直接原因是 CP 的过度消耗，其消耗幅度随运动强度的增大而增大，ATP 虽然也会迅速下降，但下降没有 CP 那么快。当 ATP 和 CP 供能下降时，高强度运动的速度就会下降，因此高水平短跑运动员的最高速度仅能维持 4 s。补充 ATP、CP 的补剂无法提高其在肌肉中的储存量，

因为补剂在消化过程中会被分解，但是补充肌酸被证实是可以提高肌肉中的 CP 储存量的。

在长时间中等强度运动中，疲劳的产生是因为糖的消耗。当然，运动中糖原不会完全耗竭，但当肌肉中的糖原消耗到一定程度时，运动强度就会下降，随后机体以脂肪氧化来供能的比例会增加。在运动中，糖原的消耗速度与运动强度有关，运动强度越大，糖原消耗越快。短跑运动员优先消耗快肌纤维中的肌糖原，长跑运动员优先消耗慢肌纤维中的肌糖原。当机体发生疲劳时，通过补充糖类物质，可以有效恢复运动能力。因此，运动员大运动量训练后，补充足够的碳水化合物可以恢复肌肉中的糖原储存量。

知识拓展

低 血 糖 症

当肝糖原不足时，血糖水平会下降，从而导致低血糖症，产生精神和身体疲劳、颤抖、虚弱和饥饿等症状。在运动过程中，摄入碳水化合物有助于维持正常的血糖水平。

因长时间运动而精疲力竭的人通过糖类摄入几百千卡的热量，就可以继续运动。因为维持血糖浓度可为运动肌肉及大脑神经提供足够的葡萄糖。中枢神经系统必须使用葡萄糖产生 ATP。换言之，在正常情况下，葡萄糖是大脑神经唯一的能量来源。低血糖会引起疲劳和烦躁。

（二）堵塞学说

堵塞学说（代谢产物堆积学说）认为，运动过程中产生的代谢产物（如 CO_2 和乳酸）在肌肉组织中的大量积累导致疲劳发生。在这些代谢产物中，乳酸广受关注，人们往往认为乳酸是一种导致疲劳产生的“废物”。其实，它可以通过继续氧化分解产生 ATP 供能，还可以通过糖异生作用转为糖原储存起来。此外，乳酸还具有抗炎、促进损伤修复等作用。在疲劳中真正起作用的是 H^+，它所导致的 pH 下降是疲劳发生的一个关键因素，因为 H^+ 积累会导致磷酸果糖激酶活性降低，减缓 ATP 的合成；H^+ 与 Ca^{2+} 竞争，干扰了 Ca^{2+} 与肌钙蛋白的结合，使肌肉收缩力下降；pH 下降，阻碍神经肌肉接头处兴奋由神经传递到肌肉，从而影响肌肉的兴奋性，导致肌肉收缩力下降；H^+ 的增加抑制 O_2 与 Hb 的结合，O_2 供应减少，影响有氧代谢供能；pH 下降抑制肌浆网对 Ca^{2+} 的吸收，降低肌肉收缩力。此外，运动时血氨浓度的升高不仅促进糖酵解，降低 pH，还抑制骨骼肌的电生理活动并对中枢神经系统产生抑制效应，从而引发运动性疲劳。

知识拓展

应对运动期间的代谢性酸中毒

运动期间的代谢性酸中毒是指在剧烈或长时间的肌肉运动过程中，肌细胞内产生大量的代谢废物，尤其是乳酸，导致细胞内外环境的酸碱平衡被打破，血液和组织液的 pH 下降所引起的酸中毒状态。适当训练可以增强肌肉的缓冲能力，减少代谢性酸中毒的影响。研究指出，可以通过摄入含有碳酸氢钠或柠檬酸钠的溶液来增强剧烈运动的能力。碳酸氢盐和柠檬酸盐都可以作为缓冲剂，抵消 H^+ 的积累，从而避免其影响糖酵解供能及肌肉收缩。

（三）内环境稳定性失调学说

内环境稳定性失调学说认为，疲劳的产生与内环境的酸碱性、离子平衡及血浆渗透压的变化有关。在高温环境下运动或者劳动，大量出汗会导致机体脱水，血容量下降，补充纯净水难以缓解疲劳，饮用淡盐水有助于恢复体液的电解质平衡从而缓解疲劳症状。脱水会导致体核温度升高，尤其是在热环境下运动，会对运动能力产生负面影响。研究表明，当机体轻微脱水时，会出现一些生理指标的变化；当运动后体重下降超过 2% 时，则需要在下次训练中充分补水；当失水量达到体重的 5% 时，工作能力可能下降 20% ~ 30%。体内离子平衡被破坏或 K^+ 外流、细胞内 Ca^{2+} 浓度升高都会导致机能下降，产生疲劳。训练前后进行体重称量，可以判断机体是否发生脱水。为了防止发生脱水，应该主动补水，即使一天没有出汗，也要补充至少 2 L 水，以确保身体处于水合状态。

（四）保护性抑制学说

保护性抑制学说认为，疲劳是人体运动消耗到一定阶段大脑皮质保护性抑制发展的结果。这种保护机制对避免意志力比较坚定的运动员产生过度疲劳是有利的，因为他们可能会在已经疲劳的情况下继续坚持运动。例如，在比赛当中，尽管一个选手已经很累，但观众的鼓励和喊叫可能会暂时性地增加其肌肉收缩力。研究表明，运动过程中产生的 5–羟色胺和 γ–氨基丁酸等抑制性递质增加，导致大脑皮质神经细胞的工作能力下降，从而导致疲劳的产生和发展。

（五）突变理论

运动性疲劳是肌肉活动中的多种生理和生化变化的总体反映。早在 1982 年，爱德华兹（Edwards）就提出了突变理论，他从能量消耗、力量下降以及兴奋性丧失这三个维度解释了疲劳的发生，认为运动性疲劳是为防止能量储备过度消耗而出现的机体运动能力急剧下降的过程。

（六）自由基损伤学说

自由基是一种具有未配对电子的活跃基团，常见的自由基包括超氧阴离子、羟自由基、过氧化氢和单线态氧等。自由基的化学活性强，过量积累会对细胞结构造成损害，包括脂质、蛋白质和 DNA 的氧化，从而导致细胞功能障碍并加速组织衰老。

在安静状态下，机体也有一定量的自由基产生，但是产生和清除是保持平衡的。在剧烈运动中，脂质过氧化反应加强，自由基数量增多，超过机体的清除能力，自由基便会在体内积累。自由基的增加会削弱肌纤维的兴奋—收缩耦联机能，并攻击线粒体膜，影响能量代谢。因此，自由基的增多是剧烈运动导致运动性疲劳的一个重要因素。

三、运动性疲劳的发生部位及特征

（一）运动性疲劳的发生部位

1. 中枢性疲劳

中枢性疲劳主要发生在大脑皮质至脊髓运动神经元的路径上，是由中枢神经系统兴奋性降低引起的。这种疲劳影响了神经冲动的传递和肌肉活动的调节,导致运动能力下降。具体表现为:①脑细胞活动减弱。长时间运动会导致大脑皮质细胞的能量水平和某些神经递质发生变化,如 ATP 水平下降,γ-氨基丁酸和 5-羟色胺浓度升高,使得 ATP 再合成速率下降,脑细胞的兴奋性降低,引发运动性疲劳。②运动神经元功能降低。运动中代谢产物积累激活传入神经元,增强施万细胞兴奋性,抑制脊髓 α 运动神经元,导致骨骼肌工作能力下降,进一步引起疲劳。中枢性疲劳出现后,人会失去继续运动的动力,注意力会变得不集中,动作也会变得不再协调,其实这是机体的自我保护机制。

2. 外周性疲劳

外周性疲劳可能发生于神经肌肉接头到线粒体内部的任何部位。

(1)神经肌肉接头

在短时间剧烈运动(如举重)中,神经肌肉接头前膜释放的化学递质乙酰胆碱减少,可能导致神经肌肉接头的神经冲动传递受阻。这会使肌细胞膜的去极化过程减弱或无法进行,从而导致骨骼肌无法正常兴奋和收缩,引发运动性疲劳。

(2)细胞膜

在运动中,肌细胞膜因机械牵拉和自由基影响可能发生结构和功能异常,如 ATP 酶活性降低和细胞膜损伤。这会改变肌细胞膜的通透性,从而降低肌细胞的功能和收缩能力。

(3)收缩蛋白

在运动中,乳酸生成增加会导致 Ca^{2+} 被 H^{+} 竞争,从而导致粗细肌丝滑行受阻。肌肉收缩蛋白可能出现 Z 线扭曲、肌丝排列紊乱等结构异常,导致肌肉酸痛、力量下降。

(4)兴奋—收缩脱耦联

长时间运动消耗 ATP 增多,产生的自由基增加,Ca^{2+} 代谢异常,肌浆网释放及重新摄取 Ca^{2+} 的能力下降,骨骼肌的兴奋—收缩耦联失衡,肌肉收缩力下降。

此外,线粒体结构和功能的变化也会影响肌肉收缩力,进一步加剧疲劳。

(二)不同运动的疲劳特征

不同类型的运动由于持续时间、强度大小以及代谢特点不同,而表现出不同的疲劳特征。

1. 短时间、最大强度运动

短时间、最大强度运动(如跳跃和举重)产生的疲劳主要源自中枢神经系统功能的衰减以及 CP 的快速耗竭。这些因素共同作用,导致细胞内 ATP 的再合成速率显著下降,从而影响肌肉的最大输出能力和持续性。在短时间、最大强度运动中,肌肉需要快速而强烈地收缩,这依赖于迅速可用的能量源。随着 CP 和 ATP 储备的迅速减少,运动员会迅速感受到力量的下降和明显的疲劳。为了有效应对这种类型的运动带来的挑战,运动员需要通过专门的训练来增强中枢神经系统的调控能力,并提升肌肉的能量利用效率,确保在进行极限运动时能够维持最佳表现。

2. 短时间、次最大强度运动

800 m 跑等短时间、次最大强度运动主要依赖糖酵解系统来供应能量。在这个过程中,肌肉和血液中会积累大量乳酸,导致体内 pH 下降。这种酸性环境会干扰肌肉的正常功能,进而引发机体的全身性力量下降和疲劳感。此外，乳酸的积累还会影响肌肉收缩的效率，减少肌纤维的力量输出，使运动员在比赛的后半段感到力不从心。为了应对这种情况，运动员通常需要进行特定的耐力训练和乳酸阈提升训练，以增强其对乳酸积累的耐受能力，延长高强度运动的持续时间。

3. 长时间、中等强度运动

在长跑等长时间、中等强度运动中，糖原的大量消耗会导致血糖浓度显著下降，这是疲劳发生的一个重要因素。同时，由于运动过程中代谢水平的提升，体温也会相应升高，进一步加剧体力消耗。此外，长时间运动会导致出汗增多，这不仅会引起体内水分和电解质的失衡，还可能导致内环境稳态的失调。同时，随着运动的持续，运动肌肉的氧气供应可能减少，加之神经系统的兴奋性下降，这些因素共同作用，使得运动员感受到明显的疲劳。为了应对这些挑战，运动员需要进行适当的体能和耐力训练，确保在长时间运动中保持良好的体能状态和高效的能量利用。此外，合理的营养补给和水分补充策略也是保持运动表现和延缓疲劳到来的关键因素。

4. 静力性运动

在扎马步和平板支撑等静力性运动中，中枢神经系统需要保持持续的兴奋状态以维持肌肉的强直收缩。这种持续的肌肉紧张不仅导致血液供应减少，还可能因过度憋气而引起心肺功能下降。由于肌肉长时间处于收缩状态，血液循环受阻，不仅会影响氧气和营养物质的输送，也限制了代谢废物的及时清除，这些因素都会加速疲劳的产生。

此外，静力性运动对心血管系统产生的压力较大，尤其是在肌肉长时间紧张时，可能导致血压升高和心率变化，进一步增加心脏的负担。因此，进行静力性运动时，正确的呼吸技巧至关重要，能够帮助维持心肺功能的稳定，减轻心脏负担，延缓疲劳的出现。为了提高在静力性运动中的表现和耐力，运动员应专注于增强肌肉的力量和耐力，同时练习合适的呼吸控制技巧，以优化氧气的利用效率，支持更长时间的运动。

此外，疲劳的发生还与运动技能的复杂程度等因素有关。复杂的运动技能需要运动员保持精力的高度集中，更容易导致疲劳的发生。

四、评估运动性疲劳的方法

运动性疲劳可以采用主观判断，也可以采用客观生理学指标进行判断。目前，主要用以下方法来判断运动性疲劳的发生。

（一）肌力和肌肉硬度测试

1. 肌力

疲劳的一个显著特征是肌力下降。早晚各测一次握力或背力，若运动后肌力下降，说明发生疲劳。若次日清晨肌力未恢复，则说明机体仍有疲劳。还可通过测定连续 5 次肺活量的方式来评定呼吸肌是否疲劳。每次肺活量测定间隔 30 s，若肺活量逐次下降，说明发生疲劳。

2. 肌肉硬度

疲劳发生时，肌肉硬度增加。运动后，肌肉出现酸痛和僵硬，说明发生疲劳。肌肉硬度可用肌肉硬度计测试。

（二）神经系统和感觉机能测试

1. 两点辨别阈

两点辨别阈是一种用来评估触觉感知的神经功能测试，它测量一个人能够区分两个接近的触点为两个独立点的最小距离。在疲劳状态下，由于神经系统的反应能力和感觉敏感性可能会下降，两点辨别阈值可能会增加。这意味着，一个人在疲劳时需要更大的距离才能区分两个触点。测量训练后与训练前的两点辨别阈，通过计算二者的比值，可以评估疲劳程度：比值小于 1.5 表示无疲劳，比值在 1.5 ~ 2.0 表示轻度疲劳，比值大于 2.0 则为重度疲劳。

2. 闪光融合频率

闪光融合频率是指能够引起闪光融合感觉的最低频率，这个指标可以用来评估疲劳程度。发生运动性疲劳时，视觉功能及其闪光融合频率会降低。闪光融合频率在 1.0 ~ 3.9 Hz 表示轻度疲劳，4.0 ~ 7.9 Hz 表示中度疲劳，8.0 Hz 及以上则为重度疲劳。

3. 反应时间

运动后，若反应时间延长，说明发生疲劳。反应时间的测试可分为简单反应时间、复杂反应时间、选择反应时间等，可根据测试的目标选择具体的测试方法。

4. 膝跳反射阈

当膝跳反射的敏感性降低时，则引发反射所需的叩击力增加。实践中，叩击力以锤子下落角度来表示。轻度疲劳时，最小叩击力增加 5° ~ 10°；中度疲劳时，叩击力增加 15° ~ 30°；重度疲劳时，叩击力增加超过 30°。

5. 血压体位反射

血压体位反射是用于评估心血管系统疲劳程度的指标。测试过程如下：受试者先静坐休息 5 min 并测量血压，接着仰卧 3 min，之后被动坐起，再次测量血压，并在接下来的 2 min 内每 30 s 测量一次血压。能够在 2 min 内完全恢复到安静水平的情况表示身体无疲劳，2 min 内能够恢复一半的情况为轻度疲劳，2 min 内完全未恢复的情况为深度疲劳。

（三）生物电评价

运动后若骨骼肌发生疲劳，肌电图（EMG）会出现如下变化：积分肌电幅值增大，均方根振幅增加，频率降低，电机械延迟出现延长。随着疲劳程度的加重，这些指标的变化也会更加明显。

心肌疲劳也可能引起心电图（ECG）出现一系列异常变化，通常表现为特定波形的异常：ST 段下移、T 波出现下降或者倒置，并可出现几点干扰现象。

正常成人的脑电图主要由 α 波和 β 波组成。发生运动性疲劳时，脑电图可能频率变慢，出现 δ 波和 θ 波，或者脑电频率加快，波幅增高。这表明在疲劳状态下，神经细胞的抑制过程得到加强，导致脑电图中慢波成分的增加。这些变化反映了疲劳对大脑功能的影响。

（四）主观感觉判断

主观体力感觉等级（rating of perceived exertion，RPE）是一种评估疲劳程度的有效工具，广泛应用于运动训练中。该指标反映了大脑对肌肉、呼吸和心血管刺激的综合反应。测试时，受试者在功率自行车或跑台上逐步增加运动负荷，每次增加后需在 RPE 表（表 10–1）

上标注自感疲劳等级。这个等级乘以 10,可以估计完成该负荷运动时的心率。随着疲劳程度的增加,RPE 等级也会相应提高。

表 10-1　主观体力感觉等级表

等级	自我感觉	等级	自我感觉
6	根本不费力	14	费力
7	极其轻松	15	
8	很轻松	16	很费力
9		17	
10	轻松	18	
11		19	极其费力
12	稍费力	20	尽最大努力
13			

(五)测定心率

用心率来判断疲劳是一种方便且易行的方法,通常利用三种心率数据来评估疲劳程度:基础心率、运动后即刻心率以及恢复期心率。

基础心率是人在清晨清醒、安静、未起床且未进行任何活动时的心率。如果在进行了大量运动后,隔了一整天基础心率仍比平常高出 5 ~ 10 次/分,通常表明疲劳还未得到充分恢复,存在疲劳积累的情况。若基础心率增加的现象连续发生几天,可能意味着运动强度过高,疲劳程度较重,此时应考虑适当减少运动量。

在体育活动中,心率会随着运动强度的增加而提高。但是,如果在一定时间段内,相同运动负荷导致心率增高的幅度加大,通常说明身体功能下降,发生疲劳积累。此外,如果在完成定量负荷的运动后心率恢复所需的时间变长,同样表明身体可能正在积累疲劳。

(六)其他手段

在体育教学和运动训练中,通过观察学生的表情、肢体语言、运动表现、心理情绪状态、生理反应以及与学生直接交流,教师和教练可以有效判断学生是否出现运动性疲劳。这些观察手段包括注意学生的协调性、反应时间、情绪波动、注意力、呼吸和恢复情况等,还可以通过生化指标的测试来判断是否发生疲劳。

问与答

问:判断运动性疲劳的生化指标有哪些?

答:①血尿素:尿素是蛋白质、氨基酸分解产物,其变化水平与运动负荷相关。血尿素增加超过 8 mmol/L 表明运动量过大,积累过多疲劳。②血清睾酮/皮质醇比值(T/C):该比值小于正常值,表示分解代谢占优,机体出现疲劳;该比值超过正常值 30%,表示过度训练。③血乳酸：疲劳时最大血乳酸水平下降，同时乳酸清除时间也会延长。④尿蛋白：尿蛋白含量增高，特别是持续上升，可能是过度疲劳或过度训练的标志。⑤尿胆原：尿胆原为血红蛋白分解产物。高强度运动中尿胆原排出增加，是运动性疲劳的一种表现。

第五节 恢复过程

恢复过程是指人体在专业训练或一般体育活动中，各项生理机能和肌肉活动所消耗的能源物质逐渐恢复到运动前水平的变化过程。运动后恢复良好，才能保证下一次训练正常进行；如果恢复不良，则可能出现疲劳积累，导致运动能力下降。因此，良好的恢复是保证成绩优良的重要因素。

一、恢复过程的一般规律

按照恢复过程中消耗和恢复的关系，可将其划分为三个阶段：运动中恢复、运动后恢复及超量恢复。

（一）运动中恢复

运动中，消耗和恢复过程同时进行，但是表现为能源物质的消耗程度大于恢复程度，因此体内的能源物质在逐渐减少，各项生理功能也在逐渐下降。这个阶段虽然消耗占优势，但机体也在恢复，因此将该阶段称为运动中恢复。

（二）运动后恢复

运动后恢复阶段是一个至关重要的时期，其特点是恢复的程度超过了运动期间的消耗。在这一阶段，能量物质和各项生理功能逐渐恢复到运动前的水平。这不仅包括肌糖原和体内水分的补充，还包括心率、血压以及呼吸频率的正常化。有效的恢复策略可以提高运动员的训练质量和比赛表现，同时减少慢性劳损的风险。因此，运动后恢复应被视为训练计划的一个重要组成部分，而不仅仅是运动结束后的简单休息。

（三）超量恢复

超量恢复又称为“超量代偿”，是指经过运动和一段恢复周期后，身体的某些生理功能不仅恢复到运动前的状态，而且还能进一步提升，达到一个更高的水平，保持一段时间后又回到原有的水平。超量恢复可以提高运动表现，增强身体对未来训练的适应能力，并促进长期的身体健康和运动能力的提升。

超量恢复的程度和持续时间与运动量有密切关系。通常情况下，运动量较大时，能源消耗多，恢复更为明显，但需要的恢复时间也更长；相反，运动量较小时，虽然恢复不太明显，但恢复时间较短。若过度训练，机体的机能会下降，能源物质及机能恢复时间将会进一步延长。此外，不同的能源物质在超量恢复过程中恢复的速度也有所不同，如图 10-1 所示。这一现象表明，在设计训练计划时需要考虑运动量与恢复之间的平衡，以促进身体机能的最佳恢复。

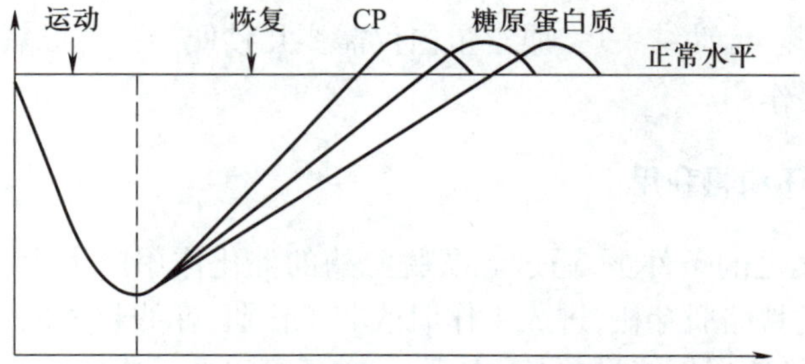

图 10-1 不同能源物质在恢复过程中的变化

知识拓展

减量训练

运动员在比赛前 4 ~ 5 天通常会停止训练或显著减少训练量，以调整身体机能并提升比赛表现，这种策略称为减量训练。研究表明，减量训练最有效的方法是维持训练的强度不变，同时大幅度降低训练的总量。这样做可以帮助运动员保持技术水平和身体反应速度，同时确保体能和精神状态达到最佳，为即将到来的比赛做好全面准备。

二、机体能源储备的恢复

（一）磷酸原的恢复

磷酸原消耗得快，恢复得也快。高强度运动后，大约 20 ~ 30 s，磷酸原便能恢复到原水平的 50%，这使得机体可以维持之前的运动强度。因此，完成一次高强度运动之后，中间的间隔时间不短于 30 s，才能保证下一次高强度运动的正常进行。磷酸原通常需要 2 ~ 5 min 才能基本恢复，故保证磷酸原完全恢复的理想组间休息时间应设置为 4 ~ 5 min。需要注意的是，磷酸原恢复过程所需要的能量由有氧氧化提供，由此可见，进行无氧运动项目时也应该关注有氧能力。

（二）肌糖原的恢复

肌糖原的恢复速度主要与运动的强度、持续时间以及饮食有关。例如，耐力运动至力竭，补充高糖饮食，肌糖原完全恢复大约需要 46 h，前 10 h 恢复最快。因此，耐力运动结束后的前 10 h 需要高糖膳食，前 2 h 内增加糖类的补充更重要。之后的 5 天之内，继续保持高糖饮食。

相比之下，对于短时间高强度的间歇运动，肌糖原的恢复对饮食的依赖较小，可进行高糖膳食和普通膳食，肌糖原在一天内完全恢复，运动结束后前 5 h 内恢复最为迅速。

（三）氧合肌红蛋白的恢复

肌红蛋白是肌肉中的一种重要蛋白，能快速结合氧气形成氧合肌红蛋白，每千克肌肉中的肌红蛋白大约携氧 11 mL。肌肉工作时，氧合肌红蛋白中的氧气可以迅速解离出来供肌肉进行有氧氧化使用。运动结束后，肌红蛋白仅需要几秒便能再合成氧合肌红蛋白，对缓解运动性疲劳起着重要作用。

（四）乳酸的循环和再利用

糖类在供氧不充足的条件下，通过乳酸脱氢酶的催化作用产生代谢产物乳酸。机体产生的乳酸一方面通过骨骼肌穿梭，进入工作肌或非工作肌，在线粒体内通过有氧氧化过程被彻底氧化分解，并为机体提供能量；另一方面，乳酸还可以通过血管穿梭，进入心肌被氧化利用，也可以进入肝、肾转变成葡萄糖或糖原，可以再次进入血液被骨骼肌利用或者调节血糖的浓度。

三、促进人体机能恢复的措施

（一）运动性手段

1. 整理活动

正式训练结束之后，不能立即停止运动，需要进行一些强度较小的身体练习，这种练习即为整理活动。整理活动对消除疲劳非常有效，主要体现在：有助于加速血液循环，从而促进乳酸的清除；一些拉伸性的动作可以缓解肌肉酸痛，促进机能恢复；促进下肢静脉血液的回流，增加心输出量，防止重力性休克的发生。

2. 积极性休息

积极性休息是运动过程中促进机体恢复的手段，通过改变动作或调整运动强度消除疲劳。这种方法对于缓解局部疲劳和快速疲劳比较有效。积极性休息的效果比被动休息显著，可以加快体内积累的乳酸的清除速度，从而更有效地恢复体能。

（二）睡眠

良好的睡眠对运动员消除疲劳至关重要。在睡眠中，全身肌肉得到放松，机体合成代谢大于分解代谢，有利于机体恢复。在常规训练期，运动员每天的睡眠时间应不少于 8 h，最好能安排 1 ~ 2 h 的午休；训练的特殊阶段（冬训期）或比赛期间，睡眠时间还应该适当延长，以保证身体的充分恢复。

（三）营养学手段

均衡膳食和适当的营养补充有助于机体更加快速地消除疲劳，恢复运动能力。

1. 能源物质的补充

运动达到疲劳时，机体消耗了大量的能源物质。因此，需要从膳食中摄入。碳水化合物是人体主要的能量来源，因此膳食中应适当增加碳水化合物的摄入。力量项目的运动员及青少年运动员应增加蛋白质的摄入，以促进肌肉的修复和生长，举重运动员每日膳食中蛋白质的含量应不低于 150 g。

2. 水、维生素和矿物质的补充

长时间运动，尤其是在热环境下运动，机体为了调节体温会大量出汗，这可能导致机体脱水。脱水是导致疲劳的常见原因之一。因此，要确保全天保持充足的水分摄入，特别是在炎热的天气运动后，少量多次以淡盐水或运动饮料代替纯净水来补充水分。饮食中增加红肉、豆类、绿叶蔬菜和富含维生素 C、维生素 B 及维生素 E 等营养物质的食物，更好地促进机体恢复。

3. 中药补剂

中药熏洗、药浴、热敷均能够刺激局部穴位、改善局部血液循环，起到消肿止痛的作用，从而对抗运动疲劳。应用中医药调理可增强机体免疫力，延缓疲劳的出现，加速疲劳的消除，促进机能的恢复。经常使用的中药有黄芪、人参、当归、阿胶等。但应注意，中药和中成药的成分和药理作用相对复杂，某些可能含有违禁成分，运动员应遵守规则，安全用药。

（四）物理学手段

消除疲劳的物理学手段有按摩、针灸、理疗、冷热敷等方法，在运动员中间应用广泛。通常，训练后通过专业手法按摩可以放松疲劳僵硬的肌肉，促进血液循环，加速代谢产物的清除；冷敷可以减轻炎症，缓解肌肉酸痛；针灸可刺激穴位，疏通经气，调节人体脏腑气血，从而使人体功能恢复正常；拔罐则利用了局部的负压作用，有利于清除代谢产物，从而消除疲劳。

（五）心理学手段

消除运动性疲劳不仅需要身体恢复，心理干预也是非常重要的。具体手段包括：设计短期目标和长期目标，减少因目标不明确或过于遥远而产生的心理负担；学会正面思维并学会运用放松技巧，如深呼吸、冥想、渐进性肌肉放松等；学会情绪管理，以便更好地控制比赛中的压力和焦虑。通过这些心理学手段，运动员可以更好地管理和减轻运动性疲劳，从而提高训练效果和比赛表现。

案例分析题

小李是一名业余马拉松爱好者，他最近参加了一场全程马拉松比赛。在比赛前的几天，他感到非常紧张，晚上难以入睡，比赛当天早晨感到心跳加速。在比赛开始后的前几千米，他的运动能力逐渐提升。随着比赛的进行，在跑了约 23 km 时，小李感到胸闷，呼吸变得困难，双腿沉重。经过几千米路程的调整，他的状态逐渐恢复。比赛结束后，他感到全身疲惫，需要通过拉伸、补水和休息来促进身体恢复。请分析并回答以下问题：

1. 小李的赛前状态属于哪种类型？采用什么措施可以改善这种紧张的状态？

2. 在跑了约 23 km 时，小李感到胸闷和呼吸困难的原因是什么？

3. 胸闷之后，经过几千米路程的调整，小李的状态逐渐恢复，说明此后机体处于哪个阶段？

4. 赛后，小李的机能变化处于哪个阶段？除了拉伸、补水和休息之外，还可以通过什么手段来促进身体恢复？

提高篇

第十一章　儿童青少年生长发育与体育运动

学习导航

关键名词	学习目标	知识拓展
1. 生长； 2. 发育； 3. 成熟； 4. 青春性高血压。	1. 了解儿童青少年生长发育的一般规律； 2. 掌握儿童青少年生理特点、儿童青少年身体素质发展特点； 3. 掌握影响儿童青少年生长发育的主要因素； 4. 通过体育运动培养顽强拼搏、团结合作的体育精神。	根据儿童青少年生长发育规律和生理特点，正确指导体育教学和运动训练。

儿童青少年阶段是生长发育的关键时期，体育运动在这一阶段起着重要作用。适当的体育运动不仅能够促进儿童青少年的身体健康，还能有效地缓解心理压力。运动不足是导致儿童青少年体质下降的一个重要因素。然而，过量的运动可能导致身体损伤。因此，儿童青少年需要在专业指导下科学地参与体育锻炼，以促进身体发育和身体素质的全面提升，并确保运动的安全性和有效性。

第一节　儿童青少年生长发育

儿童青少年在生长发育过程中，机体各个器官的形态和机能逐渐完善。这一阶段涉及身高和体重的增长，骨骼和肌肉的发展，以及内脏功能的增强。随着年龄的增长，儿童青少年的身体结构不断调整和优化，以适应不断变化的生理需求和环境挑战，为进入成年期打下坚实的基础。这些变化标志着从幼年到青少年的过渡是生命早期最关键的发展阶段之一。

一、儿童青少年的年龄界定

儿童青少年的生长发育是一个复杂的变化过程，它涉及从简单到复杂、从低级到高级的发展。这一过程不仅包括身体的生长和变化，还包括神经结构、心理及行为模式的发展。这些变化是有序且具有规律性的，涵盖了从生理到心理各个层面的发展，是个体从幼稚向成熟转变的重要阶段。

联合国《儿童权利公约》规定儿童是指 18 岁以下的未成年人，而我国对儿童的法律界定是十四周岁以下的未成年人。根据儿童的行为能力，可以比较系统地对儿童进行划分：1 ~ 3 岁为学步儿童；3 ~ 6 岁为学前儿童；6 ~ 12 岁为学龄儿童。而 12 ~ 18 岁为青少年。

二、生长发育及成熟的概念

人体从出生到各组织器官发育完全并成熟，最终成长为成人的过程称为人体成长过程。生长和发育是人体从受精卵到成人过程中两个互相依存的方面。生长主要表现为组织器官及其各部分的体积和重量增加，这是一个内在的量变过程。随着生物科学的发展，这一概念已经扩展到包括细胞的大小和数量变化；并且，在分子生物学的推动下，还涵盖了人体化学成分的变化，即化学生长。相比之下，发育涉及细胞组织和器官的分化及功能成熟，是一种质变过程。这主要包括生理、心理和社会功能的发展，特别是儿童在感知、思维、语言、人格以及学习能力方面的成长。因此，虽然生长和发育在概念和内容上有所不同，它们在人体的整体成长发育过程中却是密不可分的。

成熟是指人体在形态、生理和心理方面全面达到成人阶段的稳定和完全发育状态。这包括身高和体重的增长达到一定水平，骨骼和牙齿的钙化基本完成，以及性发育的成熟。

在生长发育过程中，机体主要通过同化作用将从外界环境中获取的营养物质转化为自身的组成物质，并储存能量。这一过程涉及利用能量将小分子合成为大分子的多种代谢途径。相对地，异化作用是指生物体将体内的大分子分解成小分子并释放能量的代谢过程。在儿童青少年时期，同化作用通常占据主导地位，促使机体不断生长和发展。成年后，同化作用和异化作用达到一种相对的平衡状态。然而，在老年时期，异化作用逐渐占据优势，导致机体的形态和功能逐渐衰退。

三、生长发育的规律

儿童青少年从出生到成年的过程中，生长发育遵循着一定的规律，这些规律表现为一系列普遍现象。尽管生长发育过程受到自然环境、家庭背景、营养状况、健康状况、遗传因素以及体育活动等多种因素的影响，不同年龄和性别的儿童表现出个体差异，但生长发育的基本规律是客观存在的。

（一）生长发育的一般规律性

儿童的生长发育遵循一系列明确的发展规律，这些规律包括：由上到下、由近到远、由粗到细、由简单到复杂以及由低级到高级。例如，在运动发育方面，儿童首先学会抬头，随后抬胸，接着能坐、站和走，体现了由上到下的发展顺序。在肢体运动上，儿童的动作从臂到手、从腿到脚逐渐细化，符合由近到远的规律。手部技能的发展从全掌抓握逐步过渡到使用手指拾取小物件，展示了由粗到细的过程。在绘画技能上，儿童从最初的画直线发展到画圈和复杂图形，体现了由简单到复杂的发展。在认知发展方面，儿童最初通过观察和听觉来感知世界，随后逐步发展出记忆、思维、分析和判断能力，这一过程体现了由低级到高级的认知层次的逐步提升。

（二）生长发育的阶段性和连续性

生长发育是一个由多个阶段组成的连续过程，每个阶段都有其独有的特征。根据儿童青少年的年龄和生活、学习环境的不同，生长发育过程可以被划分为婴儿期、幼儿期、儿童期和青春期。

在整个儿童期，生长发育的速度在不同阶段有显著差异。例如，出生后第一年，尤其是前三个月，体重和身高的增长速度非常快，这一时期是儿童生长的第一个高峰期。随后，到了第二年，生长速度逐渐放缓，直到青春期再次加速，迎来第二个生长高峰。因此，虽然儿童青少年在不同年龄阶段的生长发育各有特点，这些阶段之间却是紧密相连、自然过渡的。

（三）生长发育速度的差异性

人体各系统和器官的生长发育具有明显的差异性，并且遵循一定的发展顺序。例如，神经系统的发育相对较早，在出生后两年内，脑部的发育速度较快。淋巴系统则在儿童期迅速增长，通常在青春期前达到高峰，之后逐渐减缓。相比之下，生殖系统的发育较晚。心脏、肝脏、肾脏和肌肉等其他系统的发育则大体上与身体的整体生长保持一致，这些系统的发育速度与儿童在不同年龄阶段的生理功能紧密相关。

此外，儿童的生长发育还表现出性别差异。例如，在身高和体重的增长方面，男孩和女孩存在显著的不同。由于女孩的性成熟期通常早于男孩，一般在 11 ~ 15 岁，女孩的体重和身高会暂时超过男孩。然而，在这一阶段之后，男孩的生长速度会加快，最终超过女孩。这些差异反映了性别在生长发育过程中的独特影响。

（四）生长发育的个体差异性

虽然儿童的生长发育遵循一定的规律，但个体间的差异性也非常显著，这种差异性主要受到遗传、性别、环境和教养等多种因素的影响。随着年龄的增长，个体差异性往往变得更加明显。因此，虽然儿童的生长发育水平有一定的正常范围，但这个范围并不是绝对的。在评估儿童的生长发育状况时，必须综合考虑影响每个个体的不同因素，以做出更准确的判断。

由于身高和体重的变化等存在个体差异性，因此，深入了解儿童青少年的身体发育规律对于他们的健康保护和运动训练具有重要的实际意义。

四、影响儿童青少年生长发育的因素

儿童青少年的生长发育是一个持续性的过程，它体现了个体与外界环境、遗传因素和适应机制之间的动态平衡。生物体的发育在很大程度上受到遗传因素的影响，而其发育的具体进程则受到环境条件的显著制约。影响儿童青少年生长发育的因素主要有五个方面。

（一）遗传因素

遗传因素在儿童青少年的正常生长发育中起着决定性的作用，它不仅影响儿童青少年的身高、体型和性成熟的时间，还决定了他们的发展潜力和趋势。通常情况下，如果父母身高较高，他们的子女也倾向于身高较高；相反，如果父母身高较矮，子女的身高也往往较矮。在一个良好的生活环境中成长至成年的儿童青少年，其最终身高大约有 75% 受遗传因素的影响，而剩余的 25% 则由营养、体育锻炼等环境因素决定。

此外，遗传性疾病也可能对儿童青少年的生长发育产生直接且严重的影响。例如，代谢缺陷病和染色体畸变都会严重干扰正常的发育过程。唐氏综合征就是一个典型的例子，由于 21 号染色体的异常，患者不仅生长发育迟缓，而且智力发展也受到影响，通常表现为智力低下。这些遗传条件的存在强调了全面理解影响儿童青少年生长发育的因素的重要性。

（二）营养因素

营养是儿童青少年生长发育的基石。不良的营养状况会广泛影响儿童青少年的体格发展，并对大脑发育产生不利影响。研究表明，从出生到 6 岁期间是儿童大脑神经细胞迅速增长和脑功能快速成熟的关键时期，也是儿童早期发展的黄金阶段。充足的营养（包括足够的热量、优质蛋白、钙、铁、各种维生素以及适量的微量元素）是儿童青少年健康成长的物质基础，确保机体的同化作用超过异化作用。

然而，随着经济条件的改善，营养过剩导致的儿童青少年肥胖问题日益严重。超重和肥胖已成为影响我国儿童青少年身心健康的重大公共卫生挑战。肥胖不仅妨碍儿童青少年的正常生长和智力发展，还会增加其患糖尿病、高血压等慢性疾病的风险。根据 2020 年 12 月发布的《中国居民营养与慢性病状况报告（2020 年）》，我国 6～17 岁儿童青少年的超重肥胖率已达到 19%。这一数据强调了均衡饮食和适当营养管理在儿童青少年健康发展中的重要性。

（三）疾病因素

疾病对儿童青少年的生长发育也有着明显的影响。急性感染常常导致体重减轻，如急性肠胃疾病会破坏机体的消化吸收作用。慢性感染则会影响身高和体重的增长。内分泌疾病（如甲状腺功能减退症）对生长发育的影响更为突出，常常导致骨骼生长和神经系统发育迟缓。传染性疾病（如病毒性脑炎）会损害大脑皮质的正常功能，从而导致一系列严重的后遗症。患者可能会经历动作迟缓、语言发展障碍等多种神经功能障碍。这些症状不仅影响患者的日常生活，还可能对其长期健康造成持续的影响。目前在我国儿童青少年中高发的是近视眼、沙眼、龋齿、蛔虫等疾病，缺铁性贫血及维生素 A 缺乏症也普遍存在。

（四）环境因素

影响儿童青少年生长发育的环境因素包括自然环境因素和社会环境因素。良好的自然环境，如充足的阳光、新鲜的空气和清洁的水源等，都有益于儿童青少年的健康生长发育。社会环境因素对儿童青少年的生长发育具有深远的影响，其中经济发展水平是一个关键的决定因素。经济状况直接影响到儿童青少年可以获得的营养、家庭居住条件、医疗保障以及体育活动等多个方面。完善的医疗保健服务、良好的教育体制等对于促进儿童青少年的生长发育有积极的作用。经济发达地区的儿童青少年生长水平一般明显优于经济落后地区。家庭子女个数也会影响儿童青少年的生长发育,在同样的经济条件下,多子女家庭中儿童青少年的生长发育往往落后于少子女家庭。

(五)体育锻炼

儿童青少年的生长发育受到先天遗传因素和后天环境因素的共同影响。在后天环境因素中,营养提供了生长发育所需的物质基础,而体育锻炼则充当推动生长发育的动力。体育活动是促进儿童青少年身体发育和增强体质的关键因素。

体育锻炼通过激活新陈代谢和神经内分泌系统,对儿童青少年的体格形成产生良性刺激,从而促进其生长发育。然而,体育锻炼是一个需要长期坚持的过程。试图通过短期的体育锻炼迅速提升身体发育水平不仅不可行,还可能导致运动性疲劳。运动性疲劳是一种生理现象,表现为运动后肌肉的最大收缩力或最大输出功率暂时性下降。儿童青少年的成长不仅遵循自然的增长规律,还与政治、经济、文化和营养等多种生活环境因素紧密相关。

体育锻炼影响儿童生长发育的机制为:①体育锻炼促进骨骼生长。运动锻炼时,全身的血液循环加速,有助于改善骨骼和肌肉的营养供给,促进骨细胞的增殖,从而加速骨骼的生长。研究表明,青少年专业运动员的股骨皮质比一般青少年更厚,骨小梁的排列也更加整齐。这些结构的优化使得他们的骨骼能够承受更大的压力,增强了骨骼的整体强度和耐力。②体育锻炼对肌肉发展具有积极影响。体育锻炼能够加快血液循环,有助于肌肉吸收更多营养,促进肌纤维增粗和肌肉体积的扩大。普通人的肌肉重量大约占体重的40%,而对于接受系统训练的运动员,这一比例可提高至50%。锻炼还能增加脂肪的燃烧,提升瘦体重,使儿童青少年的体格更加协调和匀称。③中等强度运动增加生长激素的分泌。中等强度运动能显著提升生长激素水平,使其从8.1 μg/L上升至12.6 μg/L。中等强度运动持续数十分钟后,生长激素水平开始增加,并在大约一小时后达到峰值。④体育锻炼对儿童青少年心肺功能有益。适度的体育锻炼可以使儿童青少年的心脏承受适当的生理负荷,有益于心肌的锻炼,增强心肌的收缩力,并提高心输出量。这样不仅提高了心脏的储备能力,还使心脏能够适应更大的活动量或突发的变化。同时,适当的锻炼也会增加身体对气体交换的需求,促进肺泡数量的增加,从而有效促进儿童青少年肺泡的发展,增强肺壁的弹性和呼吸肌的力量,进而提升肺通气量和肺活量。⑤体育锻炼对生长速率和骨龄具有正面影响。持续的体育锻炼不仅有助于提升生长速率,而且不会导致骨龄过早发展。对于体重偏重的儿童青少年,通过运动控制体重可以降低他们早熟的风险。

第二节　儿童青少年的生理特点

儿童青少年的生理特点在多个系统中有明显的表现。首先,在运动系统方面,随着年龄的增长,骨骼逐渐增长并变得更加坚固,肌肉质量和力量也显著提高,这些变化为更复杂和有力的运动提供了基础。其次,在氧气运输系统方面,心脏和肺部的功能增强,使得血液循环效率提高，氧气输送能力增强，这对于支持日益增长的身体活动需求至关重要。最后，在神经系统方面，神经连接的优化和大脑结构的成熟进一步提高了协调性、反应速度和认知能力，使儿童青少年能够更好地学习和适应复杂的身体与心理任务。

一、运动系统

儿童青少年时期是人体生长发育的关键时期，身高、体重、骨骼和肌肉都呈现快速增长的特点。

（一）骨骼与关节的特点

1. 骨骼

儿童青少年时期是骨骼生长发育的关键时期，这一时期骨骼增长迅速。在这个阶段，骨骼中含有较多的软骨成分，水分和有机物质（如骨胶原）的含量也相对较高。相比之下，无机盐（主要是磷酸钙和碳酸钙）的含量则比成年人低。这一时期，骨骼的生长以骨构建为主，骨转换加快，且骨形成占优势，因此骨量稳定增长。

骨骼的生长包括线性生长和骨量累积，儿童期线性生长占优势，增长的平均速度为每年5～6 cm；青春期则以骨量累积为主，在青少年时期可累积成人骨量的40%～60%，通常18岁时骨量已累积至峰值的90%。

问与答

问：儿童的骨折呈现什么特点？

答：儿童的骨骼含有较多有机物，硬度较小，韧性较大，在外力作用下缓冲能力强。因此，骨折之后并不一定完全折断，而是会像春天的柳枝一样，骨皮质不完全断裂，通常称为“青枝骨折”。

在人体的成长过程中，骺软骨的增长是骨骼伸长的关键因素，直到骨骼完全骨化为止。不同性别和部位的骨骼在骨化时间上存在差异：通常情况下，男性的四肢骨骼在17～18岁完成骨化，而女性则在16～17岁完成；椎体的骨化通常要到20～22岁才能完成。在骨骼完全骨化之前，任何过大的负荷都可能对骨骼的正常生长造成影响。在运动员的选拔中，骨龄是一个重要的指标，通常通过腕骨的骨龄来预测身高。需要说明的是，骨龄指的是骨骼发育的年龄，根据骨化中心的出现及骨骺和干骺端闭合的时间来确定。

2. 关节

儿童青少年的关节结构在基本构造上与成年人相似，但存在几个显著的差异。首先，儿童青少年的关节面上的软骨较厚，这有助于缓冲运动时的压力。然而，他们的关节囊相对较薄，关节内外的韧带比较薄，而且这些韧带比较松弛。此外，儿童青少年关节周围的肌肉比较细长，这些特点使得儿童青少年的关节延展性和活动范围通常高于成年人，关节的灵活性和柔韧性具有较高的发展潜力。然而，这也意味着儿童青少年的关节牢固性较差，较易在外力作用下发生脱位。因此，在进行体育活动和日常运动时，应特别注意保护儿童少年的关节，避免过度负荷或不当运动导致的伤害。

（二）肌肉的特点

儿童青少年的肌肉特点是水分含量较高，而蛋白质、脂肪和无机物的含量相对较低。肌纤维之间的间质较多，使得肌肉显得较柔软、富有弹性且横断面较小。相比于成人，儿童青少年的肌肉收缩力较小，力量也较弱。这是因为肌肉的神经调节尚未完善，且肌肉中能源物质的储备较少，导致耐力和协调性较差，容易疲劳。在生长发育过程中，儿童青少年的肌力增长呈现不均匀性。大约 15 岁时，小肌肉群开始迅速发展。在快速增长期，肌肉的纵向增长速度快于横向增长，而且肌肉的增长通常落后于骨骼的增长。肌肉快速增长之后，肌肉从纵向增长为主转为横向增长加速，肌纤维直径增大，肌肉体积增大，从而使肌力得到增强。通常，男性的肌肉力量大约在 25 岁达到峰值，而女性则较早，在 20 岁左右达到峰值。随后，肌力大约从 30 岁开始逐步衰减。

（三）儿童青少年在体育锻炼中应注意的问题

根据儿童青少年运动系统的发育特点，儿童青少年在体育锻炼中应注意以下问题。

1. 注意培养正确的身体姿势

在进行体育锻炼时，应避免过于剧烈的跳跃着地动作，以及长时间进行单一肢体、高负荷或左右腿负荷不均的动作；在执行静止性动作时，应适当休息并调整体位及着力点，以防止脊柱弯曲及骨盆和肢体的畸形；进行负重练习时也应谨慎，因为过重的负荷可能导致骨骼过早骨化，进而影响身高的正常发育。

2. 充分发展儿童柔韧性

柔韧性的发展需要从儿童时期抓起，柔韧性和牢固性的发展要一并进行，以防止由于关节牢固性太差而发生关节损伤。

3. 适当锻炼肌肉力量

儿童青少年的肌肉发育尚不完善，肌肉中水分较多，蛋白质含量较少，力量和耐力较差。因此在进行力量训练时，负重不要过大，练习次数不要过多，时间不要过长，最好少用负重方法，特别是负重深蹲杠铃、扎马步等，多用动力或轻负重练习，如跳沙坑、原地高抬腿、台阶跳、三级跳、跳绳等。随着年龄增长，肌肉中蛋白质含量逐渐增加，肌肉重量也增加，肌肉力量随年龄增长而增大，可逐渐采用中、小量的负荷训练，到 15 岁以后可适当采用加大负重的方法进行训练。

二、氧气运输系统

（一）血液

儿童青少年的血液总量比成人少，但如果按照体重的百分比来计算，则实际上比成人的比例要高。具体来说，成人的血液总量占其体重的 7%～8%，而新生儿的血液总量可达到体重的 15%。随着年龄的增长，这一比例会逐渐降低，直到 15 岁左右，血液总量占体重的百分比才会降至与成人相似的水平。这一变化反映了儿童到成年期间身体各系统的成熟与调整过程。

血液中的有形成分在儿童青少年与成人之间也存在显著差异。例如，新生儿的红细胞计数高达每立方毫米 550 万个，血红蛋白含量可达每 100 mL 血液 15～23 g，但这些数值会随着年龄的增长逐渐降低。在儿童时期，红细胞和血红蛋白的水平一直保持在较低的状态，直到青春期开始逐步上升，最终接近成人的水平。

此外，新生儿的白细胞数量是成人的两倍，但这一数值会在数天后迅速下降。随着儿童青少年年龄的增长，白细胞总数会逐渐减少，同时各类型白细胞的比例也会发生变化，直到大约 15 岁时接近成人的常规水平。在 9 岁之前，中性粒细胞的比例较低且发育不成熟，因此这个年龄段的儿童更容易患上传染病。

（二）心血管系统

1. 心脏

儿童的心脏相对于身体体积的比例比成人大。随着年龄的增长，心脏重量与体重的比值逐渐下降，且左右心室的增长不同步。因此，儿童心脏在胸腔中的位置也会随着年龄的增长而发生变化。同时，随着年龄增长，儿童的心率和血压也会经历相应的变化。这些变化是儿童向成年过渡的生理调整的一部分。

2. 心率、心输出量

心率是指心脏每分钟跳动的次数。由于儿童的心肌薄弱、心缩力弱，心脏的容量也较小，每次收缩时射出的血液总量比成人少，但相对于每千克体重的心输出量大。儿童的新陈代谢旺盛，交感神经兴奋占优势，但心脏搏出量有限，为了满足机体的需要，只有增加心跳的次数，才能补偿不足，所以儿童的心率快于成人。儿童的心率随年龄增长而减慢，成年后达到稳定。儿童年龄较小时，其心脏活动的节律性不强，表现为脉搏跳动不规律，这是因为其神经系统兴奋性过强。儿童青少年的心脏尚未完全发育成熟，因此在进行运动训练时，应避免过度训练。同时，减少憋气和静力练习，以减轻心脏的负荷。

3. 血压

由于儿童心脏搏出量较少，心脏收缩力较弱，动脉壁的弹性较好，血管口径相对较大，因此其血压偏低，但随着年龄增长，血压会逐渐升高。在进入青春期后，心脏的发育速度明显加快，超过了血管的发育速度。受内分泌功能的影响，血压会明显上升，有时甚至暂时偏高，这种现象称为“青春期高血压”。这种情况通常见于身体发育良好且生长迅速的青少年。青春期高血压通常是轻度的，没有明显症状，但血压波动较大，稳定性较差。收缩压较高，但通常不超过 20 kPa（150 mmHg），而舒张压则保持在正常范围内。青春期高血压通常开始于 11～12 岁，高峰期则出现在 15～16 岁，之后逐渐减少。对于患有青春期高血压的青少年，在进行体育活动时应注意控制运动强度，避免过度剧烈的运动，并减少需要用力憋气的练习，以保持血压稳定。

三、神经系统

（一）神经过程兴奋和抑制的发展

儿童青少年的神经系统发展不均衡，导致兴奋和抑制过程失衡。在 6～12 岁期间，兴奋过程占主导，儿童表现为活泼、注意力分散、动作不协调。在 8 岁之前，由于皮质抑制功能较弱，儿童的动作精确性较差，错误频发。8 岁以后，这些能力逐渐改善，到 13～14 岁时，分析和综合能力显著提升，条件反射建立得更快，但对复杂动作的掌握仍受限于小肌肉群的后期发育。到了14～16岁，反应速度和动作分化能力均有显著进步。女孩通常在分化抑制方面发展较早，这使她们在体操、花样滑冰等技巧性强的运动中表现优异。此外，虽然儿童的神经细胞耐力较差，容易疲劳，但他们的神经系统可塑性较高，使得疲劳恢复较快。

在青春期初期，由于内分泌腺活动的变化，神经系统的稳定性可能会暂时降低。这种变化表现为兴奋过程占据主导，抑制过程明显减弱，导致动作协调性下降，这在女孩中尤为明显。然而，随着青春期发育的进展，动作的协调性将逐渐得到改善和发展。

（二）两个信号系统的特点

儿童时期对具体形象的信号容易建立条件反射，说明此时第一信号系统占主导地位。此时儿童对抽象的语言还不敏感，思维能力差，分析综合能力还不完善，表明儿童时期第二信号系统相对较弱。第二信号系统的功能进一步发展是在9～16岁，儿童青少年的联想、推理、抽象、概括等思维活动能力逐渐提高。16～18岁时，第二信号系统的功能已发展到一定水平，这时两个信号系统的相互关系更加完善，分析综合能力明显提高。

第三节　儿童青少年身体素质的发展

身体素质是机体各器官和系统功能的综合体现。随着儿童青少年的生长发育，他们的身体素质逐渐得到发展。同时，通过参与体育锻炼，儿童青少年的身体素质可以得到进一步提升。在体育教学和训练过程中，教师和教练应当充分考虑儿童青少年的年龄特点，采用科学合理的训练方法，不仅能够促进儿童青少年身体素质的全面发展，还有助于提高其运动技能和技术水平。此外，应注重安全性和适宜性，确保训练计划既高效又符合儿童青少年的身体和心理发展需要，以支持他们的健康成长和体能提升。

一、儿童青少年身体素质发展的规律

（一）身体素质的自然增长

身体素质的自然增长是指随着儿童青少年年龄的增长，其各项身体素质也相应提升的现象。在不同的年龄段，身体素质的增长速度各不相同，甚至在同一年龄段内，个体之间的身体素质发展也会有所差异。“黄金期”指的是在儿童青少年生长发育过程中的某一阶段，某项身体素质的能力发展尤为迅速，这个阶段也称为该身体素质的“敏感期”。在12岁之前，身体素质在两性之间并无明显差异，但在13～17岁，性别差异在身体素质上开始迅速显现。青春期是身体发育的加速期，这一时期发育速度快且幅度大。一旦性成熟，身体素质的增长速度将逐渐放缓。若无规律的体育锻炼，通常在25岁后，身体素质不再自然提高，自然增长的过程也随之结束。

（二）身体素质发展的阶段性

人体身体素质的发展具有一定的阶段性，分为增长阶段和稳定阶段。身体素质随年龄

增长而递增的阶段为身体素质发展的增长阶段,包含快速增长阶段和缓慢增长阶段。在此阶段后,身体素质趋于稳定,则为身体素质发展的稳定阶段,表现为身体素质增长的速度明显减慢或停滞,甚至有所下降,不随着年龄增长而增加。女性在身体素质发展过程中有一段停滞阶段,表现为在快速增长阶段与缓慢增长阶段之间可能出现数年停滞。儿童青少年身体素质的发展趋势是由增长阶段过渡到稳定阶段,年龄界限不一定相同,且具有性别差异。男女身体素质发展的稳定阶段基本能保持到 25 岁左右。

（三）各项身体素质发展的敏感期

儿童青少年各项身体素质在不同的年龄段有着不同的增长速度。增长速度快的年龄阶段称为身体素质增长敏感期。以年增长率的均值加一个标准差作为确定敏感期范围的标准。敏感期为年增长率等于或大于标准值的年龄阶段,非敏感期为年增长率小于标准值的年龄阶段。

二、儿童青少年主要身体素质发展的特点

儿童青少年时期是运动能力发展的关键时期。在这一阶段,儿童青少年的力量、速度、耐力、灵敏性和柔韧性等各项运动能力均会显著增强。通过参与各种体育锻炼,儿童青少年不仅能逐步掌握基本的运动技能,还能显著提高灵敏性和柔韧性。

（一）力量素质

力量素质包括绝对力量、相对力量、速度力量和力量耐力四个方面。在儿童时期的自然发育过程中,骨骼会发生变化,与此同时,骨骼肌也会相应地发生变化,肌肉的力量与骨骼肌的生长程度密切相关。

1. 绝对力量

绝对力量是指肌肉在最大收缩时所能产生的张力,通常通过肌肉在收缩时能够克服的最大阻力负荷来衡量。力量的增长与肌肉的发育紧密相关,在 10 岁之前,男孩与女孩在力量上基本没有差异。在儿童发育的不同阶段,力量增长的速度也有所不同。对于女孩来说,力量的增长在 10～13 岁最为迅速,而男孩则是在 11～13 岁。进入青春期后,女孩在 13～16 岁、男孩在 14～17 岁期间,由于性发育和形态发展的变化,力量增长速度会有所放缓。在进入青春期后的成长阶段中,小肌肉群的发育变得尤为迅速,尤其是在 15 岁之后。女孩在 16～21 岁期间,绝对力量持续增长,直至达到峰值;而男孩的力量增长则从 18 岁持续到 25 岁,在 25 岁左右达到最大力量。这些变化反映了肌肉发育与年龄增长之间的密切关系。

2. 相对力量

相对力量是指肌肉的绝对力量与体重的比值。在儿童青少年阶段,尽管绝对力量可能快速增长,相对力量的发展却相对平缓。例如,在 12～14 岁期间,相对力量每年仅增长 2%～3%。这种现象主要与体重的快速增加以及在身高增长最快的时期内肌肉横断面增长缓慢有关。值得注意的是,相对力量发展的敏感期与绝对力量的敏感期是一致的。这意味着在这些关键时期内,适当的训练和营养支持可以有效促进力量的发展,从而优化相对力量的增长。

3. 速度力量

速度力量是指肌肉在最短时间内所能产生的最大张力，通常通过肌肉在单位时间内的做功量（即功率）来衡量。在儿童青少年阶段，7～13 岁时速度力量的增长非常迅速。然而，过了 13 岁之后，男孩和女孩之间在速度力量的增长上开始显现出较大的差异，男孩的增长速度通常超过女孩。到了 16～17 岁，速度力量的增长速度则有所下降。此外，女孩的速度力量发展的敏感期通常在 10～13 岁，而男孩则在 11～14 岁。在这些关键时期内，适当的训练和支持尤为重要，可以使速度力量的发展潜力最大化。

4. 力量耐力

力量耐力是指肌肉长时间维持收缩的能力，通常通过肌肉克服某一固定负荷的最多次数（动力性运动）或最长时间（静力性运动）来衡量。男孩的力量耐力在 7～17 岁呈直线上升趋势。相比之下，女孩通常在 15 岁之前力量耐力持续增长，之后可能出现停滞甚至下降。这种性别差异部分源于青春期性激素的不同分泌模式，其中雄激素在促进力量发展方面尤为有效，导致青春期结束后男性的力量普遍高于女性。青春期后人体的力量素质仍在增长，只是增长速率有所减缓。女性的肌肉力量通常在 20 岁左右达到峰值，而男性则在 20～30 岁达到峰值。

在儿童青少年阶段，体育锻炼的重点应放在全身肌肉组织的发展上，避免使用过大的训练强度，同时应强调快速力量的培养，主要采用动力性力量练习。在敏感期的后期，根据运动项目的特点，可以适当加入专项力量练习，但负荷依然不宜过重，以确保安全和有效地促进力量耐力的发展。

（二）速度素质

速度素质包括反应速度、动作速度和位移速度三个方面。在儿童青少年时期，速度素质发展的重点在于动作速度的提高。

1. 反应速度

反应速度是指机体对各种信号刺激（声、光、触等）快速应答的能力。反应速度主要取决于人的感受器（视觉、听觉）和其他分析器的特征以及中枢神经系统与神经肌肉之间的协调关系。儿童青少年反应速度大幅度提高通常在 8～12 岁。反应速度更多地受到遗传效应的影响，在后天训练中很难提高。但影响反应速度的因素还包括注意力和对信号做出反应的动作熟练程度，因此后天训练仍是必要的。反应速度快速提高期在 9～12 岁，在该阶段应增加反应速度训练。

2. 动作速度

动作速度是指人体或人体某一部分快速完成某一动作的能力。动作速度是技术动作不可缺少的要素，表现为人体完成某一技术动作时的挥摆速度、击打速度、蹬伸速度和踢踹速度等，此外，还包含在连续完成单个动作时在单位时间里重复次数的多少（即动作频率）。动作速度的发展与动作频率有着密切的联系，动作速度主要是依靠后天训练来提高的。儿童青少年动作速度快速增长期从 7 岁开始，在 13 岁后下降，因此 7～13 岁是训练动作频率的敏感期。

3. 位移速度

位移速度是指人体在单位时间内经过某一特定点的平面位移。儿童青少年位移速度的敏感期在7～14岁。在7～11岁，主要发展动作速度。在12～14岁，在巩固已有的动作速度的基础上，可通过发展肌肉力量来提高速度素质。

早期进行速度素质练习的时候，可以将重点放在反应速度的练习上，进行乒乓球、羽毛球等小球类练习，或组织趣味性游戏。因为动作速度和位移速度的发展需要一定肌肉力量的支持，所以可以在后期进行力量练习时一起进行速度练习。参加球类运动可以很好地发展动作速度和位移速度，如足球发展儿童青少年的下肢力量、速度和爆发力，羽毛球、网球、排球发展儿童青少年的上肢力量、速度和爆发力。运动后一定要安排肌肉放松活动，以减少肌肉快速收缩的阻力，有助于速度素质的提高。

（三）耐力素质

耐力素质是指机体在一定时间内保持特定运动强度或动作质量的能力，可以分为有氧耐力和无氧耐力。保持特定运动强度或动作质量是耐力水平的体现。耐力水平的提高表现为更长时间保持特定运动强度或动作质量，或在一定时间内承受更高的运动强度。

1. 有氧耐力

有氧耐力是指在有氧气供给的肌肉活动中，呼吸循环机能的持久能力。有氧耐力运动的强度较小，单位时间内能量消耗不大，对儿童青少年心肺系统的负荷也不大。青春期之前，男孩、女孩的有氧耐力没有显著差别，从14岁开始，女孩的有氧耐力明显低于男孩，大约只有男孩的85%。女孩的有氧耐力从14岁左右开始进入平台期，增长较缓，男孩则一直增长到18岁。所以，女孩的有氧耐力敏感期在12～14岁，男孩则为12～16岁。儿童青少年心肺系统发育尚不完善，适当的体育活动可以逐步提高儿童青少年的有氧代谢能力，提高有氧耐力，增强儿童青少年心肺系统的功能。如果是以提高心肺功能和整体健康为目的的有氧练习，其强度较小，可以较早进行，特别要在青春期给予着重发展。因为只有增强内脏器官的功能，才能提高身体健康水平。

2. 无氧耐力

无氧耐力是指在缺乏氧气供给的状态下，肌肉收缩的持久机能，其生理基础是无氧代谢能力。在无氧代谢的状态下，也就是在缺氧或氧气供给不足的情况下，组织细胞中的糖原是通过无氧酵解来提供能量的，同时产生代谢产物乳酸。儿童机体耐乳酸的能力较差，如果儿童进行了无氧耐力运动，产生的大量乳酸就会淤积在儿童肌肉或血液中而不能得到及时分解，这会对儿童的神经末梢产生强烈的刺激，引起儿童身体的不适感觉，应该避免让儿童的身体运动进入到无氧代谢状态。一般来说，儿童青少年在进入青春期后再进行无氧耐力训练更为合理，15～16岁是发展无氧耐力的敏感期。

（四）灵敏性素质

灵敏性素质是指迅速改变体位、转换动作和随机应变的能力。灵敏性素质是运动能力、神经反应等各种素质的综合表现，是控制力量、时间、空间的能力，其表现之一就是在空间的精确定向，如急停、起跳、变向、躲闪等。7～10岁的儿童青少年灵敏性素质增长最快，10～12岁逐渐稳定，因此建议儿童青少年在13岁前将速度素质和灵敏性素质结合起来训练，如绕障碍物跑、距离递增或递减的往返跑等。进行灵敏性素质训练时，对动作的时间和空间指标应有严格的要求，如对方向、幅度、速度、节奏等的明确要求，以培养儿童青少年对时间、空间进行判断的准确性。

（五）柔韧性素质

柔韧性素质是指运动时各关节的活动幅度或范围。儿童青少年关节的软骨较厚，关节囊和韧带的伸展性大，关节的运动幅度大于成人，年龄越小柔韧性越好。较好的柔韧性不仅可以增加运动中肢体的活动范围，增加做功的距离，还可以降低肌肉收缩的内阻力，使动作更加经济，最重要的是，具备良好的柔韧性有助于降低运动损伤发生的风险。柔韧性素质可以分为被动柔韧性和主动柔韧性。

1. 被动柔韧性

被动柔韧性是指通过外力能够将肢体运动到极限的范围。外力可以是地心引力，摆动惯性，自身体重或双手的帮助，以及同伴或教练的帮助。被动柔韧性受到关节结构、肌肉的紧张程度、筋膜的紧张程度等的共同限制。通常通过按摩松解筋膜和牵拉来改善被动柔韧性。儿童柔韧性素质发展的敏感期在 5 ~ 9 岁，在此阶段，柔韧性素质会随着合理的训练得到较快的提高。前期应着重发展全身各部位的柔韧性，从小培养柔韧性素质。在后期同样要注重柔韧性的训练，可以减少运动损伤的产生，同时要注意与力量训练结合。

2. 主动柔韧性

主动柔韧性是指通过关节周围肌肉自主收缩，使相关肢体所能够运动到极限的范围。主动柔韧性建立在被动柔韧性的基础之上，并且加入了肌肉力量与控制能力的要求，所以运动幅度通常要比被动柔韧性小，但是和实际运动的相关性更为直接。

儿童在 4 ~ 5 岁时就可以进行柔韧性练习。6 ~ 13 岁儿童青少年关节灵活性高，此时可以加强整个身体的柔韧性练习，特别是髋部柔韧性练习，如前后、左右劈叉等。13 ~ 16 岁进行柔韧性练习强度宜小，并结合力量练习进行。注意尽量少做紧张的运动和大弯曲的扭转运动，以免损伤脊柱、髋关节和软骨组织。

身体素质不仅是通过人体各种基本活动所表现出的力量、速度、耐力、灵敏性和柔韧性等方面的能力，也是人体内在综合机能的集中反映，因此，身体素质的状况是衡量儿童青少年体质强弱的一个重要方面。对于儿童青少年来说，机体正处于生长发育阶段，单一的练习会造成机体发展不均衡，应采用全面发展的身体练习，以利于身体活动能力和身体素质的发展。

案例分析题

为了培养 5 岁的小明吃苦耐劳的精神，小明的妈妈经常带他和成人一起参加一些体育运动，如游泳、爬山、单杠直臂悬垂等。在幼儿园同龄小朋友体能活动中，小明也表现出色，但最近小明却出现了头昏、眼花、乏力、嗜睡等不适症状，医院一系列检查也没有发现器质性病变。针对这一案例，请根据所学的运动生理学知识回答以下问题：

1. 试着解释一下小明身体出现症状的原因。
2. 根据儿童青少年身体素质发展规律给小明制定一份运动处方。

第十二章　女性的生理特点与体育运动

学习导航

关键名词	学习目标	知识拓展
1. 骨质疏松症； 2. 骨量峰值； 3. 女性运动员三联征。	1. 了解女性生理阶段的划分及各阶段特点； 2. 掌握女性运动能力特点； 3. 掌握女性运动的特殊问题。	女性运动员三联征。

女性在进行体育锻炼时，需要考虑到自身在不同生理阶段的特殊需求和身体状况。这些阶段包括月经期、妊娠期、哺乳期等，每个阶段的身体状况和能力都有所不同，因此锻炼方式和强度也应相应调整。例如，在月经期间，一些女性可能会感受到疲劳或痛经，此时应选择较轻的运动，如瑜伽或轻柔的有氧运动。妊娠期则需要特别注意避免高冲击和高风险的运动，转而采用孕妇瑜伽或水中健身等安全的锻炼方式。哺乳期的女性则应考虑到身体恢复的情况，逐步增加运动强度。

第一节　女性的生理特点与运动能力

同男性相比，女性在身体结构和功能上有许多不同的特点。男性和女性身体肌肉比例是5 : 3，女性的体脂率平均为28%，男性为18%。女性在绝经前，仅有50%的脂肪分布在腹部，而另一半的脂肪主要分布在臀部和大腿。这两个部位的脂肪对心血管有一定的保护作用。女性的这些生理特点使得女性在有氧能力、无氧能力、力量、速度、柔韧性等方面的运动能力与男性相比存在明显差异。

一、女性的生理阶段划分

女性从出生到衰老是一个渐进的生理过程，也是下丘脑—垂体—卵巢轴功能发育、成熟和衰退的过程。女性一生根据其生理特点可分为七个阶段：胎儿期、新生儿期、幼儿期、青春期、性成熟期、更年期和老年期，但可因遗传、环境、营养等因素的影响而存在个体差异。

（一）胎儿期

胎儿期是指卵子和精子结合为受精卵，一个新生命由此开始逐渐发育成为一个成熟的胎儿，直到分娩为止的一段时期，大约需要40周。这一时期，胎儿的发育受到母亲子宫内环境（小环境）和母亲所处的外部环境（大环境）的双重影响。在胚胎4～8周时，女性的内外生殖器官开始分化发育；在胚胎12周时，女性胚胎的外阴已初具女型，这段时间是女性内外生殖器官发育的关键时期。

（二）新生儿期

出生后4周内称为新生儿期。由于胎儿在母体内受到胎盘所产生的雌激素影响，其子宫、卵巢及乳房均有一定程度的发育。出生后因为与母体分离，血液中雌激素含量迅速下降甚至消失，所以有些婴儿在出生时乳房肿大，出生后个别新生儿可能出现分泌少量乳汁或少量阴道沉血，这些都是正常生理现象，在短期内可自然消失。

（三）幼儿期

幼儿期是指出生后4周到12岁左右。在10岁以前，女孩的生长发育虽然很快，但生殖器官仍处于幼稚状态，卵巢也没有发育成熟，所以没有第二性征。自10岁左右起，卵巢中开始有少数卵泡发育，但不到成熟程度，女性特征开始出现，皮下脂肪在胸、髋、肩部及耻骨前面积聚，11～12岁时，乳房开始发育而隆起。

（四）青春期

青春期是指从月经来潮到生殖器官逐渐发育成熟的时期，一般为13～18岁。这个时期的生理特点是身体及生殖器官发育很快，卵泡有不同程度的发育，卵巢也开始发育长大，也可有排卵，即有月经出现，并出现女性的第二性征。月经来潮是女性进入青春期的标志，第一次月经称为月经初潮，月经初潮年龄多在13～14岁，但可能早至11岁或迟至16岁。青春期由于卵巢功能尚不健全，所以月经周期也不规律，月经初潮后往往相隔数月、半年或更长时间再来月经，两年左右逐渐接近正常。青春期生理变化很大，思想情绪也经常不稳定，应注意青少年身心健康。

（五）性成熟期

一般自18岁开始进入性成熟期，持续30年左右。性成熟期是卵巢生殖功能及内分泌功能最旺盛的时期，生殖器官已发育成熟，卵巢能够周期性地排卵和分泌性激素，月经周期规律，并已具有生育能力。

（六）更年期

更年期通常发生在45～55岁，这个时期长短不一，可持续几个月到数年。更年期是女性由性成熟期进入老年期的一个过渡时期。卵巢功能减退，逐渐失去周期性排卵的规律，直至不排卵，月经不调，最后绝经，生育功能也逐渐消失。

（七）老年期

女性机体逐渐老化，至60岁后进入老年期。此时卵巢功能几近消退，体内性激素水平极低，脂肪代谢失调，易出现肥胖、动脉硬化及心血管疾病；骨代谢失常可引起骨质脱钙而疏松，容易发生腰腿痛和骨折。同时，因免疫力低下，易患恶性肿瘤。

二、女性的生理特点

（一）身体发育特点

女性身体发育是一个复杂的过程，受到遗传、环境、营养和激素等因素的影响。男女在婴儿和儿童期间的发育没有较大区别，而进入青春期后，男孩和女孩的发育存在明显差别，主要体现在发育高峰期不同、第二性征不同、性别优势不同等。一般来说，男孩青春期生长发育的高峰期一般晚于女孩，女孩在 11 岁左右进入发育高峰期，而男孩在 13 岁左右进入发育高峰期，且男孩的身高增长通常比女孩快。女孩在第二性征发育过程中有乳核的出现，乳房逐渐发育，而后可出现阴毛和腋毛的增长、嗓音音调变高、臀部脂肪增多等表现，女孩在乳房发育的几年时间里可能出现月经初潮。男孩的第二性征发育主要表现在喉结突出、阴茎增粗、睾丸增大，以及出现胡须、腋毛、阴毛等方面。男孩在发育过程中的优势主要表现在体力方面，如跑步、跳跃等，而女孩对于一些精细动作的把控更为优秀。

（二）氧气运输系统特点

我国成年男性心脏的质量约为 285.91 g，女性约为 250.70 g。X 射线测量的结果表明，女性心脏的横径与纵径均小于男性，说明女性心脏的体积和重量均低于男性。心脏体积大能产生较大的心脏收缩力，容积大则使舒张期的容量较大。这些有利条件使男性的最大每搏输出量和最大心输出量都大于女性。在进行某一需氧量相同的运动时，女性的心率高于男性 10 次/分左右，这样才能补偿较低的泵血机能。训练水平相似的男女运动员的最大心率几乎没有差异。男性由于最大心输出量较大，所以在进行最大强度运动时往往收缩压较高。女性心率恢复较慢，因为女性的心脏必须加快跳动才能达到一定水平的心输出量。

男女最大通气量在青春期前相似，从青春期开始出现差异，这与女性的胸廓较小、呼吸肌力量较弱有关。女性的肺活量大约为男性的 70%，最大摄氧量比男性低 20%，这些因素都限制了女性在运动中机体氧气的供应。

由于雄激素含量不同及女性在月经周期的失血，男性血红蛋白含量平均值高于女性，而女性血液含量约占体重的 7%，男性为 8%，女性血液携带氧气的能力比男性差。

（三）运动系统特点

1. 肌肉

由于雄激素的同化作用，女孩在青春期的肌肉发育比男孩慢，肌肉体积和重量都低于男孩。骨骼肌是人体健康的基础和运动能力的保障。在体重相似的男女之间，骨骼肌的重量却不同，成年女性的骨骼肌占体重的 21%~35%，是男性肌肉重量的 80%~89%，肌肉力量明显弱于男性。女性的骨骼肌特性与其雄激素水平较低有关，实验证明，雄激素可以使骨骼肌的体积明显增加。由于女性的雄激素含量低，刺激骨骼肌增大的作用就不明显，所以其肌肉体积比男性小。目前认为，女性骨骼肌的体积小是造成力量性别差异的直接原因。尽管女性的绝对力量低于男性，但是男女之间相对瘦体重的力量或骨骼肌单位横断面积的力量（即比肌力）却无明显差异。体育运动可以使男女的力量增加，但女性骨骼肌横断面积的增加幅度较小，因此力量提高的幅度不及男性。

2. 骨骼

骨骼是人体运动的杠杆，女性的骨骼重量约占体重的15%，比男性轻10%。女性骨组织中水分和有机物的含量较多，无机盐含量较少，加上骨密质较薄，关节囊和韧带较松，因此骨骼的抗弯及抗压能力均低于男性，也不能承受过重的负荷，但弹性和韧性优于男性。尤其是女性的骨杠杆较短较细、粗隆骨和骨骼的结节较小、骨骼肌附着面不大等因素，与女性力量较低均有一定的关系。女性髋部通常大于男性，一般为肩窄盆宽的体型，因此身体重心低、稳定性高，有利于完成各种平衡动作，但速度及负重能力均受到一定限制。

骨量是指骨骼内矿物质（主要是钙和磷）和骨胶原等的含量。骨量峰值（peak bone mass，PBM）是指一生中骨量的最大值。骨量峰值越高，未来发生骨质疏松和骨折的风险就越低。一般情况下，女性在青春期时，骨量迅速增加，在30～35岁达到峰值。此后，随着年龄的增长，骨量开始逐渐减少。特别是在更年期，由于雌激素水平下降，骨量减少加速，导致骨质疏松和骨折的风险增加。为了保持骨骼健康，女性应该在年轻时就开始注意饮食、运动和其他生活方式因素，以提高骨量峰值。同时，在更年期前后，也应该注意补充足够的钙和维生素D，并进行适当的锻炼，以减缓骨量减少的速度。随着女性体内雌激素水平降低，更年期前，女性骨量流失率约25%，而进入更年期后，女性骨量的流失率显著增加。

女性绝经后骨量明显下降，容易发生绝经后骨质疏松症（postmenopausal osteoporosis，PMO），这是一种与衰老有关的常见病，主要发生于绝经后女性。女性绝经后，雌激素缺乏导致骨量减少以及骨组织结构变化，使骨骼脆性增大，容易骨折，并由骨折引起疼痛、骨骼变形以及出现合并症等，这些都严重影响绝经后女性的身体健康和生活质量，甚至缩短寿命。绝经后女性的PMO患病率为同龄男性的4倍。运动能有效地降低骨钙的流失，更年期女性多加强有氧运动，结合低强度力量训练，既可以预防和治疗骨质疏松，也可以维持体内雌激素水平，延缓衰老。

三、女性的运动能力特点

女性的运动能力特点是指女性在运动方面的独特表现。女性的体型和生理结构特点决定了其运动能力与男性有所不同。

（一）柔韧性

相比于男性，女性的关节柔韧性更好，肌肉和韧带弹性好，关节活动范围大，因此动作幅度大而稳定。女性更适合做柔性动作，如艺术体操、芭蕾等。女性在运动中的柔韧性优势不仅能够增加美感，还能提高运动的难度和观赏性。另外，女性特有的肩窄盆宽体型使女性身体重心较低，从而平衡能力强于男性。

（二）耐力

由于女性的最大摄氧量通常低于男性，运输氧气的能力和耐酸能力相对较弱，所以女性的有氧运动能力和耐力水平通常不如男性。然而，女性在肌肉耐力方面表现得更为出色。这一优势源于女性的肌纤维比男性更细，能够进行更长时间的持续运动。这种生理差异在设计针对女性的训练计划时应当得到充分考虑。

（三）力量和速度

通常情况下，女性的力量约为同龄男性的2/3，特别是在爆发力方面，男女之间存在明显的差异。爆发力主要由骨骼肌的力量和收缩速度决定。由于女性屈腕肌和伸足肌群的力量明显低于男性，因此在承受相同运动负荷时，女性骨骼肌的收缩速度较慢，在相同速度下所能发挥的力量也较小，导致爆发力较低。此外，女性在动力性力量和静力性力量方面的表现也比男性弱。研究显示，女性在臂部的静力性力量只有男性的30%左右。力量训练可以增加女性的肌肉力量，但增加幅度往往不及男性。

女性的运动能力特点对于女性运动员的训练和表现具有重要意义，运动员可以根据自身的特点和优势，选择适合自己的项目，并在训练中弥补自身的不足。同时，女性在运动中需要注意自身的健康和安全，避免过度训练或不当训练导致的身体伤害。

第二节　女性运动的特殊问题

一、月经期与运动

月经作为女性一项独特的生理现象，是指伴随卵巢周期性变化而出现的子宫内膜周期性脱落及出血，规律月经的出现是生殖功能成熟的重要标志。女性每个月1/6～1/4的时间为月经期，这在一定程度上减少了女性参加体育活动的机会。而生理期出现的疼痛、肠胃不适、情绪不稳定等状况，更增加了女性对经期进行体育活动的恐惧心理，不少女性对经期进行体育活动产生了排斥。

（一）女性月经期生理特点

月经从女性青春期开始，便伴随其整个生育年龄，它主要受遗传因素控制，营养、体重等也会对月经产生重要影响。一般的月经无特殊症状，但由于经期盆腔充血等原因，一些女性会出现下腹坠胀、腰酸或子宫收缩疼痛，并伴随胃肠功能紊乱等不良症状。主要生理变化表现在以下四个方面。

1. 基础体温变化

正常育龄女性在一个月经周期中，排卵前的基础体温较低，排卵后升高。一般二者温差可达0.5 ℃左右，呈典型的双相型体温曲线。这种体温曲线表示卵巢有排卵功能，高、低体温曲线交界处为卵巢的排卵日期。

2. 宫颈黏液增多

排卵周期中，宫颈受雌激素和孕激素作用，具有分泌和启闭变化。随着卵泡发育，雌激素分泌增加，宫颈口松弛张开，黏液量增多，黏稠度减小，清澈透明如蛋清样，拉力（拉丝度）渐增；排卵后，在孕激素影响下，黏液分泌量迅速减少，黏液变稠，宫颈口闭合。

3. 排卵痛

大约1/3女性有排卵痛，疼痛发生在排卵侧下腹，为激烈疼痛或持续性钝痛，持续6～12 h。排卵时由于体内前列腺素增加，卵泡腔的压力增大，卵巢表面要发生破裂使卵子排出，这一破裂的过程会使一些敏感的女性感到下腹疼痛。

4. 排卵期出血

排卵期出血是由于成熟的卵泡破裂排卵后，雌激素水平急剧下降，不能维持正常的子宫内膜生长，引起子宫内膜表层局部脱落，从而发生突破性出血。在出血的同时，可伴有下腹疼痛不适的感觉，一般不需要处理。

月经周期的变化受雌激素的影响，一般都会在正常时间范围内完成，但如果女性在经期过度疲劳，导致血脉运行不畅，就可能造成月经周期的提前或推迟，过度减肥造成的营养不良、贫血等，也会使女性月经周期发生紊乱。

（二）运动性月经失调

近年来，随着竞技体育的迅速发展，参与高强度训练和比赛的女性运动员数量持续增加。这种长时间、高强度的剧烈运动往往会导致运动性月经失调（athletic menstrual cycle irregularity，AMI），这是一种常见于女性运动员的现象。AMI 主要表现为月经周期的紊乱、经血异常、月经延长、痛经甚至闭经等临床症状，其成因通常与长期的高强度运动和机体的过度疲劳有关。

尽管大多数运动项目对女性月经周期的影响不大，但研究显示，特定的高耐力运动，如长跑，其女性运动员中 AMI 的发病率高达 36%，远高于普通女性 2%～5% 的 AMI 发病率。这一数据凸显了高强度体育活动对女性生理周期可能带来的负面影响，同时也提示了女性运动员健康管理的重要性。

运动性月经失调的发生与多种因素密切相关，包括运动的强度和持续时间，运动员的体能水平、营养状况以及体脂肪含量等。这些因素共同影响生殖激素与抗生殖激素之间的动态平衡，进而导致下丘脑—垂体—卵巢轴的功能失调。该轴涉及多个环节，每个环节都有其特定的分泌功能和产物，它们相互协作以维持正常的生理功能。如果任何一个环节发生问题，都可能引起月经周期的紊乱，通常表现为性激素（如雌二醇、孕酮、睾酮）和促性腺激素（如促黄体生成激素、促卵泡生成激素）水平的变化。AMI 是女性运动员过度训练的一个标志，但也是一个可逆的状况。一旦运动员降低训练强度或停止训练，其月经周期通常会逐渐恢复到正常状态。这强调了监控女性运动员的健康状况和适时调整训练计划的重要性。

（三）女性运动员三联征

女性运动员三联征（female athlete triad，FAT）是一种在经常运动女性中发生的，以膳食紊乱、闭经和骨质疏松三种疾病为主的综合征。因运动项目等的需要而强调低体重是青少年或成年女性运动员发生该病的主要原因，不论患一种还是多种病症，都会影响运动员的运动成绩和身体机能，甚至引起严重病变。女性运动员三联征的患病率和三种疾病的临床表现很难确定。女性运动员中这三种疾病的集体发病率很低，大致范围为 0～16%。然而，3%～27% 的女性运动员可能出现其中的两种疾病，16%～60% 的女性运动员可能出现其中一种疾病。以上发病率值得关注，因为这三种疾病中的任何一种都会对健康产生负面影响。

（四）月经期运动注意事项

大量研究已表明，女性在经期进行体育活动没有任何不利因素。对于身体健康、月经正常的女性，月经期间进行适当的体育活动，能够改善机能状态，促进盆腔及生殖器官的血液循环，从而加速新陈代谢，改善体质状况。同时，运动会使腹肌和盆腔肌产生收缩和扩张等动作，增加子宫内的血液循环，促进子宫内膜的脱落，从而促进经血排出，有利于经期保健。

通常女性在经期的免疫系统较弱，其精力、体力以及抗病能力在经期会有所降低，因此，女性经期时运动要注意运动方式有所选择、运动量有所控制。主要有以下几点注意事项：①减少运动量、缩短运动时间。女性在经期适合参加一些动作幅度不大且体能消耗较小的运动项目，如慢跑、太极等运动。根据个人情况合理把控运动时间，以 10～30 min 为宜，运动过程中尽量放慢速度，达到放松肌肉、愉悦心情的目的。②避免剧烈运动及水中运动。女性月经期间应避免参加会引起腹部剧烈振动的运动，以免造成经期流血过多或子宫位置的改变。在经期切忌参加水中项目，以免病菌侵入内生殖器引起炎症。运动后应避免洗冷水浴或者用冷水洗脚，以防感染或引起月经不调。③避免竞争激烈的比赛。女性在经期容易处于焦虑、不安的状态，参加竞争激烈的运动项目，可能会因为高度的精神紧张而出现内分泌功能紊乱，从而导致月经失调。

二、妊娠期与运动

怀孕是女性生命活动中的一个特殊时期，伴随着一系列的生理和心理变化。这些变化可以改变孕妇在各种角色中发挥作用的能力，从而影响她们的身体活动表现和生活质量。大量研究已证明，体育锻炼对孕妇和胎儿都有积极的影响。对于孕妇的好处主要包括：改善身体状况，控制体重，减少背部疼痛，缩短分娩时间，降低剖腹产风险，加快产后恢复，预防妊娠糖尿病、妊娠高血压和先兆子痫，降低早产风险，减少焦虑和抑郁，提高幸福感等。对于胎儿来说，孕妇经常锻炼可以降低体脂，提高机体运输氧气的能力，降低二氧化碳通过胎盘的扩散度，进而对胎儿的发育产生积极的影响。孕期体育锻炼还可以增强胎儿动脉的抵抗力，并降低其日后患心脏病的风险。此外，运动的声音和振动刺激还可以加速胎儿大脑的发育。

（一）女性妊娠期生理特点

孕期女性会发生一系列的生理变化：随着胎儿的生长和母体体重的增加，孕妇会出现重心迁移，平衡和姿势控制能力下降；怀孕期间内分泌的变化会使孕妇韧带松弛，关节活动度增加、稳定性降低；由于妊娠时孕激素增加，支气管平滑肌张力降低，使通气阻力降低，正常妊娠呈高换气状态，通气量、潮气量、耗氧量、通气换气比值均增加。孕期母体的血液循环系统担负着供给胎儿能量的任务，为保证供给胎儿充足能量，从妊娠 6 周起，母体血容量开始增多，孕 32～34 周达峰值，比怀孕前增加 35% 左右。妊娠中后期由于子宫增大使膈肌上升，心脏向上、外、前移位。随着妊娠周数的增加，心肌变得更肥厚，其重量及体积也略有增加，心率平均增加 10～15 次/分，产后 6 周才恢复。孕期女性血容量、心输出量、每搏输出量和心率通常会增加，而全身血管阻力会降低。孕期女性存在“母婴体温调节效应”，即母体血容量增加、皮肤血流量增加、肺通气量增大和出汗增多等妊娠适应性变化，从而提高孕妇和胎儿的散热效率。

（二）女性妊娠期与运动

由于妊娠期的生理变化，孕期女性进行体育锻炼之前，建议进行全面检查，以确定可能存在的医学或产科禁忌证。作为国际孕期体育锻炼计划制定组织的领先者，美国妇产科医师协会（American College of Obstetricians and Gynecologists，ACOG）于 2020 年 4 月发布《妊娠期高血压和子痫前期指南（2020 版）》，具体建议如下：①孕期体育锻炼有利于母婴健康，但由于孕期生理变化，孕妇要避免从事有腹部碰撞、平衡性要求高、迅速转换体位或负重过大的运动。②在推荐体育锻炼计划之前，应进行全面的临床评估，以确保孕妇没有医学禁忌证。③鼓励健康的妇女在孕前、孕期和产后进行有氧和抗阻运动。④产科医生和其他保健护理人员在提出孕期体育锻炼建议前，应仔细评估患有医学或产科并发症的孕妇状况，不应为了减小早产风险而限制其活动量。⑤体育锻炼与特定妊娠状况的关系受运动类型、强度和频率的影响。总之，妊娠期可以参加一些低冲击的运动，如游泳、行走、骑自行车、低冲击的有氧运动、轻度至中度的力量训练以及一些舒缓轻柔的操类运动等。应避免大强度、剧烈的高冲击运动，如跑步、跳跃等，要循序渐进，不宜突然增加运动强度，特别是平时较少参加体育锻炼的孕妇更应如此。

三、哺乳期与运动

哺乳期包括产褥期及后续母乳喂养的时间段，是母体用乳汁哺育新生子代，使其获得最佳生长发育，并奠定一生健康基础的阶段。

（一）女性哺乳期生理特点

分泌乳汁是哺乳期女性最主要的生理特征，合理母乳喂养不仅有助于哺乳期女性器官和系统功能的恢复，也通过母乳质量、喂养情绪、婴儿喂养方式与喂养行为、顺应照护、情感支持、发展刺激等，进一步促进婴幼儿早期发展，甚至修正孕期子宫环境不良对子代发育的影响，为婴幼儿在儿童期乃至成人期的健康奠定良好的发育起源。女性为适应哺乳期泌乳需求，并恢复孕期及分娩应激过程中的机体变化和损伤，在产褥期和后续的哺乳期中，其机体会发生一系列生理和代谢变化，具体表现在以下五个方面：①内分泌系统方面，女性产后雌激素和孕激素水平迅速下降，至产后 1 周左右降到孕前水平。两种激素的降低同时解除了对催乳素的抑制作用，催乳素使乳腺细胞启动泌乳。加上新生儿吮吸的刺激，下丘脑促性腺激素释放激素和垂体黄体生成素的释放受到抑制，使排卵和月经恢复延迟，减少月经所致铁的丢失，以尽快恢复血红蛋白至正常水平。此外，哺乳过程中分泌的催产素一方面可作用于乳腺平滑肌细胞，使其收缩排出乳汁，另一方面可以促进子宫内膜平滑肌的收缩，有利于子宫复原。②生殖系统中，产褥期子宫变化最明显，在胎盘娩出后，子宫逐渐恢复至孕前状态的全过程称为子宫复旧，一般需 6 周左右。哺乳过程中婴儿吮吸乳头刺激母体垂体分泌催产素，引起子宫收缩，促进子宫恢复到妊娠前大小。分娩致阴道壁松弛，肌张力低下，阴道腔扩张。产褥期阴道壁肌张力逐渐恢复，阴道腔也逐渐缩小。产后约 3 周重新出现黏膜皱襞。盆底组织及筋膜因分娩而过度伸展，弹性减弱，并常伴有肌纤维部分撕裂。在哺乳期间，盆底组织水肿逐渐消失，组织肌张力逐渐恢复。产褥期由于生殖系统各器官功能处于恢复阶段，易受病原体入侵，应注意清洁卫生，以避免产褥期感染。③循环系统的变化表现为产后 2～3 周血容量逐渐恢复至孕前状态。分娩时出血可导致血红蛋白水平降低，产后 1 周左右血红蛋白水平回升。产褥早期血液处于高凝状态，以便于胎盘剥离创面形成血栓，减少产后出血量。血纤维蛋白原、凝血酶、凝血酶原于产后 2～4 周降至正常。④妊娠期在孕激素的作用下，胃肠蠕动及肌张力均减弱，胃酸分泌量减少，产后 1～2 周逐渐恢复。随着胎儿娩出和子宫收缩变小，对胃肠的挤压解除，哺乳期女性常感到饥饿，食欲增大，但消化功能在产后数日才能恢复。⑤妊娠期体内潴留多余的体液及产后子宫收缩使大量血液涌入体循环，致产后 1 周尿量增多，排汗也增多。此外，哺乳期泌尿系统对营养素代谢的适应性改变主要是尿钙排出减少，以维持乳汁中钙水平的相对稳定。

（二）女性哺乳期与运动

研究已证实哺乳期进行适宜的体育锻炼，对母体和胎儿的益处不仅仅表现在哺乳期，更能使其受益终生。在人们生活水平普遍提高的今天，营养过剩导致的哺乳期女性肥胖已是司空见惯。究其原因，大多与哺乳期活动大量减少有关。虽然要重视体育锻炼，但女性分娩后需要一定的恢复时间，一定要注意休息，不要太劳累，避免做剧烈的运动。

女性哺乳期运动的一般原则为：缓慢并柔和地开始运动，不要憋气；在每组练习之间进行放松并深呼吸；大量饮水（运动需要额外的水分和能量）；逐渐增加运动的时间和强度，避免时间过长；如果阴道分泌物变成鲜红出血，立即停止运动；缓慢增加运动的频率和时间；在提拉重物时，收紧腹部和盆底，避免腹部突出或用力（分娩后前 6 周，不要提拉任何大于婴儿重量的物体，尤其是剖腹产后）。哺乳期运动一般以有氧运动为主，如慢跑、骑自行车、有氧健身操等，并进行一些腰腹部的力量练习，时间从每次 20 min 开始逐步延长到 40 min。运动的强度不要太大，以不影响睡眠和第二天的精神状态为宜，运动前、中、后注意饮水。

案例分析题

李女士今年 35 岁，自然分娩产后 4 周，为了尽快恢复身材，每天进行 90 min 的运动锻炼，包括杠铃等力量练习，偶尔会去健身房参加动感单车练习。一周后，李女士运动后内裤上有红褐色分泌物。针对这一案例，请根据所学的运动生理学知识回答以下问题：

1. 李女士内裤出现红褐色分泌物可能的原因有哪些？
2. 哺乳期女性运动的注意事项有哪些？

第十三章　老年人与体育运动

学习导航

关键名词

1. 衰老；
2. 自由基；
3. 线粒体；
4. 高黏滞血症。

学习目标

1. 掌握衰老的概念；
2. 了解衰老的机理和过程；
3. 掌握老年人体育锻炼应遵循的原则。

知识拓展

肌肉适能。

随着中国老龄化问题日益严峻，老年人的健康状况愈发成为社会关注的焦点。适当的运动能显著提升老年人的身体素质和生活质量。因此，推广适合老年人的运动项目和健康生活方式，对于改善其健康状况、减小老龄化带来的负面影响具有重要意义。

第一节　老年人与衰老

一、衰老的概念及老年人的划分

衰老通常指的是生物体在发育成熟后，随着年龄的增长，其自身机能逐渐减弱，内环境的稳定性和应对外界压力的能力下降。这一过程伴随着结构和功能的逐步退化，是一个不可逆转的现象，最终趋向于生命的终结。

人类的衰老过程是逐步发生的，其程度主要受到遗传和环境因素的共同影响。通常，根据国际惯例，60 岁及以上的人群被定义为老年人。此外，世界卫生组织还提出了关于老年人分类的新标准，以更准确地反映不同年龄段老年人的健康和生活状态，见表 13–1。

表 13–1　世界卫生组织提出的老年人划分标准

年龄/岁	称呼	年龄/岁	称呼
60 ~ 74	年轻老年人	≥90	长寿老年人
75 ~ 89	老年人		

二、衰老的分类及机理

衰老通常分为生理性衰老和病理性衰老。生理性衰老是指机体生理功能退化的过程，病理性衰老是指疾病导致机体功能减弱的变化过程。

目前关于衰老机理的学说有代谢产物交联学说、自由基学说、线粒体DNA损伤学说、细胞有丝分裂学说和遗传控制学说等。这些学说从不同角度对衰老机理进行了深入的阐述。

（一）代谢产物交联学说

代谢产物交联学说提出，衰老的根本原因在于生物大分子的过度交联。例如，胶原蛋白的交联和DNA的交联等现象，都可能导致细胞功能的下降和组织结构的退化，进而引发衰老过程。胶原蛋白交联会导致皮肤、肌腱、血管等组织失去弹性。临床研究表明，胶原蛋白交联与动脉粥样硬化、微血管病变等疾病密切相关。此外，DNA交联可能引起糖基化现象，随着时间推移，糖基会逐渐氧化，促使蛋白质、脂肪和核酸累积并交联，这一过程是形成老年斑的重要生理机制。

（二）自由基学说

自由基学说最初由英国科学家德纳姆·哈曼（Denham Harman）提出，是指自由基在人体内具有强烈的氧化作用，能够对DNA、线粒体、蛋白质和脂肪等关键生物分子造成损伤。这种损伤会触发并加速人体的衰老过程。

正常细胞内设有专门的系统来清除自由基，包括酶系统和非酶系统。酶系统中的关键成员包括超氧化物歧化酶（SOD）、谷胱甘肽过氧化物酶（GSH-Px）和过氧化氢酶（CAT）等；而非酶系统则包括维生素E、醌类物质等抗氧化剂。大量研究表明，提高超氧化物歧化酶及其他抗氧化酶的活性可以有效延缓衰老过程，并延长生物体的寿命。

（三）线粒体DNA损伤学说

线粒体DNA（mitochondrial DNA，mtDNA）是存在于线粒体中的DNA。研究表明，线粒体DNA能够合成其自身所需的部分蛋白质。这些蛋白质主要涉及线粒体内膜的电子传递链和氧化磷酸化过程，包括ATP合成酶的某些亚基、细胞色素氧化酶的亚基以及其他细胞色素的亚基等。

线粒体是细胞内主要的能量生成中心，通过氧化磷酸化过程产生生命活动所需的直接能源——ATP，因此被誉为细胞的“动力工厂”。当线粒体DNA遭受损伤时，会干扰到细胞的能量供应系统，导致细胞及其组织和器官功能的衰退，并促使线粒体产生更多的氧自由基。此外，线粒体的变性、渗漏和破裂等变化也是引发细胞衰老的因素。线粒体DNA较易发生突变，这些突变会削弱线粒体的功能，降低电子传递效率，进一步增加自由基的生成。增加的自由基反过来又可能对mtDNA造成负面影响，引发更多的mtDNA突变，形成一个恶性循环。

（四）细胞有丝分裂学说

伦纳德·海弗里克（Leonard Hayflick）的研究揭示了人类纤维细胞在体外培养中的增殖具有数量上的限制。这一现象后来被称为“海弗里克极限”，表明正常动物细胞的分裂次数有一个固定的上限。通常情况下，人体二倍体细胞的复制次数不超过60次。

随后，凯文·哈里（Calvin Harley）等人的研究发现，随着细胞分裂次数的增加，细胞染色体末端的端粒 DNA 会逐渐缩短。具体来说，每当染色体复制一次，其端粒的长度就会缩短一定的碱基对。例如，人类胚胎成纤维细胞每增龄一代，端粒长度大约缩短 50 碱基对；而每当人的年龄增长一岁，外周血淋巴细胞的端粒长度大约缩短 35 碱基对。当端粒缩短到某一临界点（即海弗里克极限）时，细胞将停止复制。因此，染色体端粒的长度可以作为衡量人类细胞生物学年龄的一个重要指标。

（五）遗传控制学说

遗传控制学说强调遗传因素在人体衰老过程中的重要作用。统计数据显示，子女的预期寿命与其父母的寿命存在相关性。不同物种的生物学寿命主要受到遗传物质的影响，DNA 序列中可能包含特定的“衰老基因”或“长寿基因”，这些基因在很大程度上决定了个体的生命周期。

研究表明，影响衰老的不仅是单一基因，而是多个基因的集合体。例如，阿尔茨海默病（Alzheimer’s dementia，AD）的发生至少与五种基因及其产物有关，其中包括淀粉样蛋白前体（APP）基因的突变，这种突变会使得 β-淀粉样蛋白更容易在脑组织中积累。此外，患冠状动脉粥样硬化性心脏病和阿尔茨海默病的风险也可能与载脂蛋白 E4 有关，会影响到个体的寿命。目前已经确认了十多种与衰老和长寿相关的基因，这些基因可能与抗氧化酶的表达、抵抗紫外线伤害或增加某些受体的表达有关。

第二节　老年人的生理特点

随着年龄的增长，老年人的各器官系统机能逐年下降，这是一个自然的不可避免的生理过程。从心血管系统的衰弱到呼吸系统的功能减退，再到神经系统和感官的变化，每一个系统的衰老都可能影响到老年人的生活质量和独立性。因此，了解这些衰老过程，才能采取适当的预防和管理措施。

一、运动系统的衰老

（一）骨骼肌

随着机体逐渐衰老，人体骨骼肌的结构变化和机能下降非常显著，这些变化对老年人的日常活动和整体健康产生重要影响。随年龄增长而出现的骨骼肌质量和功能的逐渐下降称为肌肉萎缩或肌肉衰老，其主要变化包括以下三个方面。

1. 肌纤维数量和体积的减少

随着年龄的增长，肌纤维特别是主要负责力量和速度的快肌纤维会逐渐减少和萎缩。从 40 岁开始，不论男女，瘦体重都会逐年下降。肌肉的总体积减少，导致力量下降，这直接影响到老年人的运动能力和平衡能力。

2. 肌肉组织成分的变化

随着年龄的增长，肌肉内脂肪和结缔组织的含量增加，这些非肌肉组织的增加会进一步减弱肌肉的功能。这种组织的变化也会导致肌肉的弹性降低，影响肌肉的收缩效率。

3. 新陈代谢和生化性能的变化

老年人的肌细胞中线粒体的功能下降，影响能量的产生和供应。神经肌肉接头的效率降低，导致肌肉激活和协调性下降。

与年轻人相比，老年人活动量下降，会导致废用性肌萎缩，其肌肉最大力量减少18%～20%。研究表明，定期的力量训练尤其是抗阻训练可以帮助提高肌肉的质量和力量，改善肌肉的功能。适当的训练可以促进肌蛋白的合成，延缓肌肉萎缩的过程。研究还表明，有氧运动（步行、游泳或骑自行车等）可以增大Ⅰ型和Ⅱa型肌纤维的横截面积，还可以增加毛细血管数量以及线粒体的体积和数量，提高琥珀酸脱氢酶的活性，从而改善心肺功能，增强肌肉耐力。

知识拓展

肌肉适能

肌肉适能（muscular fitness）是指机体依靠肌肉收缩克服和对抗阻力，从而维持身体运动的能力，包括肌肉力量、肌肉耐力、肌肉功率等。无论是运动员、儿童青少年、老年人还是患有疾病的人群，从事力量训练都十分重要。同时需要使用安全且有效的训练方式，来改善肌肉适能。

（二）关节

随着年龄增长，人体关节的稳定性和灵活性逐渐降低。衰老常伴有关节软骨厚度变小及钙化、关节面退化等现象。骨关节的生理性变化会使关节的活动范围变小。体育锻炼不仅可以增加肌肉力量，而且对关节的灵活性有积极的维持效果，可以提高动作的协调性。研究表明，经常参加太极拳练习的老年人脊柱功能优于同龄没有锻炼习惯的老年人，脊柱发生退行性病变的概率降低。

（三）骨骼

在老年期，人体骨的破坏大于合成，导致骨量下降。运动减少会加重骨质流失，因此老年人中骨质疏松的情况较为普遍，特别是在绝经后女性中更为常见。由于骨密度的显著降低，患有骨质疏松症的人群极易发生骨折，这增加了他们的健康风险，并可能导致生活质量的下降。全国骨质疏松症流行病学调查数据显示，65岁以上人群骨质疏松症患病率为32%。骨质疏松症是一个逐步发展的病症。通常，女性从30岁开始逐渐失去骨中的矿物质，而男性则大约从50岁开始经历这一过程。研究显示，60岁以上的老年人由于骨矿物质的显著流失，骨量可能减少30%～50%。在老年人中，髋部、脊柱和腕部是最容易发生骨折的部位，其中髋部骨折的发生率尤其高。这些变化增加了老年人受伤的风险，严重影响其生活质量。老年人患骨质疏松症的原因可能与自身激素水平下降、钙吸收减少、身体活动量减少及遗传等因素相关。

运动（尤其是负重或抗阻运动）不仅能减缓骨质流失，还能增加骨矿物质的含量，提升骨密度，从而有效预防骨质疏松症。此外，抗阻训练还能扩大关节的活动范围、增强身体的柔韧性、提升肌肉力量以及改善身体的协调性和平衡能力，进一步降低骨折的风险。研究发现,促进骨健康的运动疗法配合钙剂补充对绝经后女性骨量的维持作用显著。骨密度的增加受运动强度、运动方式等因素的影响,骨骼的局部应力不同。负重运动能提高负重骨的质量,促进骨骼健康。老年人坚持每日步行 1 km 也可有效地减少骨质流失。

二、氧气运输系统的衰老

(一)血液系统

1. 血液黏滞性的变化

随着年龄的增长,老年人常见的血液问题之一是高黏滞血症(hyper viscosity syndrome,HVS),表现为血液变得浓稠和黏滞,从而影响微循环系统的血管形态和血液流变性,进一步影响组织和器官的生理功能。血液黏度受多种因素影响,包括红细胞压积、血浆黏度以及红细胞的变形能力等。老年人血浆黏度增加,造血功能减退,导致血液中年轻红细胞减少而衰老红细胞增多,加上体内过氧化脂质的累积和血管硬化等因素,共同促使血液黏度上升。此外,随着年龄的增长,红细胞膜弹性的降低和血沉的增加,使得红细胞的变形能力减弱,从而降低了血液的流变性,增加了血液循环阻力,加重了心脏负担。这种变化不仅降低了心输出量和对代谢产物的清除能力,还可能成为诱发心血管疾病的重要因素。

研究显示,长期坚持适度的体育锻炼,如跑步、散步、太极和游泳等,能改善血管内皮功能,显著提升纤维蛋白溶解活性,增强血液流动性并降低血液黏度。体育锻炼对老年人的血液流变学指标具有积极的影响,有助于减轻高黏滞血症,并在预防心血管疾病方面发挥重要作用。

2. 血脂代谢的变化

血液中脂质水平增高称为高脂血症。老年人的血脂代谢通常会出现一些显著变化,这些变化与心血管疾病的风险增加密切相关。老年人新陈代谢速度减慢,导致脂肪代谢效率降低,这可能引起血脂水平的变化。具体来说,老年人可能会经历以下几种血脂代谢的变化:①总胆固醇和低密度脂蛋白胆固醇(LDL-C)水平升高。LDL-C 可以在血管壁上积累,形成斑块,增加心脏病和中风的风险。②高密度脂蛋白胆固醇(HDL-C)水平变化。HDL-C 有助于将胆固醇从动脉中带回肝脏,从而被排出体外,减少心血管疾病的风险。老年人的 HDL-C 水平可能会降低或保持不变。③甘油三酯(TG)水平变化。在某些老年人中,TG 水平可能会升高。④脂蛋白(a)水平升高。脂蛋白(a)是一种与 LDL-C 相似的粒子,其水平的升高与遗传因素有关,也与心血管疾病风险增加相关。

中等强度的有氧运动能显著改善脂蛋白和载脂蛋白的代谢。长期坚持跑步、快走、太极拳和健身舞等活动,可以有效提升 HDL-C 水平,同时降低血清 TG、LDL-C、极低密度脂蛋白胆固醇(VLDL-C)及载脂蛋白的水平。另外,维生素 C、维生素 E 和 β-胡萝卜素可以有效防止 LDL-C 的氧化,从而促进心血管健康。

(二)循环系统

老年人的心血管系统会随着年龄的增长经历一系列的生理变化,这些变化可能影响心血管健康和功能。老年人心血管系统主要经历以下几个方面的关键变化:①心脏结构的变化。随着年龄的增长,心脏壁(尤其是左心室壁)可能会变厚,心脏的重量可能增加。这些变化通常与心脏肌纤维逐渐被结缔组织所替代有关。②心脏功能的变化。老年人的最大心率通常会降低，65 岁老年人最大心率下降到 155 ~ 160 次/分，这是因为心脏对交感神经的反应减弱。此外，心脏的舒张功能通常会受到影响，导致舒张期充盈减少，心输出量下降。65 岁老年人的最大心输出量为 17 ~ 20 L/min，比 25 岁的青年人减少 30% ~ 40%。③血管的变化。血管随着年龄增长而变得僵硬，这主要是由于弹性纤维的减少和胶原纤维的增加。血管僵硬会导致血压升高，尤其是收缩压升高。④血流动力学的变化。随着血管变得僵硬，心脏泵血时所面临的阻力增加，这可能导致心脏负担加重。同时，血流速度可能会降低，血流分布也可能发生改变。⑤调节功能的变化。老年人的心血管系统对于机体内外环境变化的适应能力减弱，对于压力、温度变化的反应变慢。

随着年龄的增长，人体摄取和运输氧气的能力会逐渐下降。具体来说，最大摄氧量会随着衰老而减少，到 65 岁时可能下降 30% ~ 40%。氧气运输能力的降低是氧气运输系统的中枢机制和外周调节功能共同作用所致，见表 13–2。

表 13–2　男性年龄增长时身体机能和成分的变化

年龄	20 岁	60 岁
最大摄氧量	39 mL/（kg · min）	29 mL/（kg · min）
最大心率	194 次/分	162 次/分
安静时心率	63 次/分	62 次/分
最大每搏输出量	115 mL	100 mL
最大心输出量	22 L/min	16 L/min
安静时收缩压	121 mmHg	131 mmHg
安静时舒张压	80 mmHg	81 mmHg
肺总容量	6.7 L	6.5 L
潮气量	5.1 L	4.4 L
肺余气量	1.5 L	2.0 L
脂肪百分比	20.1%	22.3%

研究表明，老年人心血管功能的下降不仅与年龄增长有关，还与缺乏体育活动密切相关。适当强度的有氧运动能有效促进老年人的心血管健康。此外，耐力运动能增强老年人的心脏功能和肌肉的有氧代谢能力。研究发现，通过耐力运动，老年男性和女性的最大摄氧量分别提高了 19% 和 22%，这一提升幅度与年轻人相当。

（三）呼吸系统

随着年龄的增长，老年人的呼吸系统会发生显著变化，包括肺泡壁变薄、肺泡增大和肺毛细血管数量减少，导致肺泡扩散面积和肺活量下降。这些变化使得老年人在剧烈运动中主要通过增加呼吸频率而非呼吸深度来提升肺通气量。肺功能指标（如肺活量和最大通气量）也随着年龄增长而逐渐下降。例如，老年男性和女性的一秒钟用力呼气量每年分别减少 32 mL 和 25 mL，第一秒肺活量的比例也相应下降，残气量增加。有氧运动能有效提升老年人的肺功能并增加最大通气量。老年人长期坚持体育锻炼有助于延缓与年龄增长相关的肺功能衰退。

三、神经系统和免疫系统的衰老

随着年龄的增长，老年人的神经系统功能逐渐衰退，表现为感受器退化、神经中枢处理信息的能力下降和神经系统工作能力减弱。这些变化导致视力、听力下降，记忆力减退，对刺激的反应迟钝，易疲劳，恢复速度减慢。具体来说，神经细胞的萎缩和死亡使得神经中枢处理信息的能力下降，脊髓运动神经元数量减少，神经冲动传导速度减慢，从而影响神经肌肉活动能力，反应时间变慢，运动延长。此外，脑干和小脑细胞数量减少，去甲肾上腺素水平下降，小脑皮质 β-肾上腺素受体密度下降，本体感受器功能降低，导致动作协调性和平衡能力下降。

同时，老年人的免疫系统功能也随着年龄增长而逐渐减弱，表现为免疫细胞数量减少，T 细胞增殖反应、白细胞介素-2（IL-2）水平下降以及胸腺退化等。这些变化使得老年人更易受到感染和疾病的影响。

研究表明，适当的体育锻炼可以有效延缓神经肌肉功能的衰退，并增强免疫系统的功能。慢跑和太极等有氧运动不仅可以提升老年人的神经肌肉反应速度，还能增强免疫系统，减少感冒及其相关呼吸道疾病的发生率。因此，定期参加适当强度的体育活动对老年人的健康维护至关重要。

第三节　老年人的健身运动

为了通过健身运动有效增强体质、延缓衰老并延长寿命，要采用科学的运动策略。这意味着运动计划应根据个人的年龄、健康状况和体能水平量身定制。

一、健身运动与老年人的健康

健身运动对于老年人的健康具有多方面的积极影响。首先，定期的体力活动能够显著提升肌肉力量和耐力，这对于维持日常活动的自理能力极为重要。其次，适当的运动还能增加骨密度，减少患骨质疏松症的风险。最后，健身运动能够扩大关节的活动范围并提高其灵活性，这对于预防关节炎和其他退行性关节疾病非常有益。

运动还能改善心肺功能，增强心脏的泵血能力，提升氧气运输系统的效率，这有助于提高全身的氧合水平，从而增强整体活力和耐力。此外，定期锻炼还能提高神经系统的反应速度，增强协调性和平衡能力，减少跌倒的风险。

运动对改善老年人的体成分具有显著的益处。通过定期的体育活动，老年人可以有效地增加瘦体重（即肌肉量），同时减少体内脂肪的重量。这种改变有助于提高基础代谢率，从而更有效地利用能量，减少疾病发生的风险。

此外，适量的运动还能显著改善血脂代谢，降低血液中的总胆固醇和 LDL-C 水平，并可能提高 HDC-C 水平。这些变化有助于预防心血管疾病，如冠心病和中风。

运动还能调节血压，对于高血压患者尤其有益。规律的身体活动可以扩张血管，改善血液循环，从而有助于降低血压水平。这种效果对于预防高血压引起的并发症（如心脏病和脑卒中）非常重要。

运动能够有效增强老年人的免疫功能并改善其整体健康状况。散步、游泳、瑜伽等运动能增加老年人自然杀伤细胞的数量及活性，增强免疫能力。

健身运动还对老年人的心理健康有积极作用。它可以帮助老年人减轻压力、改善情绪、增强自信，并有助于抵抗抑郁和焦虑。社交性的运动活动，如参加舞蹈班或团体健身课程，还可以提供社交互动的机会，增强老年人的社会联系，扩大其社交网络。

总之，适合老年人的健身运动不仅能够促进身体健康，增强身体素质和抵抗力，还能改善心理状态，提升社交能力，是维持老年人整体健康和生活质量的重要方式。

二、老年人健身运动的原则

（一）以有氧运动为主的原则

对于老年人来说，选择合适的健身运动项目至关重要。推荐进行的耐力运动包括快走、慢跑、游泳、骑自行车、登山和跳健身舞等。此外，网球、乒乓球和高尔夫球等球类运动也是不错的选择。中国传统的体育活动，如太极拳和太极剑，同样适合老年人参与。

随着年龄的增长，肌肉体积和力量会逐渐减少。因此，在进行耐力训练的同时，适当的力量训练也是非常必要的，力量训练可以帮助老年人维持肌肉量和肌力。对于老年人来说，抗阻力量训练尤为重要，它可以显著提升肌肉的功率，对抗肌力的衰退。肌肉爆发力训练作为力量训练的一种形式，对于应对肌肉爆发力的快速下降及其带来的跌倒风险尤其有效。

问与答

问：老年人进行力量训练需要注意哪些问题？

答：老年人进行力量训练时，最好选择弹力带、哑铃或自重训练，避免高强度或高冲击的力量训练。力量训练每周进行 2～3 次，刚开始训练时保持轻负荷，避免连续多天进行同一肌肉群的训练。训练前进行充分的准备活动，防止训练时拉伤；训练结束后做好充分的整理活动，促进机体快速恢复。

（二）渐进性原则

遵循循序渐进的原则是老年人开始健身运动时的关键。最初的运动强度和运动量应该较低，之后再随着时间的推移和身体的适应而逐步增加。在锻炼过程中轻微出汗，锻炼后感觉呼吸顺畅、身体轻松，并且食欲和睡眠都有所改善，这些都是运动负荷和运动量达到适宜水平的良好指标。

锻炼的动作也应从简单到复杂，持续时间应适中。对于老年人来说，运动后的即时心率及其恢复时间是监控运动量的有效方法。适宜的运动量可以通过“心率 = 170 – 年龄”来估算。例如，对于 60 岁的老年人来说，运动后心率达到 110 次/分，并在 5 ~ 10 min 恢复到安静水平，通常表明运动量是适宜的。

（三）持之以恒原则

对于老年人来说，坚持不懈地进行体育活动是非常重要的。建议每周进行 2 ~ 3 次锻炼，且每次锻炼时长不少于 30 min。这种持续和规律的锻炼不仅有助于改善身体各项机能，还能显著促进心理和身体健康。

（四）自我监督原则

对于老年人来说，参与体育锻炼时加强医务监督是非常重要的。老年人应学习如何观察和记录自己的脉搏、血压以及整体健康状况，这样可以有效进行自我监督，防止过度疲劳和运动损伤，同时提升锻炼效果和健康水平。

在进行体育活动时，老年人应注意合理安排休息时间，并确保运动前后进行充分的热身和拉伸活动，以防止肌肉和关节受伤。此外，老年人在运动时应避免进行憋气的动作，不参加可能导致精神过度紧张的比赛活动，以保持运动的安全性和愉悦性。如果在运动过程中出现脉搏异常（过快、过慢或不规则），应立即停止运动并寻求医疗帮助。同样，如果出现感冒、过度疲劳或其他疾病症状，应暂停运动，及时进行适当的休息和治疗，直到身体状况恢复正常。这种做法不仅可以保护身体健康，也能确保运动带来的益处最大化。

（五）个性化原则

在开始运动之前，老年人应进行全面的体检，以准确了解自身的健康水平和各项生理功能。基于性别、年龄、健康状况、体力水平、运动经验以及个人喜好，选择合适的运动项目并制定个性化的运动方案是至关重要的。理想情况下，制定运动计划之前应对老年人进行详细的身体评估，包括但不限于心肺功能、体型和运动能力的测试。这种做法可以确保运动计划既安全又有效，同时满足老年人的具体需求。

案例分析题

王先生今年 65 岁，身板硬朗，正琢磨怎么组织自己每天的健身运动和业余生活。针对这一案例，请根据所学的运动生理学知识回答以下问题：

1. 老年人适宜的运动项目有哪些？
2. 王先生健身运动时应遵循哪些原则？

第十四章　肥胖人群与体育运动

学习导航

关键名词	学习目标	知识拓展
1. 肥胖； 2. 体成分； 3. BMI； 4. 腰臀比。	1. 了解肥胖的原因； 2. 掌握体成分测量方法； 3. 掌握运动减肥方法和要点。	1. 肥胖与抗阻运动； 2. 肥胖与高强度间歇训练。

我国超重和肥胖的发生率逐年上升，这一趋势已成为公共卫生问题，严重影响人们的健康和生活质量。肥胖不仅增加了患心血管疾病、糖尿病及多种癌症的风险，还可能导致心理社交问题。因此，有效地管理体重并提升整体健康水平显得尤为重要。体育运动作为预防和减轻肥胖的有效手段之一，可以改善身体代谢，增加能量消耗，调整体脂分布，从而降低肥胖程度。

第一节　肥 胖 概 述

一、肥胖的概念和分类

（一）肥胖的概念

肥胖是一种常见且复杂的代谢失调症，它显著影响机体的正常功能。作为一种营养障碍性疾病，肥胖表现为体内脂肪组织的过量积累，以及脂肪组织与其他软组织的比例失衡。这种状态不仅影响身体健康，还可能引发一系列代谢问题，从而影响整体生理过程。

（二）肥胖的分类

1. 根据肥胖发生的原因分类

根据发生的原因，肥胖可以分为单纯性肥胖和继发性肥胖。单纯性肥胖是一种与生活方式紧密相关的慢性疾病，其主要特征包括过度摄入营养、缺乏足够运动以及心理行为偏差。这是最常见的肥胖类型，约占肥胖总人群的94%。发生在儿童中的肥胖通常也属于单纯性肥胖。继发性肥胖则是由某些特定疾病（主要是神经内分泌系统的疾病）引起的。继发性肥胖的特点是肥胖作为主要疾病的一个症状而出现。

2. 根据脂肪的分布分类

根据脂肪的分布，肥胖可以分为腹部型肥胖（也称为向心性肥胖）和臀部型肥胖（也称为外周性肥胖）。通常，男性肥胖者多表现为腹部型肥胖，其脂肪主要积累在腹部的皮下组织和腹腔内。相比之下，女性肥胖者则多为臀部型肥胖，脂肪主要分布在臀部和大腿区域。值得注意的是，腹部型肥胖人群患肥胖相关并发症的风险显著高于臀部型肥胖人群。

3. 根据脂肪组织的解剖特征分类

根据脂肪组织的解剖特征，肥胖可以分为多细胞性肥胖和大细胞性肥胖。多细胞性肥胖通常开始于儿童期，其特点是脂肪细胞的总数量增加 2 ~ 4 倍。大细胞性肥胖则表现为脂肪细胞数量保持正常，但每个脂肪细胞的体积显著增大。在成人中，大多数肥胖病例属于大细胞性肥胖。值得注意的是，在成功减肥后，如果维持不当，很容易出现体脂量“反弹”的现象。

二、肥胖的原因

（一）肥胖的产生原因

1. 遗传因素

肥胖是可以遗传的。研究表明，在双亲均有肥胖问题的家庭中，子女约有 80% 的概率会出现肥胖；若父亲或母亲中有一方肥胖，其子女的肥胖概率则约为 40%。迄今为止，已经发现超过 300 种与肥胖相关的基因，这些基因分布在 Y 染色体以外的所有染色体上。

（1）影响能量摄入的主要基因

影响能量摄入的主要基因包括：①肥胖基因（OB gene，又称为瘦素基因）；②瘦素受体（ob-R）基因；③阿片促黑素皮质素原（POMC）基因；④黑皮质素 4 受体（MC4R）基因；⑤神经肽 Y（NPY）基因；⑥增食欲素（orexin）基因。

（2）影响脂肪细胞储存脂肪的主要基因

影响脂肪细胞储存脂肪的主要基因有 PPAR-γ 基因和脂联素（adiponectin）基因。

（3）影响能量消耗的主要基因

影响能量消耗的主要基因有解偶联蛋白（UCPs）基因和 β2 肾上腺素受体（β2AR）基因。

2. 生理因素

肥胖的调节可以通过生理变化实现。在神经中枢的下丘脑区域，存在一个调控体重的“调定点”系统。通常，当体重超出这一调定点时，个体会自动减少食物的摄入并增加代谢率；而当体重低于调定点时，能量的消耗会显著降低，食欲则会增加。

这个体重的调定点可以在一定的范围内进行调整，这是由自然生理变化引起的。体重调定点与食欲及代谢活动之间的互动构成了一个复杂的调节网络。这个网络的任何部分发生故障，都可能改变正常的调节功能，从而导致肥胖。

3. 代谢因素

人体能量的获取主要依赖于糖类和脂肪的分解代谢。如果肥胖者呼吸商的数值增加，通常意味着他们更多地通过糖类的氧化来产生能量，而不是依赖脂肪。这种现象说明肥胖者在脂肪氧化方面的能力减弱，这与他们过多的脂肪储备紧密相关。

4. 环境和行为因素

在肥胖的出现、进展以及减重过程中，外部因素起重要作用。在成人的单纯性肥胖中，除了遗传因素外，不健康的生活习惯和行为模式是主要的诱因。由不良习惯引起的儿童肥胖，大约有 80% 会持续到成年。

随着年龄的增加，成年男性和女性的基础代谢率每 10 年分别下降 2% 和 3%，这意味着身体的基础能量消耗逐渐减少。如果食物的摄入量没有随着年龄的增长相应减少，或者体力活动量不足，肥胖的风险便会相应增加。

（二）现代肥胖流行的原因

当前流行的肥胖以单纯性肥胖为主，主要是能量摄入过多、体力活动不足造成的能量正平衡导致的。

1. 能量摄入过多

随着物质生活的丰富，人们的饮食结构发生变化，高能量精细食品摄入过多，特别是高脂高糖膳食使每日能量摄入超过机体的消耗，额外的能量便以脂肪的形式储存下来，导致脂肪堆积，从而引起肥胖。

2. 体力活动不足

随着社会生产、生活方式的变化，大强度体力劳动减少，久坐时间增加，人体的能量消耗也随之减少，能量的不平衡使额外的能量以脂肪的形式储存在体内，进而导致肥胖。

第二节　身 体 成 分

人体主要由水、脂肪、蛋白质、矿物质和碳水化合物等物质组成，各种成分组成了人体的总重量，即体重，人体各种成分的相对平衡对维持正常的生命活动和健康水平极为重要。在生活中，一般采用间接方法测量身体成分，每一种身体成分的测量方法都有各自的优缺点。使用哪种方法来测量身体成分取决于多种因素，包括需求、目的、测量的成本和设备要求、测量工具的可用性、技术人员的技术以及每种测量方法本身的优缺点。在本节中，将针对几种常见的身体成分测量方法进行分析讨论。

一、身体质量指数

身体质量指数（body mass index，BMI）是目前国际上常用的衡量人体胖瘦程度的一个标准，BMI 的计算公式为：

$$\text{BMI}(\text{kg/m}^2) = \text{身体质量}(\text{kg}) \div \text{身高的平方}(\text{m}^2)$$

BMI 也可以被用来评估 2 型糖尿病、高血压和心血管疾病的风险，而且这种计算方法比较简单，在久坐不动的人群和临床应用中有一定的实用价值。BMI 的缺点在于，它不能测量人体的体脂百分比，不能说明人体的重量分布，对于运动员、正在做重量训练的人、怀孕女性以及身体虚弱或久坐不动的老人等并不适用。

按照我国超重和肥胖的 BMI 分类标准，BMI 低于 18.5 kg/m^2 表示体重过轻，在 18.5 ~

23.9 kg/m^2 表示体重正常，24.0 ~ 27.9 kg/m^2 表示超重，高于 27.9 kg/m^2 表示人体可能处于肥胖状态。

二、围度法

围度法是用皮尺测量人体各部位的围度来估算是否肥胖的简易方法，通常测量腰部和臀部。腰围与腹部脂肪含量相关，是反映腹部脂肪分布的重要指标。腰围的测量通常在脐上 1 cm 处用皮卷尺水平绕行一周，中国成年男性腰围大于 85 cm，成年女性腰围大于 80 cm，即可判定为腹部型肥胖。臀围是臀部的最大围度，是反映臀部脂肪分布的重要指标。计算腰围和臀围的比值，可以反映脂肪的分布特点。成年男性腰臀比大于 0.9，成年女性大于 0.8，则可诊断为向心性肥胖，一般用腰围代替腰臀比判断向心性肥胖。

围度法判断肥胖经济、简便、易操作、无创伤，但是围度法仅能反映局部脂肪的分布，不能反映全身脂肪的含量。

三、皮褶厚度法

人体脂肪通常 2/3 分布于皮下，1/3 分布于身体内部脏器周围。测量皮下脂肪厚度不仅可以反映体脂分布情况，也可以通过人体不同部位的皮褶厚度推算出体脂总量。

在进行测量时，应选择身体的右侧部位。具体来说，躯干部位包括肩胛下角、胸部、腹部以及髂前上棘，四肢则包括大臂的肱三头肌区域和大腿。对于女性，常规测量的部位包括肱三头肌、髂前上棘和大腿；而男性则通常测量胸部、腹部和大腿的皮褶厚度。

相关学者对我国人群的资料进行了研究和归纳，初步建立了用皮褶厚度推算身体密度的回归方程（皮褶厚度单位为 mm）：身体密度（男）= 1.099 1 − 0.000 5 × 腹部皮褶厚度 − 0.000 4 × 肩胛下角皮褶厚度 − 0.000 5 × 大腿皮褶厚度 − 0.000 3 × 年龄；身体密度（女）= 1.083 7 − 0.000 4 × 肱三头肌皮褶厚度 − 0.000 4 × 腹部皮褶厚度 − 0.000 4 × 大腿皮褶厚度 − 0.000 3 × 年龄。将估算的身体密度代入预测公式，计算出体脂率：体脂率 =（495 ÷ 身体密度）− 450。

我国现阶段对学龄儿童青少年体脂率的调查也采用皮褶厚度法来间接估算体脂率：体脂率（男）= 6.930 + 0.428X；体脂率（女）= 7.896 + 0.458X。其中，X 为肱三头肌和肩胛下角的皮褶厚度之和，单位为 mm。

四、生物电阻抗法

1985 年，科学家首次采用生物电阻抗技术来测定人体的成分。该技术基于一个核心原理：非脂肪组织由于其较高的电荷容量而比脂肪组织更易导电，电流传导速度也更快。这表明，身体的脂肪含量越低，电流通过的速度越快。因此，通过比较电流通过脂肪组织和非脂肪组织的差异，可以估算出身体的各种成分。

在实际测量过程中，双手和双足接触电极，以测定身体各组织对电流的阻抗。通过这些数据，可以间接估算出体脂含量、去脂体重以及身体的水分含量。这种方法操作简便、无痛、无创伤，因而被广泛接受。然而，使用生物电阻抗法所测得的体脂含量受到饮水、运动、体表温度等因素的影响，其准确性还需要进一步的研究验证。

五、水下称重法

水下称重法一直以来被认为是最准确的测量方法，虽然它是一种间接的测量方法，但它是分析身体成分的“黄金标准”。该方法根据阿基米德定律，将身体浸入水中，使身体受到水的浮力，排除该力后，体重减少量等于水流失的重量。身体脂肪含量越高，受试者越易在水中浮起，因为脂肪的密度（0.900 7 g/cm^3）比水的密度（1 g/cm^3）小，而瘦体重的密度≥1.100 g/cm^3。通过人体在水中和陆上的体重变化来测量人体体积、身体密度，从而推算出体脂重和去脂体重。

身体密度（D）= 质量 ÷ 体积

= 体重 ÷［（体重 − 水下体重）÷ 测定水温下的密度 ÷ 余气量］

成年男子余气量（RV）= 0.24 × VC

青年男子 RV = 0.198 × VC

成年女子 RV = 0.28 × VC

青年女子 RV = 0.259 × VC

其中，VC 表示肺通气量。

Brozek 公式为：

体脂率 =（4.570 ÷ 身体密度 − 4.142）× 100

体脂重 = 体脂率 × 体重

瘦体重 = 体重 − 体脂重

六、其他方法

双能 X 射线吸收法（dual energy X-ray absorptiometry，DEXA）是一种直接评估身体成分的方法，它是医疗机构和研究机构最常采用的方法。该技术的原理是在不同密度的组织中，光子的能量衰减程度各不相同。通过记录光子在各种组织中的能量衰减情况，可以计算出各种组织的含量，从而得到体脂含量、脂肪分布和骨密度等重要指标。这种方法操作简便，能够快速将全身分为头部、上肢、下肢和躯干等多个部位进行详细测量，整个测试过程仅需数分钟。然而，这种方法的一个缺点是在测量过程中需要使用 X 射线。虽然所用的照射剂量非常低，但仍然不推荐孕妇进行此类测试。

此外，计算机断层扫描（CT）和核磁共振成像（MRI）也可以为所选择的组织或器官提供高分辨率的横截面扫描，它们被认为是在组织器官水平评估身体成分和区域脂肪分布最准确的方法。这两种方法能准确量化身体脂肪百分比、内脏和皮下脂肪，但是价格较贵。

第三节　减 肥 运 动

肥胖人群最容易并发糖尿病、心脏病、高血压、痛风、肾脏病、气喘、关节退化、下肢静脉曲张、高脂血症等病症。减肥的方法包括饮食控制、药物治疗、手术减肥等，这些方法或多或少会对身体有一定的副作用，而运动是减肥最经济且有效的方法，不仅可以使身体更加健康，更可以疏解生活压力。

一、肥胖与有氧运动

（一）有氧运动的概念

有氧运动是指主要以有氧代谢提供运动中所需能量的运动方式，是在运动负荷与耗氧量呈线性关系供应的情况下进行的体育锻炼。在有氧运动过程中，人体吸入的氧气量与机体的需求达到一种生理平衡状态。具体来说，有氧运动涉及所有具有规律节奏的运动，这类运动通常持续较长时间（大约 15 min 或更长），且运动强度处于中等或中等偏上的水平。心率是衡量有氧运动的标准之一，心率保持在 75%～85% 最大心率的运动被视为有氧运动，此时血液可以供给心肌足够的氧气。有氧运动的特点是强度低，有节奏，持续时间较长。有氧运动能氧化糖类和脂肪，增强和改善心肺功能，预防骨质疏松，调节心理和精神状态，是健身、减脂的主要运动方式。常见的有氧运动包括步行、慢跑、滑冰、游泳、骑自行车、太极拳以及韵律操等活动。

（二）有氧运动与能量代谢

有氧运动主要通过有氧代谢过程来获取能量，即在氧气供应充足的情况下，糖类、脂肪和蛋白质被氧化成二氧化碳和水，同时释放出能量用于合成 ATP，为骨骼肌的活动提供动力。在这些供能物质中，糖类是关键成分，它不仅是细胞的重要组成部分，还提供了人体约 70% 的能量，主要以肌糖原的形式储存。在有氧运动中，肌糖原首先被消耗，随后通过血糖和肝糖原进行补充。

长期的有氧运动可以优化运动期间的血流分配，增加肝脏的血流量，提高流经肝脏的糖异生底物的量，从而提升其代谢利用率。此外，脂肪作为体内最大的能源储备，在长时间的低强度有氧运动中，其供能作用会超过糖类。运动初期，糖酵解过程会略微提升血乳酸水平，但随着运动的持续以及呼吸循环系统的供氧能力和线粒体效率的提升，血乳酸水平会逐渐恢复至安静状态或略高于安静状态，脂肪酸的供能比例也会随着运动时间的增加而上升。这一机制有助于防止体内脂肪的过度积累。

（三）肥胖人群的有氧运动处方

1. 运动强度的确定

确定运动强度时，应综合考虑肥胖者的肥胖程度、是否存在并发症及其严重程度、年龄、体质和运动能力等因素。运动强度的选择依据包括健康检查数据和运动负荷试验的结果。在制定运动计划时，应重点关注以下两个方面。

（1）运动强度与脂肪代谢

为了达到减肥的目的，运动应增加能量消耗。通常，轻度至中等强度的有氧运动能够持续较长时间，从而增加总能量消耗，并在运动过程中消耗更多脂肪，以获得更佳的减肥效果。

（2）运动强度与身体承受能力

对于有严重代谢疾病或心血管疾病的肥胖者，进行高强度运动可能带来风险。对于重度肥胖者，还需特别注意运动对下肢关节的影响，以避免对膝盖或踝关节造成损伤。

2. 运动强度的监控

运动强度通常采用心率、最大心率百分比和最大摄氧量百分比来表示。

（1）心率

监测运动强度最便捷且相对准确的方法是监测心率。在进行运动减肥时，设定合适的靶心率是关键，可以通过计算心率储备来计算靶心率。心率储备是指最高心率与安静心率之间的差值。具体来说，靶心率可以通过以下公式计算得出：靶心率等于安静心率加上心率储备的 20% ~ 40%。这种方法考虑了个体的基础心率水平，有助于更精确地调整运动强度，以达到最佳的减肥效果。

（2）最大心率百分比

当运动强度达到最大心率的 60% ~ 80% 时，脂肪氧化的速率较为理想。然而，仅使用最大心率百分比来衡量运动强度可能会忽略安静心率的影响。在其他条件相同的情况下，这种衡量方式可能导致安静心率较低的人在实际运动中需要承受更高的强度，以达到预定的运动强度。相反，对于那些安静心率较高的人来说，可能只需要承受较低的实际运动强度就能达到同一运动强度。因此，在监控运动强度时，考虑安静心率是非常重要的，这有助于更准确地调整个体的运动计划。

（3）最大摄氧量百分比

通常，当运动强度达到最大摄氧量的 50% ~ 70% 时，可以实现较好的减肥效果。然而，测定最大摄氧量需要较为精密的设备和特定的测试环境，同时也依赖于参与者的配合。在直接测量最大摄氧量时，许多参与者难以达到真正的摄氧量平台期，因此所得数据无法准确反映最大摄氧量。另外，使用间接方法时，如通过 12 min 跑步来估算最大摄氧量，重度肥胖的个体由于体重过重和运动能力的限制，可能无法完成测试。

3. 运动持续时间的确定

在进行减肥运动时，运动持续时间应依据已确定的运动强度（即单位时间内消耗的能量）以及所选择运动项目的特性来决定。建议运动持续时间至少为 30 min，而为了达到最佳减肥效果，单次运动的理想持续时间应在 1.5 ~ 2.5 h。这是因为体内脂肪的氧化分解是通过一系列酶促反应进行的，而相关脂肪酶的活性需要一定时间才能显著提高。具体来说，这些酶的活性在运动开始后 20 min 逐渐增强，并在 40 min 后达到较高水平。随着运动时间的延长，脂肪的供能比例会明显提升，从而更有效地促进减肥。

问与答

问：什么是脂肪燃烧区？

答：从科学角度看，并不存在单一的脂肪燃烧区。身体一直在不停燃烧脂肪，燃烧脂肪量的多少取决于体育锻炼的强度。脂肪燃烧区的普遍概念是，存在一个运动强度范围，可最大限度地燃烧脂肪。运动过程中氧化的脂肪量通常很少，一天中消耗的总能量决定了消耗的脂肪量。

4. 运动项目的选择

选择减肥运动项目时，应优先考虑可以长时间持续进行的有氧运动。这类运动通常动作简单易学，运动强度容易监控，过程中能使人心情舒畅、愉悦，同时还能确保安全。理想的减肥运动往往涉及大肌肉群的动力型、节律性活动，如慢跑、健身操、游泳、骑自行车和球类运动等。

为了提高减肥者的运动积极性，避免单一的运动模式，建议结合多种运动项目，如将健身操与慢跑、慢跑与游泳等相结合。对于重度肥胖者，在运动减肥初期应特别注意避免下肢关节的过度磨损。建议采用游泳或其他水中运动，利用水的浮力来减轻膝关节的负担，以预防关节损伤。

有氧运动结合力量训练的组合运动可以有效减少体脂，同时增加瘦体重和肌肉力量。适当的力量训练不仅能提高安静状态下的能量代谢率，还能增加整体的能量消耗，从而更有效地支持减肥过程。

5. 运动过程中的注意事项

（1）遵循循序渐进的原则

减肥运动应循序渐进。刚开始运动时，运动持续时间逐渐增加，运动强度也应逐步提升，以逐渐增加能量消耗。

（2）确保充分的准备活动和整理活动

在进行有氧运动时，应确保每次运动前后分别进行 15 ~ 20 min 的准备活动和 10 ~ 15 min 的整理活动，做好准备活动可以预防运动损伤的发生，整理活动可以促进代谢产物的清除。根据环境温度的不同，准备活动的持续时间可以适当调整。

（3）避免在运动过程中随意增加强度

运动强度不宜过高，同时也不能过低，必须保持在足以增加能量消耗的适当水平。强度过高或过低都可能影响脂肪消耗，从而无法达到理想的减肥效果。

（4）及时调整运动减肥方案

运动一段时间以后，肥胖者的运动能力会随着减肥过程的进行而逐步提高，为保持有效的靶心率，可能需要增加运动强度。因此，应定期进行运动负荷测试，并根据测试结果及时调整运动强度。通常在运动 4 ~ 6 周后，体重下降开始变得缓慢，通过调整运动计划可以取得更佳的减肥效果。

二、肥胖与抗阻运动

（一）抗阻运动的概念

抗阻运动是一种肌肉在克服外界阻力时进行的锻炼形式，它主要有助于保护肌肉，防止肌肉萎缩，并能增强肌肉力量，从而有效地消耗能量并塑造健壮的体型。在抗阻运动中，阻力可以来源于健身房中的各种器械、哑铃等重物，或者是弹力带提供的弹性力量，甚至是人体自身的重量。利用自身重量进行的抗阻运动称为自重训练，如俯卧撑等。抗阻运动不仅方式多样化，而且可以根据个人情况和需求进行调整。

（二）抗阻运动与能量代谢

有氧运动是广泛用于减脂的运动方式，但长期的周期性运动可能导致超重和肥胖人群的下肢关节和韧带等软组织受损，同时，这种运动形式可能相对单调，难以长期坚持。相比之下，抗阻运动在调节糖脂代谢、改善胰岛素抵抗等方面显示出独特的效果，并已通过一些横断面研究得到初步证实。此外，抗阻运动有助于维持肌肉质量，避免其损失。

抗阻运动通过增加肌肉负荷，刺激白细胞介素-6 和脑源性神经营养因子的急性释放，并提高血清鸢尾素水平，这些因子可能在促进白色脂肪细胞棕色化方面具有特殊作用，使抗阻运动显示出一些与有氧运动不同的益处。

抗阻运动的好处包括增强肌肉力量，稳定关节，减少运动伤害的风险。肌肉力量的提升为有氧运动提供了基础，增加的肌肉含量也提高了身体的基础代谢率，从而提高了脂肪燃烧的效率。

一个高效的减肥运动模式建议包括：开始时进行 5 ~ 30 min 的有氧运动热身，以全身性热身和促进关节润滑；接着进行 30 min 的抗阻运动，不必追求极大的肌肉围度，但应确保肌肉力量的提升，包括爆发力、绝对力量和耐力；最后，如果条件允许，进行 20 min 的有氧运动。这样的安排是因为有氧供能系统先消耗糖类，然后消耗脂肪，消耗糖类时锻炼肌肉是最有效率的。在抗阻运动后，身体转变为以消耗脂肪为主，此时继续进行的有氧运动能够充分消耗脂肪并达到减肥效果。

（三）肥胖人群的抗阻训练

1. 抗阻训练的类型

一般来说，抗阻训练动作根据参与肌肉群的大小及其对运动表现的贡献程度，可以分为核心训练动作和辅助训练动作两类。核心训练动作是指包含一个或多个大肌肉群的多关节训练动作，核心训练动作又可分为结构性训练动作和爆发式训练动作。结构性训练动作是指躯干脊柱参与承重的训练动作，爆发式训练动作是指非常快速进行的核心训练动作。辅助训练动作通常指只动用小肌肉群或一块大肌肉群的单关节训练动作。

2. 抗阻训练的动作举例

核心训练动作举例：后蹲，前蹲，箭步蹲，硬拉，卧推，双杠臂屈伸，肩上推举，引体向上。

爆发式训练动作举例：高翻，高拉，高抓，箭步挺，半挺，下蹲挺，抓举，挺举。

辅助训练动作举例：二头弯举，哑铃飞鸟，卷腹，坐姿提踵，腿屈伸，腿弯举。

对于运动减肥，选择抗阻训练动作应以核心训练动作为主（大肌肉群多关节动作），辅助训练动作为辅（小肌肉群单关节动作），而且要特别注意全身肌肉群的平衡发展（拮抗肌之间的平衡），避免出现肌力失衡，既影响体态，又增加受伤风险。

三、肥胖与高强度间歇训练

（一）高强度间歇训练的概念

节食结合中等强度的有氧运动是广为采用的减肥方法，但是中等强度有氧运动需坚持较长时间，很多人难以坚持。近年来，高强度间歇训练（high-intensity interval training，HIIT）因其在较短时间内就可以消耗中等强度有氧运动较长时间才能消耗的能量而受到研究者的关注，并被引入到康复医学领域和运动健身领域。高强度间歇训练是一种以高强度的运动和间歇性的休息为特点的运动训练方式。在高强度间歇训练中，进行一段高强度的运动，如快跑、跳绳等，然后休息一段时间，这个休息时间通常是运动时间的一半或者一半以上，然后再次进行高强度运动和休息。HIIT 是一种在短时间内进行全力、快速、爆发式锻炼的训练技术，这种技术使人在短期内提高心率并且消耗更多能量。HIIT 的高强度运动使得身体对氧气的需求增加，并且制造缺氧状态，导致身体在休息期间需要更多氧气。

（二）高强度间歇训练与能量代谢

已有研究表明，高强度间歇训练造成了运动后过量氧耗，其供能底物是脂肪。在高强度运动中，机体需要分泌较多的肾上腺素和去甲肾上腺素，运动后机体仍然会维持一段较长时间的高代谢水平而且会分泌更多的生长激素和甲状腺素，这些都会造成机体安静代谢水平增加，刺激脂肪的燃烧，促进减肥。从能量摄入角度来讲，高强度间歇训练后，人往往会在短时间内出现食欲减退，长期坚持运动就会使身体能量摄入减少，达到能量负平衡，从而达到减肥的目的。

（三）肥胖人群高强度间歇训练的注意事项

1. 选择适当的运动强度和持续时间

HIIT 的运动强度非常高，刚开始练习时，需要适当降低运动强度和持续时间。可以先从每个动作进行 30 s 到 1 min 的练习开始，然后逐渐增加运动强度和持续时间。

2. 合理安排休息时间

HIIT 的休息时间需要足够长，以便运动者能够恢复体力和调整呼吸。通常情况下，休息时间不应短于高强度运动时间的一半。合理的休息可以帮助运动者提高训练效率，同时减少受伤的风险。

3. 选择合适的运动方式

HIIT 涵盖了多种运动方式，如跳绳、短跑、跳跃、仰卧起坐等。选择适合自己的运动方式极为关键，这可以基于个人的兴趣和偏好来决定。选择合适的运动方式不仅能增加训练的乐趣，还能提高运动持续性和效果。

4. 遵守安全规范

在进行 HIIT 时，遵守安全规范至关重要，包括穿着适合的运动服装和鞋子、选择平坦稳固的地面进行锻炼以及维持正确的训练姿势。这些措施有助于提高训练效果，同时降低受伤风险。

5. 注意饮食和休息

HIIT 是一种高强度的锻炼方式，它要求身体消耗大量的能量和体力。因此，合理的饮食和充分的休息至关重要。确保摄入足够的蛋白质和碳水化合物不仅可以帮助身体更有效地恢复，还能促进肌肉的生长和修复。此外，充足的睡眠对于身体的恢复同样重要，能够确保在进行下一次高强度训练时，身体达到最佳状态。

总体来说，HIIT 是一种非常有效的运动形式，它不仅能快速燃烧脂肪，提升身体代谢率和心肺功能，还有助于增加肌肉量，是减重和塑形的理想选择。然而，为了确保安全和健康，进行 HIIT 时必须遵守安全规范，选择合适的运动强度和持续时间。建议逐步增加训练的强度和时长，以防止过度训练引起的身体伤害。

案例分析题

小明同学今年 18 岁，身高 170 cm，体重 145 kg。请谈谈小明同学在运动减肥过程中的注意事项。

参考文献

[1] 杨锡让,傅浩坚. 运动生理学进展[M]. 北京:北京体育大学出版社,2000.
[2] 王瑞元,孙飙. 运动生理学[M]. 6版. 北京:人民体育出版社,2023.
[3] 王庭槐. 生理学[M]. 北京:人民卫生出版社,2018.
[4] 威尔莫尔,科斯蒂尔,凯尼. 运动生理学[M]. 王瑞元,汪军,译. 北京:北京体育大学出版社,2011.
[5] 封飞虎,王松. 运动解剖生理学[M]. 武汉:华中科技大学出版社,2018.
[6] 熊开宇. 运动生理学习题集[M]. 北京:人民体育出版社,2005.
[7] 运动生理学编写组. 运动生理学[M]. 北京:北京体育大学出版社,2016.
[8] 邓树勋,王健,乔德才,等. 运动生理学[M]. 3版. 北京:高等教育出版社,2015.
[9] 封飞虎,凌波. 运动生理学[M]. 武汉:华中科技大学出版社,2014.
[10] 田麦久,刘大庆. 运动训练学[M]. 北京:人民体育出版社,2012.
[11] 司琦. 体育健康促进研究的行为理论与方法[M]. 杭州:浙江大学出版社,2017.
[12] CHITTRAKUL J, SIVIROJ P, SUNGKARAT S, et al. Multi-system physical exercise intervention for fall prevention and quality of life in pre-frail older adults: a randomized controlled trial[J]. Int J Environ Res Public Health. 2020, 17(9): 3102.
[13] NELSON M E, REJESKI W J, BLAIR S N, et al. Physical activity and public health in older adults: recommendation from the American College of Sports Medicine and the Amercian Heart Association. Med Sci Sports Exerc[J]. 2007, 39(8): 1435–1445.
[14] BYRNE C, FAURE C, KEENE D J, et al. Ageing, muscle power and physical function: a systematic review and implications for pragmatic training interventions[J]. Sports Med, 2016, 46(9): 1311–1322.
[15] 陈文鹤. 运动减肥[M]. 北京:人民体育出版社,2011.
[16] 代新语,闫纪红,华凌军,等. 抗阻运动改善超重肥胖人群身体成分:一项伞形综述[J]. 中国组织工程研究,2024,28(02):267–271.
[17] 高艳敏,王光明,杨文礼,等. 高强度间歇训练和有氧运动对肥胖青年脂代谢及慢性炎症的影响[J]. 中国运动医学杂志,2017,36(07):628–632+650.
[18] 邓肯,迪格比. 高水平运动训练的生理学基础[M]. 于亮,译. 北京:科学出版社,2020.
[19] 鲍勃,拉里. 运动生理学应用指南:动作训练与营养表现的科学原理[M]. 马新东,译. 2版. 北京:人民邮电出版社,2022.
[20] 赖爱萍. 运动生理学基础[M]. 杭州:浙江大学出版社,2012.